The Unique World

方
寸

方寸之间　别有天地

CAPTIVES

俘虏危机

LINDA COLLEY
〔英〕琳达·科利 著

李旭——译

BRITAIN, EMPIRE
AND
THE WORLD,
1600–1850

大英帝国崛起的背面
（1600–1850）

社会科学文献出版社
SOCIAL SCIENCES ACADEMIC PRESS (CHINA)

谨以此书纪念我的母亲

玛乔丽·科利（原姓休斯）

1920—1998

目 录

第一部分　地中海：俘虏与限制

第二部分 美洲：俘虏与难堪

致　谢

　　在写作本书的过程中，我游历了数个大洲，走过了很多国家，也欠
下了不少人情。

　　很长一段时间以来，我一直都想将英国历史置于全球背景当中进行研
究，从而以更广阔的视野来看待这个国家的历史。而当时间来到 1997 年
时，两个让我备感意外与欣喜的邀请让我有了将这一想法付诸实践的重要
动力。我先是被剑桥大学邀请做屈威廉讲座（Trevelyan Lectures），然后
被贝尔法斯特女王大学邀请做怀尔斯讲座（Wiles Lectures）。通常来讲，
被邀请发表演讲的历史学者会利用这些场合来总结自己一生的成果。然
而，我却利用这一机会，尝试着讲了一些未经仔细打磨的观点与想法，而
这些观点对本书的创作而言至关重要。因此，我非常感谢剑桥和贝尔法斯
特的听众给予我的耐心，同样也感谢你们提出的有益批评。我尤其要感谢
大卫·阿米蒂奇（David Armitage）、克里斯·贝利（Chris Bayly）、斯蒂
芬·康威（Stephen Conway）、玛丽安·埃利奥特（Marianne Elliott）、罗
伊·福斯特（Roy Foster）、伊恩·克肖（Ian Kershaw）、多米尼克·利芬
（Dominic Lieven）、彼得·马歇尔（Peter Marshall）、彼得·朱普（Peter

Jupp）、特伦斯·兰杰（Terence Ranger）和约翰·沃尔什（John Walsh），他们提出了诸多宝贵意见，有些人甚至在只收到本书草稿的情况下就主动提出了相关的修改建议。我希望屈威廉讲座与怀尔斯讲座的举荐人能够接受我迟来的谢意，感谢他们的邀请与慷慨资助。

此外，我还要感谢我在耶鲁大学的朋友、前同事与学生。在我有幸在耶鲁工作的 16 年里，我从未忘记英国与曾经的大英帝国只是历史长河中的一段小插曲。我在耶鲁的这些朋友一次又一次地向我提问，迫使我参与争论，为我提供书单并提出宝贵的意见与见解。我尤其要感谢阿巴斯·阿马纳特（Abbas Amanat）、大卫·贝尔（David Bell，现任职于约翰·霍普金斯大学）、约翰·布卢姆（John Blum）、乔恩·巴特勒（Jon Butler）、戴维·布里昂·戴维斯（David Brion Davis）、约翰·马克·法拉格尔（John Mack Faragher）、马伊雅·扬松（Maija Jansson）、保罗·肯尼迪（Paul Kennedy）、霍华德·拉马尔（Howard Lamar）、约翰·梅里曼（John Merriman）、埃德蒙·摩根（Edmund Morgan）、斯图尔特·施瓦茨（Stuart Schwartz）、乔纳森·斯彭斯（Jonathan Spence）、戴维·安顿（David Underdown）和罗宾·温克斯（Robin Winks）。我还必须感谢耶鲁大学的教务长艾莉森·理查德（Alison Richard），在我研究本项目的关键阶段，她批准了我的休假。此外，她的学术关怀和坚韧不拔的精神一直激励着我在学术道路上前进。我还要特别感谢约翰·德莫斯（John Demos）。很久以前，在纽黑文的一次午餐会上，正是他第一次向我介绍了俘房的故事。而这就是本项研究的开始。

最后，我得到了英国勒弗胡尔姆信托基金会（Leverhulme Trust）的赞助，该基金会于 1998 年授予我高级研究教授职位。这让我得以集中精力进行思考，并写作本书稿，也让我有机会到访本书中讨论到的各处遗址。R. H. 托尼（R. H. Tawney）曾说过，历史学家需要一双结实的靴子，我现在明白这是为什么了。除非一个人熟悉了英国本国的疆域面积，而后又依靠步行、火车、船只等交通手段探索了英国人曾经统治过的广大地域，否则就不可能真正理解曾经的大英帝国的运作机制与意义。因此，我非常感谢勒弗胡尔姆信托基金会的前理事巴里·苏普尔（Barry Supple）和其他工作人员，感谢他们的善意与慷慨。我也非常感谢托尼·吉登斯（Tony Giddens）和伦敦政治经济学院为我提供研究岗位，并让我有机会在汇聚了众多杰出学者的伦敦大学度过一段美好时光。我要特别感谢伦敦政治经济学院的米娅·罗德里格斯－萨尔加多（Mia Rodriguez-Salgado）、琼－保罗·鲁比耶斯（Joan-Pau Rubiés）和帕特里克·奥布莱恩（Patrick O'Brien）；感谢戴维·宾德曼（David Bindman）、迈克尔·布雷特（Michael Brett）、戴维·费尔德曼（David Feldman）、凯瑟琳·霍尔（Catherine Hall）、舒拉·马克斯（Shula Marks）、彼得·罗布（Peter Robb）和迈尔斯·泰勒（Miles Taylor）；我还要感谢“重构英国”（Reconfiguring the British）研讨会的各位成员，他们为我提供了许多有趣的观点。我还必须感谢大英图书馆、保罗·梅隆英国艺术中心（Paul Mellon Centre of British Art）、康涅狄格州法明顿的刘易斯·沃波尔图书馆（Lewis Walpole Library）和耶鲁大学英国艺术中心（Yale Center for British Art）为我提供的绝佳工作场所，同样也感谢它们为本书提供的至关重要的图片素材。

　　和所有需要长时间写作的大部头一样，以这种方式来感谢那些帮助过我的人是不够公平的。多年以来，有很多人为我提供了帮助。我尽可能在注释中注明具体帮助过我的人，但还有很多人的名字我没法列出。

丹吉尔的公交车司机用法语向我讲述了英国人是如何被赶出这座城市的，仿佛这件事就发生在昨天，而非 1684 年。还有一位彬彬有礼的导游带我游览了班加罗尔，我们还争论了一个相当可笑的问题。那就是，18 世纪 90 年代，迈索尔的蒂普苏丹到底有多少个儿子死在了英国人手里（我的历史书告诉我一个也没有；她的历史书则告诉她蒂普的所有儿子都是被英国人杀死的）。还有一届又一届的耶鲁大学的学生，他们都非常投入地参与了讨论，我也和他们讨论了有关美国革命的各种不同解释。本书参考了英国人过去讲述的故事，这些故事帮助英国人减轻了自身的焦虑与担忧，进而使其全身心地投入全球争霸之中，并最终取得了成功。在撰写本书之时，我也在不断地提醒自己，并自始至终努力证明，针对英国人曾经缔造的帝国，还存在着其他截然不同的故事。

倘若没有我的几位图书代理——住在伦敦的迈克·肖（Mike Shaw）、住在纽约的艾玛·帕里（Emma Parry）和迈克尔·卡莱尔（Michael Carlisle）——给我的鼓励与建议，没有我的编辑——乔纳森·开普出版社（Jonathan Cape）的威尔·苏尔金（Will Sulkin）和约格·亨斯根（Jorg Hensgen），以及众神殿出版社（Pantheon）的丹·弗兰克（Dan Frank）——充满热情、技巧与专业精神的协助，我就不可能完成这本书。如果没有戴维·坎纳丁（David Cannadine），我永远也不可能走这么远，也不可能完成这次旅行。

琳达·科利

2002 年

当监狱的大门敞开之时，真正的巨龙会振翅飞出。
　　　　　——胡志明《监狱日记》（河内，1962）

引　言

　　人们在回顾大英帝国的缔造历程，并试图探究其背后蕴藏的深层含义之时，常常会联想到两则寓言故事。其中一则寓言是这样的。一个人乘着船外出经商，却不幸遭遇了海难。他孤身一人流落到了一座荒岛之上，然而他并没有自暴自弃，而是很快便重整旗鼓。在坚定的新教信仰与一刻不停又充满巧思的忙碌之下，他肩负起了"建筑师、木匠、磨刀匠、天文学家、面包师、造船工、陶工、马具匠、农民、裁缝"等多项职业的重担，甚至还成了"制伞匠和牧师"。在这里，他创造了很多奇迹。他不仅成功地征服了恶劣的自然环境，同时也获得了丰厚的回报：他在岛上碰到了一个黑人，随即给他起了一个名字，还让他做了自己的仆人；他利用武力与计谋击退了那些抱有敌意的外来者，同时还将那些愿意服从他权威的人有效地组织了起来——"我现在多像个国王啊……整个国家都是我无可争议的财产……而我的人民也完全臣服于我"。这则故事就是丹尼尔·笛福（Daniel Defoe）的《鲁滨孙漂流记》（*Robinson Crusoe*，1719）。这幅景象也通常与人们脑海中想象的大英帝国相吻合。

在这则寓言中（事实上，在许多真实的历史事件当中也是如此），帝国的缔造必然需要其主角成为一名英勇的战士、卓越的领袖。在这一过程中，人们需要夺取土地，并对其进行开垦，进而逐步将其改造得更易为人所用；同时，为了建立起统治秩序，人们还需要利用火器、技术、贸易乃至《圣经》等手段来摧毁敌人，并将那些拥有不同肤色、不同宗教信仰的人纳为自己的臣民。詹姆斯·乔伊斯（James Joyce）有一句著名的论断："不列颠帝国对外征服的真正象征就是鲁滨孙·克鲁索。"然而，如果我们将克鲁索视为一个典型的征服者、殖民者，那么，从另外一个截然不同的视角来看，他的经历也代表了大英帝国的遭遇。在海难之前，克鲁索曾被柏柏里海盗俘虏，在摩洛哥，他沦为了"悲惨的奴隶"。他前脚刚逃出穆斯林主人的魔爪，后脚就又成了"一个永无获释希望的囚徒，渺无人烟的荒野之地与四面的海洋就是我监狱的铁栅和紧锁的牢门"。即使克鲁索把这片荒岛改造成了自己的殖民地，但他仍然不确定自己在那里的生活算是"统治该岛，还是被囚禁在该岛之上"。[1]

在第二则有关大英帝国的寓言当中，主人公就不存在任何这方面的疑虑。他从布里斯托这个跨大西洋商贸中心（当然也是贩奴活动的中心）启航，准备前往各欧洲帝国的海外殖民地——西属美洲、西印度群岛以及印度沿海地区。然而，他从未成功地抵达上述地区。这趟旅途一次又一次地被那些超出他控制范围的人与事打断。他先是在小人国被俘，而后又落入大人国居民的手中。但其实，最后一次被俘的经历才是给他本人带来最大影响的一次。他被囚禁于慧骃岛上，这座岛上的生物与他完全不同，但远比他高级。这里的生活深深地吸引了他，以至于他完全服膺于慧骃的价值观。最终，他不得不返回英国，然而此时的他已经无法忍受自己同胞身上沾染的罪恶与愚蠢，也无法忍受自己家人身上的恶臭气味。对这则寓言故事的主人公而言，他的海外冒险没有征服任何地方、没有获得任何财富，甚至过得一点也不悠闲自在——伴随他的只有恐惧、不安、反复不断的被俘经历以及在这个过程中的自我改变。当然，最后他也将自己在各地的所见所闻讲述了出来。想必大家也都猜到了，这第二个有关大英帝国的寓言就是乔纳森·斯威夫特（Jonathan Swift）的《格列佛游记》（*Gulliver's Travels*，1726）。这部作品中涉及的诸多主题，也正是本书的主题。[2]

在本书接下来的篇章中，成百上千来自英格兰、威尔士、苏格兰与爱尔兰的男女老少将成为故事的主角。在不列颠逐渐崛起为一个具有全球影响力的帝国的前 250 年里，他们在欧洲以外的世界其他地区被人俘虏。这部著作参考了大量（当然并非全部）由这些俘虏自己所记述的故事与图画，这些作品内容丰富，但几乎从未得到人们的关注。我希望这部作品能够同时兼顾微观的、个人的故事，以及宏观的、帝国的面向。正如笛福与斯威夫特所描绘的那样，在英帝国崛起的过程中，"囚禁"是其国民在海外生活中不可避免的一部分。不了解这个部分，我们对帝国的理解就缺少了必要一环。只有深入挖掘俘虏背后所包含的全部意义，我们才能真正理解那些遭遇了大英帝国的非欧洲人在这一过程中受到了何种影响。俘虏与囚禁是大英帝国的阴暗面。通过俘虏，我们得以窥见帝国的另一幅景象。

因为小，所以脆弱；因为小，所以扩张

在英帝国的缔造过程中，之所以有大量的英国人被囚禁于海外，其根本原因就藏在一幅有史以来最著名的地图当中。在这幅地图中，不列颠与爱尔兰处在世界的中心位置，被染成了鲜艳的红色（或者说粉红色）。在地图的外圈，是一连串的陆地——澳大利亚、新西兰、加拿大、印度次大陆、非洲大陆、加勒比群岛等，其中大部分被染成了与英国本土相同的颜色。在 19 世纪末 20 世纪初出版的某些版本中，人们还用黑色或红色标明了连接英国本土与其海外领地的航线与电报线，看上去仿佛一团以轮毂为中心向四处伸展的无规则辐条，或是一只趴在一张巨大的全球网络中央的猩红色蜘蛛。英国与那些它声称归属于自己的遥远土地之间似乎存在某种真实的纽带，而那些土地所呈现的色彩也与英国本土保持一致。

尽管这幅地图早已从地图册上消失不见，其中所描绘的帝国也一道烟消云散，但它已成为史学著作与教科书中描绘的大英帝国的标准形象。直到今天，这一形象依旧扎根于人们的脑海之中。从表面上看，这幅地图所蕴含的故事是线性且毫无波折的。在 16 世纪末以前，很少有英格兰人（更遑论苏格兰人、爱尔兰人和威尔士人）对他们自己所生活的土地以外的世界展现浓厚的兴趣。即使到了 1630 年，英伦三岛上最多也只有不超过 12000 名移民和商人选择远赴海外，他们中的绝大多数驻扎在北美、圭亚那、加勒比海与印度沿海地区的前哨站。一个同时代的人如是描述这群人："他们只不过是一帮……完全没有政府支持的散兵游勇。"[3] 但到了 18 世纪初，英国政府和与之有关联的各大贸易公司却开始宣称，它们有权管辖散布在五大洲中四个大洲上的 50 多万白人移民以及成千上万或自由或受奴役的其他人。到了 19 世纪 20 年代，英国的统治范围急剧扩大，世界上 1/5 的人口已然成为其属民。再过 100 年，当地图上的红色板块范围快要接近极限之时，地球表面 1400 多万平方英里的土地都被纳入大英帝国的统治之下。

综上所述，英国的扩张之路似乎不可阻挡，并且其最终的全球霸权地位（即使只是暂时的）也是压倒性的。在这个版本的故事中，白人俘虏的重要性似乎可以忽略不计——毕竟，被殖民者所俘虏的人不计其数，而他们基本上都不是白人。但是，当我们再次审视这幅著名的大英帝国地图之时，我们便会发现，它和其他大多数地图一样：尽管这幅地图并非毫无根据，但在某些方面，通过精心策划，它巧妙地将一部分真实历史掩藏了起来。

其欺骗性在于，它会让人们错误地相信英帝国是现实世界中唯一一个实存的帝国；然而事实并非如此。其欺骗性还在于，它所采用的墨卡托投影（Mercator projection）技术以及格林尼治子午线将图中的英国置于全球的中心位置。此外，将英国宣称拥有的所有领土都涂成同一种颜色的做法也极具误导性，这会让人们认为整个英帝国是一个单一的、同质化的单位。然而，英帝国从来都不是这样一个政治实体。同时，这幅地图还包含着另外一个极其重要的诡计：由于加拿大、新西兰、澳大利亚、印度次大陆、非洲大部分地区以及加勒比海部分地区在这张地图上被涂成了与英国本土相同的红色，观众的目光便不再聚焦于后者的渺小，而是被巧妙地转移到前者的巨大规模以及全球性分布之上。这幅地图鼓励人们注视并欣赏这个全球性帝国，而非位于核心区域的那块面积相对较小的英国本土。不过，为了更好地理解这个帝国——以及作为俘虏的英国国民，我们恰恰需要将目光转回到那面积不大的英国本土之上。在这一时期，许多英国人在海外被俘，因为他们既是无处不在的入侵者，同时在大多数情况下，他们又很容易受到攻击。

从地理角度来看，如果与当今的大国相比，英国本土面积的狭小便一目了然。美国东西海岸相距 3000 多英里，其国土面积与中国相近，都超过 350 万平方英里；俄罗斯的国土面积接近 600 万平方英里；1947 年前英国控制下的印度面积则约为 120 万平方英里。相比之下，大不列颠岛与爱尔兰岛的面积加起来还不到 12.5 万平方英里。大不列颠岛本身——包括英格兰、威尔士与苏格兰——则比马达加斯加岛还要小；美国得克萨斯州的面积比大不列颠岛大了超过两倍。[4]当然，幅员从来都不是决定国家实力的唯一因素，甚至都算不上最重要因素。以今天的标准来看，所有曾经建立过海上帝国的欧洲国家都很小。不过，英国所拥有的庞大帝国与其本土面积、资源之间的差距也是十分明显的。到 20 世纪初，荷兰帝国大约比荷兰本土大上 50 倍；法国殖民地的面积约为法国本土的 18 倍；然而，英国却统治着一个比其自身岛屿面积大 125 倍的全球帝国。[5]

另外，从人口的角度来看，英国治下的帝国与其本土之间的差距也相当明显。按照欧洲的标准，近代早期，不列颠与爱尔兰大部分地区都经历了人口的快速增长。据估测，1550—1820 年，法国的人口数量增长了 79%，西班牙的人口增长了 56%；而同一时期，英格兰的人口数量则几乎增长了两倍。但需要指出的是，英格兰人口的惊人增长在很大程度上是因为原先英格兰的人口数量相当少，几乎不超过 300 万。到 1820

年，当大英帝国统治了全球范围内近 1/5 的人口时，生活在英格兰的人口仍不超过 1200 万。这与西班牙、法国、德意志诸邦国以及意大利各城邦形成了鲜明的对比——在这一时期，上述各国平均拥有大约 2000 万居民。[6] 1707 年英格兰与苏格兰在政治上的联合，以及 1800 年与爱尔兰的进一步联合，使伦敦方面获得了额外的、不可或缺的本土人力资源。尽管如此，在 17—18 世纪，英国的统治者仍然不能确定其国内人口数量能否满足一个庞大帝国的人力需求，毕竟，从陆军到海军，到海外移民，再到税收，都需要庞大的人口基数来做支撑。即便到了 19 世纪，国内人口数量过少的问题偶尔也会影响到英国统治者的决策。许多政治家与评论家都坚信，英国的人口与资金外流规模惊人，以至英国国内的人口数量实际上正处于下降阶段。直到 1801 年，英国都没有进行过人口普查。部分原因在于，英国的统治阶层担心一旦进行人口普查，就有可能让英国的竞争对手以及英国的殖民地臣民意识到其本土人口不足的现实情况。[7]

英国本土的人口有限，他们也反对维持一支规模庞大的常备军，这些都进一步说明，自始至终，英帝国都因自身的"小"而面临诸多核心挑战。英国自身武装力量的规模远远落后于其在全球范围进行扩张的步伐，即便对英国皇家海军而言，情况亦是如此。丹尼尔·鲍（Daniel Baugh）认为，17 世纪之后，英国在世界范围内不断增长的海军力量本身就造成了严重的问题。英国本土从来都没有能力提供足够的水手"来满足皇家海军的战争需求以及商船的贸易需求"。直到 1700 年，尽管皇家海军已经是世界上最为强大的一支海军，但他们仍旧缺乏足够数量的船只，没有办法在保护英国本土免受其欧洲大陆敌人攻击的同时，在全球范围内维持庞大的海军存在。在本书所涉及的 250 年历史中，英国皇家海军舰队在大部分时间里没有，也不可能参与到征服海外领土的帝国大业之中；相反，绝大多数皇家海军战舰驻守在本国港口或临近的欧洲水域当中，负责监视荷兰、西班牙与法国海军的行动。[8]

不过，相较于英国陆军所承受的巨大压力，皇家海军面对的这点挑战简直不值一提。约翰·布鲁尔（John Brewer）指出，随着时间的推移，在每一场大战当中，英国人都既需要招募本国的士兵，也需要雇用外国军队；准确来讲，他们不得不这么做。这些临时组建起来的庞大军团（它们的各项纸面数据都要比战场上的真实数据好看）完全是特殊情况下的产物。[9]这些军队既无法承担帝国的日常防卫工作，也不可能满足帝国的日常统治需求。1715 年时，英国宣称其北美殖民地拥有约 50 万人口；与此同时，还控制着西印度群岛的大部分地区、印度沿海地区的定居点以及地中海的诸多关键前哨站，但这一时期英国陆军的规模甚至不及撒丁王国。1850 年，即本书截止之处，由英国人组成的英国陆军规模与俄国、法国甚至普鲁士相比，都明显有限。一位军事史专家写道："无论在哪个年代……英国的陆军都没法胜任在和平时期维持（大英）帝国日常治安与国土防御的职责。"[10]即使是在大英帝国鼎盛之时，其陆军与海军规模都无法与当今的美国相提并论。

如果说，在帝国扩张的整个过程当中，英国能够一直拥有近代早期西方帝国所奠定的技术优势，而这些优势始终未被非西方世界所超越，那么人力资源上面临的限制可能就没那么重要了。但事实并非如此。就海军而言，可以肯定的是，几个欧洲主要大国在 1600 年前就已遥遥领先于世界其他地区（尽管在很长一段时间里，这些国家所拥有的木制舰船还无法十分安全地实现远洋航行，而且当时的航海仪器都很粗糙，有时甚至很不可靠）。但就陆军而言，情况就不大相同。库克船长在 18 世纪 70—80 年代与太平洋岛民的相遇之所以能引起英国人与其他欧洲人的共鸣，很可能是因为这些人清楚地意识到，太平洋岛民手中的武器装备完全就是原始部落的水平。相比之下，在非洲的部分地区以及北美，特别是在亚洲，同时期的英国入侵者往往面对的是武器装备与自己相似甚至是更具优势的当地民众。[11] 我们脑海中经常会浮现这样的画面：在 19 世纪后期与之后的日子里，白人帝国主义者手持加特林机枪或者其他类似的速射武器，单方面屠杀装备不良的非欧洲民族。而在本书所涉及的 250 年历史的大部分时间里，欧洲与非欧洲文明的陆战并未呈现特别明显的技术代差，西方的武器装备与非西方的武器装备之间不存在特别大的差距。1799 年，在英国陆军的预算当中，枪支、火炮及其弹药的占比还不到 5%；而其余的开支都被用在了马匹、马车、制服、剑、刀、长矛以及士兵的军饷上。这与古代世界以及大部分非欧洲国家的陆军开支占比相差不大。[12]

有些人可能会强调，上述这些物质因素——英国在地理面积、人口数量、武装部队规模，以及很长一段时间内在军事技术上面临的明显限制——都只是次要因素。大英帝国的存在是毫无争议的事实。因此，这些限制性因素的重要性肯定不如"意志力、自信，甚至是傲慢自大"重要——正是在这些"精神因素"的帮助之下，越来越多的英国人投身于海外世界，在世界各地展开了各种行动，征服并剥削着非西方世界的人民。然而，那些真正生活在十七八世纪，甚至是 19 世纪初的人们，很少以这样的方式看待这一问题。在这一时期，当然有大量证据表明，一部分英国人宣称他们比所有的外国人——无论是欧洲人还是非欧洲人——都更为优越。但那些思想更为成熟，或是亲身经历过战斗的人却不这么认为。他们承认，在需要和其他政治体打交道的场合之中，傲慢自大与沙文主义并不能解决问题。语言、文化以及自满情绪本身并没有什么魔力，这些精神层面的东西也并不能解决物质层面上力量不足的问题。1810 年，一名经验丰富的帝国军人兼外交官无可奈何地承认道："那些生活在本土的普通英国人所相信的那句格言——'一个英国人顶得上两个外国人'……在某些情况下可能是有意义的，但这……绝对不是什么真理。"[13]

　　这说明，我们不能只关注那些宣称英国人在政治、宗教、经济乃至种族层面上比其他人更具优势的常规论调，还需要关注其他声音。有时，那些我们不甚熟悉的论调反而拥有相当多的受众。他们总会指出，英国本身的"小"必然会给建立并维持拥有庞大海外领土的帝国带来巨大的挑战与风险。17 世纪 60 年代，哈利法克斯侯爵（marquis of Halifax）写道，"在世界地图之上，我们只不过是一个小点"，因此，"只有通过贸易，我们才能取得光辉的成就"；1707 年，丹尼尔·笛福也告诫道，"我们并不想要更多其他国家的领土"；一名英国军官在 1744 年论及英国的海外驻军时也曾感叹道，"我们什么都不要，只要数量"；[14] 在美国独立战争期间，亚当·斯密强调，英国在日常时期所拥有的"军事力量"要"……比任何一个在财富或实力上能与之匹敌的欧洲列强都更孱弱"；1800 年，未来的威灵顿公爵严肃地指出，"我们的领土以及影响力扩张得太大了，以至于我们已经没有足够的能力来维持当下这个帝国"。[15] 最后，一名并不那么资深的军事与帝国事务评论家对英帝国面临的这一困境做出了最为精辟的总结。在 1810 年发表的一份颇有影响力的调查报告中，这位作者指出，相较于英国本身的规模及其所拥有的资源，它所构建的全球帝国犹如一棵"栽在花盆里的橡树"。[16] 也就是说，一个不断扩张的帝国终究还是受到了自身所处的狭小环境的限制。

可以肯定的是，在某些方面，狭小的国土（也就是那个花盆）实则有助于英国的帝国事业。英国大量的移民、企业家与冒险家之所以要离开英国前往其他国家（直到现在也是如此），奴隶主之所以要在西非海岸购买奴隶来从事劳动，商人之所以要不顾一切地侵入其他地区寻找原材料基地、开拓新市场，在很大程度上都是因为其母国实在是太小，小到无法为他们提供所需的土地、机会、人力资源、原材料以及市场。狭小的领土面积使英国人没办法做到自给自足，因此他们才不断出海打拼，这也是他们在全球范围内进行暴力扩张与掠夺的根本原因。英国本土的"小"不仅引发了英国人心中的不安与贪婪，同时也为他们提供了逃离这片土地的动因；当然，这一地理因素也帮助他们在全球范围内进行商业活动或海外扩张。在英国，没有任何一处地方距离海岸超过 70 英里。在很长一段时间里，海上旅行要比陆上旅行快得多，这是一个相当重要的优势。英国人所拥有的最为珍贵的财富，除了煤炭与羊群，莫过于广袤的海洋。依靠海洋高度的流动性和四通八达的特性，英国人口稀少的劣势获得了补偿。

在其他方面，英国狭小的领土也为帝国的建立与维系提供了便利。由于不列颠群岛的面积十分狭小，英格兰、威尔士、苏格兰与爱尔兰的富人、有权势之人和野心家纷纷涌向岛上的大都市——伦敦。在这个既是政府与宫廷所在地，又是英国最大的港口、造船中心、货币市场以及印刷品集散地的大都市里，英国本土各行各业的精英很早就达成了建立海外帝国的共识。这些人或是投资于这一事业，或是为其建言献策，或是直接在海外展开行动。当然，论述英国本土的"小"如何催生出中央集权制的国家，并最终形成一套早熟的国家意识形态以及与之相伴的内部凝聚力与战斗力，只是一种分析视角。[17] 同样，本土面积的狭小加上国家主导的政治联盟，也确保了大不列颠很早就成为世界上最重要的自由贸易区。这使英国成为积聚国内外商业能量的中心。英国在军事层面上面临的限制甚至也可能在某些方面促进了大英帝国的崛起。英国人自认为本国是一个小国，但随着时间的推移，他们的财富不断增长，而且他们所面对的欧洲敌人往往拥有更大的本土面积以及更强大的军事力量，因此英国人时常处于紧张状态之中，总担心自己会遭到欧陆强权的入侵，必须时刻保持警惕，准备战斗。阿尔弗雷德·阿德勒（Alfred Adler）在谈及那些社会不良分子时说，处于劣势的感觉会滋生攻击性，也就是说，处于劣势的人们总是渴望采取行动，以获得某种补偿。可以说，不列颠民族正拥有这一民族性。[18]

正是英国本土的"小"这一特点所带来的一系列后果——英国人的内聚性、不安于现状的对外侵略扩张倾向、从事商业的倾向，以及英国在人口、军事与其他资源上的不足，在一定程度上说明了为什么在 1600 年之后，大量的英国人会在欧洲以外的地区被当地人俘虏。许多缺乏足够武装的小型商船冒险进入了敌对的势力范围或未知的水域当中，而英国政府没有足够的皇家海军护航舰队为这些人提供保护，导致大量英国人在海外被俘。这正是本书第一部分所要论述的重点。而在第二部分，我则将重心转移到陆地之上。几个世纪以来，大量英国移民与商人在没有足够（有时甚至是完全没有）军队保护的情况下，仍无所顾忌地闯进别人视为家园的土地，而这些英国人的数量往往很少，也就导致其中很多人在陆上被俘。而在这一时期，派驻世界各地的英国陆军兵力严重不足，其所配备的武器也不够精良，再加上殖民地营地与堡垒中的人员不足，使帝国的边疆地区经常遭受攻击。一旦发生冲突，驻扎在当地的英国人——不仅包括军人，还包括妇女儿童——往往伤亡惨重，被俘率也相当高。

人类学家玛丽·道格拉斯（Mary Douglas）曾经提出，"作为模型的身体可以代表任何有边界的系统"，而在面对压力时，身体的"边界可以代表任何受到威胁的或不稳定的边界"。[19] 正是通过这种方式，在海外被俘虏的英格兰人、威尔士人、苏格兰人与爱尔兰人的身体，象征着英帝国在海外随时间推移而不断变化的边界，以及使英国本土居民充满恐惧、不安且面临各种限制的边界。然而，经由这些俘虏的遭遇，我们所能观察到的远不止英国人自己。通过观察发生在这些俘虏身上的事情，我们同样可以了解到那些英国人试图入侵、剥削的非欧洲民族是如何抵抗、惩罚这些英国入侵者的。在一部分案例当中，我们甚至可以观察到非欧洲人是如何利用这些英国人的身体的。

从这个意义上来讲，本书正是借助俘虏的故事，来重新审视更为广泛的国家、帝国与全球的历史。

那些重要的人与事

不过，本书中所描绘的被俘者绝不仅是具有象征意义的身体。他们每个人都参与了大英帝国的霸业，也都为英帝国的建立添砖加瓦。然而这些人的社会背景与种族身份各不相同。他们年龄各异，其宗教教派、政治立场、从事的职业、受教育程度、思维方式乃至语言都相差巨大。在面对俘虏自己的当地人时，这些背景各异的英国人的态度与反应也各不相同；同样，俘虏他们的当地人在面对这些英国人时反应也是多种多样的。那么，我们如何才能更好地理解这些英国人与当地人之间纷繁复杂的互动与对抗的历史呢？

和来自其他文化背景的俘虏（比如被英国殖民的人们）一样，在海外被俘的英国人不仅借助口述的方式将自己的经历传递给他人，还以其他许多不同的方式将先前发生在自己身上的事情记录了下来。一部分人使用绘画、墓志铭、歌曲以及布道词等方式来记录他们的故事；另一部分人则是由他人代为记录。还有些人在硬币上，或是被囚禁之地的墙壁上，画下了各种令人感同身受、颇为痛苦的线条与图案。有些人则更进一步，直接将这些经历文在了自己那被禁锢起来的身体上。很多被解救出来或最终有机会返回英国的俘虏为应付军事法庭，或是服从某些法官的指令，抑或吸引大街上熙熙攘攘的路人的同情，选择将自己的故事讲述出来（而非落笔写下）。有些时候，这些口述会被其他人记录下来，从而为我们所知。不过，有关海外俘虏最复杂、最全面，也是对本书最有价值的材料，则是那些来自俘虏本人叙述的故事。

这批海量的材料通常以第一人称书写。在大多数情况下，这些材料的作者本人就是曾遭遇囚禁的俘虏，当然也不排除某些由俘虏口述、他人代笔的案例。作为一种叙事类型，有关俘虏的故事通常描述的是一个人或一群人如何被俘，这些受害者又是如何应对（或不应对）随之而来的各种挑战与痛苦，以及他们最后如何想方设法逃离当地，或是被赎回、被主动释放的。此类故事的文本长度与写作质量参差不齐，不过其中最为优秀的文本已经达到了后来深入当地进行长期田野调查的人类学家与民族学家所达到的分析高度。用玛丽·路易斯·普拉特（Mary Louise Pratt）的话来说，就是：

> 民族志作者的权威性高于"单纯的旅行者"，这是因为他们认为旅行者只是走马观花，而民族志作者则是和他所研究的群体一同生活的。不过，俘虏也会如此。他们在另一种文化当中以各种身份生活着……他们学习当地人的语言与生活方式，他们所达到的高度让任何民族志作者都心生嫉妒。况且，他们经常记叙自己的故事，这些记述内容充实、丰富、准确，也达到了民族志本身的标准。与此同时，在许多方面，俘虏的经历也与田野工作的经历有着共通之处——依赖当地民众，缺乏掌控力，自身又相当脆弱。[20]

除了上述提到的西方与非西方的各式各样材料外，我在本书当中还引用了 100 余份手稿或印刷品等文字材料。这些记录所涵盖的时间跨度从 1600 年起，到 19 世纪中叶止，内容基本以在地中海、北非、北美、南亚以及中亚地区被俘的英国人对自己遭囚禁经历的叙述为主，此类叙述或是由这些曾经的俘虏亲自写下，或是由本人口述、他人代书。

毫无疑问，我所引用的这些材料的内容都相当主观，也极易受到其他学者的批评。需要在此事先声明的是，我在第三章当中讨论了这些记载的真实性及其背后的意义等问题。但在本书的开篇，我想强调一点：尽管这些文本有时包含一些虚构成分，以及为数不多的谎言与错误之处，但总体而言，其内容的真实性通常是能够保证的；而且，在本书中，我也运用其他材料对上述内容的真实性进行了检验。

以罗伯特·德鲁里（Robert Drury）的故事为例——他是英国皇家海军的一名候补军官，16 岁时在马达加斯加南部海岸遭遇海难，被当地的安坦德罗人（Antandroy）当作奴隶关押了 15 年。他所著的作品长达460 余页，于 1729 年在伦敦出版。在序言中，德鲁里曾明确表示过自己

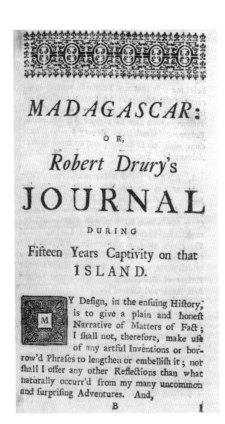

1. 罗伯特·德鲁里的故事

的担忧。他写道，尽管这部作品仅仅是"对事实简单且诚实的叙述"，但它仍然有可能会被读者视作"像《鲁滨孙漂流记》那样的另外一部传奇文学"。事实证明，他的担忧不无道理。很多同时代的读者并不相信德鲁里所说的故事。1943 年，一名学者在自己的一部学术专著中宣称自己"证明"了这部作品是丹尼尔·笛福本人所写的另外一部文学著作；随即，世界各地的图书馆纷纷响应，迅速修改了德鲁里作品的目录条目，《大英百科全书》也将其从令人尊敬的人类学作品降格为传奇小说。随后，1991 年，一位名叫迈克·帕克·皮尔逊（Mike Parker Pearson）的海洋考古学家重新将罗伯特·德鲁里的故事带到了公众的视野当中，并重新认真研读了其中的叙述。[21]

15

当时，皮尔逊带领一支由考古学家和民族学家组成的团队，发现了德鲁里所乘船只的残骸。那是一艘重达 520 吨，名为"德格拉夫号"（Degrave）的英国东印度公司商船。1703 年，它在从孟加拉返回伦敦的航程中失事。不仅如此，他们还核实了德鲁里对 18 世纪早期马达加斯加南部的动物群、植物群、气候、当地人的服装与饮食的描述，以及他所记录的河流名称与山脉的诸多细节，他对安坦德罗人的战争、割礼与葬礼仪式的描述，还有当地人对欧洲人的疑虑——"当地人基本将所有白人都视为食人族"。此外，皮尔逊还对德鲁里写下的 8 页马达加斯加语词典进行了深入研究，发现其中很多拼写都受到了德鲁里本人的东伦敦腔（Cockney）影响。在经过上述调查工作之后，皮尔逊得出的结论是什么呢？很明显，德鲁里本人或是他的编辑从其他已经出版的作品中借鉴了一部分材料，这一点算得上是 18 世纪的标准做法。此外，德鲁里还省略了不少细节，同时在"距离、大小、重量"上有所夸大。尽管如此，皮尔逊仍然总结道，《马达加斯加：或罗伯特·德鲁里的日记》（*Madagascar: or Robert Drury's Journal*）一书"并非一部虚构的现实主义小说，也不是仅有几处符合事实、其余部分都是作者天马行空的想象的作品"。实际上，这本书的"内容基本准确"，这并不是说其中的内容无可挑剔，而是说这部作品中的内容可供学者深入研究，其重要性也应得到充分肯定。[22] 其余大多数俘虏的叙述也基本如此。这些文本本身并不完美，彰显了作者本人的特质，有时甚至带有激烈的立场倾向；但与此同时，这些文本为我们提供了大量错综复杂、内容多样的素材。经由这些俘虏的叙述，我们既能更好地了解英国人，也能更好地了解与英国人打交道的其他民族。

需要强调的是，这些记述本身和我们先前的很多认知并不一致。很多人认为，这些俘虏的叙事只不过是从另外一个角度证实了那种先验的、对欧洲以外的其他文明不屑一顾的欧洲中心主义观点。但当我们仔细阅读这些文本时，就可以发现，其中的很多叙述实际上有效地颠覆了这样一种观念，即针对非欧洲世界而言，存在一种单一的、可识别的"英国人"（也可以替换为"欧洲人"）。当然，这些文本的意义远不止于此。

之所以会产生这种效果，在某种程度上是因为这些文本的作者身份差异巨大。在人们的脑海中，英国人对待帝国的态度实际上是由那些在政治、军事、外交、殖民、文化、商业、工业等领域拥有显赫声望的少数人的言论所塑造的，他们的论述也呈现高度的同质化。在此情形下，我们常常只能接触到那些占据主导地位、充满自信、以男性为中心的观点。然而，当我们将目光转向那些俘虏的故事时，我们就在一定程度上转变了上述认知。通过这种方式，我们接触到了众多有别于那些成功人士的人，他们才是大英帝国的核心组成部分。尽管并非所有俘虏都是默默无闻之辈，但他们中的绝大多数是普通人。他们中有未成年的移民、农民，有普通水手、私人佣兵、低级军官，有小商人、流浪者，甚至还有逃犯，当然也包括各种背景的女性。因此，借用一名 20 世纪爱尔兰俘虏的话，这些人中的大多数"身处一个自己无法控制的全球游戏当中，而自己只不过是一枚无足轻重的棋子"。[23] 在这一背景之下，这些人获得了双重体验：一方面，他们意识到自己不得不服从于那些非欧洲人的摆布；但另一方面，在这一过程当中，一部分英国人也感受到了英国社会对自己施加的限制与支配，并且在自己的叙述当中反映了这一点。

此外，无论这些作者的社会地位与情感究竟如何，仅仅从内容上来看，叙述自己的被俘经历总会让人感到有些不适。对于那些在海外身陷囹圄的英国人来说，被俘不仅意味着突然被抛入危险且极易受到攻击的环境之中，还意味着被强行拉过了一条边界线。这条边界线或许是基督教欧洲与北非和奥斯曼的伊斯兰世界之间的边界，也可能是英国在北美的定居点与流动性更强的美洲原住民社会之间的边界；1775 年之后，它还可能是英帝国主义者与那些反抗其统治之人的边界，抑或是英国在南亚或中亚的桥头堡与抵抗英国侵略的原住民聚居区之间的边界。本书涉及的许多人始终对被迫陷入创伤和差异怀有强烈的怨恨之情。不过，一些被俘者也主动选择或被迫适应了他们所处的新环境，还有些人在经历了这一切之后，开始对民族划分的正当性产生了质疑，也开始质疑先前被他们视为理所当然的信条的真正意义。几乎所有的英国俘虏都因其所处的困境而不得不重新审视，往往也是第一次认真拷问自己那些有关国籍、种族、宗教、效忠、正当的生活方式以及权力的传统观点。

　　这些英国人身处帝国扩张的前沿地带，在相当长的时间里丧失了人身自由。他们处于底层，而那些非欧洲人、非基督徒、非白人的人往往掌握着他们的生杀大权。那些在遭囚禁后幸存下来的人所写的文字，或以其他方式记录下的经历，在很长一段时间里都能让其他英国人感到不安。詹姆斯·阿梅朗（James Amelang）说，"在近代早期的欧洲，自传这一文体在传播外部世界的信息上发挥了关键作用"；就俘虏的自传而言，即便将时间跨度再拉长一点，上述判断依旧能够成立。[24] 英国人不断地说服自己，想让自己相信（尽管他们从未完全相信，也没有相信多久），对于他们这样一个小民族而言，建立一个全球帝国是可行的选择；而在此之前，英国社会的各个阶层无时无刻不在关注着那些曾在海外被俘虏的英国人的经历，同时也为其遭遇感到痛苦。而这些遭遇也同样值得我们的关注。

重新审视帝国

　　总之，本书将宏观的、全景式的、全球性的背景与微观的、个人的、独特的故事有机地结合了起来。一方面，本书从宏观上论述了英国在发展为世界上最主要大国的250年历史中所面临的一系列限制与危机，以及这一系列限制与危机对英国本国人民和世界其他地区的人民所造成的影响。另一方面，本书也从微观上描绘了大量英格兰人、威尔士人、苏格兰人与爱尔兰人的故事。因为英帝国既拥有强烈的对外扩张倾向，同时又没有足够的能力在世界各地保护自己的国民，所以这些游走在海外的英国人才会遭遇不测，沦为海外当地居民的阶下囚。

几个世纪以来，在世界各个角落都能发现作为俘虏的英国人。但本书将目光聚焦于英帝国的统治者最为重视，并投入了最多资源与心血的三个巨大的地理区域之上。因此，本书第一部分的重点是北非与地中海地区。这一地区经常为研究英国商业史与帝国史的学者所忽略，但正是这片地区见证了17世纪英国尝试过的最为昂贵的（也是彻底失败的）殖民行动；与此同时，1750年之前，英国在海外的军队基本驻扎在这一地区。第二部分专门讨论北美大陆，重点放在1775年后试图用暴力同英国割离的13个殖民地之上。第三部分则聚焦于南亚与中亚地区，其中既包括1760年后的40年时间里在印度南部被俘虏的英国人，也包括19世纪40年代英国在阿富汗遭遇的惨败。

随着时间的推移，英帝国手中的权力以及英国人看待帝国的态度都发生了巨大的变化。本书所考察的三个地区涌现的大量英国俘虏，恰好勾勒出了当时英帝国所面临的最为严重的威胁。同时，这三个区域也是令英国人最为关注和恐慌的所在。本书的第一部分从1600年写起，截至18世纪初。这一时期英国在地中海和北非的商业与帝国事业受到了当地伊斯兰势力的威胁，但与此同时，英国人也需要依赖当地这些势力才能实现发展。第二部分研究了从17世纪后期到1783年美国独立战争结束这一时期在北美地区被俘虏的英国人。和本书中所描绘的其他地区一样，这段时间发生在北美的大规模囚禁事件是与更广泛的问题和焦虑联系在一起的。那些被俘虏的英国人既处在不断前进、渴求获得更多土地的英国殖民者与满怀愤怒、不断后撤的原住民之间的冲突当中，也处

18

在那些自信的白人殖民者与他们在大西洋彼岸的英国同胞之间的紧张关系和分歧之中。本书第三部分是关于南亚与中亚的，时间跨度从 18 世纪中叶一直到维多利亚时代早期。这一时期，帝国在海外的俘虏以及英国国内对本国人在海外被囚禁的反应都发生了明显的变化；与此同时，英国的扩张方向与强度以及其在全球范围内拥有的权力也发生了明显的变化。

由于这本书篇幅较长，需要读者穿越几个大洲，跨越 250 年的历史，因此我会在此为读者提供一些指引。本书三个部分中的每一部分都会以一个介绍性的章节开始，描绘一幅有关俘虏、捕获俘虏的当地人、当地的国家与文化的基本背景图。在整个过程当中，我会同时考察英国在全球范围内的不断扩张以及其持续存在的各种限制；我还会关注世界各地的相互关联，试图将那些先前被单拎出来的历史事件联系起来。尽管在某些情况下，对美洲、亚洲以及地中海世界之间联系的探讨或许并不恰当，但我依旧有意将其关联在一起，因为英国在这些地区建立帝国的模式和当地对英国的抵抗模式都是相互关联的。我试图重新思考侵略者与被侵略者、强者与弱者之间的界限，并将其复杂化，因为这些界限并非稳定的和不可跨越的。与此同时，我还重点阐释了英格兰人、威尔士人、爱尔兰人和苏格兰人在世界各地采取的行动、被囚禁的情况与他们所写的著作之间的联系，以及这些俘虏的经历在英国本土所引发的进一步反应。本书的作者坚信，不应将英国国内的历史与海外英国人的历史分割开来，因为它们之间存在着紧密的联系和互动。

此外，还有一组联系是本书试图强调的。我十分坚定地认为，英国人需要更多地了解他们在历史上曾对世界各地造成了哪些影响，以及这些地区的人民和当地的发展在几个世纪的时间里又是如何反过来影响英国人的。不过，同样，对于那些想要了解非洲、亚洲、美洲，甚至加勒比海与太平洋绝大部分地区的历史与现状的人来说，也有必要重新审视英国人曾在其中扮演的复杂角色，并清楚地意识到那些英国人的实际处境，即他们的多样性及其面临的诸多限制。需要明确的是，英国人没能达到他们所希望达到的程度，目前人们对大英帝国的诸多印象也与历史事实并不相符。本书为考察英帝国所造成的影响以及相关历史事件提供了一个新的视角，但绝不是说这是唯一可以被采纳的视角。本书也是对英国人的一次重新书写。我希望，通过本书的研究，我们能够更加精准地界定英国人在全球历史中的地位。

最后一点：本书所涉及的人物在多个方面呈现与当今社会截然不同的面貌。最重要的是，对当时的人们来说，无论是欧洲人还是非欧洲人，他们中的绝大多数将帝国的存在视为理所当然。这并不令人感到惊讶——英国的海上帝国与法国、西班牙、葡萄牙、丹麦以及荷兰的海上帝国同时存在，彼此竞争不断；这些西欧的海上帝国又与东方的陆上帝国共存，其中包括俄罗斯帝国和奥斯曼帝国，还包括波斯的萨法维帝国以及印度的莫卧儿帝国。所有这些帝国在过去都是比英国及其邻国更为强大的国家，且在此后的时间里都在不同程度上实现了扩张。欧洲本身也存在大陆帝国，例如哈布斯堡家族建立的帝国，包括奥地利、东欧部分地区以及意大利；拿破仑·波拿巴（Napoleon Bonaparte）在 1796 年后迅速建立起的帝国征服了欧洲 40% 的人口，还一度威胁到了英国的安全。

正如最后这一点所表明的那样，在那个年代，无论是共和政体还是

19

024 俘虏危机：大英帝国崛起的背面（1600—1850）

君主政体，大家奉行的都是帝国主义。1776 年之后，美国摆脱了乔治三世和英国的统治，但这并不意味着美国会拒绝成长为一个帝国。那些白人移民只是改换了旗号，而后继续不断向西入侵。他们边入侵边驱赶那些居住在这些土地上的美洲原住民以及其他民族，意图构建一个（曾与英国人作战的）亚历山大·汉密尔顿（Alexander Hamilton）所说的"在许多方面都称得上世界上最有意思的帝国"。当探究英国人如何思考、如何行动的时候，我们时刻都要记得，在这 250 年的历史中，帝国无处不在。同时，在人类有记载的历史中，帝国几乎也是"世界上大多数人都接受的一种生活方式"，在 21 世纪初的今天，人们也需要时刻记得这一点。[25]

我们或许更愿意相信，由于历史已经彻底抛弃了武力殖民，所以帝国已经完全不复存在。本书讨论了规模与权力之间的关系，以及英国在追求全球性霸权地位的过程中所面临的打击和矛盾之处。本书不只关注那些被入侵的国家，还关注入侵者本身，即那些很容易以各种方式被俘虏的人们。如果这些问题真的仅是历史问题的话，那真是再好不过；但显然，这种想法太过天真。

第一部分

地中海

俘虏与限制

第一章
丹吉尔

开拓者

让英国有能力踏入北非、控制地中海入口的那片海域出了名的不太平。即使到了今天,横穿或纵跨欧洲与非洲之间的最窄水域——直布罗陀海峡——也并非易事。通常而言,这段航程需要耗费相当长的时间,而且这片海域也不安全。无论登船之时阳光多么明媚,随时可能到来的疾风骤雨都会无情地闯进你的旅途,将海岸线遮蔽得严严实实,将湛蓝的大海涂成一片石板灰,再让原本宁静的海面翻滚起来。在天气恶劣的情况下,这段旅行不仅会让你的胃翻江倒海,还有可能会要了你的性命。此时,那些渴望外出务工的摩洛哥与阿尔及尔移民,以及意志坚定的背包客,都会选择乘坐更大、服役年限更久的渡船,以确保自己的这段旅程更加安全可靠。这些旅客不得不进入船舱深处,与到处可见的烟蒂和陈旧的咖啡渍相伴。而那些劳工往往还会将自己的行李整齐地安置起来,再在外面包裹一层牛皮纸。相比之下,那些渴望体验从直布罗陀到丹吉尔的海上之旅〔像《你在非洲的一天》("Your Day Out In

Africa"）那样] 的游客，则成群结队地取消了预订；在这种天气之下，往返于丹吉尔与西班牙塔里法和阿尔赫西拉斯之间，体型较小、航速较快的水翼船有时也会暂停运营。至于那些艺不高胆也不大的船主，就更不会选择在这种鬼天气出海了。但即便如此，每年仍然有数以百计的人死在这条仅有 8 英里长的水道之上。

1662 年，当英国占领军首次抵达丹吉尔时，他们就因其近海水域复杂多变、不可预测的情况，突如其来的狂风暴雨以及怪异的陆上景观而深感震撼。只不过这里的"自然风光"并没有让这些来自英国的士兵、官员及其家属感到任何家的温暖。事实上，如果隔得稍远一些，再配合上大雾，那么一眼望去，丹吉尔后面的低矮山脉与北威尔士的山脉几乎没什么区别；但在其他方面，这里就与英国本土没那么相似了——地中海明媚的阳光、广阔的沙滩、白色与赭石色建筑泛出的亮光、绝大多数人之前从未尝过的水果与蔬菜，以及即便在冬天也会盛开的玫瑰花，无不展现着这里的特色。不过，休·乔姆利爵士（Sir Hugh Cholmley）完全没有被这些异域风情所吸引，踏上这片土地之后，他就立即开始忙碌起来，因为他的任务是管理这片海域。

乔姆利是约克郡的一名地主。他本人是个温和的保王派，相当聪明且富有干劲，他休闲娱乐的方式就是做数学题。同时，他也是一个颇具绅士风度的资本家。这一时期，大英帝国正逐步拓展其海外版图，而他既在英国的海外领土进行投资，也在英国本土开辟了其他门类的财源。他在惠特比的家族领地上开采着明矾矿，并将自己的女儿嫁给了一个倒腾印度钻石的投机商；但其中最重要的是，他将自己绝大部分的心思与精力倾注在了丹吉尔之上。1 1661 年，英国国王查理二世与郁郁寡欢、

2. 温塞斯劳斯·霍拉尔视角下的丹吉尔

终生未育的葡萄牙公主布拉干萨的卡塔里娜（Catherine of Braganza）成婚。查理二世获得了作为新娘嫁妆的丹吉尔的统治权。一年之后，乔姆利与英国政府签订了一份合同，以每立方码*13先令的价格负责在丹吉尔修建一座人工港（mole）。"mole"一词源自法语与拉丁语，义为"大量、一大堆、一大块"。乔姆利意图在丹吉尔自然形成的海岸线上建造一道防波堤，并安置火炮以及其他防御工事，以确保海岸线的安全。经过这一系列改造，乔姆利希望让丹吉尔港口的深度提升到足以容纳皇家海军最大战舰的程度，同时将这里打造为一处更安全、更合适的避风港，进而更好地为未来不断增加的贸易往来提供服务。[2]

　　无论是过去还是现在，丹吉尔的地缘位置都极为特殊。这座城市的

* 约 0.76 立方米。——译者注（本书脚注皆为译者注，后不再标示）

战略和地理意义常常被一些负面新闻所掩盖。不过，这些新闻至少也说明这座城市处于不同文化的交汇点之上。丹吉尔毗邻非洲大陆离欧洲最近的地方，一面朝向大西洋，另一面则是地中海的西大门。因此，英国人想要占据此地的理由不止一个。一方面，丹吉尔能够作为英国的前哨站，英国人可以以此为基地向北非内陆地区进行进一步的商业与殖民扩张；另一方面，这里也是一处绝佳的海军基地，皇家海军可以在此监视欧洲两个更富有也更强大的对手——西班牙与法国——的舰队。不光如此，丹吉尔还守卫着这一时期所谓的"世界上最繁华的商贸大道"的入口。请注意，这里所指的并非大西洋，而是地中海——这一时期，地中海仍然是英国海外贸易的核心地带。[3] 1600 年之前，英国与南欧以及地中海东岸、土耳其和黎凡特的贸易就已经呈现蓬勃发展的态势。英国出口到这里的商品主要包括本国生产的布匹、为各个天主教港口供应的鲜鱼与咸鱼，以及直至 17 世纪下半叶前夕数量不断增长的殖民地进口商品——胡椒、烟草、糖、来自东印度的丝绸与印花棉布。英国人则从这里进口黎凡特的丝绸与染料、土耳其的棉花、西班牙的短羊毛、意大利的红酒、葡萄牙的马德拉白葡萄酒、摩洛哥的皮革与上等马匹，以及葡萄干、无花果、橘子和橄榄。这些进口食品在英国上层社会中扮演着重要角色，它们为人们提供了丰富多样的饮食选择。丹吉尔似乎能够成为上述规模巨大、丰富多彩的贸易活动的理想基地，这里也有潜力成为一处商贸中心。1662 年，英国人成功控制这里之后，查理二世做的第一件事就是宣布其为自由港。

因此，无论是从扩张主义的角度来看，还是从战略以及商业的角度来看，英国人占据丹吉尔的行为都是一桩稳赚不赔的买卖。只要用心经营，这里就能为英国带来丰厚的回报，正如乔姆利所说，丹吉尔就是"一颗宝石"。负责海军以及新占领殖民地事务的官员塞缪尔·佩皮斯（Samuel Pepys）在他的日记中写道，丹吉尔"可能是英国国王在这个世界上拥有的最重要的地方"。与之相比，布拉干萨的卡塔里娜的另一处"陪嫁"——孟买，在他的心目中不过是"一个没什么用的小岛"。考虑到孟买与英国之间的距离，这个地方几乎不可能发挥什么作用。[4] 在 17 世纪这个依旧属于帆船的时代，从孟买到伦敦至少要花半年的时间；即使是从英国的北美殖民地到伦敦也要三个月；然而丹吉尔却近在咫尺。与此同时，这个地方似乎也有无限的潜力。一艘从伦敦出发、航行速度快一些的商船在两个星期内就能抵达这里。因此，在丹吉尔被英国人控制的最初几年，英国统治阶层都将这处新殖民地视作"一个正在冉冉升起的新帝国的基石"，这一观点丝毫不会让人感到惊讶。17 世纪 70 年代，一名保王派曾力劝查理二世以丹吉尔为跳板，"称霸整个北半球，为欧洲与非洲立法"。[5]

为了将丹吉尔打造为新生帝国的基石，英国人在此地砸下重金。先前由于葡萄牙实力的衰退，这片土地已然开始走向衰败。直到 4000 多名英国占领军抵达之后，丹吉尔的重建工作才得以开展。在首批抵达这里的英军士兵中，有很多人曾在奥利弗·克伦威尔（Oliver Cromwell）的新模范军中服过役。这些士兵开始在定居点周围建起又长又坚固的城墙，"一层套着一层，宛如洋葱（皮）一般"。曾服务于英国宫廷的波希米亚雕刻家温塞斯劳斯·霍拉尔（Wenceslaus Hollar）在 1669 年正式到访丹吉尔时，用画笔记录下了当地部分城墙的细节，以及点缀在城墙之上、新近得名的塔楼与堡垒——彼得伯勒塔、约克堡、亨利埃塔堡、

1. Catharine Port.
2. The Irish Battery.

Prospect of y lower part of Tang

3. 设防后的丹吉尔

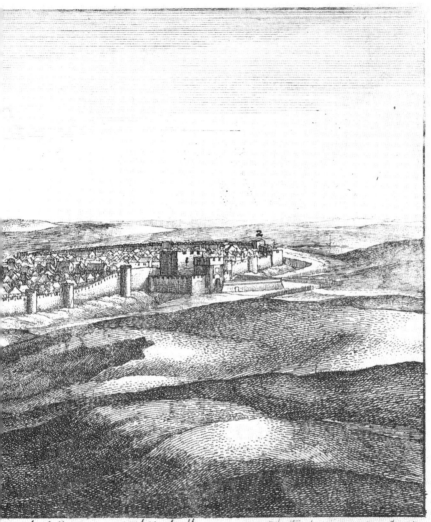

om the hill West of White-hall .... 5 The head Court of Guard,
W: Hollar delin:　4 The Bay,

查尔斯堡和詹姆斯堡，等等。霍拉尔所绘制的画作内容丰富、细节精准，这也是他本人所从事的最后一项实质性工作。透过霍拉尔的画作，我们能够看到英国在丹吉尔的投资规模之大，以及这一时期英国人对于永久占据此地的巨大信心。[6] 当然，我们还可以从这些画作中读出其他信息。霍拉尔之所以要绘制丹吉尔新建防御工事的全景图，显然是为了给观众留下深刻印象；但与此同时，他画笔下的丹吉尔呈现了与英国本土惊人的相似之处，以至于初看之下，仿佛仍置身于英国国内一般。在画面中，一个工人与他的妻子身穿英式灰色调服装，手拉着手，艰难地朝着家的方向迈步前进，陪伴他们的只有一只埋头赶路的狗。在宽阔又平整的道路上，马车正有条不紊地行驶着。而在城墙之内，房屋整齐地排布在一起，营造出一种强烈的安全感，仿佛这里并非北非，而是霍拉尔所生活的伦敦或其家乡布拉格。综观画作中的这些场景，几乎没有任何迹象表明这是一处位于非洲最北端海岸的城市。

霍拉尔的雇主查理二世也没有打算在丹吉尔保留任何当地的色彩。1668 年颁布的丹吉尔皇家特许状规定，只有男性基督徒才有权在该殖民地担任公职、参与投票。在这份特许状的制定者眼中，这一地区的穆斯林居民"太过野蛮，又太过贫穷，而且处于无休无止的相互争斗之中，我们无法想象有什么是能够让他们感到敬畏的存在"。按照英国官方的设想，丹吉尔将被打造为一个货真价实的由英国移民组成的殖民地；而且从一开始，英国人就希望以丹吉尔为桥头堡实施扩张，也希望在当地开展商业活动，进而将这里盎格鲁化。最初，英国人也展开了一系列行动，以实现这一宏伟目标。到 17 世纪 70 年代，丹吉尔境内的平民定居者人数几乎与士兵一样多，其中还包括 500 多名妇女与儿童。[7] 这座城

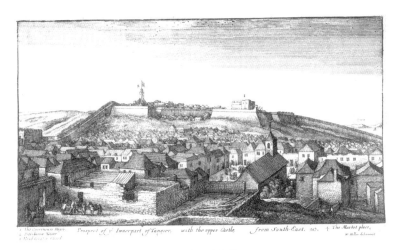

4. 丹吉尔城内景

5. 草地保龄球场

市里的街道名称都是英国式的，当地还拥有自己的市政委员会。每个星期天，丹吉尔的市长、市政委员会委员以及议员都会穿上精心设计的猩红色或紫色长袍，悠闲地到当地的圣公会教堂，落座于一排排铺着绿色天鹅绒坐垫的长椅之上，等待殖民地总督及其夫人的到来；在这里，带有查理二世肖像的雕刻与图像被摆在了显眼的位置。假如在礼拜的过程中，一名信徒不小心走了神，那么他就有可能透过铅框的窗户瞥见窗外的一番景象：在这个新落成的圣公会教堂的院子中，依然矗立着一座刻着阿拉伯文的古老纪念碑。然而，人们也许并不会过多地注意到那座纪念碑，因为在礼拜后，还有其他很多重要的事情需要去做，特别是对男性而言。在丹吉尔新建的草地保龄球场之上，当地驻军的军官经常与那些富裕的居民进行比赛；倘若某人对此没什么兴趣，那么他也可以流连于这座城市里日益繁荣的妓院之中；对那些禁欲又好学的人来说，参观图书馆亦是一个不错的选择。一个不知名的当地居民就曾偷走丹吉尔图书馆中唯一的一本约翰·米尔顿（John Milton）的《失乐园》（*Paradise Lost*）。[8] 毫无疑问，这些殖民者似乎将这里当成了一座英国本土城镇。

在欧洲以外的其他殖民事业当中，英国官方（不同于私人投资者和贸易公司）从未投入过如此庞大的精力、心血以及资金。现存的并不完整的账目显示，17世纪60年代，英国在丹吉尔的平均年度支出超过了75000英镑。即使后来王室有意识地削减了丹吉尔的驻军规模，并在当地建立了民政部门，相关开支也并未因此而减少。1671—1681年，英国在丹吉尔的年平均开支飙升至近87500英镑。丹吉尔最后一任总督达特茅斯勋爵（Lord Dartmouth）指出，英国前前后后在丹吉尔投入了近200万英镑，比查理二世花在其他任何海外前哨站的钱都要多，甚至比

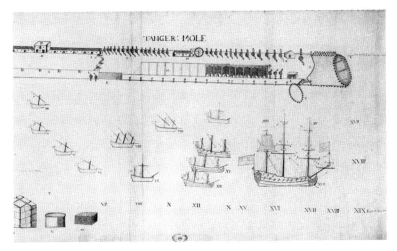

6. 装配有火炮的人工港规划图

英国本土的军费开支还要大。而这一笔巨额支出当中，有超过1/3的资金被交付给了休·乔姆利爵士，以建造丹吉尔的巨型人工港。9

　　至少从表面上来看，乔姆利这个人拥有不屈不挠的精神，同时在技术层面上也展现了足够的智慧和才能，完全有能力将丹吉尔改造成自己心仪的模样。他动用了海滩上的大量岩石，以至于人们都没有足够的石料来建设丹吉尔的城墙。随后，乔姆利还在定居点西部开发了一座新的采石场，并专门修建了一条道路，将石料从采石场运至人工港。最初，上千名当地驻军参与到这一工程中，在港口处辛勤劳作。但由于此项工程所需的劳动力仍然没有得到满足，乔姆利就专门从约克郡招募了一批熟练工人参与建设。为此，他还专门为这批工人建造了住所，并以自己的家乡惠特比为其命名。似乎没有什么困难能阻挡他前进的步伐。他的叔叔在丹吉尔因病去世，他的妻子则有了婚外情，甚至还怀了孕，家里

31

的女仆也在海上被柏柏里海盗掳走了。然而，乔姆利仍然毫不动摇。直至 1668 年，乔姆利丝毫不顾极端恶劣天气的影响，在消耗了大量资金、付出了大量劳工的生命之后，他主持修建的人工港已经从北非原先的海岸线往前延伸了大约 380 码 *；到 17 世纪 70 年代中期，它已向海中延伸了 457 码，宽度为 110 英尺，高出水面 18 英尺。人工港的其中一侧装备了 26 门大炮，而另一侧则建造有两处配备了"巨炮"的炮台。10

32　　　到那时为止，这都算得上是英国人在欧洲以外建设的最富野心的一项工程。对于英帝国而言，丹吉尔的重要性不言而喻。那壮观的人工港是英国在海外殖民地建设的第一处重要基础设施。随后，英国人便开始在世界各地修建大量的桥梁、码头、铁路、公路、水坝和运河，以促进贸易、便利运输，同时加强对当地的控制。与此同时，英国人也试图利用这些大型的现代基建奇观来塑造自身的形象，好让人们暂时忽略英国狭小的本土面积以及稀少的人口。在乔姆利的回忆录手稿中，他甚至将自己比作《旧约》当中巴比伦的统治者尼布甲尼撒（Nebuchadnezzar），此人曾建造一座人工港来征服推罗。事实证明，将乔姆利类比为克努特国王（King Canute）可能更恰当一些，只不过在丹吉尔，英国人的对手不仅仅是大海。

　　在建造的过程当中，冬季的狂风和猛烈的近岸流将人工港冲垮了近 30 次。这几乎让乔姆利陷入了绝望，他一度认为自己是在浪费青春与精力，"无休无止地用石头投喂大海"。直到 1677 年，他的勘测师亨利·希尔斯（Henry Sheeres）才知会伦敦，这一工程终于完工了。约 300 万

---

*　　1 码 =3 英尺≈ 0.9144 米。

立方英尺*、总重达 17 万吨的人工港现在终于建造完毕，希尔斯相当得意地称这一工程坚固得"如磐石一般"。[11] 但仅仅 7 年之后，这块磐石就不复存在了。1684 年，英国人被迫撤离丹吉尔。临走之时，他们亲手摧毁了先前付出巨大代价才建立起来的一切建筑。相互交错的房屋、富丽堂皇的堡垒、温塞斯劳斯·霍拉尔认为值得记录下来的环形城墙，以及乔姆利的伟大工程——人工港都被拆掉了，以免这些建筑落入摩洛哥军队的手中。在相当长的一段时间里，英国人的注意力都集中在那既危险又颇具商业价值的大海之上，而忽视了陆上一直虎视眈眈的摩洛哥人。根据查理二世的命令，印有其肖像的新铸钱币被深深地埋在了丹吉尔的地下："也许几百年之后，当所有的记忆都烟消云散之时，至少这些硬币还能够向后世证明，（这个）地方曾经是大英帝国的一部分。"

现在，唉，丹吉尔！

无论是金钱、生命，还是机运，

代价都是如此之大……[12]

另一片大海，另一片景象

这是一幅相当诡异的画面：在一片四处冒烟的废墟之上，士兵们的身上沾满了盐渍与灰尘，他们争先恐后地挖掘着先前的遗迹，试图找到

---

* 1 立方英尺 ≈ 0.0283 立方米。

那些印着国王肖像的钱币，这些原先象征着殖民野心的物件逐渐变成了考古学的研究对象。然而，无论是在传统的还是在当代的帝国叙事中，我们都无法为英国在丹吉尔的遭遇找到一个合适的定位，以至这段历史往往会被完全置于英帝国的叙事之外。尽管在当时，丹吉尔备受瞩目，其本身所处的位置也相当重要——一方面，英国政府在此地投入了前所未有的巨额资金；另一方面，乔姆利主持修建的那座已经灰飞烟灭的人工港也堪称人类工程史上的杰作——但到目前为止，只有一部重量级的著作讲述了丹吉尔这个 17 世纪英国投入最多心血与资源的欧洲之外殖民地的故事。但这部作品也出版于第一次世界大战之前，名为《丹吉尔：英国失落的大西洋前哨站》（ *Tangier: England's Lost Atlantic Outpost* ，1912）。其作者 E. M. G. 劳斯（E. M. G. Routh）是一位女性，她并不属于当时那个几乎完全由男性组成的帝国史学家圈子。尽管劳斯所做的研究相当严谨审慎，但单打独斗的她终究没能产生什么影响。最近，一支由美国、爱尔兰与英国学者联合组成的团队开始对 17 世纪英国逐步发展的帝国建设工程进行了权威考察，然而，在他们最终超过 500 页的作品当中，仅 6 次提到丹吉尔。[13] 至于那名几近疯狂的帝国工程师休·乔姆利爵士，他的名字也早已从历史书中消失。在《英国名人传记大词典》（ *The Dictionary of National Biography* ）中，我们甚至找不到乔姆利的身影。这充分说明，在历史记录、国家乃至全人类的记忆当中，英帝国偶尔遭遇的灾难与撤退是如何被有效地抹除干净的。

然而，如果我们想要准确理解近代早期的英帝国历史，那么就需要认真对待这段发生在丹吉尔的失败故事。而且，在这里，已经有一部分英国国民被当地人俘虏了。英国在丹吉尔的遭遇绝非单纯的偶然事件，对这段历史的研究与分析也绝不会让我们一无所获。在时隔几个世纪的今天，当重新回看这片遭遇失败的殖民地时，我们可以从中窥探到英帝国长期存在的一些特征，以及在帝国扩张的过程中英国所面临的压力与其自身的脆弱性。

首先，查理二世在丹吉尔投入的资金与心血无不向我们诉说着地中海作为各大帝国、宗教的必争之地以及商贸要道的极端重要性。当下的人们在很大程度上并没有对这一点给予足够的重视，因为针对 17 — 18 世纪英帝国在全球范围内扩张的叙事是以其北美殖民地的兴起与最终独立为中心的，而美国当前的霸权地位又进一步强化了这一叙事。费尔南·布罗代尔（Fernand Braudel）在其关于地中海世界的巨著中，将论述的终点划定在了 1598 年。他指出，1650 年之后，地中海的地位急遽下滑，或者至少可以说，从这一时期开始，地中海衰落的迹象就已经清晰可见；这也使历史学家在此后将注意力转移到大西洋和欧洲之外日益兴起的商业与殖民地之上。[14] 然而，在 17 世纪中叶之后的相当长一段时间里，地中海仍然是英国以及其他海上强国的主要活动区域。其中一个原因已然相当明确，即地中海地区在商业上的重要性——经由这里的航路能够为各国带来丰厚的利润。对于 1700 年的英国而言，南欧与地中海在商贸上的价值与印度和北美的总和相当；即使到了 18 世纪末，活跃在地中海海域的英国船只与船员的数量很可能也与大西洋上的相当，这一事实不容忽视。[15]

不过，与英帝国需要经营的其他地区一样，在地中海，英帝国需要面对的问题从来不仅限于商业贸易。帝国还面临着其他几个主要欧洲列强的竞争，同时还需要解决各种各样的不安全因素。丹吉尔之所以如此

34

具有吸引力，其中一个相当重要的原因就在于英国人可以将其打造为基地，以便皇家海军监视驻扎在加的斯与卡塔赫纳的西班牙舰队和驻扎在土伦的法国舰队。一旦英国在丹吉尔建立起属于自己的海军基地，并为皇家海军的军舰提供充足的补给、休整和越冬资源，那么当西班牙或法国的舰队单独或联合起来攻击英国的海外殖民地或英国本土之时，丹吉尔的皇家海军就能迅速做出反应，采取干预措施。事实上，作为海军基地的丹吉尔究竟能发挥多大的作用，一直以来都是一个争论不休的问题。但毫无疑问，丹吉尔是日后英帝国建立的一系列类似且更持久的地中海据点——直布罗陀、梅诺卡、马耳他、塞浦路斯以及爱奥尼亚群岛等——的原型。正是这一系列基地的存在让英国得以在欧洲内部建立起一个帝国。这些据点的领土面积不大，也经常被人们遗忘。然而，从战略角度来看，这些前哨站对于英帝国的全球霸业而言是不可或缺的；在英国丢掉了印度与苏伊士运河之后，其重要性进一步得到凸显。

然而，在 17 世纪以及之后的岁月里，这片海域并非英国独占的财产。在地中海周边，还存在其他帝国，而这些帝国往往也参与到了竞争之中。正如布罗代尔以宏大的篇幅和引人注目的细节所描绘的那样，在近代早期的地中海地区，西方的基督教国家同以奥斯曼帝国为代表的伊斯兰势力展开了旷日持久的对抗（虽然双方有时也能进行一些合作）。正是西方列强在地中海的野心及其与伊斯兰势力之间复杂且持久的交锋，才导致了英国在丹吉尔的失败，而在这一过程中被俘虏的英国人所写下的经历，也成为 17 世纪至 18 世纪初英国人脑海中挥之不去的梦魇。

当休·乔姆利爵士在丹吉尔修建着他那注定失败的伟大工程之时，奥斯曼帝国的总人口数可能已经接近 3000 万，而当时居住在英格兰与威尔士的总人口数只有 550 万。至少在纸面上，奥斯曼帝国的军队——包括耶尼切里军团（janissaries）、各地的民兵与封建骑兵（timariots）——规模远远超过 15 万人，比近代早期英格兰君主所能调动的军队多出好多倍。[16] 由于奥斯曼帝国幅员辽阔、商贸繁荣、人口众多，对海外的商人而言，这里成为一个巨大的市场。然而，其大部分内陆贸易并不对外国商人开放；同时，奥斯曼帝国的本土产业非常发达，包括制造业、造纸业、制糖业、玻璃与火药生产行业等。此外，奥斯曼帝国的行政系统在相当长的一段时间内展现了出色的运转能力，足以有效地应对帝国扩张所带来的各种挑战。例如，17 世纪中叶，奥斯曼人从威尼斯手中夺取克里特岛西部后，只花了几年时间就在该地展开了相当成功的财产清查工作，为之后的税收奠定了坚实基础。18 世纪之前，英国人甚至无法在自己本土的岛屿上开展如此精细的财产清查活动，以提升政府的财政能力，更不用说在他们的海外领土之上。[17] 奥斯曼人认为他们理应独占地中海。他们利用塞尔维亚、阿尔巴尼亚、摩里亚以及土耳其来控制地中海的东北海岸。在征服了埃及与叙利亚之后，他们将手伸到了地中海的最东端，通过北非各省——的黎波里、突尼斯与阿尔及尔，奥斯曼人控制了地中海西部。这三处是奥斯曼帝国施加自身影响力的前哨站，穆斯林的私掠船队经由这些地区进入地中海与大西洋，并在几个世纪里持续劫掠着欧洲的商船和那些缺乏保护的海岸。

摩洛哥人是北非地区另一股主要从事海盗活动的势力。摩洛哥并非奥斯曼帝国的组成部分，但在文化上受到了奥斯曼帝国的影响。而

36

且，同其他所有伊斯兰国家一样，对摩洛哥人来说，奥斯曼帝国的苏丹有着相当大的宗教影响力。在 17 世纪前 2/3 的时间里，摩洛哥因一系列内战而陷入四分五裂的状态之中。但随后，阿拉维王朝（Alaouite dynasty）统一了摩洛哥，其统治甚至延续至今。阿拉维王朝的第二位苏丹穆莱·伊斯梅尔（Moulay Ismail）与法国国王路易十四长期保持通信，他本人既为摩洛哥的建设做出了相当的贡献，也是一位在位时间很长的（从 1672 年直到 1727 年）优秀统治者。穆莱·伊斯梅尔推行了一系列行之有效的中央集权政策，对内严厉打击各派反对势力，对外粉碎了奥斯曼帝国的干涉企图，还袭击了那些自 15 世纪以来就一直屹立在摩洛哥沿海地区的欧洲小型定居点，收效甚佳。他成功地将西班牙人赶出了拉腊什、马莫拉和阿西拉，又将英国人占据的丹吉尔"围困得如同铁桶一般"。一位穆斯林编年史家赞叹道："那帮基督徒不得不坐上船只从海上逃走，留下一片废墟。"[18] 尽管得出如此结论略显仓促，但我们可以断言：正是实力强大的摩洛哥军队的存在——他们手中的武器完全可以与丹吉尔的英国驻军相媲美——才导致大量英国家庭无法前往丹吉尔定居，也使那些已经来此殖民的人无法实现自己的商业抱负与扩张野心，同时还让这个殖民地耗费了大量的人力与资金。最终，身处伦敦的英国国王再也不愿意将真金白银继续投入这一无底洞之中。

当然，英国人自始至终都知道，占领丹吉尔意味着他们会直接接触伊斯兰世界；至于这一事实会造成哪些后果，他们并没有就此达成一致意见。有些人认为，离富裕、强大的伊斯兰帝国越近，商业也就越发达，这和英国东印度公司在莫卧儿帝国的沿海地区修建定居点是一个道理。还有人认为，如果皇家海军能够成功在丹吉尔立足，那么北非海盗对英国船只与船员造成的威胁就会大大降低。然而，包括休·乔姆利在内的其他人似乎从一开始就对摩洛哥的军事存在及其敌对态度感到不安，在他们看来，这些摩洛哥人会成为英国的威胁。当经验丰富的苏格兰军人、蒂维厄特勋爵安德鲁·卢瑟福（Andrew Rutherford）于 1663 年就任丹吉尔总督之时，他意识到当地驻军的士气已经开始受到严重的冲击："他们对摩尔人的存在感到深深的不安。"蒂维厄特勋爵打算主动出击，但显然这不是一个明智的选择。他加强了殖民地的防御，试图争取、分化当地的穆斯林领袖，并于 1664 年 5 月率领一支由 500 名精锐士兵组成的部队出城迎战，以证明查理二世的部队实力非凡，无须龟缩在城内。最终，蒂维厄特勋爵及其部下中只有 9 个人幸存了下来，其余人都被摩洛哥军队砍瓜切菜般地消灭了。

之后几任丹吉尔总督的解决方案是建造更为强大的防御设施；与此同时，他们的野心也有所收敛。英国人不再打算以丹吉尔为桥头堡继续深入北非内陆，现在的他们只想保住已经获得的土地。当时，一个英国人颇为沮丧地承认："我们从未派人去了解那些人所生活的国家，也从未派人去调查他们的长处、短板以及他们的利益所在。"[19] 而在之后的日子里，即使是守住那一小片定居点，也变得越来越不可能了。到 1680年，摩洛哥军队已经强大到有能力夺取丹吉尔的三处要塞。当时的总督帕尔梅斯·费尔伯恩爵士（Sir Palmes Fairbourne）提出，他们愿意将其中一处要塞亨利埃塔堡交给摩洛哥人，只要他们同意英军将要塞中的守卫撤出。然而，摩洛哥指挥官并没有接受这个提议："他要的不是石墙，而是为他们这些主人服务的奴隶，是只要他们乐意，随时都可以杀掉的奴隶。"三天之后，他就这样做了。尽管英军最终还是夺回了这座要塞，但摩洛哥军队依旧杀死了费尔伯恩爵士和数百名英军士兵，还掳走了 53 人作为奴隶。[20] 在英帝国的历史之中，此类惨痛的失败、死亡以及俘虏事件还会一而再，再而三地发生。

不过，这次事件并非英国短暂的丹吉尔殖民史中遭遇的唯一一场失败。在接下来的日子里，随着摩洛哥人一次又一次的侵扰，当地英国人的士气与凝聚力也逐渐消退，有时甚至陷入了彻底的崩溃之中。

危机地带

在海外殖民活动中，英国人（也包括其他欧洲人）常常被视为一个整体，他们相互配合、互帮互助，特别是在他们需要接触当地人或与之发生冲突之时。事实上，真实的历史远比这复杂得多。在丹吉尔，殖民者内部的冲突特别严重，而且在某些方面，这里的内部冲突要比其他地方更为严重。[21] 之所以会发生这种情况，归根结底还是由于英帝国的人力不足。最初，丹吉尔的驻军大约有 4000 人。伦敦的统治阶层普遍认为，当地的驻军最好能维持在这个规模。但实际上，1670 年之后，丹吉尔定居点内的士兵人数就很少会超过 1500 人，因为伦敦方面已经没有足够的资金来供养一支人数更多的军队。实际上，尽管士兵人数已经大幅缩水，但在很多时候，英国官方仍然没有足够的钱来及时支付士兵的军饷。17 世纪，英国政府对海外投资事业十分上心，且不太愿意将此类事务交给私人企业。然而，英国政府的实际能力与其扩张的野心之间并不匹配。无论是在地中海、北美、加勒比地区，还是在亚洲，英国政府都没有足够的能力来大展拳脚。1670 年，查理二世委托约翰·罗蒂尔斯（John Roettiers）打造了一枚精致的银质奖章，其上面刻着的一句话清楚地表明了他建立庞大帝国的野心——"不列颠人要遍布全世界"（*Diffusus in Orbe Britannus*）；但在两年之前，这位国王就不得不放弃了直接统治孟买的念头。这一时期，王室的预算和武装力量都不足以支撑其在印度的冒险行动。1686 年，英国军队对孟加拉的陆上进攻最终演变为一场巨大的灾难，两年后对印度西部地区的海上军事行动也以失败告终。[22] 在英国缺乏足够的实力来支持其海外扩张的大背景下，丹吉尔的命运自然也就注定了。

丹吉尔缺乏足够的人力资源，当地驻军的军饷也总是被拖欠；同时，此地一面朝向波涛汹涌的大海，另一面则需要面对摩洛哥人的优势兵力。这一系列因素既导致了丹吉尔内部的分裂，也最终葬送了这块殖民地。在 17 世纪 40—50 年代的英国内战期间，许多英国士兵都曾为议会和神圣的大英共和国而战；而此时，这帮人却在异国他乡的烈日之下挥汗如雨，因此，其中的很多人便不再压抑自己心中的怒火，大声质问道，为什么他们要为了一个国王而卖命。一名英军下士在 1663 年时抱怨道："当我在奥利弗·克伦威尔手下服役时，我拿到的军饷能让我过上体面的日子。但现在，我不光不知道我为之效命的人是谁，我的军饷也低得要命。"另一名驻扎在丹吉尔的士兵则抱怨说，查理二世"不是英格兰人。他要么是苏格兰人，要么是法国人"。这两名出言不逊的士兵都被处决了。[23] 殖民地的一些妇女也并不安生，尽管在大多数情况下，这些妇女闹事的理由无非缺钱、无所事事或与邻居或丈夫的争吵，但她们有时也会表达自己的政治诉求。1664 年 6 月，玛格丽特·萨默顿（Margaret Summerton）被认定犯有煽动叛乱和试图发动兵变的罪行。殖民地官员将丹吉尔的驻军集合了起来，并当着这群士兵的面对萨默顿施以鞭刑。之后，她被投入大牢之中，最终在档案中消失了。[24]

　　然而，事实上，在丹吉尔这片土地上，最为突出也最为棘手的矛盾莫过于民族矛盾与宗教矛盾。单从表面来看，丹吉尔是英国的殖民地；但和英国其他所有的殖民地一样，这里也生活着很多其他民族的人。他们信仰不同的宗教，有不同的文化背景。丹吉尔的居民包括荷兰人、法国人、意大利人、葡萄牙人、犹太人以及一些穆斯林奴隶与商人，此外，当地还有来自威尔士与苏格兰的移民和士兵；但当地的人口仍以英格兰人与爱尔兰人为主。也就是说，丹吉尔既存在为数众多的新教徒，也有很多天主教徒。这些不同民族、不同宗教信仰的殖民者不断地相互争斗，有时甚至会做出很多出格的事情。在1680年的一场围城战中，为英国国王驻守丹吉尔一处要塞的爱尔兰天主教士兵与军官不得不用盖尔语相互沟通、传达指令，以避免让城外投降摩洛哥的英格兰新教叛徒听懂。[25]

　　正如上述事件所表明的那样，在丹吉尔，士兵的叛逃是一个极为棘手的难题。在最初的时候，每年大约会有几十名士兵投奔到穆斯林那边；但随着时间的推移，叛逃的人数不断攀升。由于经常欠饷，当地的英军士兵逐渐丧失了希望与热情。英国的统治阶层承认，无论何时，叛逃到摩洛哥军队的英国士兵都要远多于愿意来丹吉尔碰碰运气、皈依基督教的摩洛哥人。[26]一部分倒霉的英军叛徒被自己人抓住，通常，他们都会被判有罪并处以死刑，他们的尸体会被吊在绞刑架上，直至完全腐烂，或被食腐的鸟吃掉。而那些设法说服法庭相信他们离开丹吉尔城的行为并非叛逃，或是对自己的行为表达了充分忏悔的人，可能会得到减

39

7. 1684 年英国殖民者拆毁丹吉尔人工港
迪尔克·斯图普（Dirck Stoop）绘

刑，被判服苦役（slavery）——在判决时，法官确实会用到这个词语。这些人的手腕与脚踝会戴上铁制的镣铐，他们需要无偿地参与修筑防御工事的工作。在这种情况下，那些参与帝国建设的英格兰人（以及爱尔兰人、苏格兰人与威尔士人）被他们自己的同胞贬为了奴隶。

　　需要指出的是，丹吉尔的殖民者不止一次使用了与监禁相关的话语表述。在 1684 年初宣布撤离丹吉尔前的最后一次演讲中，达特茅斯勋爵指出，英国人花费巨大代价在丹吉尔周围修建起来的城墙以及城镇背后的山丘，总会让人联想起幽闭恐怖的监牢以及令人生厌的、被限制自由的生活。达特茅斯勋爵还强调，生活在丹吉尔的移民要感谢查理二世使他们"从危险到安全，从监禁到自由，从被流放到回到自己的祖国"。[27] 这样的抱怨肯定不全是真的，然而，那些早年曾参与过丹吉尔殖民地建设的人也曾发出类似的感慨。一名早期的移民曾声称，丹吉尔是一处"完美的监狱"。另一个曾经在该殖民地居住过一段时间的人声称，当地的驻军将丹吉尔视为"一座监狱，除非死，否则他们不可能获得解脱"。[28] 对英国人来说，这种将殖民地比作监狱的做法屡见不鲜。直到 18 世纪末，伦敦纽盖特监狱中条件最差的部分还被人称为"丹吉尔"。在经过粉饰的英帝国史当中，丹吉尔的身影已经消失得无影无踪，直到今天依旧如此。如今，当人们提起丹吉尔时，想到的往往仍然是一处监狱，是一处囚禁之所。

从这个意义上来理解，这片最初被人珍视、赞美的殖民地也就获得了更为广泛的意义。英国在丹吉尔的遭遇和后来发生的许多灾难一样表明，一方面，英国人有着极大的野心，试图夺取大片海外领土；而另一方面，在很多时候，英国的军事力量与财政力量又不足以支撑起这样的野心，这就使英帝国时常会陷入危机之中。丹吉尔的故事还说明，在海外建立帝国的过程中，当地的殖民者——尤其是那些贫困的白人——很可能会遭到囚禁，无论这种"囚禁"是真实存在的，还是某种隐喻。这些事情表明，当人们被困在离母国几百英里的地方时，面对巨大的压力，纪律与忠诚很可能会崩溃、失效，那些种族矛盾、宗教矛盾以及政治分歧也会随之浮出水面。这些故事还表明，为什么在这样的大背景下，威尔士人、苏格兰人、英格兰人与爱尔兰人很容易被敌人俘虏或自愿投敌。丹吉尔是帝国盛宴中的一个幽灵，它的存在提醒着人们，从实际情况来看，在早期阶段，英国人维持一个海外帝国是多么困难；反之，如果想要在未来取得更为辉煌的成绩，英国人还需要付出多少心血与资源。因此，当人们开始重写英帝国的发家史，并将其塑造为一个又一个不可阻挡的胜利之时，丹吉尔这片殖民地的故事就被悄悄地掩盖了起来，这一点也不足为奇。

这就是为什么我们有必要将这段历史重新发掘出来。重新审视丹吉尔，并认识到这一时期发生在丹吉尔的许多事情在多大程度上预示着英帝国未来的遭遇，能让我们以一种更多元、更开放、不过度确定的方式来重新看待大英帝国的历史，并发现一些不为人知的新线索。丹吉尔提醒着我们，在英帝国崛起的过程中，人们也曾走进死胡同，也有过撤退，有过零星的失败，也曾面临着相当大的局限性；当然，他们也曾毫无争议地展示过自己强大的实力。而那些参与帝国建设的人也是多种多样的，有时，他们内部还会爆发冲突。重新审视丹吉尔的故事还将我们的目光带到了地中海一带，让我们重新认识到了地中海在商业、海军以及战略层面上的重要性，认识到了穆斯林军队展现出的实力。所有这些因素——贸易、海军事务、战略需求以及西方列强与伊斯兰世界之间的复杂关系——都与丹吉尔殖民地的兴衰密切相关，而这也是在地中海被当地人俘虏的英国人所面临的基本环境。诱惑他们前来此地的大海也能给他们设下陷阱。

第二章
新月与大海

柏柏里

　　1670 年，约翰·奥格尔比（John Ogilby）出版了一套题为《阿非利加》（*Africa*）的丛书。奥格尔比是苏格兰人，后来他到伦敦发展，成了一名印刷商兼企业家，他从之前已经出版的相关作品中盗印了各式各样、真真假假的信息，同时又加入了自己搜集来的一些材料与插图，最终形成了这套资料汇编。他十分自然地选择以一张丹吉尔的图片来做卷首插图，在那个时代，丹吉尔仍然是英国的殖民地，人们普遍期待着这里能给大英帝国带来丰厚的商业利益，英国人也希望能以丹吉尔为基地，推动自己的帝国事业。然而，奥格尔比选择的这幅插图却有些奇怪，从这幅画中，我们似乎并不能感受到英国人的那种自满情绪。

　　这幅画的核心人物是一名身披豹皮斗篷、手握权杖、光彩夺目的黑人领袖，在他的四周簇拥着许多百姓，而画面中还有许多非洲的动物以及当地独有的景色。其中不仅有大眼睛的鸵鸟、神情高傲的骆驼、造型怪异的金字塔、将身躯盘起来的蛇与奇特的飞鸟，还有一名"霍屯督

8. 约翰·奥格尔比《阿非利加》一书的卷首插图

人"（Hottentot），或称科伊科伊人（Khoikhoi）妇女，这名妇女的乳
房悬垂摆动、极富弹性，以至于一个拼命吸吮她乳房的婴儿将一只乳
房拉扯到了她的肩膀后面。[1] 在这幅来自欧洲人常态想象中的非洲图景
中，到处都充斥着魔法、危险与扭曲。然而，这幅画所呈现的并不仅仅
是白人的偏见。在画面的右下角站着一个人，他目不转睛地凝视着那威
严的黑人首领。他脸颊高耸，蓄有胡须，肩膀宽阔，看上去十分强壮。
此外，他还戴着头巾（turban），这说明他是穆斯林。他手中握着许多
铁链，而这些链子的另一头拴着些光着身子的奴隶。在整幅画中，只有
这些奴隶是白人，而且是男性。对那些与奥格尔比同时代的英国读者而
言，当他们翻开这部有关非洲的著作时，马上就能看到与自己相同的白
种人被囚禁、被奴役的场景。

　　尽管当下的人们并不了解这一情景背后的故事，但当时的读者却
对此心知肚明。在整个 17 世纪与 18 世纪初，英格兰（以及后来的不列
颠）与伊斯兰文明最广为人知但也最具争议性的接触是其与所谓的柏
柏里政权——包括摩洛哥、阿尔及尔、的黎波里和突尼斯——之间的接
触，其中后三者都或多或少地受到奥斯曼帝国的统治。从 1600 年到 17
世纪 40 年代初期，以上述北非地区为基地的私掠船在地中海和大西洋
上总共劫掠了超过 800 艘的英格兰、苏格兰、威尔士与爱尔兰的商船，
他们不光抢掠船上的货物，还俘虏船员和乘客。在这几十年当中，可能
有约 12000 名英国人被海盗俘虏，在大多数情况下，这些人会被送到北
非和奥斯曼帝国的其他地区，终身为奴。从 1660 年到 18 世纪 30 年代，
至少还有 6000 名英国人落入了柏柏里海盗之手。总的来说，在 17—18
世纪这段时间里，总共有大约 20000 名（或者更多）的英国人被柏柏里

人俘虏。而这只不过是这一时期被掳掠到北非的欧洲人当中的一小部分。在这些俘虏当中，还有法国人、那不勒斯人、荷兰人、德意志人、斯堪的纳维亚人、葡萄牙人、北美人以及西班牙人。18世纪60年代，仅在阿尔及尔就有1400名西班牙人等待着被母国赎回。[2]

当时的欧洲人在讨论此类奴隶贸易之时，很少将其置于整个地中海世界的大背景中予以审视，直到现在，情况依然如此。他们只是给这些人贴上"柏柏里海盗"或"土耳其海盗"的标签，却丝毫不管这些人究竟是摩洛哥人、阿尔及尔人、突尼斯人还是的黎波里人。在那些欧洲人的笔下，这些海盗在海上无恶不作，劫掠那些合法且爱好和平的商船，并将无辜的基督徒卖给穆斯林做奴隶。最初，"柏柏里"（Barbary）指的是居住在北非的原住民柏柏尔人。[3] 然而，随着该词含义的泛化，"柏柏里"逐渐演变为整个北非地区（不包括埃及）以及生活在这片土地上的各个民族的统称，其中包括阿拉伯人、柏柏尔人、摩里斯科人（Moriscos）、奥斯曼的士兵与官员等。一方面，"柏柏里"是一个地理符号；另一方面，"柏柏里"一词与"野蛮人"（barbarian）发音相近。因此，几代人在探讨这一问题时都在大量使用这一词语。牧师兼航海家塞缪尔·珀切斯（Samuel Purchas）在17世纪初时如是描绘阿尔及尔：

> 衰落的商贸、令人厌恶的奴隶制、装着脏兮兮的猛禽的笼子、海中恶魔的居所……基督教世界的鞭子、野蛮人的围墙、欧洲人的梦魇……周边岛屿的祸害、海盗的巢穴。[4]

和"柏柏里"一样，"海盗"也是一个方便、常见，但又不那么准确的称谓。这些英国人习惯于将那些以阿尔及尔、摩洛哥、突尼斯或的黎波里为基地，在地中海或大西洋上劫掠欧洲船只的人与英国自己的海盗相提并论，1600 年之时，这些英国海盗仍然活跃于英国的海岸线上，在之后的很长一段时间里，这些人也活跃于加勒比海与其他诸多水域当中。这些人的共性在于他们的贪婪、欲望与侵略性，然而，绝大多数北非"海盗"并非游离在本国法律之外的独立个体，而是由官方承认的、为其财政收入做出巨大贡献的一群人。17 世纪 80 年代之前，阿尔及尔是英国海上贸易路线的最大威胁，而阿尔及尔总督会从本地水手掳掠来的货物与俘虏中抽取一定比例的分成。摩洛哥的统治者还对其臣民在海上捕获的人员与商品征税。因此，称柏柏里"海盗"为私掠者似乎更为恰当；与一般的海盗不同，在劫掠的过程中，北非的私掠者一般不会进行无差别的攻击。这些私掠船队的目标就是基督徒的贸易船只，特别是那些在他们和他们背后的政府看来正与自己处于战争状态的国家的船只。

可以看出，这些西方国家更愿意谴责伊斯兰势力的侵略行为，而并不愿承认这些人所采取的行动与他们自己的行为之间存在什么相似之处，此类情况在历史上还会上演不知道多少次。因为事实上，尽管各个国家的程度不同，但欧洲人也在地中海海域从事私掠活动。彼得·厄尔（Peter Earle）指出，马耳他的圣约翰骑士团经常劫掠附近的穆斯林船只，俘虏船上的水手与乘客，并在公开场合进行售卖。据估算，1720 年，马耳他有 10000 名穆斯林奴隶。法国、热那亚、威尼斯和教皇国等欧洲国家拥有庞大规模的地中海船队，这些船队通常需要奴隶来划桨，因而也用大量从奥斯曼与摩洛哥船只上俘虏的奴隶充当劳动力。[5] 然而，长期以来，作为"新月"与"十字架"交汇之处的西班牙才是地中海奴隶贸易中角色最为复杂的一个国家。1490 年之后，被逐出西班牙海岸的大多数穆斯林都定居在北非海岸。其中一部分人和他们的后代（摩里斯科人）转而从事起私掠活动，以便在这样一个农业产出始终不算高的地区谋生，这也被视为一场复仇的"圣战"。仅 17 世纪，就有至少 15000 名西班牙人被从北非赎回；这些私掠者频繁袭扰安达卢西亚的沿海村庄，同时也在海岸附近劫掠船只，在此过程中，成千上万被他们俘虏的平民在有机会被赎回之前就不幸去世了。然而，这个故事还有另外一面，这一时期，西班牙人也没少从北非的船只上掳掠穆斯林。1714 年，一名英国海军船长试图搜罗些摩洛哥奴隶，以期交换一部分英国俘虏，他不无感慨地说道："在西班牙海岸的几个城镇当中，没准能以一个比较公道的价格买到摩尔人，比如那些老年人、瞎子或者瘸子。不过没关系，一切都会过去，他们也能活下来。"[6]

那么英国人呢？不同于西班牙、法国或一些意大利城邦，英国并没有类似的需要依赖奴隶来划桨的庞大桨帆船舰队，因此英国人也没有太大的动力去俘虏穆斯林来做劳力。此外，正如我们看到的那样，出于帝国建设以及战略层面上的考虑，比起俘虏那些北非人，英国人越来越倾向于给予他们自由。但英国人之所以会这么做，并不是因为他们对使用穆斯林奴隶有什么顾虑。在英国控制丹吉尔的整个阶段，英国人一直在利用摩洛哥奴隶；在与一个或数个柏柏里国家交战期间，皇家海军经常将他们捕获的穆斯林水手与商人卖给那些需要穆斯林奴隶的欧洲国家。[7] 甚至还有一些北非人在落入英国跨大西洋奴隶贩子的手中后，被卖至北美南部种植园进行劳动的零星案例。

　　用阿卜杜拉·拉鲁伊（Abdallah Laroui）的话说，在近代早期，掳掠人口并将其贬为奴隶的行为显然是"一种地中海世界……的现象"，而且这从来都不是穆斯林的专利。[8]法国人、西班牙人、葡萄牙人、意大利人、荷兰人、英国人，甚至北美人都参与了这一活动，当然，那些以北非各地为基地的私掠者也不能被排除在外。然而，对那些曾经被囚禁、奴役或担心自己可能会遭此劫难的人而言，很少有人能够提供令人信服的答案以解释他们身处此等困境的原因。他们中的大多数人只能想到自己所面对的恐惧，如果以此为基点，他们大多也只能想到自己本国的同胞或是拥有相同信仰的同胞可能遭受的痛苦。这一点对英国人来说尤其如此。与法国、西班牙或意大利的那些城邦相比，英国人很少会将自己抓获的北非奴隶或其他地区的穆斯林奴隶带回英国本土，因此，英国人一般不太可能将北非人的私掠行为看作这些当地人对英国人采取的残暴行动的同等报复。而且，似乎只有很少一部分英国人愿意承认，北非私掠者俘虏英国人的行为与英国在西非从事的规模更为庞大的奴隶贸易之间存在一定的相似性。显然，对绝大多数英国人来说，柏柏里人抢劫与掳掠人口的行为是一种既纯粹又可怕的行径，一种类似于恐怖主义的活动。此外，柏柏里私掠者给人们带来的焦虑以及恐惧与英国的那些欧陆敌国所招募的私掠者相比，完全不在一个量级上。几个世纪以来，柏柏里地区的私掠者劫掠的英格兰、威尔士、苏格兰与爱尔兰的船只总数都不如圣马洛这一个港口中的法国私掠者劫掠的多，仅1688—1713年，以圣马洛港口为基地的法国私掠者就劫获了2000艘英国船只。[9]但是，欧洲各国的私掠者通常只在各国进入交战状态之时才会出现，而且，对绝大多数英国人来说，欧洲的私掠者一般只会给自己带来商业利益上的损失，而不大会危害自己的人身安全。他们有可能会损失掉自己的货物和船只，但不大可能会丢掉性命，或丧失人身自由。相比之下，柏柏里人带来的威胁则更为持久，也更不可预测，而且一旦遭遇这些私掠者，损失的就不光是金钱了。

英国人对柏柏里私掠者的行为所产生的恐惧与愤怒，与其事实上给英国人带来的威胁完全不成比例，因为这似乎是对英国以及最终形成的帝国传统根基的否定。詹姆斯·汤姆森（James Thomson）在《统治吧，不列颠尼亚》（"Rule Britannia"，1740）中宣称，"不列颠人永不为奴"，但北非的私掠者似乎能够让一部分英国人沦为奴隶。与此同时，柏柏里私掠者还侮辱了英国人的宗教信仰，因为人们普遍认为，一旦在北非沦为奴隶或俘虏，就有可能会被迫皈依伊斯兰教，或者，更为糟糕的情况是，如果长时间经受伊斯兰教的影响，那些成为奴隶的英国人可能会自愿皈依。最重要的是，这种掳掠人口的方式之所以会让人们如此焦虑，是因为其发生在海上。大卫·阿米蒂奇指出，从 16 世纪开始，那些强调不列颠民族与帝国使命的理论家就已经将海洋视作一个至关重要的意象。那些希望将英格兰、威尔士与苏格兰统一成一个单一国家——直到 1707 年，都没能实现——的人将环绕四周的大海视作不列颠应当统一的重要证据，四面环海的自然条件说明上帝与大自然都赞同这一政治安排。从表面上看，是大海形塑了不列颠的国土形状。大海也是英国人极其珍视的、具有图腾意义的商贸活动的载体。对于大英帝国的帝国叙事而言，大海也至关重要。这不仅仅是因为大英帝国赖以为生的核心力量是皇家海军。对于好几代国际法学家和政治家而言，海权都是大英帝国不同于其他帝国，而"十分仁慈"的核心原因。他们认为，无论是罗马帝国还

47

是信仰天主教的西班牙帝国，都是通过军事征服而建立起来的，而这滋生了暴力，让帝国的统治者走向堕落，并最终葬送了整个帝国。相比之下，由于大英帝国依赖的是海洋，因此它能给世界带来自由与繁荣，进而能够一直维系自己的统治。威廉·配第爵士（Sir William Petty）在 17世纪 80 年代时写道："那些渴望建立帝国、捍卫自由的人，应当鼓励发展造船的技艺。"[10]

因此，从某种程度上来说，柏柏里人的行径让英国人感到震惊，因为这些私掠者将原先象征着不列颠繁荣的商业、自由、权力以及国家荣誉的海洋转变为危险与可能的奴役的源头。此外，这些私掠者之所以让人们感到恐惧，还有一个重要原因则和丹吉尔的情况一样，即这些私掠者的存在让英国人与伊斯兰势力发生了尖锐的、最初不利于英国人的接触。17 世纪之前，与中欧、东欧和伊比利亚半岛的人们相比，生活在英格兰、威尔士、苏格兰与爱尔兰的人们从未遭受过奥斯曼帝国以及穆斯林的武力威胁。因此，1600 年之后，当英国人在北非遭遇柏柏里私掠者的劫掠之后，他们就对此类遭遇相当敏感。就在英国的商人与移民开始入侵一个伟大的伊斯兰帝国——印度莫卧儿帝国——的同时，他们也不得不面对地中海和大西洋上的穆斯林私掠者，以及在所有伊斯兰帝国中最为强大的奥斯曼帝国的边境省份。

然而，为了理解对于英帝国而言，这种特殊的对被俘与奴役的恐惧有何意义，我们就必须更为深入地进行探究。费尔南·布罗代尔认为，我们不应当将历史上的地中海地区主要视作伊斯兰势力与基督教势力之间竞争与冲突的场所，而应当突出这片精彩纷呈的内陆海的复杂性：

这一舞台上的演员说着各式各样的语言，他们彼此之间并不总能相互理解；而我们这些观众也不总能意识到真正发生了什么，因为这一舞台上所呈现的戏剧并不像人们普遍认为的那般简单易懂，它的情节纷乱，故事线也相当复杂。[11]

柏柏里人威胁着这里的商路，威胁着英格兰人、威尔士人、苏格兰人、爱尔兰人以及其他倒霉个体的生命安全与人身自由：是的，确实如此。但当我们进一步深挖之后，就能意识到，长期以来，之所以英国人会害怕、憎恶这些柏柏里人，是因为他们发动攻击的地点在海上，也是因为他们是穆斯林。然而，对英帝国而言，随着时间的推移，他们眼中的柏柏里人不再仅仅是潜在的威胁源和一批被人们所忌恨的私掠者，他们的形象变得越来越错综复杂。所以我们不仅要计算到底有多少英国人被俘虏、奴役（尽管这一研究十分重要），还需要探讨柏柏里与英国之间不断变化的关系，这个欧洲小国越来越希望建立一个海外帝国，但为了实现这一目标，英国不得不依赖各式各样的非欧洲势力的帮助。

计数

可以说，几乎所有被掳掠至柏柏里的俘虏都还深埋在历史之中，未能重见天日。[12]有关他们的很多信息我们都没有机会，也不可能知晓了。当英国与其他欧洲国家的奴隶贩子从西非购买人口，并把他们运至大洋彼岸充作奴隶之时，奴隶贩子通常会记录下这些奴隶的相关信息，并做好相关的台账。这些文件与那些记录了无法自己发声之人信息的档案，为研究跨大西洋奴隶贸易的历史学家提供了充分的材料，以便去探究这一时期的奴隶贸易规模，即便针对这一问题，历史学界也尚未完全达成共识，但不同估值之间的差距并不算大。然而，对于北非柏柏里人的奴隶贸易而言，并不存在类似的清单或账簿。不过，当更多的人开始利用伊斯坦布尔的奥斯曼帝国档案之后，研究者至少能从中获得一些可靠的俘虏统计数据。尽管我们自始至终都没法对被柏柏里人掳掠的人数进行全面统计，但其对英国人造成的大致影响还是足够清晰的。

16 世纪，一些偏离了航道的英国船只与水手就已经被奥斯曼与柏柏里的私掠船俘虏了，这是英国日益深入参与地中海贸易的自然结果。[13]然而，17 世纪初，随着王朝的更迭以及外交政策的变化，加之英国海军

9. 作为私掠船只基地的阿尔及尔

实力在这一时期的下降，不列颠人遭遇劫掠的风险急剧上升。当苏格兰
国王詹姆斯六世于 1603 年兼任英格兰、威尔士和爱尔兰的国王，改称
詹姆斯一世后，他选择与西班牙媾和，从而使他统治下的王国与当时最
为主要的基督教帝国，也是与奥斯曼帝国最水火不容的国家结为同盟。
针对这一结盟决定的报复来得十分迅速。据估计，1616 年，仅阿尔及尔
一地就扣押了超过 450 艘的英国船只，而这仅仅是个开始。[14] 从 17 世纪
第二个 10 年到 17 世纪 30 年代，康沃尔郡与德文郡这两个与南欧有着
紧密贸易联系的地区，有大约 1/5 的船只遭到了北非私掠船的劫掠。仅
1625 年，英格兰西南部的主要港口普利茅斯就有近千名水手和渔民被俘
虏，其中大部分是在离海岸不超过 30 英里的地方被俘虏的。据大卫·
赫伯（David Hebb）计算，在 1642 年内战爆发前的 20 年里，柏柏里私
掠者给英国海外贸易造成的损失远远超过 100 万英镑，如果要按照购买
力换算成今天的货币的话，这个数字还需要乘上 100 才行。[15]

　　在较早的这段时间里，有大约 8000 名英格兰人、威尔士人、苏格
兰人和爱尔兰人被俘虏到北非，但这些人并不都是在海上被俘虏的。在
这一阶段，驻扎在阿尔及尔的舰队实力强大，以至于他们有能力时不时
地袭扰英格兰的西南部各郡、海峡群岛与爱尔兰的海岸。在 1646 年从
阿尔及尔被赎回的 19 名妇女中，有两名是 15 年前被从科克郡的巴尔的
摩掳走的，她们分别是艾伦·霍金斯（Ellen Hawkins）与琼·布拉布鲁
克（Joan Brabrook）；当年被赎回的这批妇女中，还有 6 名来自爱尔兰
南部港口约尔。[16] 在一定程度上，正是由于柏柏里人对英国的船只、货
物与人口的劫掠及其对英国海岸线的袭扰，促使詹姆斯一世的继任者查
理一世决定向其臣民开征"船税"，以便获得足够的收入来重建皇家海

军，当然，这笔税金的征收引发了巨大的争议。基于同样的原因，即柏柏里私掠者在 1603 年之后对英国人的人身安全与商业利益造成了巨大的破坏，我们也能够更好地解释为什么民众会对斯图亚特王朝早期的几任国王越来越感到不满与失望，而这一原因经常为研究英国历史的学者们所忽略。在某种程度上，我们可以说伊斯兰世界的力量推动了英国内战的爆发，而这场内战使 1642 年后的不列颠陷入了四分五裂的境地。

在经历了一系列动乱之后，英国开始有意识地采取系统性措施，以应对来自北非的私掠者带来的威胁。为了赎回俘虏并筹措资金，议会开始对进出口货物征收关税，与此同时，皇家海军的实力也在不断增强，其装备的战舰很快就超过了北非各个政权所拥有的战舰。人们很容易认为，在英国皇家海军实力蓬勃发展之后，他们就会迅速出手，打击柏柏里的私掠船。1707 年，丹尼尔·笛福就曾吹嘘，"那些有胆量选择在无边无际的地球上漫游的人们"，

> 将在英国战舰的护卫下安全地航行；
>
> 如此，那些该死的阿尔及尔人或海盗
>
> 就不再敢觊觎我们的人，或劫掠我们的货物……[17]

不过，这只是一种宣传手段罢了，其目的在于说服那些容易受到柏柏里私掠船攻击的苏格兰海商同意与英格兰结盟。实际上，英国不断增强的海权并没有，也不可能立即消除私掠船带来的威胁。

我将近代早期英国人对柏柏里私掠者的看法与今天的西方世界对恐怖主义的看法做了一个类比。实际上，这两者之间还有其他很多相似

之处。柏柏里的私掠与现代的恐怖主义十分相近，因为它既是弥散开 ₅₁
的，同时又相当根深蒂固，即使拥有庞大的海军与陆军力量，一个国家
也只能在一段时间内获得暂时的优势。事实上，和今天的恐怖主义活动
一样，私掠者可以借助西方世界所赖以生存的某些因素，扩大自身的优
势。例如，1650 年之后，英国人逐渐建立起一支强大的海军队伍，但这
支海军需要保卫的东西也变多了。17 世纪 20 年代，英国商船的总吨位
大约为 115000 吨；60 年后，这一数字飙升至 340000 吨。这些统计数字
通常被用来证明这一时期英国不断增长的财富以及不断扩大的全球影响
力，然而，正如杰拉尔德·艾尔默（Gerald Aylmer）所指出的那样："一
个国家的商船船队规模越大，其海外商业利益辐射得越远，就越有可能
被海盗盯上。"[18] 新近活跃于地中海与大西洋上的每一艘英国商船，都
是柏柏里私掠者眼中的一块肥肉。

　　需要特别指出的是，这一时期的商船大多是小船，船员数量有限，
船只通常也只配备了数量极少的火炮来保护自己，有些船甚至一门火
炮都没有。而北非的私掠者越来越倾向于劫掠这些小船。一份清单显
示，1714—1719 年，在摩洛哥私掠者劫掠的 27 艘来自不列颠与新英格
兰的船只中，平均每艘船的船员不足 10 人。在后来的几十年里，这一
情况并没有发生明显变化。1734 年，一名英国特使被派往摩洛哥，赎回
大约 150 名俘虏，在其递交的报告中，这名特使表示，这些俘虏来自 12
艘不同的船只。其中最大的一艘船上有 25 名船员。然而，更为典型的
例子是只有 6 名船员的"安号"（Ann），或者是在马拉加（Malaga）附
近海域遭捕获的"约翰号"（John），这艘船上只有 8 名苏格兰水手。[19] 对
于这种类型的船只来说，唯一真正能够抵御私掠者的就是海军的护航体

系，但它并不能发挥作用，甚至在某些情况下，护航是完全不可行的。运送极易腐烂的货物的船只无法等待护航船队的集结。贸易商也并不总是希望与其竞争对手同时抵达一处外国港口，因为这会自然而然地导致他们没法将自己的货物卖出一个好价钱。然而，尽管如此，每当英国与某个北非政权发生冲突之时，参与地中海贸易的商人总是会向海军部发出尖锐的呼吁。1754 年，当英国似乎要再次与摩洛哥爆发一场战争之时，布里斯托的商人们写道："我们这些船只完全没有做好任何防御的准备，除非各位大人乐意派遣足够数量的战舰，否则这些船只将不可避免地成为那些残暴敌人的猎物，而这会使英王陛下的许多臣民遭受重大的生命与财产损失。"[20]

　　这份写于 1754 年的请愿书十分清楚地向人们展示了英国人对北非私掠者的恐惧持续了多长时间，然而，想要确切地统计出这段时间内柏柏里私掠者到底俘虏了多少不列颠人与爱尔兰人，就不那么容易了。1677—1682 年，北非的私掠船只针对英帝国的海外航运发动了最后一次大规模袭击，这一时期的英国正与阿尔及尔当局处于交战状态。这一波大规模袭击使英国人损失了 80 万英镑，柏柏里私掠者至少劫掠了 160 艘商船（有些人认为被捕获的商船多达 500 艘）以及大约 3000 名俘虏。[21] 最终，英国与阿尔及尔在 1682 年签订了一份和约，宣告了战争状态的结束。自此时起，英国政府宣称要为其臣民的所有船只提供官方背书的通行证，而阿尔及尔方面则表示愿意尊重并认可这些由英国政府签发的通行证，当然，在签发通行证时，英国政府会向船主收取一定的费用。然而，在这一制度施行之后，仍然有不列颠人与爱尔兰人被俘至北非地区。只不过，这次冲突的核心地点转移到了摩洛哥。1680 年之后，摩洛哥的一代雄主苏丹穆莱·伊斯梅尔将私掠活动系统化、正规化，并将其打造成增加国库收入的一项重要手段。从那之后，所有被摩洛哥私掠者俘获的俘虏都成了苏丹的财产，欧洲各国再也无法以个人或团体的名义赎回本国的国民。如果要赎回的话，他们就必须为一段时间内被扣留在摩洛哥的所有本国俘虏支付赎金。

摩洛哥私掠者对英国海外贸易的影响并没有早先阿尔及尔私掠者那般致命，但当我们把目光放到长时段之后，就会发现，摩洛哥给英国带来的损失也同样不容忽视。1711 年，摩洛哥的私掠船让英国损失了价值10 万英镑的船只与货物，而这一年，英国与摩洛哥之间并未爆发公开的战争。在双方公开交战的时段里，例如 1715—1719 年，英国的海外贸易损失则要大得多。[22] 由于摩洛哥的统治者总是热衷于用俘虏换取赎金，因此在任何一个时期，被拘禁在摩洛哥境内的英国人数量都不算很多，但总会有新人被带来，也总会有老人被赎回。1690 年，摩洛哥境内扣押了至少 500 名英国俘虏；而到了 1720 年，大约有 300 名英国男性与一名英国妇女被囚禁在那里；在 1759 年这样一个私掠规模明显有所缩小的年份里，摩洛哥依旧控制着超过 340 名英国俘虏。然而，与其他此类统计数据一样，上述数字仅仅能让我们了解一点这些俘虏的简况，而无法让我们了解他们具体的真实情况。

出于基督教的偏见、对穆斯林的恐惧以及相关信息的缺乏，早期欧洲人对柏柏里私掠者俘虏的本国人数的估算往往偏高，不过，日后更趋于保守的估算数字也有问题，只不过这次的问题在于相关数字有所偏低。就英国而言，那些明显偏低的数字要么出自身处北非、不懂阿拉伯语的特使，要么源自俘虏自己写的请愿书。例如，1662 年，被关押在阿尔及尔的 300 名英国人向伦敦递交了一份请愿书，希望英国政府能将他们赎回。但这些人只是当时被扣押在阿尔及尔的英国俘虏中的一部分，据估算，这一时期被拘禁在阿尔及尔的英国人大约有 1200 人。[23] 不过，确定某一特定时段内有多少人被赎回还是很容易的。在 1642 年内战爆发之前，被北非私掠者掳走的英国人当中，只有大约 1/4 有机会被赎回，等到了 1650 年之后，英国政府就开始更为系统地开展赎回工作。

53　1670—1734 年，英国政府的相关记录显示，至少有 2200 名俘虏被赎回，并最终返回了英国。[24] 借助这些档案，我们能够确定这些人的姓名与原籍地。然而，这一数字绝非这一时期被俘虏至北非的英格兰人、威尔士人、苏格兰人和爱尔兰人的总数。

　　首先，这 2200 名被赎回的俘虏并不包括在此期间自行逃离北非的不列颠人与爱尔兰人，而我们很难估算这一群体的人数究竟有多少。其次，这一数字也不包括那些选择投降并最终留在当地的人。此外，数量不详的苏格兰人也没有被包含在内，因为在 1707 年《联合条约》（Treaty of Union）出台前后的一段时间内，苏格兰的长老会和一些社会名流经常会自行安排人手去赎回本国的船员。而且，毫无疑问，这 2200 名被赎回的俘虏也不包括那些在掳掠过程中被杀害的人。尽管私掠船只很少会真正发起攻击，但有些时候，双方也的确会爆发武力冲突，进而导致人员的伤亡。1718 年，一个名叫詹姆斯·阿莫斯（James Amos）的英国人被俘虏至摩洛哥，而他是所在船只上 27 名船员中唯一的幸存者。在试图抵抗劫掠他们的私掠船时，他们的船只遭到了炮火的袭击，被炸毁了，詹姆斯的其余战友也随着船只一道葬身海底。[25] 此外，更为关键的是，并非所有被俘虏的人最终都能被赎回。1682 年与阿尔及尔签订的和约规定，阿尔及尔的居民没有责任"违背他们的意愿，让他们所有的（奴隶）获得自由"，而且，英国方面也没有义务赎回其臣民，这一免责条款在之后的和约中反复出现。上述这些条款有助于解释为什么在柏柏里人看来，在对待本国俘虏的事情上，英国要比其他国家吝啬得多。1674 年，阿尔及尔总督向查理二世抱怨道，先前有关赎回他城市中的英国俘虏的协议仍然没有得到履行："在这种情况下，你的臣民……既算不上奴隶，也不算是自由人……在这一问题上，你毫不关心，而是选择继续无视你的这些臣民。"[26]

　　英国政府之所以显得如此吝啬，部分原因在于当时的英国资源有限，不过，归根结底，英国政府确实也是十分吝啬的。1700 年之前，特别是 1650 年之前，英国官方都并不怎么关心那些被关押在数百英里之外的俘虏。在这方面，官方的不作为在某种程度上因英国本土的新教文化而显得尤为突出。容易受到穆斯林私掠者影响的欧洲天主教国家在很早的时候就组织了民间团体来负责赎回那些被俘的同胞，在这方面，热那亚就做得很好，此外，法国与西班牙这两个国家也依赖两个宗教团体——慈悲社（Mercedarians）与三一教派（Trinitarians），它们自 13 世纪以来一直致力于解救那些沦为穆斯林的俘虏的基督徒。[27] 宗教改革之后，这些救援组织就不再为那些被奥斯曼帝国和柏柏里人俘虏的英国人提供帮助。尽管英国圣公会、苏格兰的长老会与其他各派别的教会在筹集赎金和宣传被柏柏里人囚禁的俘虏所面临的困境方面发挥了至关重要的作用，但这些组织与欧洲大陆那些天主教救援组织之间缺乏必要的联系，而且大多也不懂阿拉伯语。由于缺少全心全意为解救这些人服务的宗教活动家，来自不列颠与爱尔兰的俘虏时常会有被抛弃的感

54

觉。1716 年，一名深感绝望、文化水平不高的俘虏从摩洛哥给他的妻子写了一封信，信中说道："其他所有国家的人都获得了援助，只有我们这些可怜的英国人没能得到来自国家的援助。"[28] 最终，这个人也没能回到英国。

从这个例子中我们不难发现，英国人在海外所遭遇的困境与其国内社会政治状况之间存在紧密的联系，在后面，我们会看到更多相关的案例。在地中海地区遭到掳掠、期待着母国将其赎回的大多数不列颠人与爱尔兰人都是贫苦的劳动者。但有时也会出现一些例外情况。1659年，英奇金（Inchiquin）伯爵在前往里斯本的途中被阿尔及尔私掠者俘获，他的儿子兼爵位继承人在此次袭击中失去了一只眼睛。但可以想见的是，大多数被俘虏的人都是小商人、渔民、前往海外供职的士兵，当然人数最多的肯定是水手。1702 年，威廉·夏洛克（William Sherlock）对聚集在圣保罗大教堂前、庆祝数百名从北非被赎回的俘虏回国的信众说："是这些人让你们变得富有起来"，

> 他们把印度的商品带回国内，让你们穿上来自东方的服饰。同样，也正是这些人站在木墙之后，保卫着你们的祖国，正是这些人让我们这个岛国拥有了巨大的实力与荣耀。[29]

通过这番讲话，我们能够很清晰地看出为什么柏柏里人的私掠行为极大地冒犯了英帝国最珍视的东西。水手是英帝国海外贸易的支柱，同样也是皇家海军实力的源头，正是这些人的存在让英帝国有能力成长为一个世界性帝国。然而，与此同时，水手也是私掠者最主要的打击目标。他

们中的绝大多数是穷人，因此几乎没有什么抵御风险的能力。[30] 一旦在海上遭到劫掠并被囚禁在北非地带，那么一个普通水手基本上没有可能依靠自己的力量凑足赎金。与传统的欧洲战争中被俘虏的人员不同，被掳至北非的这些水手基本上没有任何靠双方交换俘虏而获得自由的希望。此外，即使这些被俘水手在英国的家人得知了他的处境，也很难为他筹措到赎金。因此，如果英国政府缺乏足够的意愿出面进行干预，那么身处柏柏里的俘虏就很可能会在北非滞留很多年，其间他们几乎一定会被奴役，而其中的一部分人一辈子都无法回到英国。

　　这里就有一个案例。1701 年，在英国殖民统治下的丹吉尔当兵时被俘的 5 名英军士兵终于从摩洛哥回到了他们祖国。根据官方档案的记载，他们"在这 24 年当中一直被人奴役"。[31] 这是一个相对极端一些的案例，但在北非，不列颠人和爱尔兰人被俘后，通常会被囚禁至少 5 年以上；而 1700 年之前，被扣留 10 年也不是什么新鲜事。这些身处柏柏里的俘虏常常会被囚禁多年，这使我们难以从最终被赎回的人数入手，推断最初被俘虏的总人数。因为囚禁的时间越长，那些被囚禁的俘虏就越有可能靠着自己的努力逃离当地，或是投降穆斯林、成为叛徒，不过实际上，还有相当一部分人根本没法活到被赎回之日。根据现有的材料推断，17 世纪中叶时，被囚禁于的黎波里的欧洲人俘虏中，每年有 20%会死在当地。到了 18 世纪，除非遇到瘟疫暴发的年份，在平常的日子当中，囚禁在柏柏里的俘虏的死亡率相较于之前有所降低，但仍旧很高。一份记录了 1714—1719 年被囚禁于摩洛哥的 263 名来自英国本土与北美殖民地的俘虏的名单显示，这 5 年中，有 53 人死在了当地，略高于被囚禁总人数的 20%。根据这份名单，我们同样可以观察到，随着

囚禁时间的增加，俘虏的死亡率也在飙升。在去世的 53 人当中，有 48
人是在 1716 年或更早的时候就被囚禁于此了。[32]

　　在相当长的一段时间里，瘟疫都是导致俘虏死亡的元凶首恶，当
然，在瘟疫面前，这些俘虏与那些俘虏他们的本地人没什么区别。在
经历了反复暴发的传染病后，阿尔及尔的人口数量从 17 世纪初的 10 万
人（约为当时伦敦人口的一半）下降到了 1800 年时的约 4 万人。不过，
对于俘虏而言，食物中毒、炎热的天气、深深的耻辱感、无尽的绝望以
及遭受的残酷虐待也是死亡的重要诱因。1691 年 2 月，约翰·怀特海
德（John Whitehead）所乘的船只在摩洛哥西海岸遭遇了私掠船的袭击，
他与其他 9 名船员被俘，经过连续数周的行进，他们一行人经由马拉喀
什，一路沿着中阿特拉斯山脉的山脚被押送至梅克内斯，整段路程超过
了 200 英里。疲惫、恐慌与不洁净的水源使这 10 个人中只有 2 个人活
了下来。[33] 在这样一个远离亲友的异国他乡，被掳为奴隶可能会给人带
来毁灭性的打击。我们可以从之前提到的 263 名英国俘虏的数据中证实
这一点。这 263 人的平均死亡率大约为 20%，但对于那些先前曾担任船
长职务的人而言，死亡率则几乎是这个数字的 2 倍——38%。通常而言，
船长的年龄要比普通船员更大一些，但他们先前的指挥经验也可能会让
这些人对沦为奴隶、丧失人身自由的状况特别敏感。这些人常常强调，
被俘虏、被奴役的状态之所以能将一个人杀死，不仅是因为受害者的身
体受到了摧残，更是因为他们的心灵也遭到了打击。

　　如果我们将那些在被俘期间死亡以及在劫掠过程中惨遭杀害的英国
人纳入考量范围；如果我们还记得，1670—1730 年被赎回的 2200 名不
列颠人与爱尔兰人中并不包括那些成功逃亡的人、叛徒、苏格兰人，以

及那些英国官方从未知晓或压根不关心的人；如果我们还记得，这一数字并不包括那些在西班牙、威尼斯、荷兰或其他国家的船只上工作或旅行时被俘的英格兰人、威尔士人、苏格兰人与爱尔兰人，这些人能否得救，取决于这些国家，而非英国，那么，在这 60 年当中，约有 5000 名不列颠人与爱尔兰人被俘虏至北非，并被囚禁、奴役了一段时间。而从 1620 年到 17 世纪 50 年代，大约有 12000 人有过类似的遭遇；17 世纪 60 年代初期，据说有 1200 个英国人被囚禁于阿尔及尔；据此，我们几乎可以肯定地说，从 17 世纪初到 18 世纪中叶，至少有 2 万名不列颠人与爱尔兰人被囚禁在北非这片土地之上。除此之外，1600 年之后，还有多少英国人在奥斯曼帝国的其他地区被囚禁、被奴役，仍有待进一步的研究。[34]

不列颠人也会为奴

对不列颠人而言，以这样一种方式被俘、被奴役究竟意味着什么？那些身处本土的英国人又是如何理解、如何想象这些人的遭遇的？实际上，人们从未认真思考过这些问题，这可能是因为，一提到 1807 年之前英国人与奴隶的关系，人们脑海中首先浮现的一定是英国奴隶贩子的形象，这在很大程度上将人们的注意力转移到了跨大西洋的奴隶贸易之上，进而使之忽略了早期英国人面临的被奴役的风险。在这一问题之上，我们依旧不怎么关心英帝国在崛起的过程中暴露的弱点、感受到的恐惧和失败背后的原因，尽管这些显然是真实存在的，而且当时的人们也清晰地认识到了帝国的薄弱之处。

此外，尽管奥斯曼帝国与北非地区的白奴与黑奴贸易要比跨大西洋奴隶贸易存续的时间更久，而且在有些时期，两者的规模不相上下，但就目前而言，人们对于前者的了解还相当有限。虽然时移世易，但先前这一地区一些重要的奴隶贸易站点的遗迹依旧留存于世。如果你要去摩洛哥北部的拉巴特——原先一个十分重要的私掠活动中心——参观游览，你仍然能够通过犹太人聚居区（Bab Mellah）进入麦地那或旧城区，再沿着狭窄而又热闹的领事街（Rue des Consuls）溜达到一处公开售卖白奴的地点——盖泽尔（Souk el Ghezel）。然而，即使你能够忍受沿途售卖的新鲜薄荷、磨碎的香料与新出炉的面包散发出的香味干扰，也不被沿途摊贩叫卖的进口玩具和宝石色、绘有几何形图案的地毯等小商品吸走注意力，当最终抵达那个地方之时，你也会发现，实际上可供参观的物品寥寥无几。在这个地方，曾经有不计其数的英国人和其他欧洲国家的俘虏被奴隶贩子剥光衣服、用手指指点点、讨价还价，但如今，这里已经变成了一处绿植成荫的停车场，附近还住着拉巴特城里最优秀的一批木雕工人，你完全看不出这个地方之前曾经是一处奴隶市场。

北非当地并没有留存多少有关奴隶贸易的文字资料与实物证据，但英国以及其他西方国家则保留了大量有关身陷柏柏里的俘虏与奴隶的材料，只不过这些材料都带有某种程度的偏见。恐惧、愤怒、无知、偏见与绝望之情都使这批材料多多少少扭曲了历史的真相。在 17 世纪 70 年代的阿尔及尔，近千名英国俘虏的父母与妻子（其中大部分都是穷人）向下议院提交了一份言辞恳切的请愿书：

> 那些阿尔及尔奴隶主常常对俘虏进行残忍的鸡奸……用刀子将

俘虏开膛破肚，腰斩俘虏，把醋、盐与热油淋到他们身上，把他们
绑在马车之上，让他们像马一样拉车。

那些参与起草这份请愿书的人可能并不怎么了解北非的情况，也并不知
道他们关心的俘虏在那里的实际情况如何。他们只是反复诉说着柏柏里
人与穆斯林的暴行，希望能引起议会的关注，再由其出面赎回自己的亲
人。被俘的英国人也在不断宣扬着自己遭受的苦难。1641 年，一部分
被囚禁于阿尔及尔的英国水手给下议院上书道："上书请愿的人大约有
3000 人，我们这些人正被悲惨地囚禁于此。"

　　我们正经历着各式各样完全无法忍受的压迫，我们需要在帆船
上划桨，需要拉车，需要在磨坊里拉动磨盘，以及其他种种反基督
教的劳动……与此同时，我们还不得不忍饥挨饿，那些人还会鞭笞
我们赤裸的身体。35

　　尽管这些人的抱怨有一定的真实性，但他们也尽可能地夸大了自己
的悲惨境遇，以期能说服议会采取相应行动。直到 18 世纪初，当人们
意识到来自柏柏里人的威胁正在逐渐消退之时，在英国和其他欧洲国
家中，有关北非白人俘虏与奴隶的著作才变得更加真实、细致起来。在
《鲁滨孙漂流记》（1719）中，笛福小心翼翼地区分了被柏柏里人俘虏的
实际情况，以及民间传说和传统说法中感情色彩过于浓烈的版本。笛福
笔下的主人公不幸被摩洛哥私掠者俘虏，在被大海囚禁于那座荒岛之
前，他先是做了两年奴隶，但自始至终，他都很淡定："我的遭遇并不

10. 阿尔及尔港口被从船上卸下来的白奴
1700 年一位英国画家绘

像我最初想象的那般可怕。"[36]

　　由于柏柏里俘虏的遭遇各不相同，再加上同时代人们不可避免的偏见和本土材料的匮乏，这段真实的历史难以重见天日。在北非，特别是 18 世纪 20 年代初之后，并非所有英国俘虏都被卖为奴隶或被迫从事苦役。即便是那些沦为奴隶、被迫服苦役的人，他们的命运也各不相同，而且这些人身为奴隶的时间也相差很大。可以肯定的是，根据伊斯兰教法的规定，无论是在陆战中还是在海战中被俘的异教徒，也无论是白人还是黑人，穆斯林都有权利将其奴役。这为之后发生的很多事情奠定了正当性基础。在世界范围内，任何地区、任何文明都会将奴隶视作纯粹的商品。他们被从原先所属的关系网络中连根拔起，也不再有能力掌控自己的命运。尽管《古兰经》建议穆斯林要善待奴隶，但无论如何，这些奴隶依旧是地位低下的人，穆斯林主人可以出售自己的奴隶，也可以把他们借给另一个奴隶主，或直接当成礼品赠予他人，当奴隶主死后，他的继承人也可以继承对这些奴隶的所有权。奴隶主可以任意支配奴隶所拥有的任何财产。无论是在法律条文上，还是在实践当中，女奴都会遭受奴隶主的性剥削，尽管她们大概率不会被主人送去卖淫。自始至终，柏柏里私掠者都没有俘虏多少不列颠与爱尔兰的女性，但与其他被俘的欧洲女性一样，在 1720 年之前被俘的大部分不列颠与爱尔兰女性似乎都没能成功地回到英国。与世界其他地区一样，在伊斯兰政权当中，无论男性还是女性，年轻人还是老人，黑人还是白人，这些俘虏与奴隶都有可能落入一个坏奴隶主、看守或者监工的手中，进而遭受性虐待以及其他各式各样的虐待。[37]

在北非，白奴与黑奴的遭遇千差万别，有时，这些奴隶的生活要比加勒比地区或北美南部大多数种植园当中的奴隶更自由一些。在伊斯兰教法之下，只要奴隶主同意，一个奴隶就是可以结婚的，也可以拥有自己的财产。在阿拉伯语中，甚至有一个专门的词语（ma'dhun）用以指代奴隶从事的商业活动，例如奴隶开的小商店或者小酒馆。在这里，开店的奴隶可以为其他基督徒俘虏与犯错的穆斯林提供服务，然后将一定比例的利润上缴给他们的主人。这就是 17 世纪末两名英裔牙买加商人——纳什（Nash）先生与帕克（Parker）先生——的经历。他们靠着跨大西洋的奴隶贸易起家，在很短的时间内就富裕起来，在一次从西印度群岛驶回英国的航程中，他们遭到了摩洛哥私掠者的劫掠，被俘为奴，那些私掠者将他们卖到了得土安。不过，这一经历使他们二人有机会学习阿拉伯语，同时也让他们熟悉了当地的商业交易惯例。在恢复自由身之后，这两个人没有选择回国，而是在得土安开了一家贸易公司，该公司一直活跃到了 18 世纪。[38]

然而，在北非的白人奴隶与大西洋彼岸种植园中的黑奴之间，最为显著的差别在于前者通常不会永久地沦为奴隶，而只是暂时丧失了人身自由（当然也存在例外）。1650 年之后，身处柏柏里的英格兰、威尔士、苏格兰和爱尔兰男性俘虏，以及被关押在这里的更富裕也更受保护的女性俘虏，通常都能被赎回。需要再次强调的是，有些时候，这些俘虏可能需要等 10 年或者更久的时间才能被赎回，因此，对于很多不幸之人与弱者来说，他们很可能等不到自己被赎回的那一天。然而，由于有很大的概率能获得赎金，因此北非的奴隶主有足够的动力去保证那些英国和其他欧洲国家的俘虏的生命安全，同时还会让他们尽可能地保持身体健康。赎买制度的存在让这些俘虏有机会重获自由，同样也让那些奴隶主有机会获得足够的资金。无论是奴隶还是奴隶主，都希望奴隶能好好地活着。

因此，被俘虏至北非的英国人命运各不相同。他们在北非的境遇可能受其所处的社会阶层、财富多少、年龄、性别以及他们所掌握技能等多方面因素的影响。那些被私掠者视为有用之人的人——例如医务人员、造船师、通晓多国语言的人和军械师——会获得很好的待遇。18 世纪 20 年代，一个名叫卡尔（Carr）的英裔爱尔兰人（其兄弟在皇家海军中服役）就在梅克内斯担任穆莱·伊斯梅尔的首席枪炮制造师。"他是一个非常英俊的人，非常聪明，而且行为举止非常绅士"，这个人绝非我们一般印象中的俘虏，他也抛弃了自己原有的国籍与宗教信仰，转而与摩洛哥的穆斯林建立起了一种对自己而言有利可图的合作关系，为其铸造"迫击炮、炮弹、加农炮等武器弹药，这与他在欧洲时的生活几乎一模一样"。卡尔十分满足于自己在北非的生活，而这种生活似乎也并没有违背他的自由意志。不过需要强调的是，有些时候，北非的奴隶主们并不会允许此类高素质的俘虏被赎回，因为他们太有价值了，以至于奴隶主不能放手。1646 年，一名受过良好教育的英国奴隶表达了他对自己阿尔及尔主人的不满："我负责管理他的账目与商品，这使我不得不长期生活在痛苦之中，那些不识字的人轻而易举地就能离开这里……而我受过的教育却让我遭此厄运。"[39]

除了自身掌握的特殊技能外，柏柏里俘虏的遭遇还会受其他一系列因素的影响：他们是在何时被俘的，在何地被俘的，俘虏他们的人又是谁。

在 17 世纪前 2/3 的时间里，任何一个被柏柏里私掠者俘虏的身体健康的欧洲男性都极有可能被强迫到桨帆船之上划船。例如，1650 年之前，阿尔及尔的私掠船队大约有 70 艘船。和法国、西班牙以及意大利诸城邦依靠奴隶或罪犯划桨的船队一样，阿尔及尔的私掠船也依赖强制劳动，在该船队中，每艘船大约有 25 个船桨，而每个船桨都需要 3—5 个人来划动，这些负责划桨的人每天甚至要划超过 20 个小时。"船上没有什么空间能让他伸开腿，"英国人弗朗西斯·奈特（Francis Knight）在回忆 17 世纪 30 年代他当船奴之时说道，

他们的动作极为规律、整齐划一，他们的头发被剃光了，他们

的脸被划得破了相，他们全身赤裸，浑身上下只有一条很短的亚麻布马裤遮住自己的私处……在划船之时，他们往往累得满身大汗。[40]

身为船奴，唯一一件值得庆幸的事情就是，他们往往很快就会死去。心脏病发作、断肢、营养不良、缺水等因素都会导致船奴的死亡。考虑到地中海地区各国与私掠者之间冲突的暴力程度，船奴也很有可能会被本国人伤害或杀害。1671 年，英国海军指挥官托马斯·阿林爵士（Sir Thomas Allin）袭击了阿尔及尔的舰队，他所率领的舰队在袭杀了大量穆斯林水手的同时，也杀死了阿尔及尔舰队中大约 400 名负责划桨的欧洲人，这些人被锁在了凳子上，在双方交战之时，他们没法躲避炮火，而当船只沉没之时，他们也无力逃生。[41]

到 1700 年，随着北非桨帆船舰队规模的缩小，英国人和其他白人奴隶不大可能会被强迫到船上划桨。然而，大多数柏柏里的男性俘虏（无论会不会被带到奴隶市场上，而后被出卖给某个买家）基本上都会承担大量繁重的体力劳动，而当这些俘虏出身卑微或是为当地政权所拥有之时，情况就更是如此。在梅克内斯与其他许多地区，穆莱·伊斯梅尔强迫大量欧洲俘虏为其服役，建造了数量庞大的奢华建筑。这些俘虏需要制作、搬运建筑所需的砖块，挖掘地基，将大理石切割开来，建造墙壁、庭院以及拱门，除此之外，一部分俘虏还需要打理、灌溉位于安达卢西亚的花园，直到今天，这些花园依旧很漂亮，只不过维护起来相当费劲。需要指出的是，当时在英国与欧洲大陆之上流传的有关白人在北非地区的恐怖遭遇在很大程度上是被夸大了的，不过那些故事也并非全然没有现实基础。[42]对一位拥有数千名奴隶、实力强大的统治者而言，

11. 柏柏里私掠船与皇家海军战舰的战斗
绘于约 17 世纪 70 年代

他基本上不可能和一个只有一名奴隶的小奴隶主一样关心自己奴隶的状况，通常而言，此类统治者往往迫切希望能早日获得赎金（同样，即便是法国最为虔诚的基督徒国王路易十四，也基本不会关心那些在法国桨帆船上服苦役的穆斯林俘虏以及胡格诺派异教徒）。对于那些被掳至柏柏里的北欧人来说，他们中的绝大多数不怎么适应北非的气候，在这种环境之下，被监工鞭笞着服苦役只会进一步提高这些人的死亡率。1746年 1 月，吨位为 350 吨的伦敦私掠船"督查号"（*Inspector*）在丹吉尔附近海域遭遇了风暴袭击，船只不幸沉没，船上的 183 名船员中，大约有一半人随着船只一道葬身海底，而活下来的 96 人都成了摩洛哥苏丹的俘虏。到 1751 年，其中的 21 人就已经皈依伊斯兰教。在大多数情况下，皈依伊斯兰教并非因为这些人真心实意地信奉伊斯兰教。这些俘虏不得

62

不在炎热的气候下日复一日地做苦工，在摩洛哥大城市菲斯城外修筑防御工事。[43] 一部分人改信伊斯兰教，就是希望能因此改善一下自己的待遇，这几乎是很多人唯一的自保手段。

因此，柏柏里俘虏的经历往往各不相同。所有被北非私掠者捕获的男女老少，以及在北非附近海域遭遇海难的人们，都或多或少经历了一段令人充满恐惧的历程。其中的一部分人遭受了身体与心灵上的虐待，在监工的皮鞭之下服着苦役，此生再无机会回到母国，甚至没过多久就客死他乡。但对另外一部分人而言，被囚禁于柏柏里的经历与那些人截然不同。他们很可能只在北非短暂停留，还能得到适当的照料，一旦赎金支付完成，柏柏里人就会马上释放他们。即便是对那些被囚禁于北非数年的俘虏而言，他们也很可能学会了当地的语言，习惯了当地的风俗，适应了自己所生活的穆斯林家庭，在那里，他们往往能得到不错的对待，那些穆斯林会将这些俘虏当作家庭成员而非奴隶。当然，这些人也有可能真心实意地皈依伊斯兰教，或是为了与所爱的穆斯林女性结婚而皈依伊斯兰教，也有可能发挥自己的特长，成为穆斯林君主的雇佣兵、医疗专家、建筑师或是军械师，从而获得可观的报酬。

上述经历各不相同的俘虏提醒着我们，不要想当然地给柏柏里人打上一个简单的、黑白分明的标签。例如，在当时就有一拨人提出，要将柏柏里私掠者劫掠、奴役白人的行为与跨大西洋的黑奴贸易相提并论（直到如今，也有一些人持这一观点），很显然，这一论点是站不住脚的。到 1670 年时（尽管在此之前情况可能并非如此），英国人与其他白人奴隶贩子每年从西非贩运走的黑人数量无可争议地超过了每年被柏柏里与奥斯曼私掠者捕获的欧洲白人数量。此外，那些被北非私掠者掳走的白人俘虏还有很大的概率被赎回，而这一时期，被贩运至大西洋彼岸的黑奴则根本没有机会返回故土。不过，尽管将北非地区存在的奴隶制度与贩卖黑奴的三角贸易相提并论的做法并不符合事实，但这并不意味着另外一个极端——将柏柏里地区掳掠、奴役人口的历史边缘化，认为柏柏里地区的奴隶制度只不过是欧洲人为诋毁伊斯兰教而编造或严重夸张的故事——就更贴近历史事实。[44] 在长达几个世纪的时间里，柏柏里私掠者一直是极具威慑力的掠食者，他们成功地从几乎所有西欧国家那里勒索到了大量的赎金和保护费。即使是像丹麦这样相对遥远且安全的国家，也需要将其从地中海贸易中所得利润的大约 5% 交给这些私掠者。[45] 如果这些欧洲人并不认为柏柏里私掠者有什么威胁，或是认为欧洲人对柏柏里掳掠人口的恐惧仅仅是他们凭空建构出来的，那么我们就根本无法解释为什么柏柏里私掠者能拿到这么多钱。

对于近代早期的英国人来说，柏柏里给他们带来的恐惧感毋庸置疑是真实存在的。事实上，英国人对柏柏里私掠者的恐惧已然刻骨铭心。尽管这一点尚未得到人们的广泛承认，但需要指出的是，对柏柏里私掠者的恐惧在很大程度上影响了英国人看待奴隶制的方式。人们常说，1600 年之后，"无论是在地理空间上，还是在种族上"，奴隶制都"被边缘化了"，身处欧洲的白人有能力将那些远在天边的有色人种变为奴隶。奥兰多·帕特森（Orlando Patterson）认为："'我们——白人、英国人、自由人'的概念，与'他们——黑人、异教徒、奴隶'的概念相辅相成，共同发展起来，逐渐为人们所熟知。"[46] 然而，这种将白人、西方奴隶贩子划在一边，将作为受害者的黑奴划在另一边的边界清晰的二元论述，没有充分重视奥斯曼帝国与北非地区长期存续的奴隶制度。对

17 世纪与 18 世纪初的英国人来说，白人沦为奴隶的情况并不罕见，也不是什么天方夜谭。他们非常清楚地知道，沦为奴隶的命运完全有可能降临到自己的同胞身上。英国人当然有可能变为奴隶，而且在历史上，很多英国人也确实成了奴隶。此外，1730 年之前，比起其他地区有关奴隶的资料，不列颠人与爱尔兰人显然更熟悉柏柏里地区白奴的遭遇。部分原因在于，许多柏柏里的俘虏都来自伦敦，而伦敦是英国的印刷业、航运与贸易中心。因此，正如接下来我们将要看到的那样，这些人的遭遇经由报纸、小册子与民谣得到广泛传播。与此同时，全国范围内的教堂都在为这些人布道祈祷，人们也呼吁政府出面缴纳赎金，将这些人赎回。17 世纪到 18 世纪初，很多英国人通过各种各样的媒介，听说了被柏柏里人俘虏的英国人的故事，也了解到有很多被俘虏的英国人还未能成功脱险，而与此同时，居住在本土的英国人却往往不怎么了解黑奴，毕竟英国本土之上并没有多少黑奴。[47] 这一时期，英国国内对柏柏里白人奴隶的关注程度相当高，直到 18 世纪后期，英国人对黑奴问题的关注程度才逐渐提升起来。

请允许我再次表述一遍我本人的论点。我并不试图论证柏柏里地区的奴隶制可以与加勒比地区以及北美的黑奴制度相提并论。很明显，这两者之间存在巨大的区别。我想论证的关键点在于，在近代早期，英国人并不认为只有某些种族的人才会沦为奴隶，而白人则永远都不可能为奴。至少在 1730 年之前，对于英国人与其他欧洲人而言，白奴并非一种不可想象的现象。无论是从官方层面来看，还是从民间流传的文本来看，事实都是如此。有关英格兰、苏格兰、威尔士与爱尔兰的男女老少在北非遭受奴役的故事经常会被用作宣传材料。17 世纪 90 年代的一份王室公告曾宣称，"我们大量优秀的、爱好和平的臣民在海上辛勤工作"，现如今却"……沦为奴隶，被迫在极端残酷、毫不人道的环境中劳动……被那些充当监工的'黑鬼'（black-a-moors）呼来喝去"。这里所说的"黑鬼"指的是摩洛哥的黑奴士兵，有些时候，这些人会被安排来监督白奴的工作。类似的词语在官方文件中并不少见。1729 年，一名被派往摩洛哥负责赎回英国俘虏的特使在一份私人备忘录中如是描述自己所承担的这项任务："去解救那些被不公正地捕获并被贬为奴隶的国王陛下的臣民。"[48] 由此可见，他们并不认为包括不列颠人在内的白人天然地不会成为奴隶制的受害者。

对某些人来说，这一主张意味着我们能够更加心安理得地接受黑奴贸易的存在。在近代早期人们的观念中，奴隶贸易无处不在，任何地区、任何文明都会有自己的奴隶制形式，这无疑推动了奴隶贸易的发展。然而，认识到不同种族、不同肤色的人都有可能成为奴隶这一点有时会带来非常不同的结果。在这种观点的支持下，一些学者开始质疑奴隶身份与劣等地位之间存在的绑定关系。如果"这座岛屿（不列颠）上的某个人……不幸被阿尔及尔或柏柏里私掠者掳走，而后被带回岸上卖掉，那么他是不是就成了野蛮人？"这是一名牛津大学的学者在 1680 年时提出的问题："如果不是，那么为什么被掳走卖为奴隶的非洲人就是了呢？"与其他许多反奴隶制的论点一样，在 18 世纪，这一论点基本上被人们完全淡忘掉了，但到了 18 世纪末，这一批反奴隶制的主张再次冒了出来。1806 年时，一名学者写道："哪怕是一个在本国也是奴隶的黑人，当他被卖到欧洲为奴之时，他的感受与那些被卖给摩尔人或阿尔及尔人为奴的英国人也是一样的，这两者没什么差别。"[49]

不过，在此期间，在英国流传的印刷品中，并没有多少人会将他们的被俘同胞所处的奴隶地位与黑奴相提并论，相关的论点也并不怎么为人所接受。18世纪30年代后，在修辞意义上，奴隶所代表的身份地位绝不可能被安到一个英国人身上，以至于那些仍然被柏柏里人控制着的英国俘虏发现，他们很难解释自己所处的困境。1789年，一名被囚禁于阿尔及尔的半文盲英国水手写道："我是一个落入野蛮人手中的可怜奴隶……让一个真正的英国人沦为野蛮人的奴隶，这实在是有违大英帝国的律法。"[50] "有违大英帝国的律法"，这一斩钉截铁的措辞让人感到惊讶。而这也恰恰说明，北非地区的奴隶情况进入了一个新的阶段。在17世纪至18世纪早期的这段时间里，情况与此大不相同。那时，柏柏里地区白人俘虏的规模，以及围绕柏柏里产生的流言、著作与社会运动，都说明无论是英国国籍，还是白种人的肤色，都不能保证一个人不会沦为奴隶。在那个阶段，英国人还没有牢牢地确立起对海洋的支配地位，更没有统治全世界。他们可以成为奴隶，而且其中一部分人也确实成了奴隶。

海盗与海洋帝国

在那个时期，一些英国人可能会被迫在公共场合半裸着身子，让一帮陌生人对着他们指指点点，评价着他们的躯体与肌肉，在北非毒辣的阳光下等待着拍卖商将他们卖掉；当然，有些黑人也会用鞭子抽打他们，强迫他们劳动。对于当时的英国人而言，这些都是最富戏剧性、最让人印象深刻的画面，因为上述情景意味着柏柏里人有能力彻底颠覆他们熟悉的世界。而且，正如我们所看到的那样，北非私掠者所侵犯的并不仅是个人自由，他们还破坏了英国的海上贸易，在英国人渴望主宰的海洋上作威作福。此外，在另一个更为重要的方面，柏柏里人颠覆了英国人所拥有的一切。1600 年后，不列颠与爱尔兰逐渐从欧洲的一个边缘地区成长为一个极具侵略性的统一国家，在之后的一段时间里，英帝国狂热地追求全球霸权，并一度真正掌握了这一霸权。那么，在漫长的时间里，柏柏里人是如何不断地袭击着英国的海外贸易商船及其船员并从中获利的呢？他们又是如何能够一直逍遥法外的呢？柏柏里人的存在意味着什么呢？

这些私掠船之所以能给欧洲白人带来持续的威胁，而英国和其他欧洲国家没能一劳永逸地消灭这些私掠者，部分原因就在于奥斯曼帝国强大的实力与声望。正如当今某些大奥斯曼主义者宣称的那样，17 世纪的奥斯曼帝国依旧如日中天，甚至从某些方面来看，18 世纪大部分时间里的奥斯曼帝国仍然算不上落后于欧洲。[51] 可以肯定的是，1683 年奥斯曼帝国的军队止步于维也纳之后，他们就再也没有机会继续深入欧洲大陆了。然而，与后世的历史学家不同，当时的人们并不认为此次失利有什么划时代的意义。奥斯曼人仍然足够强大，1715 年，奥斯曼人从威尼斯手中夺取了整个摩里亚半岛；随后在 1727 年吞并了伊朗的西部地区；1739 年，他们又从奥地利手中抢走了贝尔格莱德。直到 18 世纪 60 —70 年代，奥斯曼在与俄国的一系列战争中遭遇惨败之后，才开始逐渐丧失大片的领土。

与其他西欧人一样，英国人在 1700 年前后就注意到了奥斯曼帝国日渐衰败的苗头，他们也意识到，奥斯曼帝国对三个北非政权——阿尔及尔、突尼斯以及的黎波里——的控制力在逐渐变弱。然而，尽管奥斯曼帝国似乎正江河日下，但西欧各国仍然没打算采取任何实质性的措施来挑战奥斯曼帝国的势力范围，近代早期的英国也从来没有将这一方案提上日程。与西班牙、法国、葡萄牙、荷兰、英国建立的海上帝国不同，奥斯曼帝国并没有在全球各地建立殖民地，因此对海上力量的依赖程度并不十分显著。奥斯曼帝国是一个幅员辽阔、势力强大的陆上大国，布罗代尔指出，那是一块"犬牙交错的陆上拼图"。[52] 其辽阔的领土面积、规模庞大但又缺乏纪律的军队、巨大的人口规模都让人们对其心存畏惧，特别是对于近代早期的英国这样一个人口数量不多的小国而言，情况更是如此。

这有助于我们理解为什么这一时期的英国（以及后来的大英帝国）只是零星地对柏柏里政权采取了报复措施，而且其还有意识地限制了这些措施的打击力度。尽管柏柏里人的私掠活动一直没有停歇，也给英国人带来了巨大的损失，但英国人依旧意识到了其背后实力不容小觑的奥斯曼帝国，因此，英国人并没有主动挑衅。即使到了1816年，英国人已经取得了滑铁卢战役的胜利，并确保了自己在欧洲与全球范围内的霸权地位，但英国政府仍然没有采纳鹰派的建议，即清剿阿尔及尔附近的私掠者，并针对北非地区发起一场全面的殖民远征。一名伦敦记者讽刺地问道："难道基督教国家要在（北非的）海岸线上建立殖民地吗？"他本人完全赞同英国官方的克制政策："还是说，我们应当将北非地区留给土耳其人，让他们安安静静地继续统治着该地？"显然，他和白厅的人一样，认为全面殖民北非地区是完全不现实的，即使在这一阶段，英国人仍然需要尊重奥斯曼帝国的传统势力范围，在通常情况下，这意味

着英国人最好不要染指这些地区。⁵³

此外，正如丹吉尔的陷落所证明的那样，即便不考虑北非政权与奥斯曼帝国的联系，他们本身的实力也很强大。17 世纪末，他们的私掠船只基本上没法与英国和其他西欧国家的战舰发生直接对抗，但这并不意味着这些私掠船就没法带来威胁。在过去的很长一段时间里，人们一再提醒五角大楼方面，高科技武器并不能保证一国在冲突当中必定获得胜利。20 世纪后期，美国拥有强大的核威慑能力，其手中掌握的核弹足以消灭越南很多次，但在常规战争当中，美军依旧无法取胜，对美国而言，像第一次海湾战争那样以可以接受的低成本成功入侵巴格达的案例并不是通用的。基于同样的道理，1650 年之后，英国皇家海军越来越有能力一口气摧毁整个柏柏里地区的私掠船队，但有一个前提，就是那些私掠者必须蠢到愿意将所有的船只集结起来，与皇家海军正面对抗。很明显，这种想法绝对是痴人说梦，因为私掠者没有那么蠢。那些私掠船轻盈灵动，航速迅猛，犹如蜇人的昆虫一般，在设计时，它们的攻击目标就是那些没有武装防卫或是武装力量薄弱的商船，一旦有军舰靠近，这些私掠船就能迅速逃离。柏柏里私掠者根本不会和西方国家的海军进行"公平"对抗，他们遵循的是自己的游戏规则。

因此，除了偶尔袭扰一下私掠船驻扎的港口外，皇家海军也没什么可以做的了。例如，1655 年，海军上将布莱克率军突袭了突尼斯附近的法里纳港（Porto Farina），并成功摧毁了停泊在那里的几艘私掠船。然而，此类攻击的效果往往是局部的、暂时性的，而且风险往往相当高。在 18 世纪 60 年代发现经度之前，船只在航行的过程中很难十分精准地确定自己与海岸之间的距离，在这种条件下，任何在海况复杂的北非海

67

12. 的黎波里的私掠船基地

岸线附近航行的船只都有可能遭遇海难，尤其是天气情况恶劣之时，危险系数就更高了。1758 年，英国皇家海军军舰"利奇菲尔德号"（HMS *Litchfield*）在前往西非戈雷（Goree）的途中，冲到了摩洛哥的海岸之上，就在事故发生之前，这艘船上训练有素的导航员还曾信誓旦旦地报告称，该船"离陆地还有 35 里格 *"。这一后果严重的误判生动形象地向人们展示出当时西方世界航海技术的局限性。此次事故共造成 120 人死亡，同时 220 名幸存下来的船员沦为摩洛哥苏丹的俘虏。[54] 需要指出的是，哪怕是从陆地上发起进攻，英国人也没法很容易攻占柏柏里地区。阿尔及尔常年维持着一支规模庞大的军队，加上其坚固的海岸防线，即使在 1775 年，这样的防御措施也足以击退一支由 300 艘舰船外

---

*　　1 里格≈3 海里≈5557 米。

加 22000 人组成的西班牙军队的进攻。[55] 这一时期，摩洛哥的常备军规模也要比英国更大一些。1718 年时，一名摩洛哥官员对一名英国特使说道："他很清楚，在海上，摩洛哥人打不过英国人，但在陆地上，摩洛哥人根本不害怕他们。"为什么摩洛哥人不害怕英国人的陆上力量呢？因为此时英国的常备军还不到 3 万人，而据一些外交官估计，穆莱·伊斯梅尔手下的士兵总数超过了 15 万人。[56]

由于这些柏柏里人拥有的强大军事实力，英国人和其他欧洲人在很长一段时间内都不敢轻举妄动，实际上，他们之所以能拥有规模如此庞大的军队，在很大程度上也是靠着欧洲人的贡献。摩洛哥人与阿尔及尔人都特别指出，要想赎回本国俘虏，就必须拿武器装备或者现金来换，在相当长的一段时间里，他们也确实得到了自己想要的东西。1700 年，英国方面不得不专门"根据（摩洛哥）皇帝要求的样式"制作了 100 架枪机（gun-lock）来赎回俘虏；1721 年，一个前往摩洛哥的英国代表团为赎回 300 多名英国俘虏，向摩洛哥方面缴纳了 1200 桶火药外加 13500 架枪机。[57] 如果你去参观位于菲斯的摩洛哥军事博物馆——一处非常值得人们参观的景点，其藏品也有着极高的学术价值——你仍然能够看到一部分来自西方世界的武器装备。这个博物馆中展示着大量早期生产的佐治亚滑膛枪，每支上面都印有伦敦塔的标记。此外，这里还收藏着来自法国、西班牙、荷兰、葡萄牙以及意大利的枪支、迫击炮和旧式火炮。其中一部分是购买而来的，还有一部分是在战斗中缴获的，但展厅中陈列的许多武器装备实际上是英国和其他欧洲国家在不同时期为赎回本国俘虏而向摩洛哥苏丹缴纳的赎金。

因此，欧洲与北非之间的军火贸易是依附于人口贸易的，而且，此类军火贸易还有效地推动了人口贸易的增加。柏柏里私掠者先是捕获了英国和其他欧洲国家的船员与乘客。之后，为了赎回俘虏，欧洲国家就会向柏柏里人提供金钱与武器装备作为交换，这反过来又进一步帮助柏柏里人提升自己的军事实力，来保卫本国的海岸线不受欧洲人的海上与陆上攻击，同时维持着本国的私掠船队。这一体系十分值得我们关注，与发生在地中海地区的许多其他事情一样，上述军火贸易具有更为广泛的意义。它充分证明了我在先前多次强调的一个论点：直到这一时期结束之前，就陆上战争而言，西方国家与非西方国家的武器装备之间并不存在明显的技术代差。摩洛哥与阿尔及尔能够获得（有时他们还能自行制造）足够先进的武器装备，直到 19 世纪初，英国和其他欧洲国家的军队都没法轻松地对付他们，与此同时，他们还能利用独特的战术来避免与欧洲海军发生正面冲突。此外，还有一个同样值得关注的问题。经过仔细观察，我们不难发现，这种人口与武器之间的交易不仅代表了双方之间的冲突，更凸显了柏柏里私掠者是如何推动不同文化之间的交流与交换的。

很多帝国史的写作方法都深受摩尼教式思维的影响，强调不同文明之间的对立与冲突——无论是种族之间的冲突，还是西方文明与非西方文明之间日益扩大的分歧。因此，在这套叙事框架之下，欧洲文明与非欧洲文明之间不断上演的交易与妥协就被忽略了。然而，正如布罗代尔一再强调的那样，在地中海地区表面尖锐的政治与宗教分歧之下，隐藏着的是官方之间以及私人之间从未间断的交流与合作。[58] 穆斯林私掠者劫掠海上的基督徒商人，并将这些俘虏当作商品出卖：是的，这的确是事实。西欧各国也买卖穆斯林奴隶，并偶尔袭击一下北非的港口城市：

是的，这也是事实。然而，当我们将视角移向故事的另一面时，就会发现，至少在某种程度上，地中海地区的基督教世界与伊斯兰世界是相互依赖的。我们之后就会看到，1756 年，摩洛哥的统治者西迪·穆罕默德（Sidi Muhammad）对英国人大发雷霆，并专门发动了一场针对英国人的私掠活动，旨在俘虏更多的英国人，然而，他这么做不是为了与英国切断关系、挑起战争，而是为了向英国人施压，让他们在摩洛哥任命一名领事，这样他就能够与英国人做生意了。[59] 同理，尽管在舆论层面上，英国人经常对柏柏里人大加挞伐，偶尔还会派出海军袭击一下他们的私掠船只与港口，但在其背后，英国人十分依赖于柏柏里人为其提供的后勤支援，在商贸网络上，英国人也有赖于柏柏里人的支持。倘若没有他们提供的帮助，英国永远不可能在地中海地区维系自己的帝国存在。

　　就像英国最早的、耗资甚巨但以失败告终的地中海殖民地丹吉尔并没有得到英帝国史学家足够的关注一样，人们也并不怎么关心在丹吉尔之后英国在地中海控制的地区——直布罗陀与梅诺卡。[60] 这两处殖民地是英国在西班牙王位继承战争期间从西班牙手中夺取来的，并在 1713 年的《乌得勒支条约》中被明确划归英国。与丹吉尔一样，这两处殖民地的功能在于保护与促进英国在地中海的商业利益，并为英国海军提供了一处绝佳基地，使这个不断向外扩张但又始终感受到威胁的小国能够监视其竞争对手法国与西班牙的舰队动向。梅诺卡岛上的马翁港（Port Mahon）是全球第二大天然港口，直到如今，这里都吸引着大量游客前来参观，而一直到 19 世纪初，法国、西班牙与英国都在反复争夺这个港口的归属权。

　　然而，现如今，这些地方的重要性往往被人们忽略，因为英国对这些地方的占领与传统的英帝国观念并不相符。正如亚当·斯密在《国富论》中所强调的那样，直布罗陀与梅诺卡没法给英国带来足够的商业利润，而这两个地方又在大笔地消耗着英国纳税人的资金。这些面积不大的领土没法给英国人提供有价值的原材料，也不能为饥饿的移民提供足够的土地。此外，这片地区曾为欧洲白人所有，英国人是从一个罗马天主教国家手中抢来这两处殖民地的。对于英国的普通民众来说，这恰恰是这两片殖民地显得重要的原因。1729 年，乔治二世在伦敦举行议会的开幕式时，围观的人群喊的口号是："国王万岁！让直布罗陀与梅诺卡永远留在大英帝国之内！"[61] 在这种场合中，似乎没有人提到过美洲殖民地的重要性。

英国的统治集团也十分重视直布罗陀与梅诺卡的战略地位。1756 年，法国曾短暂占领梅诺卡岛，此次战役中，法军动用了 200 艘舰船，未来的萨德侯爵（marquis de Sade）也参与其中。对英国来说，这一事件是七年战争的真正开端。英国海军上将宾格（Byng）背负了丢失该岛的责任，成了替罪羊，在审判之后，宾格上将被枪决。英国的统治集团希望通过杀鸡儆猴的方式，要求其他英国海军指挥官必须牢记地中海地区在英国的帝国事业、海权以及贸易网络中所占据的绝对核心地位。[62] 在之后的美国独立战争期间，直布罗陀与梅诺卡的战略地位可以说和北美殖民地同等重要，而当西班牙夺取了梅诺卡岛的控制权之后，直布罗陀的重要性就进一步提升了。1781 年，英国决定将皇家海军的一支舰队从北美驻地转移至直布罗陀，这实际上等同于放弃了约克镇，因为此时的直布罗陀也正被法国与西班牙联军重重包围。[63] 倘若我们只关注北美的重要地位，那么我们无论如何也无法理解为什么英国人会做出这一决定。

只有当我们认识到地中海地区在大英帝国的战略和商业利益中扮演着至关重要的角色时，我们才能真正理解这一决定背后的深刻意义。

　　鉴于地中海地区对大英帝国的重要价值，英国人十分有必要与柏柏里人维持一种积极的、建设性的交流与合作模式。1750 年之前，驻扎在直布罗陀与梅诺卡的英国军队比驻扎在整个北美的军队还要多；而同一时期，英国皇家海军的军舰经常需要停靠在这两处港口来进行补给。[64] 如果没有北非各个政权的定期供应——谷物、牛肉、鱼肉、新鲜水果和运输用的骡子——英国人就不可能养活驻扎在直布罗陀与梅诺卡的军人，皇家海军也没法将这两处地方作为军舰的补给与维修基地。1758 年，一名英国官员在考虑支付更多的赎金来从摩洛哥赎回英国俘虏之时，十分不情愿地承认道：

71

　　　　为了维护我们的商业利益和航道安全，为了国王陛下在直布罗陀的驻军和皇家海军的地中海舰队能获得充足的新鲜补给，我们坚信与这些人和平共处是必要的。[65]

我们可以发现，在这个案例当中，一个新教帝国——英国，需要依靠伊斯兰世界——这里指的是柏柏里势力——的供应，以控制几处从天主教欧洲国家手中夺取的领土。这一事实提醒着我们，在此阶段，西方国家与伊斯兰势力之间在舆论上的势同水火并没有反映到政治实践当中。这一事实还提醒我们，对于英国人来说，建立并维系大英帝国意味着需要与非白人、非基督徒打交道，在很多时候，英国人需要依赖他们而生存，而不是简单地统治这些人。

　　因此，我们亟须将柏柏里和地中海其他地区的故事纳入近代早期英帝国崛起的叙事当中，这不仅是因为这些事实揭示了大英帝国在建立的过程中面临的矛盾与限制。长期以来，柏柏里私掠者的劫掠总是会让英国人付出高昂的代价，有时甚至是自己的性命，这说明，在英国海上贸易快速扩张的同时，皇家海军在保护海外贸易方面缺乏必要的能力。皇家海军在打击私掠者、袭击北非地区的私掠船只基地方面遭遇的困难表明，在这一时期，西方世界的海军力量和航海技术依旧有严重的局限性。与现在的情况一样，拥有更为先进的武器装备并不能保证一方在与敌人交战的过程中自动取胜，因为冲突双方所遵循的是不同的游戏规则，在这种情况下，弱势一方并不会蠢到用己方的短处去挑战敌人的长处，而是会十分巧妙地发挥自己的优势。现如今，人们常常将柏柏里人的掳掠行为视为帝国崛起过程中的边角故事，但对于 17 世纪以及 18 世纪初的英国人来说，柏柏里人所带来的威胁却是极为真实的，部分原因在于，柏柏里私掠者的存在表明，白人与黑人都可能成为奴隶。英国官方经常容忍此类针对英国的海外贸易和人员的劫掠，他们更倾向于向其支付巨额赎金，而非卷入一场全面战争，这一方面是因为奥斯曼帝国的威胁仍然不容小觑，另一方面是因为英国人并没有什么其他的选项。

　　即使英国有时会与柏柏里人爆发冲突，但总体来看，英国人对这些人的依赖程度日益加深。英国与北非地区的关系说明，当一个小国渴望建立一个庞大的全球帝国之时，往往不得不采取一些策略。查理二世时期的英国还没有足够强大的实力，无法做到为了在地中海地区建立一个殖民地而将北非地区的伊斯兰世界连根拔起。尽管英国在丹吉尔投入了大量的资金，建造了庞大的工程，但最终，英国人还是没能保住丹吉尔；在那之后，英国人再次在北非建立定居点已经是将近 200 年之后的事情了。尽管如此，1700 年之后，英国人确实有能力在地中海建立起一个帝国，但这一事业需要以罗马天主教欧洲国家的利益为代价，同时获得北非穆斯林的支持。为了建立起属于自己的帝国，英国自身有限的资源就要求其依赖非欧洲人的支持，而柏柏里并非唯一一个这样的例子。因此，与其他地区的故事一样，柏柏里挑战并修正了英帝国的原有叙事。

那么，那些被俘者自己所讲述的故事又是什么样的呢？

第三章

讲故事

朝向公众

　　一面是一望无际的辽阔大海，一面是水手们操纵着的一叶孤舟。尽管在茫茫大海上锁定一艘船的确切位置似乎并不容易，但仍有一些水手相信，那些私掠海盗能够借助魔法与咒术发现他们的踪迹。起初，海平面上会冒出一两艘船，在少数情况下，船只的数量会更多一些。他们有时会耀武扬威地打出新月旗，如此一来，人们就会意识到这些是奥斯曼帝国的船只，他们很可能来自阿尔及尔、突尼斯或者的黎波里。一旦进入射程范围，那一排排火炮以及全副武装的船员就足以昭示他们的意图。此刻，大多数缺少武器装备的民用船只会选择马上投降。但偶尔，双方也会爆发激烈的冲突，火炮声、木板的爆裂声以及喊杀声大约会持续一段时间。当然，有时候那些私掠者也会使用一些诡计。1682 年，英国与阿尔及尔签订条约之后，有些摩洛哥私掠者就开始打着阿尔及尔的旗帜航行。部分船只会上当受骗，在毫无防备的情况下与其越靠越近，在两船靠近之后，私掠船一方会打着检查海上通行证的旗号（英国与阿

74

13.《海图：与柏柏里海盗的战斗》
洛伦佐·卡斯特罗（Lorenzo A Castro）绘

尔及尔方面签署的条约允许其这么做）派出一拨人登上商船，之后，私掠船上的船员会突然亮出他们的大炮，而登上商船的人则负责制服英国船员，并将他们那毫无意义的海上通行证扔到大海里去。[1]

在这一阶段，英国人根本没法彻底解决来自北非的威胁，他们的自由和生命财产安全被一个完全异质的、他们知之甚少的非基督教势力支配。1670 年 6 月，在从里斯本出发的"伦敦约翰号"（*John of London*）上，一个名叫亚当·艾略特（Adam Elliot）（在未来，他会成为一名圣公会牧师）的英国人与其他几十名船员被摩洛哥私掠者俘虏，起初，他完全无法理解发生在他身上的事情究竟意味着什么。在接下来的一段时间内，俘虏他的私掠船绕了一个大圈，最终返回塞拉（Salé），以免与那些欧洲国家的军舰相遇，顺便再搜索一下新的猎物。在经历了这段时间的思考与适应之后，艾略特才慢慢理解了周遭发生的一切："此时此刻，我开始思考自己的处境，因为先前的变故来得太过突然，各种惊险的事件让我几乎无暇深思。"[2] 无论是在海上还是在陆上被俘，这些人通常都会尽全力把自己经历的苦难描绘为一个充满意义的故事。如果他们最终存活下来，那么那些最初只存在于脑海之中、不为外人所知的故事就会经过多次加工重塑，再被讲述出来。之所以将故事重新加工一遍，是因为要把被俘后遭遇的囚禁、虐待以及所服的苦役整合进来。此外，在异国他乡被奴役过一段时间的经历也会给这些人造成一定的冲击与影响，而这些都会反映到他们所讲述的故事内容之中。

那些成功回到英国的俘虏或许会私下向自己的亲人、爱侣、朋友或邻里述说他们在此地经历过的磨难和其他所见所闻。或者，他们会在某些权威人士——包括但不限于他们的雇主、官员、军事法庭的法官、教士或政治家——的命令下，公开讲述他们在当地的遭遇。有时候，他们也会自发地将自己的经历记录下来，并公开出版。有些人的故事也有可能是经由自己口述，由他人记录下来并发表的。这些俘虏的经历往往可以作为布道、政论性演讲、小说、民谣、绘画、旅行游记与其他种类的书籍的绝佳素材。

换句话说，对于英国公众而言，柏柏里发生的一切从来都不是与自己毫无关系的事情，也从来不是只有政治家、外交官、皇家海军和那些直接参与其中的商人、船员与乘客才会关心的事情。与在世界其他地区被俘虏的英国人一样，柏柏里的私掠者以及这些俘虏对英国国内的社会、文化产生了广泛且多样的影响。在这一案例当中，柏柏里的故事塑造了英国人对伊斯兰世界的印象，同时为英国公众提供了大量有关北非和地中海地区的信息。在研究这一系列事件对英帝国造成的影响之前，我们有必要先好好了解一下这些有关俘虏的故事是如何在英国本土传播的。俘虏的故事多种多样，讲述这些故事的人也多种多样。让我们先从最有权势的一方看起吧。

教会与国家

对普通英国人而言，了解柏柏里和当地英国俘虏的最基本方式就是通过他们的钱袋。17 世纪 70 年代，政治经济学家威廉·配第爵士曾计算过，平均每赎回一个北非的英国俘虏，就至少要花费 60 英镑。虽然这一数字可能略显夸大，但在配第写作的年代，柏柏里人手中控制的英国俘虏数量太多了，以至于政府根本没有能力，也不愿意用财政资金来将这些人全部赎回。因此，直到 18 世纪 20 年代之前，筹集赎金的责任基本是由教会来承担的。每一个新教教派，包括贵格会、长老派、胡格诺派和其他各种不从国教的教派，都参与到了筹款工作当中，但在动员公众捐款和协调筹款方面，做得最多的还当数圣公会。[3] 早在 1579 年，英格兰与威尔士的圣公会就曾为被"土耳其人"俘虏的英国海员组织过募捐活动；1624 年和 1647 年，圣公会还发起过两次规模庞大的募捐活动。1660 年之后，随着民众日益强烈地呼吁将柏柏里的俘虏赎回，英国政府承受了巨大的政治压力与舆论压力，因此，教会的角色变得越发重要。在接下来的半个世纪当中，一个由枢密院任命，由一位王室成员、坎特伯雷大主教和伦敦主教参与工作的委员会先后举办了 5 次全国性的募捐活动，以筹集赎金，将身处柏柏里的英格兰、威尔士、苏格兰与爱尔兰俘虏带回家。

这一系列活动进一步改变了公众的态度，同时也在资金筹集方面取得了巨大的成功。1670 年发起的"向柏柏里人与摩尔人俘获的俘虏提供救济"的募捐活动最终筹得了 21500 英镑（相当于现在的数百万英镑），其中一部分是来自富人的大笔捐助，但多数仍来自各个教区组织的公开募捐活动。可以想见的是，最为深入地参与地中海贸易，因而也是最容易受到北非私掠者劫掠的地区——埃克塞特教区、诺福克教区以及伦敦——捐赠的资金最多，埃克塞特教区拥有英格兰西南部规模庞大的港口；诺福克教区内则有居住在诺里奇、雅茅斯和金斯林的大商人；伦敦则是英国的贸易中心与政治中心。但实际上，每个地区都在一定程度上参与了这一募捐活动，即便是威尔士又小又穷的圣阿瑟夫（St. Asaph）也设法募集到了 113 英镑。1692 年开始的募捐活动则不太理想，这也许是因为这一时期沉重的战时税收体系让人们既没有太大的能力，也没有太大的意愿来捐款。在接下来的五年当中，他们仅筹集到了8000英镑多一点的善款。1700年时，尽管西班牙王位继承战争即将爆发，但这一年开始的又一场全国性募捐活动仍然吸引了很多人的注意力。到1705年，这场募捐已经收获了16500英镑，次年，教会就利用其中的部分资金从摩洛哥赎回了190人。[4]

对那些俘虏与关心他们的人而言，能把人赎回来是最重要的。在教会的动员之下，英国公众慷慨解囊，为众多俘虏提供了重获自由的机会，并让他们成功返回英国——前提是他们能活着等到这一天。不过，除了筹到足够的赎金外，这些活动还带来了其他诸多方面的影响。由于教会拥有强大的组织力，生活在不列颠与爱尔兰的每个人，只要参加某个教会的活动，就一定能够接触到有关北非穆斯林、奥斯曼帝国和地中海地区的商业与军事活动信息。在十字军东征之后，有关伊斯兰世界的信息第一次在英国本土得到了如此广泛的传播。

早些时候，教会呼吁人们捐款的方式是"慈善书"（Charity Brief），这是一种王室授权书，授权教会在礼拜场所为特定的受捐助对象进行募捐，也允许教会的工作人员挨家挨户上门募捐。慈善书会由王室授权的特权印刷商进行印刷，每一类慈善书大约印制12000份。这些呼吁人们慷慨解囊的文书以感情色彩极为强烈的措辞，向那些普通的英国民众解释了这样一个问题：为什么教会和国家要关注那些身处北非的英国俘虏。在一系列宗教仪式之上，主教、教区长和牧师也会不停地呼吁信众捐款，而在此之前，这些教士通常会进行一次专门的布道。此外，教区职事和助理牧师会挨家挨户进行走访，像1692年的慈善书中写到的那样："询问教区内的所有居民——一家的家长……房客、旅居者与家中的其他成员——是否愿意为了显现自己的纯真信仰与善心而捐款，并将所有捐款者的姓名记录下来。"从这一记录中可以看出，实际上，此类捐款更类似于一种附加税，而非严格意义上的自愿捐款。那些榜上无名之人会遭受教区内其他人的排挤。在这一场合之中，即使是通常无须交税的住家仆人，也会被敦促与他们的雇主一同捐款。[5]

不过，这也不是故事的全部。能够使用慈善书进行募捐的不仅有教会，还有私人。因此，在 1660 年至 18 世纪初，为赎回柏柏里俘虏而举行的 5 次大型募捐活动只是最引人注目的官方活动而已。在此期间，还有成百上千次由私人发起的捐款呼吁，其中绝大多数是由那些俘虏的女性亲朋发起的。1676 年，一份帮助琼·班菲尔德（Joan Bampfield）筹集资金，以赎回她身处摩洛哥的儿子爱德华（Edward）的慈善书被发布出来。4 年后，当地教区的教士们敦促信众帮助玛丽·布特兰（Mary Butland），将其丈夫安布罗斯（Ambrose）从阿尔及尔赎回。在那一时期，几乎每年，教会的教士们都会一而再，再而三地提醒本教区的信徒，他们的同胞正在伊斯兰世界的枷锁下受苦受难，而只要捐款，就能拯救这些身处水深火热之中的同胞。1660—1680 年，德文郡塔维斯托克（Tavistock）的信众为赎回北非的俘虏，至少进行了 30 次捐款。[6] 令人多少感到惊讶的是，在这一系列捐款活动中，几乎所有居民都参与了进来，掏了腰包。1680 年，塔维斯托克的 730 名居民——该镇几乎所有的成年人口，为赎回北非俘虏共同筹集了超过 16 英镑的资金。这一事实表明，没有什么人能一下捐出一大笔钱，但几乎每个人都捐了一点钱。其中，捐款最多的人是玛丽·霍华德夫人（Lady Mary Howard），她贡献了 10 先令，而与此同时，名单上也有只能拿出 1 便士的穷人伊丽莎白·哈里斯（Elizabeth Harris）。[7]

通常而言，慈善书是为应对各种紧急情况而筹集资金的工具，例如，安置洪灾的受灾群众，救助瘟疫中的幸存者，或是重建被火灾摧毁的城镇。然而，相较于其他募捐活动，人们似乎更愿意为赎回北非俘虏而捐款，我们不能简简单单地将这一现象归结为教士的游说或是道德绑架。自己的同胞遭到奴役的现实——通常而言，在此类募捐活动当中，人们丝毫不会掩饰在北非的英国人被奴役的事实——让英国人感到无比惊恐；正如在之后的一段时间里，人们开始将黑奴贸易视作一种必须被矫正的道德恶，而此种感情也是英国各阶层的人们所共享的。[8] 火灾、瘟疫和洪水是上帝降下的灾难，但俘虏与奴役却是人类的行为。由于柏柏里俘虏处于穆斯林的控制之下，因此，无论是他们的灵魂，还是他们的肉体，都处在极度危险的境地当中。1680 年的一份慈善书中写道，"最重要的是"，信众应当牢记"这些可悲可怜之人的灵魂正处于那受诅咒的暴虐之下……他们每时每刻都在经受那些自称为基督之敌的人们的攻击"。[9] 需要指出的是，这一点与 18 世纪末的英国废奴运动之间也存在相似之处。在废奴运动期间，那些废奴主义者最有力的宣传武器之一就是强调黑奴会在没有任何机会皈依基督教的情况下死去。与柏柏里的白奴一样，处于危险之中的不仅是被囚禁的肉体，还包括不朽的灵魂。

然而，还有一部分人（与后来的废奴主义者一样）之所以会掏钱，是因为这些俘虏中的大多数人是身处绝境、无依无靠的普通人。在英格兰、威尔士、爱尔兰与苏格兰的教堂中，那些地位低下的劳动者只能手足无措地站在后排，任由地主或地方法官随意摆布，他们很容易与那些

78

在海上遭到掳掠、被贬为奴的穷人共情，因为他们都是受苦受难的贫苦人。而那些俘虏的女性亲属则承受了巨大的压力，她们常常不得不独自面对这一切，在自己的孩子夭折之时，她们只能独自承受悲痛。很难想象，在得知自己的丈夫或者儿子被囚禁在柏柏里时，她们的感受如何。她们肯定希望他还在某个地方活着，但自己永远都无法联系到他，也无法确定他能不能活着回来。在某种意义上，柏柏里俘虏以一种特别戏剧化的方式展现了普通劳动者的脆弱性。由此，身处伊斯兰世界的英国俘虏将国内外的人们联系在了一起，也将最普遍与最私人的感情联系在了一起。

因此，在这一时期，解救柏柏里俘虏的工作比任何其他事情都更像是一种造福普通百姓的慈善事业。此时最能收获民众认同与忠诚的全国性组织——教会——在不遗余力地宣传柏柏里俘虏的悲惨遭遇，并努力对其施以援手。同时，世俗当局也积极参与到营救俘虏的工作之中。迎接俘虏归国的公共仪式是经过精心设计的，君主、政治家、地方领主与教会人士会悉数出席，目的是将这些代表民族屈辱的经历转化为国家的胜利，同时利用这一场合宣传爱国主义精神。这些归国的柏柏里俘虏会在护卫之下从抵达的港口前往伦敦，而后在精心挑选的日子里，穿越拥挤的街道，前往圣保罗大教堂，参与一场特别为其举行的感恩仪式。这一系列仪式都经过了精心编排。在 1721 年 12 月与 1734 年 11 月举行的庆祝俘虏归国的游行中，那些俘虏被要求遵循"摩尔人"或"他们做奴隶时的习俗"，穿上自己在北非时穿着的衣服。[10] 在"成群结队赶来看看这些俘虏"的人群中，这样的打扮让他们更加引人注目，也更能激起人们的同情心，从而有助于募得更多善款。不过，在这一场合之中，俘虏身上的奇装异服也在视觉上提醒着人们，这些人曾经屈服于异教徒，而那破烂的衣衫正是对异教徒残暴行径的最好谴责。但现在，这些俘虏已经被成功赎回。在一个基督教国家首都的基督教教堂举行的基督教仪式会让这些人重新成为信仰新教的英国人，他们身上残存的伊斯兰教影响肯定会像粘在他们背上的破衣烂衫一样被丢掉。

如果以上这些仪式还没有明确表达出英国官方意图的话，那么只需要再看看圣保罗大教堂里的布道词。1721年，威廉·贝林顿（William Berrington）在数百名被赎回的俘虏与其他信众面前大声疾呼，"我们之所以欢聚于此"，是"为了祝贺你们……成功逃离异教徒的奴役，并在你们的祖国当中享受自由"。他对眼前的这些人说道："你们重新呼吸到了英国的空气，享受到了英国的自由，不再需要听从你们那专横的领主的摆布。"[11] 然而，这并非意味着这些人无须履行任何义务，因为这一系列仪式的目的在于让这些俘虏重新回归英国，并提醒他们需要为国家付出些什么。在1702年举行的感恩仪式上，威廉·夏洛克（William Sherlock）简明扼要地解释了这一契约：

这不仅是作为私人的基督徒所发的善心，同时也是英国政府对你们的照顾，你们之所以能重获自由，全都仰赖于此。因此，请好好考虑你们对于国家所应承担的责任……忠于你们的君主，服从政府，准备保卫国家，抵御一切可能来犯的敌人……是政府出面赎回了你们，让你们不再作为奴隶苟活下去，而是以自由人的身份为政府效力。

毫无疑问，在此处，伊斯兰世界是绝佳的"他者"。依靠对北非与奥斯曼帝国的奴隶制、掳掠行径和其他残暴手段的批判，英国本身的自由、仁慈和符合真理的宗教得到了彰显（不过这一时期，这些措施还不是为了服务其在全球范围内的扩张活动）。俘虏们再次获得了自由，但也再次成为英国国王的臣民，他们在寒冷、空旷的大教堂里站立起来，用身上的破布紧紧裹住被太阳晒伤的身体，为仪式的最后阶段做好准备。为了向英国国王表达敬意，并感激他为赎回自己所做出的不懈努力，他们需要再次列队行进。1734 年，伦敦一家报纸报道了这一游行场面："国王陛下站在宫殿的窗户前，看向他们，并亲切地下令将 100 几尼*分给他们。"[12]

因此，从官方的角度来看，柏柏里私掠者掳掠英国平民与英国方面被迫缴纳赎金，都让人颇感难堪，但经由英国的宗教与世俗机构的合作，这一负面影响得到了有效控制。此外，这一系列仪式还重新解释了俘虏的经历，并使之服务于政治目的。然而，尽管这些由教会负责的筹款运动和公开的欢迎仪式具有极其重要的意义，而且经过了精心的策划，但与欧洲大陆的同类活动相比，英国的活动就显得既不壮观，又不长久。这在一定程度上与俘虏的数量有关。除了 17 世纪最初的那几十年，在其他任何时期，北非的英国俘虏数量都远没有法国、意大利各城邦和西班牙的多。一个更为重要的区别在于，英国没有梅塞德修会（Mercedarian）或是三一教派之类的宗教组织，无论是从仪式上看，还是从宣传角度来看，在每个受穆斯林私掠影响的天主教国家中，这些教

---

*　1 几尼等于 1.05 英镑。

会组织都发挥了重要的作用。

他们所举行的仪式往往从北非就开始了。来自法国、西班牙、葡萄牙或者那不勒斯的天主教神父团体会前往突尼斯、梅克内斯或阿尔及尔，向穆斯林转交从家乡信徒那里募集来的赎金。他们带着象征王室与教皇的旗帜抵达柏柏里，与此同时，他们还带着象征三位一体的彩旗：白色代表圣父，蓝色代表圣子，红色代表圣灵。而后，他们会将本国的俘虏聚集到一起，为这些人穿上他们带来的崭新白袍，以彰显他们的洁净和基督教信仰，最后再护送他们渡海，返回原籍地。这些教士还会与俘虏本人达成交易。以此种方式被赎回的罗马天主教徒一旦回国，就必须参加一系列的特定仪式。此类仪式可能会持续一年时间，甚至更久。例如，法国的仪式就不像英国那样，只包括一次精心准备的游行和一场大型的教堂活动，而是由一系列复杂的活动组成。首个典礼会在他们归国的港口——通常而言是马赛——举行，接着，被赎回的俘虏会组成一支队伍，沿着已经有几百年历史的路线行进：先后经过土伦、阿维尼翁、里昂等地，最终抵达法国的心脏——巴黎。每到一处，都会有当地精英参与的仪式，而普通民众则在一旁静观盛况。钟声响起。士兵们聚在一起。人潮汹涌，踩过散落在地上的鲜花，花香也由此渐渐弥漫开来。小孩子们不情愿地穿上奇特的服饰，装扮成小天使与圣徒。而仪式的核心是那些身着白袍的俘虏和将他们赎回的神父，这些神父迫不及待地想将他们在伊斯兰世界遭遇的或真实或想象的苦难写出来，并公之于众。[13]

在英国，情况则截然相反。在新教文化中，根本不存在这种需要在首都与各地举办的长达一年的活动。1736年，一名小册子的作者写道："我们这里没有上蹿下跳的三一教派神父，为救济被俘虏的同胞而乞讨

81

钱财……也没有人要求这些俘虏回国之后必须同自己一道，把时间耗费在华丽、庄重而又耗资甚巨的游行之上。"[14] 这段新教人士的自我吹捧暗示道，从伊斯兰世界成功归国的英国俘虏并不会参与过多的仪式，而这不仅是因为英国缺乏天主教国家那样的教会组织。需要重申的是，英国与柏柏里政权之间的关系是复杂且矛盾的。一方面，英国当然对柏柏里私掠者的袭击感到十分不满，英国的教会也担心被俘虏的新教徒会遭到污染；另一方面，对英国而言，北非以及整个奥斯曼帝国都是颇具价值的贸易伙伴，柏柏里人也是帝国事业中越来越不可或缺的辅助力量。基于上述原因，英国政府没有过度支持反柏柏里的舆论，也没有过度关注身处北非的英国俘虏，特别是在占据梅诺卡和直布罗陀之后，情况更是如此。英国政府绝不允许俘虏问题妨害到自身与柏柏里以及奥斯曼帝国之间的合作关系。

保持克制的英国官方，以及致力于赎回俘虏的教会组织的缺乏，间接影响了英国境内俘虏故事的讲述方式。在天主教世界当中，国家和教会都在积极主动地编撰和传播柏柏里俘虏的故事。而在英国，尽管上层的干预确实存在，但力度并不算大，而商业化的新闻网络也已经早早发展起来。在这一文化氛围当中，借助多种多样的民间媒体来述说俘虏们的遭遇是比较容易的。在英国，俘虏们更有可能发出属于自己的声音，即使这些声音并不完美。

来自俘虏的声音

在什罗普郡迈德尔的大多数居民看来，那个旅馆老板的长子文森特·朱克斯（Vincent Jukes）并不是什么好东西。他一点也不安分守己，心思又十分活泛。早先，他就在村子里干一些偷鸡摸狗的勾当。没过多久，他便意识到，出海是个不错的选项。只不过，朱克斯并没有因此收获自由，反倒是落入了另一重禁锢之中。1636 年，他与其他 33 名船员一起在丹吉尔附近的海岸被俘，沦为阿尔及尔私掠者的俘虏。不过，朱克斯并非传统意义上的受害者。在阿尔及尔被卖为奴隶之后，他皈依了伊斯兰教，受了割礼，并换上了当地的服饰，这一系列行动虽然并未使他自动恢复自由身，但确实让他过得相对舒适了一些。他的活动范围更大了，也能够从事更多不同的职业。没过多久，他便重新回到了船上，成为一名水手，与另外 3 个背叛了基督教的基督徒和 10 个阿尔及尔人一同在一艘私掠船上服役。在一次航行过程中，不知因为什么，这 4 名叛徒再一次叛变了。根据他们自己的说法，他们杀掉了同船的一部分穆斯林，并设法将其余人锁在了甲板之下。曾经的俘虏现在成了俘虏他人的人。朱克斯与他的 3 名同伴一道驾船驶向西班牙，在那里，他们卖掉了这艘偷来的船与幸存的阿尔及尔人，朱克斯从中分到了 150 英镑。1638 年，他回到了英国，买了一些新衣服和一匹好马，并启程返回迈德尔，他很想看看那些看不惯自己的乡里乡亲在看到自己衣锦还乡之后会有多么嫉妒。但当他骑马穿行过一个又一个小集镇时，朱克斯体验到了一种被人剽窃的感觉。他发现，自己在伦敦的一家小酒馆里吹嘘的光辉事迹，已经被人们改编成了一首民谣，无论走到哪里，他都能听到它，也能看到印有这首民谣的册子。尽管朱克斯能够毫无顾忌地编造自己在柏柏里的遭遇，但他没法控制针对这一故事的改编与传播。[15]

　　一名伦敦的神职人员就借鉴了文森特·朱克斯的故事，并将其写进了自己的布道词，此外，朱克斯的故事还有其他几个不同版本，最终，在 17 世纪末，由迈德尔的编年史家理查德·高夫（Richard Gough）记载了下来，高夫的家人认识朱克斯，而且很明显，他们并不喜欢朱克斯。也许正因如此，高夫记载下来的故事版本才漏洞百出。他从来没有当面问过朱克斯如何看待自己在伊斯兰世界的短暂生活，也没有向他了解一下，除了自身利益外，是否有其他动机促使他选择皈依伊斯兰教，以及像他这样一个本质上没什么家乡归属感的人究竟为什么要回到英国。高夫写道，朱克斯刚回到迈德尔没多久，就"再次出海，自此之后杳无音信"。但是，高夫的记载表明，在英国本土，有关北非（以及其他地区）俘虏的民间版本故事的传播程度要远超官方版本。在很大程度上，在民间依靠口头与小册子传播的此类故事补充乃至颠覆了官方叙事。那些听着根据朱克斯冒险经历改编而来的民谣和布道词的人，或是看着他骑着高头大马、衣锦还乡的人，或许会对他从柏柏里虎口脱险、成功回到故乡的经历感到钦佩。他们也可能震惊于这样一个事实，即被掳至伊斯兰世界的朱克斯在极短的时间内就放弃了自己的基督教信仰，然而，这一叛教行径显然没有给他带来任何伤害，反而让他发了一笔横财。

　　尽管以文森特·朱克斯的经历为基础改编的民谣已经失传，但仍有数十首同类型的民谣留存了下来，这些民谣曾流传于英格兰、威尔士、苏格兰和爱尔兰各地，讲述着柏柏里俘虏的经历。其中最为著名的当数被称为《贝特曼勋爵》（"Lord Bateman"）的曲子，在 17—19 世纪，这首民谣至少有 112 个不同版本。同样，在这首民谣里，被北非私掠者俘房的遭遇并不意味着单纯的苦难，恰恰相反，主人公在经历了一系列出乎意料的冒险之后，成功改善了自己的生活境遇——其中既包括财富方面，也包括性方面。故事大致是这样的——一名来自英格兰北部的年轻人出海远游，途中被"土耳其海盗"俘虏，并被投入监狱之中。在那里，当地总督年轻貌美的女儿前来探望他：

> 当她迈步来到监牢之时，
> 她冲了过来，
> 你怎么会喜欢，哦！她说道，
> 你怎么会喜欢被关在这里……

她帮助他逃离了这里，在某些版本的故事中，这名少女还跟随他回到了英国。在回国后，他为了迎娶这位"土耳其"新娘，放弃了自己在当地的基督徒未婚妻，而这位"土耳其"新娘随身带着的那条镶着宝石的腰带要比诺森伯兰郡所有的财富加起来还要值钱。[16]

可以说，这些广为流传的民谣是西方世界反复出现的"宝嘉康蒂"（Pocahontas）式幻想的北非版本：一个身处险境的欧洲男性被一个有权势的非欧洲女性搭救，而这位女性很快就爱上了他，并最终融入他所生活的社会当中。然而，如果我们仅仅在这一层面上理解这首《贝特曼勋爵》，那么我们将会错过很多极为重要的信息。在这些民谣当中，最初身处弱势地位的是白人男性，而与之相对的"土耳其"女性则拥有显赫的权力与财富。可以肯定的是，为了将这个英国人解救出来，她动用了自己的权势与财富，但在这一过程中，她本人并没有遭受杀身之祸。与此同时，这名白人男性也跨越了边界，最终为了她而抛弃了身为自己同胞的未婚妻。和 17 世纪什罗普郡小伙子文森特·朱克斯的故事一样，我们发现，这些民谣所描绘的故事与英国的世俗当局和宗教当局精心打磨的故事之间有着相当的距离。正如不同版本的《贝特曼勋爵》所描绘的那样，被囚禁在一个伊斯兰国家并不一定意味着要经受比死亡更可怕的命运，也不一定意味着要与一个丝毫不会妥协、内部铁桶一般的他者相抗衡。相反，作为个体的基督教徒与穆斯林常常会打破边界、相互妥协，并为了共同的利益而展开合作。

　　然而，尽管像《贝特曼勋爵》这样的民谣在口气与强调的重点上显然与英国教会的布道词和王室针对柏柏里问题发表的公告有很大的不同，但事实上，两者都歪曲了那些柏柏里俘虏的真实经历。民谣的创作者将俘虏经受的苦难与艰辛转化为充满浪漫主义色彩的异域冒险；而官方与教会则掩盖了英国与北非政权之间错综复杂的外交与商业关系，片面地强调了传统意义上基督教与伊斯兰教之间不可调和的冲突与矛盾。这些从不同立场、不同角度出发，片面讲述柏柏里俘虏故事的人往往都没有被俘的经历，他们中的绝大多数也没有从归国的俘虏口中获取一手信息。那么，像文森特·朱克斯这样的人如何才能与各种官方版本和民间版本的故事进行斗争，从而讲出自己真实的遭遇呢？被俘者如何才能掌控他们自己的故事呢？

　　对于受害者而言，亲自述说自身的遭遇似乎是至关重要的。用自己的语言讲出曾经遭遇的创伤是一种极佳的情感宣泄方式。这样一来，受害者就能在一定程度上夺回控制权。他们可以讲述属于自己的故事，将自己放在故事的核心位置，并以此彰显他们的重要性。[17] 和其他地区的俘虏一样，柏柏里的俘虏也十分渴望讲述自己版本的故事，即使这些故事十分简短，又与主流的叙事相差甚远。一个名叫约翰·罗布森（John Robson）的英国奴隶曾被迫在阿尔及尔郊区的上穆斯塔法（Mustafa Superieur）建造房屋，对他而言，记录自己故事的方式极其有限。最终，他将自己的名字以及日期——1692 年 1 月 3 日——刻在了尚未凝固的石膏之上。[18] 这与那种建筑师在自己的作品上刻上标记的炫耀行为完全不同。作为一名奴隶，罗布森的穆斯林主人会另外给他一个新的名字，原本作为自己身份最明显之标志的姓名则被奴隶主剥夺了。因此，在阿尔及尔的建筑上刻下他的姓氏、他的基督教名字，以及基督历而非伊斯兰历日期的行为算得上是一种反抗，同时也是一种声明。经由这种方式，罗布森想要告诉别人，目前的遭遇并没有让他忘记自己原本的身份。

那些成功回到英国的俘虏也可能会写下他们的故事，或是在石头上刻下自己的经历。在被二战的大规模轰炸摧毁之前，位于伦敦格林尼治的一座纪念碑上记载着如下内容：

> 这里安放着水手……爱德华·哈里斯（Edward Harris）的尸体。
> ……他曾在柏柏里当了 18 年奴隶，
> 然而，他仍然坚定不移地信奉着圣公会，
> ……1797 年，他在对圣公会的信仰中去世。[19]

在上述语句之中，人们能够察觉到一种焦虑，或者说，一种对自己身份的确证。像爱德华·哈里斯这种长期被囚禁于异国他乡的人，在回国之

后很可能会感到来自身边人的压力。这些人希望讲述自己的故事，这不仅是一种针对苦难的疗愈方式，也是向朋友、亲戚和邻居确证他们仍然和从前一样，依旧效忠于英国的世俗权威与宗教权威，尽管事实上这几乎不可能是真的。一些柏柏里俘虏甚至是被迫讲述他们的故事的。由于被俘的绝大多数人是劳动群众，从北非回来之后，这些人往往既没有钱，也没有工作，在很多时候，回国之后，他们常常会发现自己的亲人要么已经离世，要么失去了联系。对这部分人而言，沦为流浪者已经是司空见惯的事情。在此情形之下，他们最终很可能需要向神职人员讲述自己的故事，以期获得一点施舍。在另一种场景下，他们需要在地方法官面前为自己辩白，详细描述他们在柏柏里的经历。可怜的约翰·凯（John Kay）就是一个很好的例子，他被俘虏了不止一次，基本上自打他成年就一直处于被囚禁的状态。早先，作为学徒的他被掳至诺森伯兰郡的一个工业家兼地主家里，而后，英国陆军强征了他。随着和平的到来，他短暂地获得了自由，于是他决定出海，为一名威尼斯商人工作，但很快就被阿尔及尔私掠者俘获。因此，他被迫在北非度过了长达三年半的奴隶生涯。1724年，凯终于设法回到了英格兰北部，然而不久之后，他就被当地官员逮捕，并被指控从事乞讨活动。治安法官从他口中听到了他的故事。由于凯本人是文盲，因此治安法官将其记录成了文字，并让他在页底做了标记。[20]

对那些缺乏读写能力的人而言，只有通过第三方将其被囚禁的故事记录下来——无论是像约翰·凯那样不得不这样做的，还是自愿让他人代笔的——才有可能在历史上留下一点属于自己的痕迹。只要你肯花心思去搜集一下17世纪至18世纪初的地方档案，特别是英格兰德文郡、康沃尔郡或苏格兰法伊夫郡等沿海地区的档案，就能从中发现几十个像凯这样的小故事，这些故事是由那些曾经被柏柏里人俘虏的英国人讲述的，但并不是由他们亲笔写下来的。[21] 其中一些故事的真实性有待怀疑。对那些身患残疾的乞丐而言，他们很可能听过有关北非俘虏的民谣或是布道，他们一定很想告诉那些容易受人影响的教堂牧师或是富有同情心的户主，他们是因为土耳其海盗的残暴行径才丢掉了一条腿、一只眼睛或一部分牙齿。然而，地方法官可不是那么好骗的。面对那些声称曾被囚禁于柏柏里的贫苦人时，他们通常会要求其给出自己的姓名、被俘日期、所乘船只、船主的详细信息，甚至还会要求其提供一些文件来证明他们在北非被囚禁的经历和具体情况。

正是由于这帮地方法官的尽职尽责，我们才有可能了解到那些通常因贫穷或不识字而无法在历史上留下痕迹的底层民众的经历。接下来这个俘虏的故事就很好地说明了这一点。1753 年 9 月，一个名叫哈梅特（Hamet）的摩洛哥水手向得土安总督讲述了他在英属北美的被俘经历。1736 年，他载着一船玉米从塞拉出发，一路向南航行，前往如今被称为索维拉的地方，途中，一艘葡萄牙巡洋舰捕获了他们的船只，他与其他 6 名摩洛哥人成了俘虏，并被带到了葡萄牙在北非仅存的几个基地之一的马扎甘。在那里，他和另外一位朋友一同逃到了英国的一艘船上，这艘船的船长戴维斯先生曾答应会为他们提供帮助。至少，在这两个摩洛哥人看来，他确实做出了这样的承诺，毕竟归根结底，他们并不会说英语，也不懂英语。戴维斯载着他们在海上航行了几个月，似乎一直在暗示他们很快就能抵达英国，之后他们就可以从英国返回摩洛哥。但实际上，戴维斯的另一重身份是奴隶贩子，而他们当时正在横跨大西洋。在抵达北美之后，戴维斯将这两个人卖给了南卡罗来纳查尔斯顿外约 150 英里的一座孤零零的种植园。他们在那里工作了 15 年，负责研磨玉米，以养活种植园中的黑人劳力。最后，由于他们的主人意外破产，这两个人才终于重获自由。愤怒的债权人打破了这处幽僻的种植园的宁静，现在，哈梅特与他的这位朋友的英语水平已经足够向他人解释他们是谁，来自哪里，以及都经历过什么。[22]

可以说，这个故事相当特殊。近代早期，在地中海地区生活、工作的穆斯林与基督徒都很容易被人俘虏，而后被拖拽进另外一个完全不同的世界，卖为奴隶。但很可惜，在这方面，留存下来的史料证据却几乎只能呈现其中一方的故事。由于识字率极低，外加印刷品极端匮乏，绝大多数被西欧人俘虏的北非人没法留下属于自己的故事文本，即使他们最终成功回到了家乡，情况也基本如此。不过，依旧有少量的案例被人成功地记载了下来。随着史学界越来越重视北非与奥斯曼帝国的档案资料，以及对欧洲档案资料中非欧洲材料的精心筛选，我们很可能会看到更多类似哈梅特这样的故事，这些由不识字的穆斯林男女讲述的故事。当然，他们自身没法将自己的故事印刷出来，但他们有时能够和欧洲那些不识字的百姓一样，向某名官员讲述他们的故事，而这些官员则很可能会将这些故事写下来。

需要强调的是，哈梅特的故事实际上相当有代表性。例如，在哈梅特的故事中，我们深刻认识到了语言能力对一个俘虏而言有多么重要。由于不懂俘虏他们的人的语言，他们很容易被人诱骗并遭到拐卖（就像哈梅特和他的朋友被戴维斯诱拐的经历一样）。反之，被俘本身也可能会让这些俘虏有机会掌握一门新的语言，从而提高自己的生存概率，他们甚至还能借此机会捞到一笔财富。在南卡罗来纳的种植园里，哈梅特和他的朋友做了 15 年苦役，在此期间，他们逐渐掌握了一点英语。最终，这两个人能够利用英语向其他人解释自己的身份。他们有能力向当地的殖民地总督詹姆斯·格伦（James Glen）陈述自己的遭遇，并成功说服他将他们送回国。在回到得土安之后，这两人又向摩洛哥当地的总督和英国特使威廉·佩蒂克鲁（William Petticrew）讲述了他们的经历。佩蒂克鲁支付给了他们超过 30 英镑的赔偿金，对于两个穷困潦倒的水手来说，这可是一笔巨款。佩蒂克鲁在文件中写道，他之所以这么做，是因为这两个人"相当熟悉英语，这一点足以证明他们所言非虚"。23

　　佩蒂克鲁之所以要出钱为这两个人提供赔偿，也是因为英国与柏柏里之间存在紧密而重要的联系。1721 年之后，英国与摩洛哥之间签署了一系列条约，其中就规定摩洛哥人不得俘虏、奴役英国人（这一承诺有时并没有得到履行）。同样，英国方面也承诺不会俘虏摩洛哥人，同时还承诺为那些在欧洲大陆和其他地方遭人奴役，并向英国驻当地官员寻求帮助的摩洛哥人提供必要援助。正是这些条款的存在，才使可怜的哈梅特与他的朋友在成功逃离葡萄牙人魔爪之后立即跑到一艘英国的船上寻求帮助（显然，在这个案例中，这两个人做出了错误的选择）。不过，在通常情况下，出于自身利益的考量，英国人也愿意遵守这些条款。在这一案例当中，南卡罗来纳的格伦总督与英国驻得土安特使威廉·佩蒂克鲁都认为自己有义务认真对待这两名穷困潦倒的水手，包括安排船只将他们从南卡罗来纳送回摩洛哥，以及向他们提供相应的赔偿，他们希望能够借此与摩洛哥保持良好的关系。这一时期，英国的跨大西洋奴隶贸易正蓬勃发展，而格伦治下的南卡罗来纳的经济体系则完全依赖于

87

黑奴，这些人甚至将黑奴视作理所当然的存在。然而，与此同时，英国官方又认定这两个非洲人不能被贬为奴隶，而且需要为其提供帮助，以确保他们能够重获自由并安全返回家乡。

从哈梅特的自述当中，我们还能发现另外一处具有典型意义的特征。在这些俘虏故事的结尾处，几乎总会出现这样一个桥段，即他以某种形式得到了一定的补偿。至少，在经历了这段囚禁之旅后，这些曾经的俘虏都感受到了自己的成长和进步，这段经历或是让自己的事业有所发展，或是坚定了自己的信仰。此外，那些向他人讲述自己被囚禁经历的人往往期望能借此拿到一些钱。在向特定的人讲述完自己的故事后，哈梅特与他的朋友拿到了返回摩洛哥的通行证和大量现金捐助。成功回到英国的俘虏也经常能拿到一些慈善施舍，为此，他们需要一遍遍地讲述自己经历的苦难。但对后者而言，他们还有另外一种选择，即尝试在市场上公开售卖自己的故事。他们可以将这些故事印刷出来。

1640 年，一个名叫弗朗西斯·奈特（Francis Knight）的英国商人写道："据我所知，从来没有印刷品关注过阿尔及尔这个地方的具体状况，也没关注过身处当地的俘虏的境遇。"于是，他便开了先河。由于他本人曾在阿尔及尔做过 7 年奴隶，所以他能够详细记录自己的经历，并将其献给了前驻奥斯曼帝国宫廷大使保罗·品达爵士（Sir Paul Pindar），希望能借助他的影响力推广一下自己的作品。[24] 事实上，奈特绝非第一个这么做的人。自 16 世纪起，有关阿尔及尔和北非其他地区俘虏的故事，以及白人在新世界遭到囚禁的故事，一直在欧洲大陆上流传着。即使在英国，已知最早的有关柏柏里俘虏的印刷品也可以追溯到 16 世纪 80 年代。[25] 然而，奈特说对了一点，那就是他所提供的产品在英国市场上独树一帜。他的作品是一部略显冗长的自传式记述，从多个角度出发，相当细致地描绘了自己被囚禁于柏柏里时遭遇的各种各样的事情，而非简单地用公式化的语言来讲故事。他（或是该书的出版商）十分注意调动读者的情绪，为该书插入了精心绘制的插图和"致读者"的序言。

此类讲述被囚经历的长篇大论，通常而言是印刷出来的，或者至少是为出版而特意准备的（可能最终未能成功出版），从 17 世纪到 19 世纪，这类故事在英国相当畅销，而在接下来的日子里，偶尔也会出现类似的故事。就柏柏里俘虏的故事而言，我们现在根本不可能确定在这段时间内英国境内到底印刷了多少此类文本。一部分相当早期的文本与未出版的文本没能成功保留下来；一部分文本仍以手稿的形式留存于世，等待着人们的发现；与此同时，还有一部分印刷品是匿名出版的，这使我们很难确定其内容的真实性。那么，在此情形之下，真实性到底意味着什么呢？

读本

无论是与有关地中海世界的俘虏故事，还是与北美、印度或者其他地区的俘虏故事相比，弗朗西斯·奈特的自传式作品在叙事的复杂性与吸引力方面都算得上达到了顶峰，因此，类似高质量的作品在数量上肯定不会很多。而其他类型的有关俘虏经历的文本——报纸、杂志的报道，或是非亲历者创作的歌词、书籍和小册子——则要多得多；而在布道会、民事法庭与军事法庭上的证言、议会演讲、口头宣言、民谣和普

通的邻里闲聊中，对俘虏经历的口头描绘与讨论就更为常见。就柏柏里

89 俘虏而言，17—18 世纪涌现的大量文本当中，似乎只有 15 篇是确定无
疑出自那些真正被俘虏过的英国人之手的。然而，这些文本很好地反映
了此类被俘经历共有的一些特征。

在这 15 篇中，有 2/3 的故事是 1720 年之前被俘之人的手笔，这恰
恰说明，对英国人而言，这一时期的私掠活动最为活跃，也最为危险。
与大多数被掳至柏柏里的受害者一样，这些故事的作者在被俘时基本在
30 岁以下，而且绝大多数是男性。以上这些故事的作者中只有一位女
性，她名为伊丽莎白·马什（Elizabeth Marsh），她的父亲原先是朴次
茅斯的一名造船木匠，后来成为地中海地区一处海军船坞的负责人，而
伊丽莎白·马什在日后则成为克里斯普夫人（Mrs. Crisp）。

这些故事也表明，在相当长的一段时间里，总有英国人被柏柏里人
俘虏，这些人的背景与社会地位各异，被俘的时间也长短不一。其中有
1/3 的作者被囚禁的时间不到一年；另外 1/3 的人被关了 1—5 年。其
余的人则待得更久：其中一个名叫约瑟夫·皮茨（Joseph Pitts）的英
格兰西南部渔民在柏柏里被囚禁了长达 15 个年头；另一个名叫托马
斯·佩洛（Thomas Pellow）的英国人则被关了 23 年。通常而言，要想
写出一篇长篇故事，作者大抵需要具备一定程度的文化水平（当然也
有例外），因此这些故事的作者中水手的比例就相对偏低。然而，尽管
如此，根据现有的史料判断，其中仍然至少有 6 人，即爱德华·考克瑟
（Edward Coxere）、托马斯·勒丁（Thomas Lurting）、托马斯·特劳
顿（Thomas Troughton）、詹姆斯·欧文（James Irving）、托马斯·佩
洛以及约瑟夫·皮茨曾经在商船上工作过，除一人之外，其余 5 人都是

普通的水手。另外还有两人——亚当·埃利奥特（Adam Elliot）和德弗里克斯·斯普拉特（Devereux Spratt）——是神职人员。还有5人——弗朗西斯·奈特、威廉·欧克雷（William Okeley）、约翰·怀特黑德（John Whitehead）、弗朗西斯·布鲁克斯（Francis Brooks）和托马斯·菲尔普斯（Thomas Phelps）——似乎是商人。只有一名作者，即詹姆斯·萨瑟兰（James Sutherland）中尉，被俘时正在武装部队中服役。这显然不是因为英国的军人不想将自己的故事——即便是战败与被俘的故事——写下来。实际上，之所以在北非地区英军没有多少人被俘，很大程度上是因为在这一地区英军（无论是陆军还是海军）的存在感本身就很低，这充分说明了英帝国在地中海地区的独特统治方式。无论是在北美，还是在印度，都有大量的英国陆军与海军士兵被俘，这是因为英国借助武力征服并占领了这些地区。然而，在1600—1800年——除了丹吉尔这个明显的例外——英国的陆军与海军很少会入侵北非并在当地展开军事活动。因此，在这里被俘的绝大多数英国人是平民，在柏柏里人面前，这些人更多的是受害者，而不是侵略者。

因此，这15份文本大致能代表身处北非的英国俘虏共同具备的某些特质和经历。当然，这些文本是否真的足以让我们了解英国人在非欧洲世界的经历与遭遇，就是另外一个问题了。用西蒙·沙玛（Simon Schama）的一句话来说，"生活中真实经历的事件与随后的叙述之间往往存在一条鸿沟"，这些作者和其他讲述自己被囚禁经历的人一样，都清楚地意识到了这一点，而其中的一部分人则竭力试图向读者表明自己的故事的真实性。[26] 身为中产阶级女性的伊丽莎白·马什深知自己在摩洛哥被俘的经历可能会给她的声誉造成负面影响，因此，她竭力向读者证明自己所说的话都是真实可信的。她是（或希望自己是）一名淑女，因此，她所说的一切都毋庸置疑。只不过，在此处，马什耍了一个小花招，她声称自己只不过是在"陈述事实"，然而，她所陈述的可能只是部分事实。另外，一些男性作者则更愿意正面回应这一问题。威廉·欧克雷在其著作的第二版中宣称："尊敬的读者朋友，我很乐意赞同你们的观点，没有任何一种写作方式比讲故事更容易被人滥用。"因此，他强调，作为生意人的他愿意"以自己的信用来作抵押，担保自己所讲的故事是完全真实的"。但最终，为了说服那些仍持怀疑态度的读者，

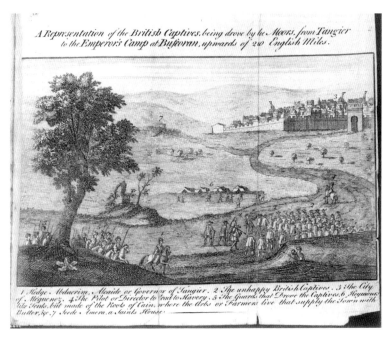

14. 托马斯·特劳顿与其他在摩洛哥的俘虏
一名俘虏绘

他还是不得不请出上帝："本书的作者是一位忠诚的新教徒，极其厌恶谎言。"27

部分地位更为卑微的作者则希望依靠社会名流来为自己的故事赋予合法性。以托马斯·特劳顿为例，他的人生充满了坎坷和挫折，他曾先后当过裁缝学徒、泥水匠、水手，而后在摩洛哥被囚禁了5年，在返回英国之后，他又找了一份油漆匠的工作，但相当失败，在人生的最后时刻，他仍四处奔波，最终死在了米德尔塞克斯郡的一家救济院中。1751年，他当着出版商与伦敦市长弗朗西斯·科凯恩爵士（Sir Francis Cockayne）的面，宣誓自己所讲述的有关被俘的一切事情都是真实可信的。他甚至带了21名水手同伴与自己的朋友一起去了伦敦市长官邸，以"证明自己故事的真实性与准确性"。他们集体为特劳顿做了证，那些会写自己名字的水手签上了自己的名字，不会写字的水手则做了标记，他们的证言被出版商当作序言插入作品当中（直到19世纪，这部著作仍然在被出版商重印），以此向读者展示他们的真诚，并希望读者在开始阅读之前就相信这一故事的真实性。28

然而，无论他们如何努力，这些人和其他那些被囚禁的俘虏都不可能真正证明他们所说的经历是完全真实的。这些事件发生的地点太过遥远，而那些见证者又几乎不可能到英国为其作证，此外，当地人对这些事情的理解几乎肯定和这些英国俘虏大相径庭。同样需要指出的是，这些叙述几乎一定会在某种程度上歪曲事实，这不仅仅是因为和所有人一样，这些故事的作者也会有自己的偏见。例如，在近代早期，柏柏里的俘虏很少有机会能获得纸笔，他们甚至都没有时间来进行写作。一个英国人在回想自己17世纪40年代在阿尔及尔的经历时说道："我们完全不具备记录历史的能力，因为这需要我们拥有充分的闲暇、自由以及隐私……显然，我们完全没有这些条件。"这个人——威廉·欧克雷——所能做的，就是有意识地记住自己在受奴役之时的遭遇，大约30年后，他终于有能力将自己当时的所见所闻记录下来，并成功付梓。少数俘虏能够在被允许保留的祈祷书或《圣经》的空白处记下一些笔记，但有关这一地区的大多数故事基本上是凭记忆写出来的（这一点相较于其他地区的俘虏而言尤甚），而且往往是在事情发生很多年之后才写下来的。[29]

倘若故事的叙述环节还有其他人参与，那么其真实性就有可能受到进一步的影响。由于私掠者俘虏的大多数人都很穷，他们要么受教育程度极其有限，要么干脆没接受过任何教育，因此，他们往往需要依靠其他人——朋友、赞助商、伦敦的出版商或其他什么人——来负责出版，有时，这些人还需要他人协助才能完成基本的写作任务。威廉·欧克雷在书中承认："在写作的过程中，我请求我的一位朋友来润色整个故事。可以说，这篇故事的内容是我自己提供的，而修饰与表述形式则是另外一个人的功劳。"[30]在欧克雷的例子中，我们基本能够断定是谁辅助他完成了这项工作。身为一名虔诚的信徒，欧克雷被几名英国圣公会的神职人员催促尽快出版他的遭遇，而这些教士极有可能就是帮助他润色故事的人。

如前所述，对我们这些人而言，重要的是要摆脱一种极端二元论的观念，即此类故事要么全盘可信，要么全盘不可信。我们每个人都会在心里将自己在生活中遭遇的各种各样、纷繁复杂的经历转化为一个连贯的故事，在成长过程中，我们会将那些看似并无关联的事实重新排列组合起来，组成一套顺畅的叙事，并忽略掉那些回想起来要么无足轻重，要么与故事主线不甚协调，要么让自己感到过于尴尬或痛苦的经历。欧克雷是一个既聪明又心思细腻的人，他很可能与自己的朋友认真探讨过这6年囚禁经历背后的意义。对他而言，这一经历首先是上帝意志的体现。欧克雷（或是负责为他润色的人）写道："当我受到引诱，开始产生怀疑之时，我自己的经历就会让我坚定信仰，我会告诉自己，要记住那个曾在海上救了你一命的上帝。"为了彰显上帝的仁慈，欧克雷一定对自己在北非的囚禁经历进行了剪裁。作为一个诚实的人，他承认自己的确这么做了：

> 在阿尔及尔被囚期间，我们曾遭遇一些苦难，这段经历给我们带来的痛苦比这期间受过的一切苦难都要多。然而，造成这一切的人是基督徒，而非阿尔及尔人；是新教徒，而非天主教徒；是英国人，而非陌生人。不过，我依旧强迫自己下定决心，不将其公布出来。[31]

在他本人（或是为其润色之人）的写作过程中，这种"强迫"占据了某种主导地位。欧克雷希望能在自己的这番经历中见证上帝的全能，以及他为拯救被穆斯林俘虏的信众而展现出的仁慈之心。为此，欧克雷对自己的经历进行了一定程度的裁剪，并将其重新排列组合，以展示其背后更深层次的道德真谛。

此外，试图在这些故事中寻找某些绝对的、不掺有任何杂质的真实历史的做法本身就是不恰当的，同样，认为这些故事就全然是杜撰的做法也是不恰当的。莱纳德·戴维斯（Lennard Davis）就曾指出，近代早期的读者并不认为出版发行的那些故事中所描绘的内容是绝对真实的事实或是不折不扣的虚构小说，甚至直到今天，我们依旧是这么认为的。[32] 例如，很多游记的作者经常在自己的作品中夸大其词。乔纳森·斯威夫特的小说《格列佛游记》中所采用的地图在设计上与18世纪早期的真实地图十分类似，从专业的比例尺到装饰性的喷水鲸，无处不彰显着一种真实感，由此，当时的很多读者很有可能真情实感地相信小人国就在苏门答腊岛的西南方向。丹尼尔·笛福的《大不列颠全岛环游记》（*A Tour Through the Whole Island of Great Britain*，1724—1726）现已被视为乔治王朝时代早期英国社会、经济与城市结构的宝贵资料。然而，这本书所提供的有关建筑惯例、集市习俗、农村的发展情况以及英国内部道路状况的详细信息实际上是隐藏在充满文学性的游记之中的。[33]

　　同样，在柏柏里和其他地区的俘虏所讲述的故事中，具有高度真实性的宝贵资料常常会掺杂在虚构或剽窃来的文本当中。政治、宗教、文化与种族上的偏见和经得起检验的记载往往融为一体；极端的无知与惊人的洞察力常常也能同时存在。和历史学家利用的几乎所有原始史料一样，我们不应囫囵吞枣地理解这些资料，而是应当对其进行必要的筛选与检查。有一部分人认为，试图从这些文本当中筛选出符合史实的记载只会徒劳无功，还有一部分人认为，此类描写欧洲人与非欧洲人相遇的故事只描绘了观察者一方的情况，而完全没有体现出被观察者一方的情况，我本人完全不接受上述两种反对意见。[34] 任何史料的可利用价值都不应因其作者来自哪里，或者因其属于某个特定的种族群体而被自动打上折扣。俘虏所讲述的故事既存在断裂，同时也是复杂、多样的，我们不能仅仅从文本出发来理解、分析这些故事，而全然不顾其写作的背景——实际上，这算是一种逃避责任的表现。

在有关柏柏里俘虏的故事中，最出彩的当数托马斯·佩洛的故事，

THE

HISTORY

OF THE

Long Captivity

AND

ADVENTURES

OF

Thomas Pellow,

In SOUTH-BARBARY.

Giving an Account of his being taken by two Sallee Rovers, and carry'd a Slave to MEQUINEZ, at Eleven Years of Age : His various *Adventures* in that Country for the Space of Twenty-three Years : Efcape, and Return Home.

In which is introduced,

A particular Account of the *Manners* and *Cuftoms* of the MOORS ; the aftonifhing *Tyranny* and *Cruelty* of their EMPERORS, and a Relation of all thofe great *Revolutions* and *Bloody Wars* which happen'd in the Kingdoms of *Fez* and *Morocco,* between the Years 1720 and 1736.

Together with a Defcription of the Cities, Towns, and Pub-lick Buildings in thofe Kingdoms ; *Miferies of the Chriftian Slaves* ; and many other *Curious Particulars.*

Written by HIMSELF.

The Second EDITION.

Printed for R. GOADBY, and fold by W. OWEN, Bookfeller, at *Temple-Bar,* LONDON.

15. 托马斯·佩洛的
故事

1715—1738 年他生活在摩洛哥，起初，他是一名俘虏，之后，他当了叛徒，做了一名雇佣兵。该书于 18 世纪 40 年代初在伦敦出版，在其序言当中有这样一段话——本书的内容"完全真实……是由这个不幸的受难者亲笔写下的真实日记"。很显然，想要证伪这句话是件再容易不过的事情。和当时出版的许多作品一样，《托马斯·佩洛的长期被俘史》（*The History of the Long Captivity ... of Thomas Pellow*）包含了部分从其他作者那里剽窃来的材料（而当托马斯·特劳顿在撰写自己在柏柏里的遭遇之时，他又剽窃了托马斯·佩洛的故事）。佩洛的故事也经过一定程度的修饰，其中还有不少桥段是他虚构出来的，特别是与他侍奉的第一位苏丹——那位雄主穆莱·伊斯梅尔——相关的情节。此外，我们目前所掌握的唯一版本就是公开出版发行的这一版，但这个版本肯定是经由该书的编辑修订、改动过的，只不过，由于其插入的部分太过扎眼，因此我们能够轻易地识别出这个编辑改动的部分。这个无知的编辑在佩洛的故事当中插入了这样一段话："令人遗憾的是，（摩洛哥）并不属于基督教世界的任何一个教派……（但）这些就不是我想要讨论的主题，同时也超出了我的能力范围。"[35] 的确如此：因为当佩洛自己的声音再次出现之时，他讲述了一个相当不同的故事，如果没有深入且长期地接触过摩洛哥社会，就不可能写出这样的作品。

　　马嘉莉·穆尔西（Magali Morsy）整理出版了佩洛一书的现代版本，这一修订整理后的版本将佩洛本人写下的精华与编辑添加的糟粕区分开来。[36] 1715 年，佩洛被摩洛哥私掠者俘虏之时年仅 11 岁，此前的他生活在康沃尔郡，此次逃学出海是为了陪他的叔叔到热那亚做生意。他在书中详细记录了自己登船、被俘、抵达摩洛哥以及最终成功返回英国的日期。然而，在讲述自己叛变之后的故事时，佩洛就很少给出精确的日期了，有些人以此为依据，试图证明佩洛所讲述的故事都是他虚构出来的。然而，持这一论点的人忽略了这样一个事实，即他们判断的基础实际上是一套西方的标准，而对一个在非西方环境中生活了很多年的人而言，这套标准并不存在于他的日常生活当中。当佩洛选择皈依伊斯兰教，并成为一名雇佣兵之后，他就不再用基督历来计算日期，转而开始采用本地的历法。佩洛通过记录自己何时被允许自由地打猎，以及何时被允许与分配给他作妻子的女奴一起生活等事，来记录摩洛哥当地的季节变化。除此之外，最重要的是，他还详细记录了自己在 1720—1737 年参加的 17 次军事行动，以及他与他的战友在一次又一次袭扰苏丹的敌人时看到的、住过的或是洗劫过的城镇与村庄，通过对这些事件的生动描述，佩洛为读者展现了他在摩洛哥的日常生活。对当时的佩洛而言，记录时间变成了记录自己所处空间与地理方位的问题，而非看看手表或者日历的问题。在故事中，他提及了 230 个地名，其中一部分地名在当时有关摩洛哥的所有西方文献当中都没有被提及过。[37]

因此，第一眼看过去，我们会认为佩洛的叙事相当粗糙，而且很可能是虚构出来的，因为作者并未用西方人熟悉的基督历来记录自己的经历。然而，实际上，这恰恰说明，佩洛已经深深地受到了摩洛哥生活方式的影响。通过对文本的仔细分析，我们可以清晰地看出两种不同文化在他身上发生的冲突，在摩洛哥的 23 年里，他早年在英国的生活经验几乎被剔除得干干净净，而当 1738 年重返英国之后，他又部分地剔除了摩洛哥的生活经历给他带来的影响，当然，他究竟改变了多少，谁也不好说。在故事的结尾，他说道，当摩洛哥陷入内乱之后，他最终下定决心逃亡，在途中，他一度伪装成了一个云游四方的医生。佩洛讲述了这样一个故事：在逃亡过程中，一些患有眼部感染的摩洛哥农民前来

向他求助，而他则将磨碎的红辣椒倒进了他们的眼睛当中。佩洛继续写道，这些农民的痛苦没有让他产生一点恻隐之心："如果我有能力的话，我一定会像这样将柏柏里绝大多数摩尔人玩弄于股掌之中。"

　　显然，这一充斥着种族主义色彩的下流故事会让当代的人们感到极度不适，但在此之前，我们需要搞明白一件事情，那就是佩洛——或者是他的编辑——想要通过这个故事表达些什么。佩洛曾经背叛过基督教，也背叛过他的祖国，为伊斯兰势力战斗了 20 余年。1738 年后，当试图重新融入英国社会之时，他自然要利用自己的故事来证明，实际上在他的内心深处，自己根本就没有真正叛变。例如，在这本书中，他特意加入了一个在现实当中不太可能发生过的情节。在这个小故事里，他对穆莱·伊斯梅尔说道，他永远都不会娶一个黑人或黑白混血的女奴，他恳求伊斯梅尔"赐给我一个与我肤色相同的女人"。在整个故事当中，他都在努力地证明，在摩洛哥的长期生活并未改变他的身份认同，然而，上述有关红辣椒面疗法的叙述实际上破坏了他的初衷。利用微量的红辣椒面来治疗早期的眼部感染，特别是内眼睑部分的感染，并非他创新出来的刑罚手段。恰恰相反，这是摩洛哥民间治疗此类疾病的标准疗法。佩洛希望借助这一桥段，让他的英国读者相信自己是反穆斯林、反摩洛哥的，但这个小插曲恰恰证明了这个曾经生活在康沃尔郡的英国人在多大程度上已经被摩洛哥当地的风俗习惯所同化。[38] 托马斯·佩洛已经被彻底改变。事实证明，此类改变是不可逆转的，因为在返回英国之后，他始终无法过上一种让自己真正感到满意的生活。

之所以会如此，部分原因在于，他被俘虏的时候年纪太小，只有 11 岁，而且，他在北非待的时间也太长，足足有 20 余年。因此，当佩洛回到英国的"家"，享受英国的"自由"之时，他的心态可能与 19 世纪末琼·布拉迪（Joan Brady）的祖父在美国的感受差不太多。在那本著名的《战争理论》（ *The Theory of War*, 1993）一书中，她告诉读者，她的祖父在婴儿时就被卖给了中西部的一个烟农，他的整个童年与青少年时期都在为别人做奴隶。在成功逃离了主人的魔爪之后，她的祖父与佩洛一样，在最初的一段时间里感到十分兴奋，"突然到来的自由让人眼花缭乱，我能做各种各样的选择，生活似乎没有了规矩"。然而，随之而来的便是恐慌与愤怒，因为他意识到，自由本身并不能让他回到过去熟悉的生活方式之中，也无法为他提供一种令他感到舒适的当下生活：

> 曾经适合他的东西——曾经就是生活本身的东西——已经不再适合了，准确来说，他永远也不可能回到先前的生活状态当中。常态成为另一重枷锁……他自己必须像上帝一样，不得不从头开始建立他自己的世界。[39]

佩洛似乎也经历了类似的转变，在刚刚回到英国之时，他的乐观情绪达到了顶峰，但很快，他的内心就被绝望和愤怒笼罩。他的父母没有认出他，有一段时间，他唯一的慰藉就是前去拜访摩洛哥驻伦敦的大使，因为这位大使对他很好。我们并不知道他最终死于何时，也不知道他葬身于何处。

实际上，佩洛之所以没有办法好好地安顿下来，重新开始自己的生

97

活，可能是因为他已经不怎么熟悉这个国家了。在他身在摩洛哥的时候，不仅是他，英国本身也发生了翻天覆地的变化。在他的故事出版之时，也就是 1740 年前后，英国已经成为欧洲的头号列强，而且越来越具有侵略性，同时，英国人也更有意识地计划着在欧洲之外建立自己的帝国。在这种大背景之下，一个曾经叛变为穆斯林、做过外国雇佣兵之人的故事几乎不可能被人们轻易接受，更不可能赢得广泛的赞誉。佩洛在故事的结尾处抱怨道，当他终于在 1738 年回到伦敦，并十分天真地前往海军部，希望与国王会面之时，"他们唯一愿意给我的赏赐，就是战舰上的一个吊床"。[40] 在英国当局看来，佩洛的地位相当尴尬，不过，他现在至少可以体面地为这个他曾经背叛过的国家（也许当时的佩洛并没有其他选择）捐躯了。

　　在实践当中，被外国势力俘虏绝非单纯的个人遭遇。无论是当时还是现在，如果一个国家的国民被另一个国家的某些组织俘虏，那么这至少是一个政治问题，是一件关涉国家、政府、外交官以及统治者的事情。就英国而言，俘虏也越来越成为一个涉及英帝国的问题。以上这套观点同样可以用在有关俘虏的文化现象当中。正如我们所看到的那样，在很大程度上，有关俘虏的故事是一套口头文化，是一套思想观念与印象。通过布道、演讲、民谣、成功返回的俘虏的口述以及认识他们之人的八卦，此类有关俘虏的故事得以在不同的社会阶层之间广泛流传。柏柏里的俘虏与其他地区的俘虏一样写作了大量的故事，有时这些文本是以手稿的形式流传下来的，但我们如今能读到的大部分材料都是印刷品。我试图证明，在这些文本当中，有一部分在当时产生了很大的影响，而且直到如今，这些材料也值得我们仔细阅读与分析。其中，长篇的俘虏故事尤其动人心弦，因为这些故事往往能给我们提供大量有关欧洲人与北非以及世界其他地区之间发生过的跨文化冲突与合作的细节。在这里，那些平凡的小人物能够给我们带来极大的惊喜。然而，和其他地区有关俘虏的故事一样，这些引人注目的微观故事也需要被置于帝国争霸的宏观叙事当中。

从一开始，作为个体的柏柏里俘虏就被卷入了比他们自己所能意识到的宏大得多的故事当中。一方面，1600 年之后，随着英国商业野心与帝国志向的不断增长，外加本土面积的狭小与资源的紧缺，在地中海地区被俘的英格兰人、威尔士人、苏格兰人和爱尔兰人数量越来越多；另一方面，奥斯曼帝国和柏柏里地区的各政权——阿尔及尔、突尼斯、的黎波里和强大的摩洛哥王国——也迫切地希望从欧洲获得更多的资金与武器装备，因此他们会大量抓捕这些来自欧洲的俘虏。然而，之后双方的关系还发生过一次转变。随着英国在地中海地区势力的不断扩张（尽管其发展得并不平衡，而且在此期间，英国还遭遇过重大的挫折），他们逐渐与该地区的一部分伊斯兰国家建立起了密切的联系。当英国夺取了直布罗陀与梅诺卡之后，为了让这两处殖民地获得足够的后勤保障，以抵抗欧陆国家的侵扰，英国需要依赖这些北非的盟友为其提供援助。为了维系与这些北非势力的良好关系，英国方面需要对柏柏里海盗偶尔袭掠英国船只的事情睁一只眼闭一只眼，要么与这些柏柏里人达成某些交易，以赎回那些被俘的英国人，要么放任他们客死异乡。那么，就这么办吧！谁都知道，在建功立业、称霸全球的路上，怎么能不付出代价呢？

因此，为了解释在地中海世界以及世界其他地区发生的英国俘虏的故事，我们就需要将其置于更为广泛的英帝国以及全球的大背景之下。这些故事从来都不是简简单单的、某个个体遭受苦难的故事，它们见证了权力关系随时间推移而发生的变化。英国在柏柏里的俘虏尤其体现了这一点。回顾上述故事，我们就可以发现，1600 年之后，有大量的英格兰人、威尔士人、苏格兰人和爱尔兰人被柏柏里海盗俘虏，这引发了英国社会针对伊斯兰世界的一系列大讨论。17 世纪至 18 世纪初的大多数英国人在最初接触伊斯兰世界之时，并未将其视为待征服的对象。他们之所以给予伊斯兰世界越来越多的关注，很大程度上是因为北非各政权和奥斯曼帝国的存在，以及他们掳掠英国海外商船的行为，在这一大背景下，英国人不得不关注他们。然而，随着时间的推移，情况有所改变。对英国人来说，这些伊斯兰国家的威胁程度越来越低，地位似乎也越来越不稳固。我们现在需要研究的，正是这种随着时间推移而发生的重大转变，而我们的切入点，正是这些俘虏的故事。

第四章

直面伊斯兰世界

迷惑感

1751 年 4 月的伦敦还很冷，对于在科文特花园剧院（Covent Garden Theatre）外候场的人们而言，情况更是如此，这些人衣衫褴褛、面容憔悴，还被戴上了脚镣。为了不让自己冻僵，他们只好缩成了一团，还不停地跺着脚，试图以此获得一点温暖。不过，此时剧院内的观众则显得十分热情又躁动。尽管包厢并未坐满，但观众席上还是挤满了 1000 多人，其中包括城里的年轻人、有头有脸的市民与他们的妻子、商人、体面的店主、第一次到首都看剧的乡下人、穿着鲜红军装四处闲逛的军官，以及坐在票价最便宜的座位上的娼妓、佣人和那些手头并不宽裕的穷人。一如既往，柏柏里的故事吸引了各行各业的人士前来观赏。不一会儿，剧场工作人员的声音外加一些很不协调、毫无真实感的音乐盖过了观众嘈杂的聊天声。随后，托马斯·特劳顿与他的同伴们被推上了舞台，在明亮的烛光之下，观众的目光紧紧锁定在舞台之上。这些身处舞台之上的人知道自己该做什么，但他们很难不被西方人身上那股因几乎从未清

100

16. 威廉·欧克雷故事的封面

洗过而产生的特殊气味以及涂脂抹粉又没有戴头巾的女性的面孔所吸引。观众也被吸引住了。站在他们面前的这些人骨瘦如柴，面色焦黄，身上的衣服破烂不堪，几乎难以蔽体。突然，台上的所有人都抓紧了绑在自己腿上和胳膊上的铁链，并开始猛烈地摇晃起来，再将其狠狠地砸在舞台的木地板之上。和"马利的鬼魂"（Marley's ghost）*一样，这些舞台上的人都是死而复生的灵魂，他们为人间带来了警示危险的信息。

　　这幕戏剧大获成功，收获了如潮的好评，而这部剧的负责人是科文特花园剧场的经理约翰·里奇（John Rich）。特劳顿和他的同伴们在摩洛哥被囚禁、奴役了将近 5 年，当他们刚刚回到伦敦之时，里奇就找上门来，因为他知道，在接下来的一段时间里，特劳顿这些人具有极高的宣传价值，同时又极能吸睛。当然，里奇之所以对他们这么感兴趣，可能还有另外一层原因。先前，里奇自己凭借着出演约翰·盖伊（John Gay）的《乞丐歌剧》（*The Beggar's Opera*, 1728）一炮走红、名利双收，这部剧是 18 世纪英国最著名的音乐讽刺剧。在剧中的大部分时间里，主人公马奇斯上尉（Captain Macheath）也处于被囚禁的状态，他戴着镣铐，在纽盖特监狱里惶惶不可终日。[1]里奇注意到了特劳顿与其同伴被囚禁的经历，也许，他想借此机会重新审视一下囚禁这一事实背后的种种隐喻。正如《乞丐歌剧》中所描写的充满罪恶的地下世界同时也是对高层腐败的一种抨击一样，出现在舞台之上的曾经受苦受难的柏柏里俘虏也不仅仅是为了制造一波廉价的煽情故事。在叮当作响的铁链背后，在剧场主急于取悦观众以便赚钱的心态背后，隐藏着某种政治性的

101

---

*　出自狄更斯的小说《圣诞颂歌》。

宣言。借助台词、歌声和动作表演，科文特花园剧场的观众被灌输了这样一种信念：当这些人在北非伊斯兰国家服苦役时，戴着的就是眼前这些令人厌恶的镣铐，穿着的也是这些破破烂烂的衣服，他们是一群被奴役的可怜人，所经受的则是——引用一下特劳顿故事的标题——"野蛮人的暴行"。[2]

　　这就是当时的情景。在这出哑剧当中，北非的伊斯兰世界代表着专制、暴行、贫困与奴役，而与之相对的，则是英国的宪政、繁荣的商业与个人自由。在这样一个寒冷的伦敦剧场当中，一群无法集中注意力、又饥又渴的业余演员都能向观众传达出以上这些主张，这只能说明，上述观念已经深深地烙印在这群观众的脑海之中。因为特劳顿所演绎的内容早已成了陈词滥调，观众不可能产生丝毫误解。每当需要筹钱来赎回柏柏里的俘虏时，无数的教堂布道和王室公告，以及随之而来的大量商业性小册子，都鼓励英国人将柏柏里视为暴力与威胁的源头，以及英国人的敌人和克星。一个名叫玛丽·巴伯（Mary Barber）的中产阶级妇女在她自己创作的一首诗歌中对此做了很好的概括总结。1734 年，"在看到最近从柏柏里被赎回的俘虏时，"她写道，

> 看到那些获释的囚徒欢呼着回到他们的故乡，
>
> 再次踏上自由的土地
>
> ……所以，阿尔比恩（Albion）*，永远能让人
>
> 打破枷锁，让俘虏们重获自由。[3]

---

*　不列颠岛的古称，指代英国。

在当时的英国人眼中，柏柏里人显然是"他者"，一群"非人的、野蛮的摩尔人"。柏柏里人之所以是"他者"，是因为他们不是欧洲人。一名英国俘虏在 17 世纪 90 年代时明确表示："他们不戴假发，不打领带，不系领巾，不戴手套，也不穿马裤或长袜。"他们之所以是"他者"，也是因为这些人基本上都是穆斯林。此外，他们之所以是"他者"，还是因为他们的生活缺乏自由，而这一点反衬出英国人享有的自由。曾经被囚禁在摩洛哥的托马斯·菲尔普斯表示："只有在囚禁与奴役的衬托之下，英国本土的自由才能得以凸显，人们也才能意识到自由带来的幸福有多么珍贵。"4

102

　　这些观点和措辞不仅能够激发部分学者的思考，同时也具有一定的启示意义。爱德华·萨义德（Edward Said）在其经典著作《东方主义》(*Orienlalism*, 1978) 一书中写道，人们必须认真对待这些已经公式化的批评，并意识到其背后的真实意涵——"对（西方）思想与行动的一系列制约"。萨义德与其他一些学者认为，几个世纪以来，英国人一直不断地使用这类带有贬损性的语词来描述伊斯兰世界，进而以一种过度政治化、道德化的视角来审视伊斯兰文明，并将其描述为一套奇异、古怪且落后的文明。西方人在"我们"（西方世界）与"他们"（非西方世界）之间建构起了一条"不变的、清晰的、毋庸置疑的"分界线，这为欧洲帝国主义，特别是英帝国主义提供了诞生的土壤。由于西方世界长期以来一直在文化上贬损伊斯兰世界以及亚洲与非洲的其他地区，因此，对他们进行侵略和统治变成了一件可以想象的事情。一旦技术、经济与军事方面的先决条件就位，那么这种绵延了数百年的仇恨与蔑视之情就会滋生扩张主义情绪，并最终将其转化为现实。到 1850 年，英国这个位于偏远位置的小岛，却将最多的穆斯林群体纳入其统治范围。[5]

　　这是一个既有说服力又十分吸引人的理论，其最大的优点在于能让人们关注到那些推动建立了这一海上帝国的思想资源，而不仅仅关注物质层面上的因素以及这些人的短期行为。对于像英国这样的小国来说，学会如何在世界的大舞台上想点大事、做点大事的确至关重要，这需要极高的想象力与智慧，当然也少不了军事力量与经济力量的支持。然而，如果我们将全部的注意力都集中在这些已经成为陈词滥调的偏见与误解之上，那么就不可能真正理解随着时间推移而发生的一系列变化。19 世纪的英格兰人、苏格兰人、爱尔兰人与威尔士人描述北非和其他伊斯兰世界的用语及其背后的一系列前提假设，与他们 17 世纪的祖先在很多地方都极为相似，甚至有些观念与词语都可以追溯至古典时代。但大英帝国在世界范围内的权力地位则完全不同，我们必须深入探究英国从边缘国家向世界性列强转变的过程，并对其进行详尽的研究和解释。此外，英国人对待伊斯兰教与伊斯兰世界的态度和所使用的语词从来都不是单一的。约翰·里奇在科文特花园剧场组织的表演巧妙地唤起了人们对柏柏里与伊斯兰世界的直观反应，但在实践中，情况就没这么简单了。实际上，考虑到英国在地中海世界与伊斯兰的接触，又怎么可能不是这样的呢？

　　18 世纪 50 年代之前，在全球范围内，英国与地中海地区伊斯兰世界的接触是最广泛、最密切的，同时也是在英国本土报道最多的。在此之前，英国普通人最熟悉也最畏惧的穆斯林面孔是北非人与奥斯曼土耳其人，而不是莫卧儿帝国治下的印度人，因为莫卧儿印度在地理上要遥远得多，而且英国东印度公司在当地的势力仍然是商业性的，而非军事性的或领土性的。因此，1750 年以前，在英国人的脑海里，伊斯兰世界更有可能是袭击自己的那一方，而非他们要入侵的那一方。需要再次强调的是，在地中海地区，长期以来，是英国人更有可能遭到穆斯林的俘虏与奴役，而非反过来。英国在地中海地区的殖民对象是欧洲同胞，是基督徒，而不是穆斯林。实际上，大英帝国在地中海的基地——直布罗陀与梅诺卡——的基本物资供应都要依靠北非伊斯兰政权的支持。在这一地区，伊斯兰势力从来都不是毋庸置疑的"他者"，而是大英帝国事业的重要帮手。

从这个角度来看，地中海地区发生的事件让我们有必要也有可能对大英帝国与伊斯兰世界之间的关系进行更细致、更全面的研究与审视。这些历史事件让我们有充足的理由怀疑伊斯兰世界在多大程度上被视为奇特的、异类的、堕落的"他者"，以及英国人在多大程度上将自己视为均质的、优越的、拥有相同目标以及相同利益的"我们"。涉及地中海地区英国与伊斯兰世界关系的资料数量庞大、种类繁多，这就要求学者对其随着时间的推移而发生的变化进行细致入微的研究。17 世纪，英国在丹吉尔惨遭失败，他们还被迫定期向劫掠其贸易船只、俘虏其人口的穆斯林私掠者支付高昂的赎金。18 世纪初，英国仍然会向柏柏里人支付赎金，仍然对奥斯曼帝国心存敬畏，而这一时期的奥斯曼帝国君主和清朝的皇帝一样，十分蔑视欧洲人。但到了 1750 年，人们的态度与环境都发生了变化。我们需要研究这一变化的方式及其原因。

混杂的信息

在近代早期，世界主义（cosmopolitanism），即客观、明智地评价竞争对手的宗教信仰与政治制度，并认为其与自身具有同等价值的信念，在世界的任何一个地方都不是主流价值观。在英国，民众对伊斯兰世界的态度往往是贬损与蔑视，但这种根深蒂固、近乎本能的偏见并非欧洲人的专利，英国人自己也不仅仅针对那些非欧洲人。无论是在口头上还是在书面上，地中海地区的穆斯林也都表现出了对西方基督徒的轻蔑态度。当英国新任驻奥斯曼帝国大使丹尼尔·哈维爵士（Sir Daniel Harvey）于 1668 年抵达伊斯坦布尔时，苏丹让他等了整整一年才见了他，奥斯曼帝国的统治者以这样一种方式明确地告诉哈维，苏丹在宗教与世俗方面拥有至高无上的地位，而哈维所代表的微不足道的王国与这个庞大的伊斯兰帝国之间在疆域和显赫程度上都存在巨大的差距。目前尚不清楚的是，在西方势力崛起之后，这种传统的伊斯兰优越感是否有所改变。1814 年，即滑铁卢战役的前一年，一位英国驻摩洛哥的使节震惊于这样一个事实："他们认为自己是世界上最先出现的民族……并蔑称其他民族为野蛮人。"[6]

西欧的基督徒与地中海的穆斯林邻居不仅互相猜疑、互相蔑视，他们还对自己宗教信仰内部的敌对教派抱有同样程度的沙文主义态度。例如，土耳其人看不起奥斯曼帝国境内的埃及人，他们经常指责这些埃及人懒惰、追求感官享受，十分有趣的是，西欧人也是这么看待整个穆斯林群体的。英国人也经常嘲讽、鄙视那些信奉罗马天主教的欧洲同胞：

> 除了欲望与傲慢，我们还能找到什么？
> 迷信又愚蠢的闹剧，
> 腐败、痛苦与忧郁：

专断权力的肆虐，

国君富裕，国民贫穷；

城镇无人居住，土地无人耕种，

百姓衣不蔽体、食不果腹。[7]

专制、迷信、落后、永恒的贫穷——从中我们似乎看到的是不折不扣的东方主义，这些词语是英国人经常用来描述伊斯兰世界的贬义词。只不过，这首诗是一名英国贵族对 18 世纪 30 年代的意大利的评价，当然，这首诗的评价对象同样可以是信奉天主教的法国、西班牙或信奉东正教的俄国（在我们这个时代，这些词甚至可以用来形容充满官僚主义色彩的布鲁塞尔）。当时的英国人和现在一样，都拥有为数不多但历史相当悠久的排外词语与偏见，他们不加区分地使用这些带有极强贬义色彩的词语，但我们绝不能简单地认为，这些语词的背后总带着帝国主义的企图，赫维勋爵（Lord Hervey）所作的这首诋毁意大利人的诗就是个典型例子。[8] 在这些程式化的、不断重复的诋毁背后，是英国人异常突出的新教信仰，这种信仰让英国人产生了一种特殊的被拣选和荣获恩典的感觉，与此同时，英国人也意识到自身的渺小与潜在的弱点。对于近代早期的英国人（也许还包括一部分现代英国人）而言，将其他民族——无论是欧洲人还是非欧洲人——说成是在道德上、政治上有缺陷的和 / 或十分暴虐的民族，同时吹嘘自己的成就与美德的做法，既是一种防御机制，同时也表达了自身的优越感或者扩张主义情绪。

　　因此，如果要探究英国人对待地中海地区（以及其他地区）伊斯兰世界的态度的转变，我们就需要超越这些公式化的歧视话语（尽管有

105

时，这些语句可能很有启发性）。我们必须更加广泛和深入地探讨当时的人们对伊斯兰世界所持的不同态度，因为在 1600 年之后，各式各样不同的对待伊斯兰世界的态度迅速增加。

关于柏柏里俘虏的一个悖论之处在于，他们的存在不仅增加了人们对伊斯兰世界的敌意，同时还让英国人获得了更多有关伊斯兰世界的信息，让穆斯林与英国人的接触频率进一步上升，进而导致双方的关系日趋错综复杂。17 世纪 30 年代，阿尔及尔的私掠船只袭击了英格兰西南部与爱尔兰的沿海村镇，摩洛哥则向伦敦派遣了首个规模庞大的使团，以协商赎回英国俘虏所需的赎金数额。但就在同一时期，牛津大学与剑桥大学首次设立了阿拉伯语教席，旨在培养具备相关事务处理能力的官员和翻译，以便将来与柏柏里政权和奥斯曼帝国打交道。[9]17 世纪 40 年代，议会开始征收贸易税，用以支付柏柏里俘虏的赎金，与此同时，第一部英文版的《古兰经》得以出版，这一版本是由法文版翻译而来的拙劣译本，其译者可能是亚历山大·罗斯（Alexander Ross）。在几个新的《古兰经》版本出版后，最早版本的《古兰经》英译本被完全淘汰。1734 年，当时住在伦敦的东方学家乔治·塞尔（George Sale）[后来，爱德华·吉本（Edward Gibbon）认为他算是 "半个穆斯林"] 出版了一版新的、相当出色的《古兰经》英译本。就在这本《古兰经》译本出版的同时，从摩洛哥被赎回的 150 名俘虏正在伦敦街头游行，在人群面前展示着他们破烂的衣物和身上的镣铐。[10]

这并不是说柏柏里人的私掠活动是导致英国人对伊斯兰世界越来越感兴趣、越来越需要更多信息的唯一因素。随着与地中海世界和其他地区穆斯林贸易额的不断扩大（那些私掠者们时常以其为猎物），英国人自然也有强烈的动力去了解自己的贸易伙伴。此外，学者们也认为，深入了解伊斯兰教知识，将有助于人们更好地理解《圣经》和基督教。我想强调的是，在这一阶段，英国人之所以对伊斯兰世界产生了浓厚的兴趣，并搜集了大量有关伊斯兰教的信息，是多种因素共同作用的结果，其中既包括俘虏的存在，也包括商业和基督教学术研究的原因，绝非单纯想要征服伊斯兰世界那么简单。

　　此外，在这一时期，英国人对伊斯兰世界的敬畏之情也从未完全消失。17 世纪时，信仰伊斯兰教的帝国加在一起，可能统治着世界上 1/4—1/3 的人口，他们所占据的地理面积让整个西欧都相形见绌，更不用说英国。伊斯兰势力拥有令人生畏的广袤领土和强大的军事实力，信仰着一个可与基督教相媲美、在一神论与国际性方面与之十分类似的宗教。这就解释了为什么纳比尔·马塔尔（Nabil Matar）强调，在英国人的思想与观念当中，基本不会将穆斯林"野蛮人"与印第安"野蛮人"相提并论。不过可以肯定的是，偶尔也会有人尝试将这两者进行类比。德弗里克斯·斯普拉特（1620—1688），一名居住在爱尔兰，在牛津大学接受教育的英国圣公会牧师，就曾以手稿的形式记录了自己在阿尔及尔被囚禁的经历，他与自己辩论道，为什么上帝会允许他这样的新教徒在北非穆斯林、新英格兰印第安人以及爱尔兰天主教徒手中遭受如此多的苦难。显然，在斯普拉特看来，上述所有群体都是"异教徒"，因此也都是"邪恶的"。[11]

　　但这种不加区分的做法显然不是常见的。在当时以及之后的很长一段时间里，欧洲人都将北美印第安人视作游牧民族，因为他们不用石头建造房屋，不按季节耕种土地，也没有什么像样的书面记录。相比之下，无论是地中海地区的穆斯林，还是印度或波斯的穆斯林，都拥有规模庞大的城市（这是西欧文明的重要特征）、高度发达的商业（同上）以及相当有影响力的书写文化。1717 年，剑桥大学阿拉伯语教授西蒙·奥克利（Simon Ockley）就曾表示："我们所掌握的那一点点知识实际上都来自东方。"[12] 这一时期，印第安原住民所信仰的宗教仍然是地方性的多神教。相比之下，尽管在近代早期，大多数英国人和其他欧洲人都认为伊斯兰教不如基督教，但它毕竟信奉唯一的真主，而且是一个国际性、拥有强大实力的宗教。正如塞缪尔·约翰逊（Samuel Johnson）所言，伊斯兰教具有独特的魅力："地球上有一个基督教世界，有一个伊斯兰世界。"[13]

因此，在英国的精英阶层中，对伊斯兰世界有一定程度的了解是必不可少的。即使在 1700 年之后，在英国很多历史悠久的高校当中，阿拉伯语、东方学和其他许多学科都日渐衰落，但有关伊斯兰世界的商业出版物却始终很受欢迎，这在一定程度上弥补了英国大学中相关学科的衰落。约瑟夫·皮茨所著的《有关伊斯兰教宗教信仰与礼仪真切且忠实的描述》（*A True and Faithful Account of the Religion and Manners of the Mohammetans*，1704）是一部精彩的长篇俘虏记述，至今，这本书仍值得一读，它首次用英语真实地记述了去麦加朝圣的过程。1731 年，布兰维利耶（Boulainvilliers）的《穆罕默德的一生》（*Life of Mahomet*）一书被翻译成了英文，在这本书中，这位先知被称为"伟人、天才以及一位伟大的君主"。三年之后，塞尔完成了《古兰经》的翻译工作，该译本明确告诉读者：

要想了解各个文明国家，尤其是那些在我们这个时代兴旺发达的国家的宪法与法律，就必须了解《古兰经》，这大概算得上最有用的知识了。[14]

这里的说法值得重视。18 世纪 30 年代，塞尔写道，尽管在启示方面，伊斯兰世界与他所信奉的基督教新教文明显然大不相同，但伊斯兰世界显然也是文明的，而且同样是繁荣发达的。约瑟夫·摩根（Joseph Morgan）也是当时英国格拉布街（Grub Street）上最重要的伊斯兰世界评论家，他本人的观点与塞尔如出一辙。摩根——这个人值得深入研究——曾于西班牙王位继承战争期间在英军中服役，1706 年，他被西班牙人俘虏。和其他俘虏一样，他的战俘经历既给他本人带来了创伤，也让他有机会重新审视自己的人生以及之前的一些观点。据摩根自己所言，在被俘期间，他遭到了"残酷的对待"，以至于他对西班牙人的宿敌——北非的穆斯林产生了深厚的同情。他曾在北非旅行很多年，学习过阿拉伯语，并用他在被俘期间学到的西班牙语调查了一些摩里斯科人的基本信息。在回到伦敦之后，他撰写并翻译了一系列有关伊斯兰教和北非各政权的书籍。他坚信，只要他的同胞进一步了解伊斯兰教，那么他们心中的偏见就会大大减少："我相信，如果……人们在不知情的情况下与身着基督教服饰的穆斯林交谈，他们一定会认为与自己说话的这个人是同胞。"[15]

与带有蔑视意味的刻板印象和私掠活动引发的恐惧与仇恨并存的，是一系列更有分寸、更多元的论述。在此类论述当中，穆斯林并没有被直截了当地贴上"他者"或完全异类的标签。摩根曾说过，人们根本认

A True and Faithful

ACCOUNT

OF THE

Religion and Manners

OF THE

Mohammetans.

In which is a particular Relation of their

Pilgrimage to Mecca,

The Place of *Mohammet's* Birth;

And a Defcription of *Medina*, and of his Tomb there. As likewife of *Algier*, and the Country adjacent: And of *Alexandria*, *Grand-Cairo*, &c. With an Account of the Author's being taken Captive, the *Turks* Cruelty to him, and of his Efcape. In which are many things never Publifh'd by any Hiftorian before.

By *JOSEPH PITTS* of *Exon*.

EXON: Printed by *S. Farley*, for *Philip Bifhop*, and *Edward Score*, in the High-Street. 1704.

17. 约瑟夫·皮茨的著作

不出身着西方服饰的穆斯林，这在一定程度上是因为许多穆斯林与欧洲人之间并不存在明显的种族差异。在这一阶段，英国人主要接触的穆斯林——奥斯曼土耳其人和其他北非人——尤其如此。[16]17 世纪 70 年代，休·乔姆利爵士在丹吉尔报告称："他们和几内亚人不一样，他们不是黑人，他们的特征与举止与他们的欧洲邻居很相似。"一名曾经被俘的水手约翰·怀特海德在几十年后为人们提供了更为准确也更为细微的描述，这表明，在当时人们的分析中，考虑的核心不是种族，而是宗教信仰：

正如法国人、西班牙人以及其他天主教徒都自称为罗马天主教徒一样，摩洛哥皇帝的臣民也都自称为摩尔人，尽管他们的民族与肤色各不相同，其中既包括摩尔人，也有阿拉伯人和野蛮人；有些是白人，还有些阿拉伯人的肤色则呈黄褐色。[17]

至少有一部分英国人意识到，隐藏在"柏柏里"一词之下的北非绝非一片同质的、统一的地区，北非的沿海城市尤其如此。在这些城市中，汇集了绝大多数的欧洲俘虏、使节和商人。丹吉尔、塞拉、突尼斯与阿尔及尔等港口城市都是规模庞大的国际性大都会，即使以当时英国的标准来看，这些城市的规模都是惊人的。这些地方的居民包括奥斯曼帝国的禁卫军、势力庞大的犹太人聚居区、撒哈拉以南的黑奴（有时这些奴隶能身居要职），以及信奉新教或天主教的欧洲商人、银行家、走私犯、辍学的孩子与大量的叛徒，这些人数量众多，但通常双方不会发生什么冲突。1756 年，伊丽莎白·马什曾被短暂囚禁于摩洛哥，在这期间，最让她感到困惑的一点在于，她在当地遇到了数量众多的欧洲商人，他们兴高采烈地与俘虏她的穆斯林进行交易。这段经历给她造成了严重的心理创伤，她希望——正如其早期版本的故事所描绘的那样——能够建立起这样一种叙事框架：一边是恶毒的穆斯林，另一边则是善良的基督徒。然而，她目睹的这一切与她所设想的大相径庭。她在一份手稿中记述了自己在马拉喀什被拘禁期间遇到的一名荷兰商人，这名商人当时正在与苏丹洽谈在当地建立商行的事宜。她字字泣血地写道："他无视了一个基督徒在那个国家所面临的困境，在他看来，被囚禁的我是无关紧要的，不值得他费心考虑。"[18] 即使在后来，英国皇家海军将她救出，也只是把她带到了英属直布罗陀，而在那里，穆斯林与犹太商人也同样在自由地做着生意。马什希望能划清不同文化与不同宗教之间的界限。但与其他人一样，她发现，在实际生活当中，地中海是一个各方共享、相互依存的世界。[19]

由于其独特的文化和种族多样性，再加上其地理位置和与伊比利亚半岛的历史联系，近代早期的欧洲人很难在他们的思维地图与现实地图上准确定位北非的位置。例如，柏柏里算非洲吗？如果算的话，会对欧洲人对非洲大陆的传统想象造成什么样的影响？一名俘虏曾相当直白地写道："我们的同胞在脑海中总是将非洲所有地方都想象成粗鲁野蛮的，但我在这里并没有看到所谓的粗鲁与野蛮。"或者，柏柏里——也许可以将整个奥斯曼帝国都包括在内——是否像英国出版的某些欧洲大陆地图所显示的那样，是欧洲的一部分，只不过是与欧陆主体相敌对的一部分。[20] 19 世纪时，对于那些希望在西方与世界其他地区之间划清界限的人来说，这一任务变得容易了许多，这不仅因为种族主义观念的发展，还因为科技的飞速发展与工业革命的爆发。迈克尔·阿达斯（Michael Adas）指出，在维多利亚时代，蒸汽机、火车、规模化生产、电报、煤气灯、高效运输管道、医学进步——当然还少不了速射炮——的出现使英国和西方世界的霸主地位得以确立，也让维持这种统治地位的思想得以充分发展。[21] 然而，在近代早期，尤其是在 1750 年之前，英国人和其他欧洲人眼中象征高效、强大的社会的特征在世界其他地区也并不罕见，同时也不那么具有决定性。当时，人们普遍认为，发达的贸易和规模庞大的城镇是文明发达的重要标志，而在伊斯兰世界，这些元素也随处可见。伊斯兰世界的繁荣兴旺也给欧洲人留下了极为深刻的印象。可以说，在相当长的一段时间里，情况都是如此。

例如，当我们今天漫步在摩洛哥的梅克内斯城里之时，我们很难想象在 17 世纪末 18 世纪初的时候，这里宏伟壮观的景象曾令到访的西方人士感到震惊。这座城市的部分地区毁于 1755 年的里斯本地震（这一标签具有十分明显的欧洲中心主义色彩，忽视了此次地震以及由其带来的一系列余震对北非北部地区造成的破坏）。在历次内乱之中，梅克内斯还几经劫掠，现在，这里的大部分地区都已经荒芜不堪，杂草丛生，亟待进一步的考古复原。但是，如果走过那条名为"风之门"（Bab ar-Rouah）的一公里长通道，或是置身于梅丘亚尔（Mechouar）被柱廊环绕的广阔空间时，你仍然可以感受到穆莱·伊斯梅尔建造的这座城市宫殿建筑群的宏大。这些建筑与法国国王路易十四建造的凡尔赛宫基本属于同一时期的作品，伊斯梅尔和路易十四的思路也差不多，他们都希望通过这些建筑来彰显自己的王权与对领土的渴求。据一名在 18 世纪 20 年代被派遣去摩洛哥赎回英国俘虏的使节报告，苏丹在梅克内斯建造的宫殿简直是"他见过的规模最大的宫殿"。据他估算，仅仅是马厩就有 3/4 英里那么长，那几乎是"世界上最高级的马厩"。[22] 与伊斯兰世界全盛时期的建筑相比，凡尔赛宫就显得有些过于紧凑了；相较而言，威廉三世扩建的伦敦附近的汉普顿宫就小得几乎像玩具一样。

这一点确实至关重要。近代早期，在英国人看来，伊斯兰世界确实与众不同，但这可能只是因为它们看起来更强大、更富有。

和其他人一样，近代早期的英国人也无法预知未来。事实上，他们极有可能认为事情会像过去一样一直这么发展下去。不用说大家就都明

111

18. 位于梅克内斯的梅丘亚尔宫殿一角

19. 穆莱·伊斯梅尔一处仓库的众多墙壁

白，1600 年、1700 年和 1750 年时的英国人不可能知道，到 1850 年之时，他们的国家能统治数以百万计的穆斯林。即使到了 19 世纪初，许多英国人也无法自信地预测到这一点。因此，前几代英格兰人、威尔士人、苏格兰人和爱尔兰人在想到地中海和其他地区的伊斯兰势力之时，很少有人会认为英国拥有统治这些人的昭昭天命。他们不可能知道在未来的某一天，他们所生活的国家将成为日不落帝国。他们只能从当前的视角出发，看待当前的伊斯兰势力——奥斯曼帝国辽阔的疆域、长期的繁荣，柏柏里私掠者的肆意掠夺，以及背后为他们提供支持的政权所具有的顽强生命力。

1750 年之后，英国人越来越自满于本国的宪政体制与极强的政治稳定性。在英国，权力过于集中的君主、内战、叛乱、大规模的屠杀、失控的贵族与频繁的王朝更迭等暴力事件已然不复存在。因此，英国人很容易将地中海与世界其他地区的伊斯兰政体内出现的暴力活动、行政机关的低效与统治阶层的奢靡挥霍解释为内部发展失败的证据，甚至将这些现象当作英国统治当地的合理化证明。由于英国在治理方面获得的成就显而易见，至少在其统治阶层看来，英国在全世界治理的地方越多，就能给越多的人带来福利。

然而，在 1750 年之前，人们对英国自身政治结构的稳定性并没有太大的信心，也并不认为自身的体制拥有无可比拟的借鉴意义：这背后有着充分的理由。17 世纪 40—50 年代，不列颠与爱尔兰爆发了死伤惨重的内战，成千上万的人在战争中丧生，一位君主被砍了头；1688 年，英国通过武力实现了王朝更迭；1714 年时，另一次王朝更迭又引发了 1715 年与 1745 年的两场血腥叛乱。此外，历代政权都没能在英格兰赢得广泛认同，更不用说在与之相连的另外三个部分——苏格兰、威尔士与爱尔兰了。因此，在整个 17 世纪，一直到 1745 年的詹姆斯党人叛乱，甚至更晚的时候，无论是专制、暗杀、腐败、宫廷阴谋、堕落，还是血腥叛乱，都不可能被视为伊斯兰政权的独特特征，也不能说明伊斯兰世界的异质性和他们的劣根性。对英国人来说，这样的政治动荡与腐败再熟悉不过，这是双方的共同点，而非差异点。1750 年，约瑟夫·摩根略带嘲讽地写道：“难道只有阿尔及尔人会弑君吗？”他还为伊斯兰世界的政治制度进行了辩护：

113
> 在经历了一场庄严的审判后，一位国王（查理一世）被推到断头台上砍了头……去除掉那些基督徒伪装出来的程序与仪式之后，这一行为本身看起来与柏柏里人的做法别无二致。[23]

换句话说，只有在充分考虑英国的内部条件与自我形象的前提下，我们才能正确理解英国人对待外部世界的态度，以及他们的帝国野心。英国人对待地中海与世界其他地区伊斯兰势力的态度从来都不是一成不变的。他们的态度会随着知识界的氛围、伊斯兰世界实力与声誉的变化而变化。同时，他们的态度也会随着英国人对本国的态度和对自身潜力的预测的变化而变化。和其他许多方面一样，在这一点上，有关伊斯兰世界的信息是混杂的、不断变化的，而非同质的、单一的。被卷入地中海地区的英国人所发出的声音既多元，又不容忽视。现在，我们有必要认真听听他们是怎么说的了。

证词

无论是在地中海地区，还是在其他地方，当一个人刚刚被俘时，他遭遇的一切都会迫使其进入一种自我保护的模式中，并加深自己原有的偏见。也许是因为受到了惊吓，也许是因为受了伤，也许是因为不适应北非地区的炎热气候，当然，在绝大多数情况下，这些俘虏也不会说阿拉伯语或西班牙语。起初，这些被柏柏里私掠者劫持的人除了感到强烈的恐惧、怨恨和对周遭环境的陌生外，几乎不会有什么其他的印象。17世纪50年代，一个名叫爱德华·考克瑟的英国水手曾在突尼斯被短暂俘虏过一段时间，回国之后，他简单地讲述了自己在北非的经历。然而，当他描述自己刚刚成为奴隶的经历时，他却词穷了。他的脑海中似乎只有一幅极为粗糙的图画：一个挥舞着鞭子、戴着头巾（欧洲人眼中的穆斯林特色）的大个子男人，和一群穿着被俘虏时的衣服、身上戴着锁链的小个子英国人。[24] 在此处，穆斯林是毫无疑问的"他者"，同时也是地位更高的那一方。然而，随着时间的推移，考克瑟脑中的画面逐渐发生了变化，上面那幅图画就显得太过粗糙，这主要是因为作为贵格会教徒，他在穆斯林这里获得了比英国当局更多的宗教宽容。然而，在最初，大多数柏柏里俘虏肯定都接受穆斯林压迫者与被奴役的、孤独的基督徒的简单划分。

有些人并不打算继续深入下去。一部分人或是短暂被俘，或是受到了非同寻常的严酷对待，这些人可能永远都没有机会深入了解当地；当然还有一部分人，不管自己受到了怎样的对待，也不管被关押了多久，都坚持自己的固有观念，毫不动摇。17世纪40年代，英国圣公会牧师

114

德弗里克斯·斯普拉特与其他 120 人一同在爱尔兰南部约尔的海岸附近被阿尔及尔私掠者俘虏。他后来写道，"最初，我曾怀疑过上帝"，但这种怀疑并没有持续多久。他是一个很坚定同时又很狭隘的人，一到阿尔及尔城，他就开始为其他英国俘虏提供照护。在早些时候，他还拒绝了被赎回的机会，因为他不希望这些俘虏的灵魂无人照料。他的穆斯林主人允许斯普拉特和其他白人奴隶继续保持自己的信仰。他承认，他自己的主人很"文明"，给了他"比普通人更多的自由"，即使在斯普拉特帮助另外 5 名英国俘虏逃跑之后，情况依然如此。他写道："我备受怀疑……但出于上帝的安排，我从未受到过审问。"然而，自始至终，他都没有好奇过他的穆斯林主人。他将自己受到的一切恩惠完全归功于他所信奉的新教上帝的全能："上帝乐于为我指引方向。"[25]

　　利用这种方式，斯普拉特解释了阿尔及尔穆斯林的一切善举，从而让自己能够继续蔑视这些人。在早期被美洲原住民俘虏的英国殖民者的记载中，我们也能经常看到这一策略，即将敌人的一切善举归功于上帝。然而，柏柏里俘虏中，很少有像斯普拉特这样的"闭环式"论述，即对俘虏他们的穆斯林的人性坚决不抱任何希望。这主要是因为柏柏里的穆斯林代表了一种截然不同的威胁。被美洲原住民俘虏后逃跑的英国俘虏，除了愤怒与想要复仇的情感外，还尤其想要将美洲原住民非人化。对殖民者来说，美洲原住民既是近邻，也是与之争夺同一片土地的敌人，他们所代表的是一种长期的、会与自己发生密切接触的威胁。相比之下，柏柏里私掠者则是外敌，他们威胁着英国的航运，威胁着英国人的自由与生命安全，但几乎不会威胁到英国的领土，即使这些私掠船游弋到了英国的海岸线附近，他们也最多是抢一波就逃跑。此外，相较于美洲原住民，英国人也不会将穆斯林视为无神论者或化外之民。柏柏里俘虏可能仍然十分憎恨俘虏他们的人（而且这种情况经常出现）；但他们更有可能在某个时刻放松下来，进行某种程度的超然观察。一旦最初的恐惧之情逐渐消退，他们可能就会开始观察周围的环境，并提出一系列问题。

　　然而，从此刻开始，这些人就会逐渐陷入困惑之中，因为俘虏们必须承认这样一个事实，即他们现在不得不在另一种完全异质的文化中生活与劳动，这既让他们更清晰地意识到了自己的文化，同时又完全颠倒了自己的文化处境。约翰·亨威克（John Hunwick）写道，"穆斯林最歧视的就是不信伊斯兰教的人"，由于伊斯兰教法规定，只有不信伊斯兰教的人才能被奴役，因此，在北非被俘虏或从事苦役的人实际上都是异教徒、不洁者。[26] 在摩洛哥被扣留了一年的詹姆斯·欧文和他的水手朋友惊讶地发现，当地居民"从不使用任何接触过我们嘴唇的容器：他们对我们的厌恶与蔑视是如此之深"。英国俘虏和其他欧洲俘虏也认识到，他们与众不同的外貌导致自己遭受了歧视。特别是在那些一点也不国际化的北非内陆地区，欧洲人的着装风格——男性紧贴胯部与腿部的服饰以及女性紧贴腰部的服饰——在当地人看来，往好了说是奇丑无比，往坏了说就是淫荡无耻。伊丽莎白·马什曾这样评价一名摩洛哥妇女："她好奇地打量我的衣着与面容……对我的长相非常感兴趣。"[27]

　　这些英国俘虏之所以会被穆斯林排斥，另外一个原因则在于他们的肤色。14 世纪突尼斯的伟大学者伊本·赫勒敦（Ibn Khaldûn）在其代表作《历史绪论》（*Muqaddimah*）中写道，在他看来，人类的肤色呈现

115

出两种极端，一种是黑色皮肤，另一种是被寒冷气候漂白了的白色皮肤，那些人还"有着蓝色的眼睛、满是雀斑的皮肤与金色的头发"。他认为，只有肤色适中的人才能"真正学会节制，这就是中庸之道"。在北非地区，直到 19 世纪，此类针对黑人与白人的歧视都一直存在，而且并非某一特定社会阶层的专利。[28]

这些柏柏里俘虏的世界观瞬间被彻底颠覆，他们突然受到了另外一套有全新评价标准的歧视，而且几乎没有机会进行报复。即使是 17—18 世纪到访北非城市，与当地统治者进行条约谈判或赎回本国俘虏的英国使节，也时常要面对一群当地年轻男子的围攻，他们骂这些使节是不信教者，嘲讽其外貌，还用枪指着他们的头，让他们跳来跳去。[29] 而那些没有外交身份或卫兵保护的英国俘虏就更容易成为攻击目标了。在面对攻击时，这些人能采取什么样的招数回应，往往取决于他们的主人，但也时常取决于他们自己。曾经有一次，威廉·欧克雷一时忘记了自己的俘虏身份，当面侮辱了他阿尔及尔主人的伊斯兰信仰，随后，他便遭到了迎头痛击。他回忆道："我从中学到了两点教训：第一，当肉身已经成为奴隶的时候，仅靠理智是不能获得自由的……第二，奴隶依然能享有自己良心的自由，但不能诽谤其他的宗教，这还算公平。"[30]

相比之下，詹姆斯·欧文就从未屈从于摩洛哥主人的压力，而这最终让他客死异乡。他被俘之时已经是 18 世纪 90 年代，距离欧克雷被俘已经过去了 150 年，这一时期，欧文所处阶层的英国人拥有相当的民族自负感，而且往往是种族主义的自负。不过，他之所以在被俘后感到了强烈的耻辱，在很大程度上也要归因于他之前的身份。欧文是一名不折不扣的苏格兰新教徒，同时也是一艘以利物浦为基地进行跨大西洋奴隶贸易的奴隶船船长。他曾在叙述中表示，他极度厌恶那些被他称为"黑牛"的人。至少在他看来，这些人既是黑人又是异教徒，然而在摩洛哥，这帮人却威胁要奴役他，这种彻底颠倒黑白的做法完全超出了他的承受能力范围。当地的英国领事自始至终都与他保持着通信联系，这位领事耐心地向他解释了他现在的俘虏身份，但这些话只会让他更加愤怒。在信中，这位领事提醒他："我必须告诫你，无论在信中，还是在口头上，当你说起摩尔人时，都千万不要使用异教徒这个词。他们认为，在他们的语言中，这个词是最具侮辱性的，而且，鉴于他们手中掌握着权力，这可能会对你造成不利的影响。"[31]

关于这些个体所经受的痛苦，以及他们相关的改变，有两个要点值得注意。首先，他们的经历再次说明，这些俘虏似乎本能地将那些陌生的个体与社会视作"他者"，并用一些负面词语来形容他们，通常而言，人们认为只有西方人才具备这种特质，但事实并非如此。被私掠者劫持的不列颠人通常认为，掳掠他们的人是"野蛮人"，但在一段时间后他们就会发现，俘虏他们的人最常辱骂他们的词也是"野蛮人"。其次，尽管从古至今，一直都存在对异类的偏见，但不同的人受这种偏见的影响程度以及基于这种偏见而采取的行为方式却千差万别，当然，直到如今，情况也是如此。实际上，被掳至北非的英国人在面对东方人时，并不总是"首先是一个欧洲人，其次是一个个体"。[32] 和其他人一样，不同的英国人有着不同的身份，他们也会对自己的一系列身份进行排列组合。对其中一些人——比如欧文——而言，被强行拖拽进伊斯兰世界的遭遇确实让他们更加清楚地认识到自己是基督徒、英国人、欧洲人以及白人；而另外一部分人——当他们从最初的惊吓中缓过神来之后——并不一直都如此看重自己先前的那些身份；还有一部分人在意的点与上面那些人完全不同；此外，一小部分人在成为柏柏里俘虏后，彻底抛弃了基督徒、英国人与欧洲人这些身份标签。和世界上的其他地区一样，在这里，俘虏与他们所讲述的故事从来都不会"基于文化上的、民族上的或种族上的差异……在主人与俘虏之间建立起或进一步加强某种二元对立的划分"。[33] 俘虏以及由此产生的故事同样有可能揭露并凸显受害者本国社会中存在的分歧，例如阶级、受教育程度与财富的差异，种族、血统上的差异，还有宗教信仰上的差异。

　　比如，德弗里克斯·斯普拉特之所以采取完全的消极抵抗策略，主要是因为他是一名牧师，拥有强烈的新教信仰，同时也是因为他作为一名受过大学教育的神职人员和英国贵族的家庭教师的自我认知。大多数柏柏里俘虏都没有这样的经历，也不曾享受过这样的特权。对他们来说，在英国国内的生活就算不上有多好，而这很可能会影响他们的看法，尤其是因为北非的白人俘虏与北美的黑奴一样，有时也能遇到好的主人。威廉·欧克雷在谈到他的第三个阿尔及尔主人——一个小农场主——时写道："我从我的新主人那里不仅得到了怜悯与同情，还收获了爱与友谊。哪怕我是他的儿子，也不会得到更多的尊重，也不会被更温柔地对待。"在英国本土时，欧克雷就是需要听人差遣的人。17世纪40年代，在为萨耶兼塞莱子爵与布鲁克勋爵（Viscount Saye and Sele and Lord Brooke）执行一项跨大西洋任务时，他被柏柏里人俘虏，从阿尔及尔逃出后，他在贝德福德郡的一座庄园里担任管家。他的故事清楚地表明了自己的观点——为一个冷漠的英国贵族服务并不一定比为一个碰巧是北非穆斯林的好人做家奴更有意义：

> 我产生了一个顾虑，不，准确来说，应该是一个问题，我究竟是否要逃离我的（阿尔及尔）主人，一个如此深爱着我的人……因为，一旦逃走之后，我到哪里才能得到这么好的待遇呢？更不用说到哪里才能改善我的处境了。回到英格兰之后，我的处境可能会更糟……尽管自由是个好词，但一个人没法用一个词来买一顿饭。奴隶确实是个坏词，但它至少不会让人断气。

最终，欧克雷决定逃跑，因为他意识到，比起对于新的、不确定的生活的厌恶，对他这样的仆役来说，以下问题才更应该审慎考虑："我主人的恩惠并不能永远维系下去……不知道哪天，他就会去世，而后，我就会被转交给另外一个人。"[34]

对于那些很年轻就被俘的英国人，或是在北非逗留了很多年的英国人而言，当地社会的吸引力可能会更大一些。1678年，年仅15岁的约瑟夫·皮茨被俘，并被带到了阿尔及尔。他一直在此地待到了1693年，还皈依了伊斯兰教——尽管在他出版的故事中，他声称自己只是在名义上皈依了伊斯兰教，而且那也是在压迫之下不得已而为之的举动。在拿到他父亲给他写的一封信后，他那本已彻底断掉的心弦被重新撩拨了起来，最终，他选择逃离阿尔及尔。在公开出版的故事中，他也坦诚地表示，他在阿尔及尔的最后一个主人十分仁慈，他的主人曾答应，在自己死后，会给他留下一笔钱，他对自己的主人也有深厚的感情。皮茨还承认，他受到了一种强烈的诱惑，想"继续做一个穆斯林"。他写道："在阿尔及尔我获得了应有的荣誉，也得到了应有的待遇，但在英国我却从来没被如此公正地对待过。"尽管皮茨本人极有可能确信自己所言不虚，但我们永远无法确定这一说法到底是不是真的。17世纪90年代，他回到了英国，而当时，英国正与法国打得热火朝天，他刚回国就立刻被投入大牢之中，英国的官员还要求他到皇家海军服役。对于这样一个在海外被俘虏的劳动者来说（正如我们已经在托马斯·佩洛的案例中看到的那样），在回到国内之后，他们并不一定会因重获自由而感到温暖与幸福。1704年，皮茨将自己的故事出版了出来，这本书大获成功，并于1717年、1731年以及1778年多次再版。值得注意的是，这本书公开、明确地表示，有些时候，伊斯兰社会能为作为个体的基督徒提供更好的机会。皮茨写道，在他认识的英国俘虏中，至少有三人选择留在阿尔及尔。其中一人实际上已经被赎回，而且回了国，但这个人"再次选择来到阿尔及尔，并自愿成为一名穆斯林，这次，没有任何人逼迫他这么做"。[35]

正是在这一背景之下，我们才能更好地理解，为什么有大量的柏柏里俘虏会在自己的作品中提及约瑟，也就是《旧约》当中被掳至埃及并被奴役的那个人。例如，1627年，一名英国特使在与摩洛哥人谈判有关俘虏的赎回问题之时，称其统治者是"第二个不认识约瑟的法老"，德弗里克斯·斯普拉特声称自己在阿尔及尔时一直"努力……铭记约瑟经历过的苦难"。[36]从表面来看，这一类比似乎展现出了作者对伊斯兰世界的敌意，但熟悉《圣经》的人都知道，约瑟的故事是喜忧参半的。是的，他的确被异族奴役了。但正是因为这一遭遇，他才有机会被自己的主人波提乏——法老手下的护卫长——提拔成了管家。约瑟在埃及混得风生水起，实力越来越壮大，甚至到最后不得不拒绝女主人的色诱。约瑟略带炫耀地说道："神使我在受苦的地方昌盛。"[37] 正如先前我们所看到的那样，《贝特曼勋爵》等民谣也传播了这样一种观念，即柏柏里的英国俘虏也可能"在受苦的地方昌盛"。一些贫穷的白人有可能在伊斯兰世界找到发展的机会，或者至少不会比在国内过得更糟。甚至对于那些贫穷的黑人来说，情况可能也是如此。

　　最近，可能是有史以来唯一一一部由英国黑人撰写的柏柏里俘虏故事不幸遗失了。[38] 不过，感谢马库斯·雷迪克（Marcus Rediker）与彼得·林恩博（Peter Linebaugh）的深入研究，我们现在知道，尽管在英国皇家海军与英国商船队当中，黑人一直是少数，但至少有一部分黑人肯定被俘虏过。1716 年，在伦敦船只"费拉德尔菲亚号"（*Philadelphia*）上一名叫托马斯·萨弗拉（Thomas Saphra）的黑人仆役就被俘虏了。[39] 1789 年在摩洛哥与詹姆斯·欧文一道被俘的 11 名水手中，有 3 名是黑人。1746 年在北非附近遇险的"督查号"上的 87 名幸存者中，有两名黑人水手，他们分别是托马斯·琼斯（Thomas Jones）与约翰·阿马塔奇（John Armatage）。之后，阿马塔奇"成了摩尔人"，很可能加入了摩洛哥苏丹的黑奴军团（*Abid al-Bukhai*）。这支军团的士兵主要由当地的黑奴——哈拉廷人（*baratin*）——组成，但似乎也有一部分士兵是从欧洲船只上俘获的黑人。[40]

　　加入黑奴军团意味着随时都可能会有生命危险，但与此同时，这些士兵没准也能劫掠到财物，或是因军功而得到晋升。这些黑人士兵甚至有机会去做白奴的监工，显然，这种机会在西欧是不可能存在的。1768 年，奥劳达·艾奎亚诺（Olaudah Equiano）来到奥斯曼帝国治下的士麦那，抵达这里之后，他激动万分，因为他发现在这里，白人"被土耳其人奴役，就像西印度群岛上被白人奴役的黑人一样"。艾奎亚诺的母亲似乎是南卡罗来纳的一名黑奴，后来，他成了一名皇家海军军官的奴隶。现在的他已然成了一名自由人，但仍是一名仆役，这趟奥斯曼帝国之旅不仅让他了解到另外一种截然不同的奴隶制度，还让他意识到，不同种族之间的权力关系是可以被改变的。他意识到，白人也会和先前的自己一样被人奴役。并非所有的奴隶都是黑人，也并非所有的白人都是自由人。在艾奎亚诺自己讲述的故事中，他说道，在此之后的很长一段时间里，自己都想着要移民到奥斯曼帝国。[41] 就这样，一些被北非政权俘虏的黑人水手很可能会被穆斯林社会吸引。伊斯兰世界为他们提供了更多的选择，以及一个全新的世界。[42] 这算是上述那种较为常见现象的极端版本：原先那些在本国社会中处于不利地位之人，在海外被俘虏后，有可能在当地获得了发展的机会，进而重新开始自己的人生。

120   这些被柏柏里人俘虏的英国黑人的存在提醒着人们，和现在一样，在当时，"不列颠人"、"英国人"，尤其是"英国臣民"或"不列颠臣民"这类词语所涵盖的人群多种多样。在本书所讨论的 250 年历史中，英国的民族情绪一路高歌猛进，但与此同时，英国社会的人口结构也变得越来越复杂。在柏柏里俘虏的这个问题上，不同时期的英国政府都面临着一个更为棘手的挑战，即需要确定究竟要为哪些人缴纳赎金。统治英国的王朝、国家结构、国际上的联盟以及在地中海与其他地区的殖民地都在不断变化，而这意味着游戏规则也在不断发生变化。例如，在荷兰执政威廉·奥兰治于 1688 年推翻詹姆斯二世成为英国国王后，摩洛哥苏丹穆莱·伊斯梅尔同意，在赎金问题上，他会将"英国人与荷兰人视为一体，即实际上是一个国家的臣民"。[43] 这一安排在威廉死后就不再被遵守；但在此后的不同时间段里，法国的胡格诺派教徒、汉诺威人、北美的殖民者以及居住在梅诺卡与直布罗陀上的各个民族都曾被伦敦方面宣称为"不列颠臣民"，一旦他们被柏柏里人俘虏，伦敦方面就有权利也有义务将他们赎回。[44]

　　正如17世纪60—70年代丹吉尔驻军内部混乱的局面所表明的那样，上层对于哪些人有资格被视为不列颠臣民的观点可能与下层的看法并不完全一致。1747年，英国大臣向伦敦五金公司（Ironmongers'Company of London）寻求帮助，这家公司掌握着一个专门为赎回柏柏里俘虏而设立的巨额慈善基金。这家公司给出的回应是证明上述论断的一个绝佳例子，它说明，在某些时候，普通人心中根深蒂固的民族认同与政府对"不列颠人"更灵活、更法律化的定义之间是相互冲突的：

　　　　他们还反对称，现在被关押在（摩洛哥）的400多名俘虏中可能有一些爱尔兰人……因此，必须先证明他们都是不列颠人，然后才能为他们支付赎金。[45]

很明显，对于这家公司而言，爱尔兰人——这段话中没有指明其宗教信仰——并不能被划入"不列颠人"的范畴，在此后相当长的一段时间里，大不列颠岛上的许多人也会同意这一观点。

　　由此可见，简单地用西方与东方、欧洲与非欧洲、不列颠与伊斯兰等词语去处理历史上的跨文化交流与冲突，会掩盖掉相当复杂的历史细节和各方内部的重要细分领域，从而阻碍进一步的分析。即使到了今天，政治家们也经常有理由指出，自始至终，欧洲，甚至是西欧，都并

121

不是一个整体。"欧洲人"对伊斯兰世界以及其他任何事物的看法也并不总是一致的。就拿英国来说，我们已经很清楚地意识到，狭小的本土面积在很大程度上促使其内部形成了一个强大的中央集权国家，同时也孕育了一个早熟的、尽管从未将所有人包含进来的民族团结与意识形态。尽管如此，英国的统一也是不完的、存在裂痕的，在1750年之前，情况更是如此。尤其重要的是，英国一直受到天主教与新教冲突的影响，与其他内部分歧一样，这些分歧的存在使英国人在面对伊斯兰世界时会产生不同的反应。

有时候，这种紧张关系会在个体层面上反映出来。传统上，地中海一直是各派势力、各种信仰相互争斗又相互交融的边界地带，这里的"人们来来往往，对……祖国与信仰漠不关心"，他们在这里追求自己个人的、非官方的、有时还带有些反叛色彩的理想生活。[46] 1600年以后，随着国家越来越有能力控制、管理本国的臣民，跨界之人的数量有所下降，到了1700年以后，趋势更加明显，但无论什么时候，这种跨界的现象都没有被完全禁绝。就英国而言，最有可能越界叛逃的当数信奉天主教的爱尔兰人。正如近代早期一部分英格兰人、威尔士人和苏格兰人不愿意将爱尔兰人（尤其是爱尔兰的天主教徒）视为不列颠人一样，爱尔兰人（尤其是天主教徒，但不限于天主教徒）也不愿将自己视为不列颠人。以巴特勒家族为例，这个爱尔兰天主教商业世家在18世纪中叶就已经在摩洛哥站稳了脚跟，他们精通阿拉伯语，还与苏丹手下的大臣们"相当熟识"。他们特别乐意帮助来到这里的欧洲大陆商人，进而排挤掉来自英国、信奉新教的商人，并积极协助西班牙夺回直布罗陀。[47]

　　然而，有些信奉天主教的爱尔兰人则是在几方之间反复横跳。18世纪 30 — 50 年代，历任英国驻阿尔及尔的使节都在苦苦思索该如何处理在当地登陆的 29 名爱尔兰天主教雇佣兵。这些人以前曾为西班牙效力，毫无疑问，他们曾经与英国为敌。但当这些人被派往西班牙的北非基地奥兰——那里的生活与丹吉尔一样，既荒凉又充满危险——之后，这些人突然意识到了英国的吸引力。于是，他们集体开了小差，逃到了阿尔及尔，在当地，这些人被俘虏，并沦为奴隶。此后，这些信奉天主教的爱尔兰人就开始向英国驻阿尔及尔的领事求助。这些领事与伦敦方面就这些人是否真的是"不列颠臣民"，以及是否应该赎回他们——还有其他从法国或者西班牙逃到北非的爱尔兰雇佣兵——的问题进行了长达数十年的讨论。[48]

　　然而，宗教信仰不仅可以强化英国与伊斯兰世界的分歧，而且可以模糊双方之间的分歧，这不仅体现在个人的身上，还体现在国家之间的关系上，甚至体现在神学问题上。

　　传统上，奥斯曼帝国和柏柏里最大的敌人就是天主教各国：西班牙、奥地利、意大利各邦，有时也包括法国。对于英国这样一个信奉新教的国家来说，天主教势力对地中海伊斯兰世界的敌视似乎说明英国与伊斯兰势力之间有合作的空间。本着"敌人的敌人就是朋友"这一众所周知的原则，16 世纪末，伊丽莎白一世就开始向摩洛哥人出售武器以对抗信奉天主教的葡萄牙人；17 世纪 20 年代，查理一世试图联合摩洛哥以对抗西班牙；而且，从 1704 年起，英国就依靠阿尔及尔与摩洛哥来为直布罗陀和梅诺卡提供后勤补给，从而牢牢地控制着这两个地方，以对抗信奉天主教的西班牙国王。然而，新教与伊斯兰教的结盟不仅仅是出于国家或教派层面上的考虑。作为一种高度成熟的宗教信仰体系，伊斯兰教在某些方面与新教之间有着极高的相似度。毕竟，这个宗教禁止在礼拜场所放置塑像，不将婚姻视为圣事，而且绝对不允许设置专职的修道士。更为激进的新教徒甚至会津津乐道于伊斯兰教对三位一体教义的蔑视。[49]

这就有助于解释为什么那些不从国教的新教徒，尤其是那些或主动或被动地进入地中海世界的人，常常会对穆斯林主人的很多方面表示赞同。上文已经介绍过的约瑟夫·皮茨就曾在自己的著作中将伊斯兰教与罗马天主教进行了比较，并对前者给予了高度评价。他赞赏穆斯林禁止在清真寺内供奉宗教塑像的做法，还谈及了北非政权在实践中对其他宗教信仰的宽容，对于他这样的长老会教徒来说，伊斯兰教对他们的态度要比英国圣公会好上不少。自学成才的皮茨还注意到，即使是他在阿尔及尔认识的一些比较贫穷的穆斯林，也热衷于研读《古兰经》，他们将经文放在首位。他认为，这样一种信仰与生活方式完全不同于"可怜的罗马天主教教徒……（他们）只能活在牧师的指点之中"，而且远胜于天主教。[50] 从皮茨的措辞和语气当中，我们可以发现，他对自己的穆斯林主人的信仰进行了细致入微的观察，还对其中的很多部分表达了赞同。

1704 年，他出版了自己的故事，以便在埃克塞特那些不从国教的邻居面前为自己在阿尔及尔的生活做辩解，同时"弥补我曾经犯下的叛逃错误"。然而，尽管这是他宣称的写作目的，但在文章当中，随处可见北非穆斯林对他产生的巨大吸引力，这使他的作品呈现了丰富多彩的面貌。[51]

皮茨洋洋洒洒地写了将近 200 页。一个没有受过教育的劳动者回忆着那个远离埃克塞特的广阔世界曾经给他带来的一切：埃及妓女身上鲜艳的饰带，开罗便宜的新鲜鸡蛋，美味的骆驼肉，妇女手脚上装饰的指甲花染图案。在北非炎热的夜晚，他可以用冷水把床单洗干净，只需一晚，床单就又变得干净清爽。此外，书中还穿插了大量的长篇描述。在该书的结尾处，皮茨似乎意识到了自己讲的故事对英国读者可能造成的影响，但他并不想改变这种影响。与此同时，他也希望在结尾处将自己生命中的伊斯兰教阶段与基督教阶段联系起来，而非割裂开来。在书的最后，他写道："仁慈的上帝啊……请怜悯所有的犹太人、土耳其人、异教徒与异端……把他们都接回家吧。"[52]

　　大约 200 年前，一个名叫梅诺乔（Menocchio）的意大利磨坊主在宗教裁判所受审时也坚持了大致相同的说法，他坚信仁慈的上帝一定会一视同仁地拯救异端、土耳其人、犹太人和基督徒。[53] 在某种程度上，约瑟夫·皮茨与梅诺乔是同一类人，他也是一个贫穷、有思想、自学成才的人，他自己的日子过得很艰苦，不过，在重要的事情上，在经历了一番挣扎之后，他得出了自己的结论。然而，这两个人的命运却截然不同。梅诺乔因其异端思想而被烧死在了火刑柱上。与他相反，皮茨在书中阐述了自己的宇宙观，却广受好评，他的书还会被定期再版。在 18、19 世纪的英国，对伊斯兰教的教义表示赞同并认为它优于罗马天主教，并不一定会让人与众不同，更不会招致猛烈的迫害。这一时期，英国社会的各个阶层中都有人相信——皮茨自然也相信——相比于天主教玫瑰经的十字架，"新月"所带来的陌生感与潜在的威胁是微不足道的。

过渡时期？

那么，从何时起，上述丰富多彩的观念开始发生变化了呢？我认为，1750 年之前，英国对伊斯兰世界和东方的蔑视——有些人将之视为后来猖獗的帝国主义扩张的重要动力源——更多是表面上的、喧闹式的、仪式性的，而不是深入骨髓的、具有重大影响的。有时候，在演讲、文本、艺术作品和政府的官方声明中，伊斯兰政权被有意地描绘为"他者"，但对它们的攻击与对欧洲罗马天主教政权的攻击相当类似。与对伊斯兰教的敌意相伴而生的，还有其他很多不同的态度与观点。尽管人们对伊斯兰教的评价肯定是低于新教的（当然并非所有英国人都这样认为），但在学术著作与通俗读物当中，伊斯兰教也得到了相当程度的尊重，甚至是敬畏。穆斯林发达的文明成就得到了广泛的认可，人们也经常公开讨论这些穆斯林与欧洲人在种族和身体方面的相似之处。

尽管在与地中海伊斯兰势力的互动过程中，英国人仍然会存有一定的差异感与优越感，但它们常常会被其他因素所抵消。在很长的一段时间里，奥斯曼帝国的实力都在英国之上，而柏柏里私掠者的劫掠活动也抵消掉了英国人的优越感。此外，由于英国无法在这一地区投放过多的陆军与海军部队，因此他们需要依靠北非的援助来维持其在地中海地区占据的白人殖民地——直布罗陀和梅诺卡。同样，从那些在地中海地区活动过的英国人所讲述的故事来看，英国社会内部的分歧与差异也抵消了英国人在面对伊斯兰世界时产生的差异感。在英国人对自身的统一性与政治稳定性抱有更多信心之前，在英国人越来越感受不到自己的"小"之前，英国人的傲慢是有限制的，英帝国的扩张能力也是有限制的。

　　然而，到了 18 世纪 50 年代，情况发生了变化。1745—1746 年詹姆斯党人叛乱的失败标志着苏格兰人脱离大英帝国运动的失败——至少在 200 多年的时间里是这样的。更重要的是，詹姆斯党人的失败标志着罗马天主教势力再也无力依靠暴力手段夺取英国王位，而这有助于减少英国国内新教徒与天主教徒之间的严重分歧。这些国内问题的解决，以及由此带来的政治稳定性与内部凝聚力的增强，为 18 世纪下半叶英帝国的崛起注入了强劲的动力。我一直强调，必须把大英帝国在海外的发展轨迹与国内的发展情况联系起来。18 世纪中叶以后，英国在地中海及其他地区的影响力不断扩大，主要体现在其在当地的军事实力的增长和战争活动的不断增加。然而，对于这一地区的伊斯兰世界而言，英国在 1750 年之后不断升级的侵略活动依旧受到了各种形式的限制与制约。借助俘虏及其著作所提供的非常具体而有力的视角，我们得以更深入地理解产生这种现象的原因。

　　下一个故事的主人公是皇家海军上校海德·帕克（Hyde Parker），一个年轻、勇敢，但确实不怎么聪明的人，而且，很关键的一点在于，他是一个穿着军装的人。1756 年春天，他被派去摩洛哥，与当地势力就一项条约进行谈判，并赎回在当地的所有英国俘虏。此时的摄政、未来的苏丹西迪·穆罕默德要求英国方面派遣一名精通阿拉伯语的领事常驻该国，并希望英国能够向摩洛哥提供大量的海军物资。帕克奉命拒绝了摩洛哥人的这两项要求，他对"上帝的旨意以及国王陛下的海军实力"抱有充分的信心。因此，这名海军军官在踏入西迪·穆罕默德的宫殿时，既没有摘下三角帽，也没有脱下厚重的靴子，而是在这位苏丹面前径直坐了下来，这无疑是对西迪·穆罕默德作为统治者和先知后裔的尊严的一种侮辱。帕克和他的船员侥幸躲过了这位君主的怒火，但其他英国人就没那么幸运。自 1735 年以来，摩洛哥和柏柏里其他地区都很少俘虏英国人，因为英国方面向他们支付了超过 6 万英镑的保护费。现在，西迪·穆罕默德不再打算坚持这一有利可图的克制政策，到 1758 年时，他俘虏了将近 400 名英国人。[54]

在此之后，英国国内诞生了最后一批有关北非俘虏的著作，其中还包括一部由女性撰写并出版的长篇柏柏里故事。这本书的作者是伊丽莎白·马什，她的父亲是直布罗陀的英国海军船坞的负责人（请再次注意，在这一时期，武装力量更为强大、更具扩张性的英国人在地中海的存在感越来越强）。1756 年 8 月，马什与她的同伴在北非海岸被摩洛哥私掠者劫持，并先后被关押到了塞拉和马拉喀什，一直到 1756 年底。摩洛哥人希望借此来报复海德·帕克船长给摩洛哥带来的侮辱。马什是个热情非凡但又很业余的作家，她就自己的遭遇起草了多个版本的故事。起初，她的故事情节既刻板又传统。她将自己的厄运归结为伊斯兰世界对西方基督教的敌对情绪，她甚至引用了一部有关十字军东征的流行戏剧——约翰·休斯（John Hughes）的《大马士革之围》（*Siege of Damascus*）：

> 以上帝之名，这是什么信仰？
> 带着恐怖的杀器大摇大摆地走来
> 仿佛它的目的是毁灭，而不是拯救？
> 率领着满身盔甲的军团奔赴战场，

用鲜血和屠杀来证明自己的进步。[55]

在 1756 年马什刚刚被俘之时，对她（以及在她之前的很多英国人）来说，柏柏里依旧意味着恐怖、危险与有威胁的伊斯兰势力。

然而，当 1796 年《女囚徒》（*The Female Captive*）一书出版之时，她所强调的重点与写作方式都发生了巨大的变化。在她被俘十多年后完成的这部两卷本作品当中，马什几乎省略了所有有关基督教与伊斯兰教之间的宗教冲突的内容。她还省略了许多有关北非的地形和社会的信息，以及在摩洛哥的欧洲人与穆斯林之间实际存在的复杂关系。传统上对伊斯兰教的偏见与近距离观察到的经验都被淡化了。与之相反，马什将她的这段俘虏经历戏剧化、浪漫化了。她声称，从她被掳至摩洛哥的那一刻起，她就担心自己会被人侵犯，而这一恐惧在与西迪·穆罕默德本人的两次会面中达到了顶点：

> 这位君主身材挺拔，体态匀称，肤色光鲜，看上去大约 25 岁……总体而言，他的外貌很讨人喜欢，而且他的言谈彬彬有礼、从容自若。

这位君主（"我对他优雅的身材感到惊讶"）试图说服她与自己一道前往马拉喀什的华丽宫殿。结果，马什写道，她不得不撒了个谎。她对西迪·穆罕默德说，自己其实已经结婚了，而且比起宫廷里的奢华，她更愿意与自己同类的男性建立起平等的关系。尽管之后，这位君主发了火，但她仍然没有屈从，拒绝皈依伊斯兰教，最终，她获得了自由。

128

"当有人问及西迪·穆罕默德，是否愿意在这位美丽的基督徒离开之前再见她一面时，他停顿了一下，然后回答说：'不了，免得我不得不把她扣留下来。'"[56]

这时的伊丽莎白·马什 21 岁，据说，在马拉喀什与苏丹会面之时，她还是单身，而此时的西迪·穆罕默德确实大约 25 岁。如果他们真的在此期间发生了什么，那么两个人都可能会感到兴奋不已。不过，需要重申的是，马什在被俘后不久写下的初稿中，基本没有提及自己在性方面可能遭遇的危险，尤其是上述发生在宫廷当中的事件。尽管大量英国官方信函涉及了 1756 年马什被囚禁于摩洛哥一事，但其中并未提及她的贞操受到了任何形式的威胁，也未提及她被纳入后宫的可能性。过去，一些被柏柏里人俘虏的不列颠与爱尔兰女性曾消失在北非的普通人之家和王室的后宫之中，但这些人基本没有马什这样优越的社会地位，而且在 18 世纪 20 年代之后，也没有任何一位已知的英国女性经历过这样的命运。[57] 因此，伊丽莎白·马什之所以最终还是决定在《女囚徒》一书中突出描写自己在性方面面临的威胁，以及那位性欲旺盛、咄咄逼人的苏丹，很可能不仅仅是出于记忆中的恐惧，甚至也不仅仅是希望写出一部近似于小说的故事，好多卖几本书。

在此之前，将柏柏里描述为一个会对被俘虏的英国妇女构成性方面威胁的故事并不常见。事实上，英国妇女在北非的经历很少能得到详细的描述。当然，北非各国抓获的女性俘虏数量一直十分有限。即便如此，多年来她们的存在也足以让官方在文件中屡次提及这些人。相比之下，在 17 世纪至 18 世纪早期流传甚广的英文通俗读物当中，这些女性俘虏却几乎完全隐身。1769 年，伊丽莎白·马什出版的作品是第一部由柏柏里的英国女性俘虏撰写的故事。似乎没有一首广为流传的有关柏柏里的英国女性俘虏的歌谣；在英国男性俘虏的故事中，他们也很少讨论女性的经历，即便一部分人曾明确表示，有女性与他们一起被俘，但之后这些女性遭遇了什么，他们就没再着墨了。相反，英国的俘虏故事历来更强调柏柏里男性俘虏面临的性威胁。在我所看到的 1750 年以前英国有关柏柏里与奥斯曼帝国俘虏的讨论中，每提到一次异性之间的性行为，就至少会提到 5 次鸡奸：无论是高雅文学还是通俗文学，无论是公开的声明还是最为私密的稿件，都不例外。

129

　　请愿书中也有这样的说法。17 世纪 70 年代，一些俘虏的妻子声称："那些（阿尔及尔）主人经常会鸡奸这些俘虏，至少其中的大部分人曾遭受过侵犯。"这一内容出现在了议会演讲之中。1614 年，一名议员在下议院说道，被阿尔及尔人俘虏意味着"我们的儿童会被他们掳走，留作鸡奸，这些孩子日后还会变成土耳其人"。[58] 在北非执行公务的外交人员也着重强调了这一点。1677 年后英国驻的黎波里的领事托马斯·贝克（Thomas Baker）在自己的日记中就着重描写了"同性恋"问题，这本日记的编辑说道："据他所说，在的黎波里，同性恋是为人们所接受的，而且经常会出现公开且十分暴力的……同性之间的强奸行为。"这种说法自然也出现在了俘虏的故事当中。弗朗西斯·奈特在谈到他的阿尔及尔主人时写道："据说他们会和所有男人鸡奸"。[59] 这种说法同样可以在更具真实性的文本中找到，比如保罗·瑞考特（Paul Rycaut）著名的《奥斯曼帝国的现状》（*Present State of the Ottoman Empire*，1668）一书就认为，奥斯曼帝国之所以需要从外部抓捕一些基督徒俘虏，就是因为在其内部存在"鸡奸这种可憎的恶习"，因而无法繁衍足够的后代。

此外，在很多虚构的文学创作之中，这一论调也十分常见。《鲁滨孙漂流记》中的鲁滨孙本人就曾被摩洛哥的私掠者贬为奴隶，因为他"年轻，行动敏捷，十分适合做生意"。笛福为那些见多识广的读者留下了大量线索，好让他们知道这到底指的是什么生意。克鲁索告诉我们，私掠船上有一间"小舱，造得不高，可很舒适，可容下他和一两个奴隶睡在里面"。这里略带下流意味的双关语很值得人玩味。威廉·切特沃德（William Chetwode）的小说《罗伯特·波义耳船长的航海历险记》（*The Voyages and Adventures of Captain Robert Boyle*，1726）在一个世纪的时间里重印了十几次，在这本书中，作者表达得更为直接。故事中，一个摩洛哥人直截了当地告诉被俘虏的那名英国英雄，鸡奸"在这里太过普遍了"。[60]

　　在我看来，这些说法究竟在多大程度上是真实的并不重要。[61] 大多数指责北非和奥斯曼男性鸡奸的人，无论在什么意义上都不会认真关注他们所谴责的这帮人的性取向问题。他们对同性恋的指控也不仅仅是为了将伊斯兰教及其信徒"他者化"。1750 年之前，鸡奸在有关柏柏里与奥斯曼世界的著作中更多算是一种隐喻，是英国人与其他西欧人在面对伊斯兰世界以及他们的侵略行为时长期感受到的恐惧与不安全感的一种强烈情感表达。因此，就这一部分而言，有些人提出西方世界将伊斯兰世界在性方面描绘得如此亢奋、堕落，是为了将其女性化，并为自己统治伊斯兰世界奠定正当性基础的说法，在很大程度上并不准确。事实上，这一论断完全可以颠倒过来。那些在讨论私掠与俘虏问题时指责穆斯林鸡奸的人，很少探讨北非与奥斯曼的男性是否允许自己被鸡奸。他们主要担心的点在于，这些被俘虏的英国男性和其他欧洲男性会成为潜在的受害者。正是这些人可能会被侵犯。他们完全是任人宰割的那一方。强调柏柏里人和整个奥斯曼帝国对基督徒俘虏犯下的罪行，是英国人宣泄其不安全感的一种方式，借此机会，他们也表达了一种历史悠久的恐惧感：伊斯兰世界有可能会借助暴力迫使自己屈服。

只有当人们对奥斯曼帝国和北非各国的恐惧感逐渐消退之后，上述鸡奸的指控才彻底退出了历史舞台。这一时期的欧洲人宣称，土耳其人、摩洛哥人或是阿尔及尔人会掳掠并侵犯那些在性方面更容易受人摆布的女性，这些受害者既包括欧洲女性，也包括非欧洲女性，也就是说，这些人不再有能力给欧洲男性带来足够的威胁。而这也正是伊丽莎白·马什的两卷本故事在更广泛背景之下的重要意义了。她的故事甚至比 1756 年海德·帕克船长对摩洛哥统治者的有意挑衅还要重要，因为这标志着英国人的观念与行动假定发生了一次重要转变——尽管只是部分程度的转变。因为当《女囚徒》一书于 1769 年出版之时，全球范围内的权力关系已经发生了翻天覆地的变化，并且仍处在快速变化之中。

始于伊丽莎白·马什被俘之年（1756）、终于 1763 年的七年战争改变了全球范围内的政治权力格局。英国不仅通过征服加拿大巩固了其在北美的地位，而且有史以来第一次成功地对伊斯兰统治者的领土发动了大规模的军事进攻——英国人成功地攻占并保住了孟加拉。丹吉尔惨败的阴霾终于散去，从此，世界上最大的伊斯兰帝国之一——莫卧儿帝国——将面临英国不断升级的压迫。在伊丽莎白·马什出版该书之时，另外一个伊斯兰帝国也受到了来自欧洲的前所未有的压力。1768 年开始的俄土战争给奥斯曼帝国带来了毁灭性的打击，这场战争也证实了西欧人的看法，即这个伊斯兰世界的主要代表已然是一个垂垂老矣、日薄西山的将死之人。一段时间以来，英国与欧洲其他地方一直流传着有关衣着暴露的后宫佳丽、落难的基督徒少女和占据支配地位、带有一种独特魅力的苏丹的故事。但是，从 18 世纪 60 年代开始，这种"东方"文学与艺术（伊丽莎白·马什的《女囚徒》就是其中的一个小例子）的数量爆炸式增长，同时也更容易为人所接受，这是因为在这一时期，人们普遍认为伊斯兰世界已经没有什么威慑力。[62] 有关穆斯林鸡奸的说法逐渐消失，英国与其他欧洲国家的人们对来自外部入侵的担心也消失不见。现在，更为流行的故事类似于莫扎特的歌剧《后宫诱逃》（*The Abduction from the Seraglio*，1782）中的情节：勇敢的英国金发女郎反抗专横的苏丹（也许他读过马什小姐的作品？），其感情基调是偏愉悦的，而非令人恐惧的。

　　回过头来看，《女囚徒》一书可以说恰好出现在历史的转弯处，这一时期的英国人对伊斯兰世界还残存一些忧虑与敬畏，但与此同时，他们也开始轻视某些伊斯兰势力。在伊丽莎白·马什这部相当业余的作品中，摩洛哥无疑被东方化、异域化，并遭到了贬低。但根据前面的分析，我们可以说，即使到了 1750 年之后，英国文艺作品中被丑化的伊斯兰形象与英国的暴力殖民意图之间的关联也并不十分明晰。18 世纪 50 年代之后，英国对地中海和世界其他地区的伊斯兰社会的舆论基调发生了一些变化，当然，英国在全球范围内的实力也有了质的飞跃。但是，这些变化并没有——请允许我重复一遍，并没有——导致英国在北非和奥斯曼地区的暴力与殖民活动显著提升。

　　英国官方对西迪·穆罕默德在 1756 年后疯狂劫掠英国人的反应，或者说没有反应，清楚地表明了这一点。英国并没有派炮舰去惩戒这

131

位摩洛哥统治者并迫使他归顺，这不只是因为对北非海岸线发起攻击所涉及的后勤保障相当困难。英国人根本不想在这一地区动用武力，他们也负担不起在此进行军事行动的结果。那个因好战言论而被称为"爱国者大臣"的威廉·皮特（William Pitt）曾明确表示，不希望英国挑衅地中海地区的势力，也不希望对其发动战争。相反，他为海德·帕克上校的鲁莽行径向西迪·穆罕默德道了歉，并悄悄地为当时被扣押在摩洛哥的数百名英国俘虏支付了 20 万西班牙银元 * 的赎金。此外，皮特还让了步，同意派遣一名领事常驻当地。在接见了这位新任领事后，苏丹写道："我们对他进行了测试，并与他进行了交谈。"

> 当他出现在高贵的我们面前时，他彬彬有礼地向我们致辞，并遵守了他应尽的礼节……你们不会不知道，你们是我们高贵祖先的仆人，你们有义务在任何其他国家面前让我们高兴。但后来你们违约了……以至于我们对你们感到不满与愤怒。尽管如此，我们还是原谅了你们的过失……并与你们恢复了和平。[63]

132

1760 年，西迪·穆罕默德向年迈的乔治二世递交了这封公函，当时，英国的军队（以及大量由外国人组成的辅助部队）正在攻占加拿大，开进孟加拉，并在加勒比群岛上大快朵颐。然而，英国的君主和首相仍然允许摩洛哥苏丹用这样一种毫不客气的语气来教训自己，顺从了他的意愿，并为他抓获的俘虏缴纳赎金。

---

*　1 西班牙银元≈ 0.24 英镑。

考虑到地中海地区独特的政治状况和之前的惯例，以及英国在当地面临的各种限制，英国官方这么做也不足为奇。在这一阶段，英国对伊斯兰世界的看法可能已经发生了转变，但英国人仍然需要依靠北非的援助来保卫自己重要的地中海殖民地——直布罗陀和梅诺卡。事实上，1756 年时，法国一度夺得了梅诺卡的控制权，这使直布罗陀的重要性进一步上升。无论是海德·帕克的愚蠢行径，还是西迪·穆罕默德的报复行为，都不能破坏这一基本安排，特别是英国人清楚地知道，如果他们与柏柏里势力决裂，那么他们很可能会全面倒向法国——英国在地中海地区的主要竞争对手。英国没法入侵北非，也没法忽视北非势力的存在。必须与之谈判，必要时还需要对其加以安抚。18 世纪 50 年代之后，英国人和以前一样，继续按照先前的方式行事。

这一情况一直持续到了 19 世纪，不只是因为英国在地中海的殖民地与不断扩张的地中海舰队需要他们提供后勤补给。爱德华·萨义德等人强调，除了研究殖民帝国在武器装备和经济实力上的优势地位外，还有必要研究那些缔造了帝国之人的思想，这一点是完全正确的。尽管如此，物质层面上的因素也确实重要，而且相当重要；在这一地区，英国投放武力的能力与意愿仍然相当受限。颇具讽刺意义的是，最能证明这一点的是英国发起的一次侵略行动。1816 年，英国皇家海军在海上轰炸了阿尔及尔，他们希望能借此机会彻底摧毁私掠船的窝点，以免有更多白人沦为奴隶。阿尔及尔的大部分地区都遭到了破坏，但私掠者很快就卷土重来，而英国海军在这次行动中的伤亡情况（按参战人员的比例计算）比与法国和西班牙进行的特拉法尔加海战还要惨重。英国人可以选择（或不选择）将伊斯兰世界女性化，也可以贬低伊斯兰世界，但这不能保证他们能够战胜穆斯林。英国政府非常清楚这一点。官方明确地拒绝了国内外敦促其扩大针对阿尔及尔的军事行动，并对其实施全面的军事占领与殖民的呼声。下面这句话最能说明在英国人的心目当中，他们在地中海世界始终受着极大的限制。1801 年，罗威（Lowe）少校忧心忡忡地写道，土耳其人"显得很高大，他们似乎看不起我们"。[64] 在 19 世纪初的地中海地区，对于一个意识到自身规模与实力有限的民族而言，"新月"的光芒依旧耀眼，似乎还远远没有到黯然失色的地步。

在北非，在奥斯曼帝国的核心地带，即使是在英国最强盛、自信心

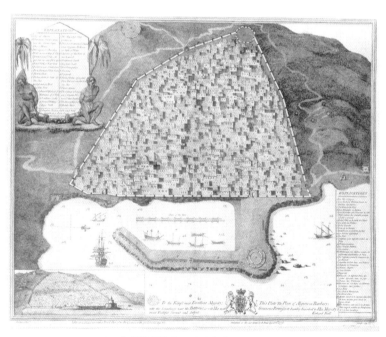

20. 包括海岸防御工事和奴隶的阿尔及尔
英国 1776 年的一份计划图

最膨胀的时候，人们也不愿意轻易跨越，当然也没有足够的能力来跨越边界，深入伊斯兰世界当中去。同样，在地中海世界，人们经常忽视的一点是，由于英国有限的规模，外加其巨大的帝国野心，他们很容易受到攻击，而为了解决这一问题，英国人必须与当地人达成妥协，以谋求他们的协助与支持。在世界上的其他地区，同样的情况也不少见。英国人强烈的侵略性与其内在的局限性和脆弱性相互交织，形成了一种复杂而微妙的局面。

现在，是时候离开这片夹在两块大陆、两大宗教之间的地中海，让我们将目光转向遥远的大洋彼岸。

第二部分

美洲
俘虏与难堪

第五章
不同的美洲人，不同的英国人

望向大西洋

　　立在伦敦圣保罗大教堂西侧门前的美洲原住民雕像仿佛埋伏在那里一样，面色凝重地盯着过往的行人。大多数人都太专注于旅游观光或是礼拜，以至于都没有朝那边看上一眼，然而，几个世纪以来，她所属的这组雕塑一直是人们暴力攻击的对象。1743 年，一个被当作疯子的人粗暴地折下了安妮女王的王权宝球和权杖。1769 年，一个来自印度的水手也暴力袭击了这组雕塑，他认为立在这里的这些雕塑是对他母亲的一种侮辱。在之后的日子里，暴力活动从未停息，直到 19 世纪 80 年代，人们用新的复制品替换了那些被破坏的原件，这些粗糙的复制品直到今天都一直立在原地。不过，即使是这些复制品，也足以激起人们内心深处的怒火。最近，不列颠尼亚的雕像遭人斩首，而阿美利加则失去了她手中的弓，不过她的箭筒还在。这些残缺的雕塑反映出的是一种半自觉的认知，即安放在这里的雕塑绝不是胡乱堆砌在一起的有关王室或其他寓言形象的二流作品。实际上，这里的雕塑从本质上来讲是一系列纪念

138

21. 圣保罗大教堂外安妮女王雕像下的印第安少女
弗朗西斯·伯德创作

碑，旨在纪念英帝国的权力，以及英国借助武力与诡计征服其他民族的历史。

这组雕塑出自一个名叫弗朗西斯·伯德（Francis Bird）的伦敦人之手。在庆祝 1713 年《乌得勒支条约》（这一条约标志着英国参与其中的西班牙王位继承战争正式结束）的王室感恩仪式上，这组雕塑第一次与世人相见。[1] 毫无疑问，对于英国的统治者、政治家和商人而言，有很多东西值得纪念。在这场长达 11 年的战争中，他们夺取了地中海的梅诺卡与直布罗陀，获得了将黑奴运往西属美洲的权利；在北美，他们还占据了哈德逊湾、新斯科舍与纽芬兰等地。[2] 伯德在设计有史以来第一组明确将英国君主与欧洲以外的帝国建立起联系的户外纪念雕塑时，脑海中一定想到了这一切。这尊安妮女王的雕像略显僵硬，她本人是一名虔诚的教徒，而这尊雕像正背靠着克里斯托弗·雷恩（Christopher Wren）主持修建的大教堂。在安妮女王的脚下，还有四尊巴洛克风格的雕像，这四尊雕像分别象征着女王的一处领地。其中有不列颠尼亚，有拿着竖琴的希伯尼亚（Hibernia，或称爱尔兰），还有法兰西的代表，因为从理论上讲，英国的君主继承了法兰西的部分权利。第四尊雕像则象征着美洲。她就是伯德所处时代以及之后很长一段时间里白人口中的印第安人。

因此，这尊印第安人的雕像传达出了相互矛盾但又内涵丰富的信息。在创作这尊雕像之时，伯德为其赋予了与其他几尊雕像相一致的古典特征，不过，与此同时，伯德还在她的脚下放了一颗白人男性俘虏的断头。她赤裸着上身，身上的服饰与真实的印第安人服饰相去甚远。她身上穿戴着的是巴西图皮南巴（Tupinamba）印第安人特有的羽毛裙和羽毛头饰。自从葡萄牙在 16 世纪征服了新大陆以来，欧洲的艺术家就认为，无论是南美的印第安人还是北美的印第安人，他们的服饰都完全相同，因此，这些欧洲人就一直以这种方式来描绘他们的形象。不过，在伯德的设计中，这一雕像的存在及其发挥的作用才是更值得人们注意的。从表面上看，她只是一个臣民，被获胜的英国君主踩在脚下。然而，她同时又是不可或缺的，因为倘若没有她的支撑，安妮女王的塑像就不可能立在高处。虽然毫无疑问，伯德心目中的美洲原住民形象存在很多问题，但至少在某些层面上，他又是完全正确的。对于近代早期的英国人而言，从开始殖民，到 1776 年的美国独立战争，再到之后，印第安人都是英帝国治下的美洲不可或缺的一部分。

140

22. 被斩下的俘虏的头
弗朗西斯·伯德创作的印第安人雕像的细节部分

在当前的历史书中，这一基本事实并没有得到适当的强调。直到最近，大多数涉及英帝国在北美的历史的作者——特别是英国的作者——在自己的文章中几乎完全不提原住民。即使是现在这个时候，北美的印第安人也常常被彻底忽视。[3] 人们可能象征性地分给他们一两个章节的篇幅，但与那些著名的英格兰人以及威尔士人、苏格兰人与爱尔兰人移民是如何从 17 世纪初开始在北美的东海岸成功建立殖民地的传奇故事相比，印第安人的故事仍然显得很边缘化。我们十分了解这些殖民者是如何在接下来的 170 多年里与英国本土的人们共享一位君主、一种语言、一套世俗文化、一种政治意识形态、一种新教与规模庞大的贸易的；我们也相当熟悉他们是如何在 1775 年一场性质上接近于内战的战争之后，与英帝国分道扬镳的。然而，在这期间，大量的美洲原住民群体也参与到了整个故事的发展演变之中，并发挥着至关重要的作用。与此同时，不同种类的俘虏也在其中扮演了重要的角色。

有关俘虏的问题，通常会被历史书遗漏掉。在美国，长期以来，学术界与普通民众都对几个世纪以来美洲原住民俘虏白人的历史表现出了浓厚的兴趣（尽管直到最近，相关研究才追赶上针对殖民地时期与建国初期白人俘虏、奴役印第安人的研究），且随着具有更多人类学和考古学内容的、更具政治敏感度的新印第安史的出现，相关研究进展颇佳。[4] 然而，即使是这种新的研究，其取向也是很封闭的。有关印第安人俘虏的问题仍然被视为美国的国族身份认同与本土文化演变发展过程中的插曲，而白人俘虏所撰写的故事仍然被视为一种独特的、仅存在于北美的写作模式。

到现在，读者应该已经充分认识到，事实并非如此。在 17 世纪，

192 俘虏危机: 大英帝国崛起的背面 (1600—1850)

来自苏格兰、爱尔兰、威尔士,尤其是英格兰的40多万人横跨大西洋,而几乎可以肯定的一点是,与这些人一并到达新大陆的,还有他们的同胞被柏柏里或其他伊斯兰势力俘虏的各类故事。在北美大陆上,这些被穆斯林俘虏的故事经过了一系列演变,最终适应了这里的新环境,以及与伊斯兰世界截然不同的威胁。在伦敦第一个成功出版的有关英国人被美洲原住民俘虏的故事出自约翰·史密斯(John Smith)之手。在这本书中,他讲述了自己在弗吉尼亚被波瓦坦(Powhatan)的部队俘虏,并在随后被波瓦坦的女儿波卡洪塔斯(Pocahontas)"解救"的故事,而这与另外一个在与奥斯曼军队交战时被俘,并被卖至君士坦丁堡为奴的故事如出一辙。[5] 这表明,要想理解这些在近代早期被印第安人俘虏的白人及其所讲述的故事,我们就必须拓展视角,超越狭隘的民族眼光与地方性眼光,展开深入的研究。最重要的是,我们需要在跨大西洋和帝国的背景下,对其进行重新定位。

在整个17世纪与18世纪的大部分时间里,和其他很多东西一样,在北美被俘的白人的身体,是英帝国经历的磨难的象征,是其帝国影响力有限的表征,也是让人感到焦虑的"小"的体现。在北美殖民地,那些被俘虏并生活在恐惧之中的人的身体,引发了人们对于更广泛的限制、难堪和恐惧的关注,这与英帝国其他地区的情况十分相似。然而,尽管如此,这些美洲原住民在大英帝国面前仍然是弱势一方。虽然从表面上看,这些印第安人正威胁着殖民者的安全,但实际上,他们才是不断后撤的那一方,其所生活的地域被白人一点点地侵蚀干净。

抓俘虏

首要的是，到达北美大陆的英国殖民者与原住民之间的关系是相当复杂的，他们彼此之间确实存在相互不理解的情况，但这并不意味着他们一上来就是互相敌对的。[6]最早到达弗吉尼亚和新英格兰地区的殖民者必然高度依赖当地印第安人提供的食物以及关于如何种植作物的建议，此外，他们还需要与印第安人进行贸易，需要印第安人为其提供如何在这片新的土地上生存下去的技巧指南。与他们的印第安邻居相比，这些殖民者最初的人数也很少。至少在美国，有这样一个家喻户晓的故事：1616 年，波卡洪塔斯的姐夫托莫科莫（Tomocomo）陪同她一道去了英国，此行他带了"一根长棍，他想着每见到一个人，就在棍子上划一道缺口，以便统计那里的人数，他认为一根棍子就足以记下他见到的所有人"，这背后所反映的很可能不仅仅是一种居高临下的傲慢。托莫科莫很清楚，此时弗吉尼亚的白人数量仍然非常稀少。以他的经验，他不可能预见到这些为数不多且极具破坏性的长毛入侵者的母国有那么多人，而在这一时期，英国殖民者自己也不可能预见到，在未来的日子里，他们的人口会爆炸式增加。即使到了 1630 年之时，分散在北美东海岸的英国人总数可能还不足 1 万。[7]

由于最初殖民者的人数太少，而美洲原住民的势力又不容小觑，因此，英国人最初与他们的交往模式和他们碰到其他外国人时一样。他们并未简单地将印第安人"他者化"，而是主动寻找甚至是发明双方的共同点，并主动与之接触。这一时期，他们眼中的美洲原住民肤色不是红色的，甚至也不是黄褐色的，而是几乎与他们一样的白皮肤。他们注意

142

到，那些印第安人的酋长（或称首领）主持着复杂的仪式，还拥有奢华的物件，因此，英国殖民者推测这些人一定就是"国王"或者"女王"，要不然就是贵族。这些身居荒野的贵族周围还有着为数众多地位更低，但并不总是守规矩的平民，而在最初到达这里的英国殖民者看来，这进一步说明了两边的相似之处。"如果你愿意的话，其实可以省点力气，"1622 年，诗人迈克尔·德雷顿（Michael Drayton）从伦敦给自己在弗吉尼亚的一位朋友写信道，

> 给我写一些你观察到的身边的野蛮人的情况，
>
> 这些野蛮人就像英国的野蛮奴隶一样，
>
> 这些野蛮人就像你在那边能见到的任何一个人一样。[8]

因为在他们看来，印第安人中的普通人和英国的平民一样，都很野蛮，而且印第安人首领毫无疑要比英国本国的贫困人口更重要。不过，这并不意味着英国人认为印第安人的社会结构和文化与英国一样文明。英国殖民者仍然将印第安人视为异教徒，认为他们没有建立起自己的国家，而是仍处于游牧阶段。1677 年，有人曾向英国国王查理二世提议，在对待那些希望联姻的印第安人"国王"时，"如果要赐给他们小王冠的话，那么用薄银板制作就行，外面再镀上一层金，点缀些假宝石，就完全足够了"。[9] 用金银珠宝耀眼的程度来衡量一个人的重要性是没什么问题的。在当时的英国人眼中，印第安人，哪怕是他们的首领，都不配拥有金银与贵重珠宝，给他们用点薄片、金粉和假宝石就足够了。不过，尽管如此，这些人仍然是要被加冕的，也就是说，仍然有必要在

某种程度上将印第安人纳入欧洲的行事体系当中。出于自身利益的考虑，有时也出于其他原因，英国政府与北美的王室官员通常都遵循这一策略。然而，对那些定居在北美大陆的英国人而言，最初与印第安人搞好关系的需求正逐渐减少，双方的矛盾冲突日渐加剧。随着殖民者人数的迅速增加，他们所希望占据的土地也越来越多，在这一背景之下，拯救印第安人的灵魂，并使其变得更文明的欲望开始逐渐消退，尽管在北美的不同地区，消退的程度并不相同。此外，当殖民者惊讶地发现杀掉印第安人十分轻松之后，他们也就不怎么想要和印第安人保持友好关系了。

143

　　有一部分历史学家认为，随着双方关系的恶化，英国殖民者便开始对美洲原住民采取异常残忍且杀伤力巨大的战争手段，因为在殖民者看来，这些美洲原住民就是"劣等人"。[10] 事实上，之所以这些手段显得杀伤力巨大，之所以在最初的时候印第安人无法理解这些手段，正是因为此时英国人在北美采取的手段与他们和其他欧洲人在欧洲大陆上争斗时所经常采用的残酷手段基本相同。1637 年，约翰·安德希尔（John Underhill）在康涅狄格的神秘河附近对佩科特人（Pequot）发动的臭名昭著的大屠杀，经常被人们视作殖民者在面对印第安人时极端嗜血的典型案例。然而，这样的屠杀行径需要与同时代的欧洲三十年战争相对比，这场三十年战争使德意志各邦国损失了大约 1/3 的人口，其中包括大量平民。同样，俘虏那些战败的印第安人并将他们卖到西印度群岛为奴的做法相当普遍，而这实际上与英国国内惩戒叛乱者的做法十分类似。奥利弗·克伦威尔在 17 世纪 50 年代将成百上千名战败的苏格兰人贬为奴隶，并将他们卖到了西印度群岛。那些在 1685 年蒙茅斯叛乱（Monmouth's rebellion）中没有被当即处决的人也经历了类似的命运。随着时间的推移，英国殖民者对美洲原住民采取的暴力措施的独特之处并不在于暴力的程度，而在于北美的暴力活动并不像欧洲那样通常局限于公开的、经宣战后的战争期间，或是偶尔发生的叛乱期间。这场两个文明之间的战争还有另外一个值得关注的特点：随着英国人与其他欧洲殖民者一同到达北美的，还有那些印第安人对其毫无免疫能力的微生物。

我们永远都无法准确估计这些外来的微生物究竟造成了多大的破坏，我们甚至都没办法就欧洲人接触北美大陆之前北美原住民的人口规模达成共识，不同学者的估算在 200 万和 1800 万之间。[11] 不过，清楚的一点在于，在北美的某些地区，印第安人对其不具备免疫力的天花、白喉、流感、霍乱、麻疹等病原体，只带来了十分微弱的影响。然而，在其他一些地方，暴露在这些病原体之下，同时经历着白人殖民者暴力袭击的印第安人社区，死亡率则高达 70%，甚至到了 90%。从 1608 年至 1620 年这 12 年时间里，在新英格兰地区的印第安人中，每 10 个人中大约就有 9 个死于那些来自欧洲的疾病；1685 年时，南北卡罗来纳各自都有 1 万名印第安人，但到了 1715 年，南北卡罗来纳的印第安人总数加起来就只剩 8000 人了。[12] 来自英格兰、苏格兰、威尔士与爱尔兰的殖民者很快就意识到，尽管他们不明白原因是什么，但死亡与疾病总是困扰着印第安人社区，而他们自己的生育率却越来越高，将英国本土远远甩在了身后，在这些人看来，这就是上帝给他们的恩典。

因此，对于远道而来的白人殖民者而言，美洲原住民带来的威胁，尤其是被俘的威胁，与本书所探讨的其他区域非常不同。在地中海和南

144

亚，近代早期的英国人面对的是与英国自身社会一样已经部分城市化的社会，而且当地往往人口更多，文明繁荣。在这些地区，英国人大规模定居殖民的想法，要么被证明是不可能实现的（例如丹吉尔的案例），要么从一开始就不被视为一个可行的选项（例如印度）。因此，在地中海和亚洲，入侵当地的英国人以商人、士兵、水手与公务人员为主，他们的总人数相当有限，而且处境往往不太安全。而在北美（以及之后英国在太平洋上拥有的殖民地），情况就完全不同了。一方面，从一开始，英国人到这里的意图就是殖民定居，超高的出生率与源源不断的殖民者使北美殖民地的人数在 1700 年时就超过了 26 万，当时间来到 1750 年时，这里的白人总数已经突破了 100 万；另一方面，北美原住民的总数正在不断下降。然而，这一切都没能阻止印第安人向英国殖民者发动攻击，并俘虏他们，因为正是他们人口的锐减和白人对他们土地的日益侵蚀，迫使他们积极采取行动。

尽管美洲原住民无法遏制白人殖民者的迅猛增长，但他们确实进行了反击，并试图取得一点优势。在很早的时候，印第安人就开始通过大规模的暴力活动来表达自己的愤怒。1622 年，弗吉尼亚的印第安人几乎差一点就成功地铲除了当地的白人定居点。在新英格兰南部，双方爆发了被称为菲利普国王战争（King Philip's war）或梅塔卡姆战争（Metacom's war）的冲突（1675—1676）。最终，阿尔冈昆人（Algonquian）没能成功阻止白人的扩张，但在这一过程当中，约有 10% 的白人殖民者被杀，大约有 12000 座建筑被毁、8000 头牛死亡。以死亡人数占人口总数比例的标准来评判的话，这是美国历史上伤亡最惨重的一场战争。[13] 不过，1715 年南卡罗来纳的雅马西战争（Yamasee War）

的惨烈程度可能与其不相上下。在这场战争中，这片殖民地 1/6 的白人男性拿起武器参加了战斗。最终，当地 6000 名欧洲人中，大约有 7% 死在了此次冲突当中。除了这些激烈的大规模冲突外，在一些规模不大的定居点附近，白人与印第安人常年甚至每天都会爆发小规模冲突，伏击、屠杀就是生活的一部分。1724 年，新罕布什尔的代理总督在向伦敦方面的报告中称："每周都有人被俘或是被杀，因此，各位大人完全可以猜到，我们的努力是如何白费的。"[14]

对大西洋两岸的英国人，特别是那些直接受到影响的人而言，印第安人的暴力活动呈现了一种完全无政府的状态，他们只会毫无理智地残忍攻击当地的白人。毫无疑问，这是野蛮人的典型特征。印第安人的手段确实残酷，不过战争哪有不残酷的呢；但印第安人绝非毫无理智的，他们是在用鲜血、火焰与破坏来书写真正令自己愤怒的东西。当印第安人屠戮白人饲养的牛、马和猪时，他们实际上也在攻击白人在当地从事的畜牧业，因为畜牧业需要大量的土地，而且他们饲养的动物也会与印第安人赖以生存的野生动物争夺牧草。[15] 当他们将白人俘虏的衣服剥光，并强迫他们用从《圣经》中撕下的书页遮住自己的生殖器时，他们明确表达了自己对基督教的看法，顺便也表达了对那些试图将基督教强加给印第安人的白人传教士的看法。当他们突袭殖民地定居点，并有组织地杀害婴幼儿时（他们有时确实会这么做），他们大概是在有意识地打击这些入侵者极高的生育能力，同时也是对他们自己失去孩子的报复。[16] 同样，尽管印第安人并不像柏柏里私掠者那样以获得赎金为目的俘虏白人，但他们抓俘虏也很少是随机事件。

有时候，印第安人确实会利用英国人或其他白人俘虏来勒索赎金。

他们有时也会把这些俘虏卖给他们的敌对势力——例如法国人或西班牙人，以换取现金或一些实物。[17]白人俘虏也可能被当作奴隶。或者，印第安人也有可能会折磨这些俘虏，如果这些俘虏是在战斗中被俘的成年白人男性，那么他们可能会被折磨致死，有时甚至会持续很多天，以安抚那些阵亡的印第安人的亡灵或是他们悲痛的遗孀。这就是托马斯·奈恩（Thomas Nairne）的遭遇，他在卡罗来纳担任英国人与印第安人之间的中介。他与奇卡索人（Chickasaws）一起生活过几年，并且很钦佩这些印第安人。然而，在1715年雅马西战争的第一天，他就被俘了，而且被送上了火刑柱，慢慢地被烧死。[18]相比之下，另外一部分俘虏，特别是妇女与健康的、可塑性强的年轻人，就会被印第安部落收养，并吸纳为自己的一部分，从而弥补他们因疾病和战争所遭受的人口损失。1750年之前，为数极少的由被印第安人俘虏的白人撰写的故事——乔纳森·迪肯森（Jonathan Dickenson）的《保护我们的上帝，人类最可靠的保卫者》（*God's Protecting Providence, Man's Surest Help and Defence*，1700）——中笔触最痛苦的段落背后，隐藏着的是白人孩童被印第安人收养的可能性。

1696年，迪肯森与他的妻子玛丽和他们6个月大的儿子在从牙买加到宾夕法尼亚的航程中，在佛罗里达海岸附近遭遇海难。他们与其他的幸存者被当地印第安人俘虏。最初令迪肯森夫妇感到惊恐的是，其中一个女人（他们坚信这个女人一定是酋长的妻子）坚持要抱着他们的孩子，并给他喂奶，还"从头到脚地仔细观察、抚摸着他"。这一情况最早出现在9月25日。一个星期之后，每当这个女人对他们的孩子产生兴趣时，迪肯森夫妇就开始变得欣慰起来，因为：

146

> 他母亲几乎已经没有奶水……而我们的孩子，从出生起就一直
> 徘徊在死亡边缘，直到我们遭遇了海难，现在，一切都开始好转起
> 来，孩子也有了食物来源。

又过了一个星期后，这对夫妇开始"乞求"那个女人（我们并不知道她的
名字）来喂养他们的孩子。现在，他们自己不得不靠"鱼鳃、内脏……和
他们（印第安人）煮鱼的水"来维持生命，而迪肯森的妻子由于营养不
良，再加上一路的疲惫与惊恐，已经完全无法分泌乳汁。[19]

　　然而，在他们被驻扎在圣奥古斯丁的西班牙士兵救出来的几天之
前，迪肯森夫妇对待这个慷慨施舍的女人的态度再次发生了转变。他
们依然对孩子日渐恢复健康的状态感到欣慰，孩子现在胖乎乎的，吃
着那个女人的奶水，很是满足，但在此之外，夫妇两人还有另外一重
情感：

> 对我和我的妻子来说，有这样一件事，似乎比其他任何事都更
> 让人感到难过，那就是，一旦我们被处死，我们担心他们会留下我
> 们的孩子，并将其培养成一个印第安人。这种念头深深地伤害了
> 我们。

如果那个热心喂养他们孩子的女人最后会成为他的母亲，而自己的孩子
最终会成为一个印第安人——不再是一个基督徒，不再是英国人，也不
再是他们的孩子——那该怎么办？这场危机表明，在北美被俘的白人不
得不面对这样一种可能性——与本书所研究的其他地区相比，在这里，

这种可能性更大——他们或他们的孩子有可能会被胁迫，或是被诱导，成为另外一种人。

可以肯定的是，印第安人有时会把讲英语的俘虏卖给美洲大陆上的其他欧洲人，例如加拿大的法国当局，或是控制着佛罗里达、新墨西哥和彭萨科拉的西班牙人，但对于狂热的新教徒来说，这种命运并不比生活在印第安人中间好多少。迪肯森夫妇被救了出来，并在 1696 年末，被带到了圣奥古斯丁。在那里，他们遇到了一个叫威廉·卡尔（William Carr）的人，他来自东安格利亚的伊利（Ely）。17 世纪 60 年代，他在前往南卡罗来纳的途中，在佛罗里达附近遇难，被当地印第安人俘虏，并在这个部落当中生活了几年，之后他被卖给了西班牙人。卡尔本人似乎对自己目前的处境很是满意。他早就皈依了天主教，娶了一个西班牙女人，生了 7 个孩子，现在的工作是做一名翻译，毕竟，他的经历让他掌握了多门语言。但每当迪肯森夫妇看到他时，还是会感到不寒而栗。卡尔作为英国人和新教徒的灵魂该怎么办？ 20

想要准确地统计出在殖民地时期有多少英格兰、威尔士、苏格兰与爱尔兰的殖民者、士兵与官员在北美被印第安人俘虏，并不比统计出在柏柏里有多少英国俘虏更容易。不过可以确定的是，被印第安人俘虏的英国人数量不会太少，而且在这一阶段内一直如此。例如，自 17 世纪中叶至 1763 年，有超过 1600 名新英格兰人被印第安人俘虏并被带到新法兰西。21 这些人中似乎只有不到一半的人成功回到了家乡。其中有将近 1/10 的男性和近 1/3 的女性或自愿或被迫留在了印第安人那里，或是留在了法国人那里，当然，后者更常见一些。被俘时年龄在 7 — 15 岁的人中，有近 50% 的人留在了新环境中。然而，在许多情况下，俘虏最终的命运，甚至他们这些人的存在本身，都完全不为人知。如果他们是从孤零零的农庄里被掳走的，或者是在独自旅行时被抓走的，抑或在战斗中失踪的，那么留下记载的可能性就更小了。一名历史学家在综合调查了报纸报道、档案和俘虏所讲述的故事之后，才计算出 1755—1765 年，仅在宾夕法尼亚、马里兰与弗吉尼亚边境地区，印第安人就俘虏了大约 2700 名白人。[22] 迄今为止，还没有人统计过英国在北美的所有殖民地中被俘的人数大约有多少，而且无论如何，学者们也不可能就殖民地时期的大部分时间进行类似的统计工作。

从某种意义上讲，这并不重要，因为当时生活在这种被俘恐惧之中的人们也并不知道到底有多少人被俘虏了。对他们来说，重要的是这样一种无止境的恐慌感。波士顿最杰出的牧师科顿·马瑟（Cotton Mather）在 1691 年强调："想想那些现在在野蛮人手中的可怜俘虏"，

> 俘虏们无时无刻不在担心自己会不会被活活烤死，成为最可恶的食人族的一场盛宴；俘虏们必须忍受最严酷的霜冻与寒冷，因为他们缺乏足够的衣服来遮蔽自己赤裸的身体；俘虏们几乎吃不到一点肉，但他们悲惨的处境似乎就连狗都懒得去管；俘虏们必须眼睁睁地看着他们最亲近的人在自己眼前被屠杀，但又担心自己会掉下眼泪。

148 或者，我们也可以看看这样一个被印第安人囚禁过的女性受害者的说法，她的言辞虽不华丽，却深深地触动了我们："我还记得在以前的日子里，我能安安稳稳地睡觉……但现在，生活已经完全变了样。"[23] 这

就是帝国的另一面——苦难的一面。

只不过，在一个关键层面上，北美的这些俘虏以一种独特而鲜明的方式向英国人发起了挑战。在这里——和英帝国入侵的其他地区一样——被俘的英国人在更为广泛的社会阶层中引发了焦虑与恐惧之情。但与此同时，长久以来，北美的白人俘虏也将英国人划分成了不同的种类。

1776 年之前，英国在北美的 13 个殖民地中，大多数白人殖民者并不认为自己是所谓的"美洲人"。尽管生活在另一片大陆之上，但在他们的心目中，自己仍然是英国人，是不列颠人，是英国君主治下的自由臣民。科顿·马瑟强调，新英格兰也是"英国的一部分"。[24] 因此，当生活在美洲大陆上的殖民者被美洲原住民抓走之时，这些人并不会将其视为一个纯粹地方性的事件。对他们来说，印第安人俘虏他们的行径是对自己不列颠人身份的一种侮辱。然而，在大西洋的另一边，在不列颠，情况可能并非如此。出于各种各样的原因，英国本土的很多人对美洲原住民以及他们所带来的威胁的看法与生活在北美的殖民者并不相同。

早期被印第安人俘虏的殖民者所讲述的故事通常会非常清楚地表明，这些殖民者认为自己是一个更为广泛的帝国的一部分。其中最著名的一部著作当数《上帝至高的权威与仁慈……有关玛丽·罗兰森夫人被囚禁与恢复自由的故事》（*The Sovereignty and Goodness of God...being a Narrative of the Captivity and Restoration of Mrs. Mary Rowlandson*），该书于 1682 年在马萨诸塞的剑桥与伦敦同时出版，不过，其很可能成书于 1678 年之前。[25] 1676 年 2 月 10 日清晨，在梅塔卡姆战争中，罗兰森被俘虏。

她的三个孩子，连同马萨诸塞兰开斯特小镇的其他 19 名居民也被抓走了。出于某种荒唐的惯例，离开英国本土、生活在英帝国其他地区的人们的作品被排除在了"英国"文学的研究范围之外，因此，罗兰森有关她之后身为俘虏在新英格兰印第安人——尼普穆克人（Nipmucs）、纳拉甘西特人（Narragansetts）和万帕诺格人（Wampanoags）的不同部落中生活了三个月的故事，在英国仍然鲜为人知。然而，从某种程度上来说，这是一个自认为自己是英国人的故事。17 世纪 30 年代初，罗兰森出生在萨默塞特，她的父母等亲人都是农民，在那十年间，他们举家参与了英国殖民者迁往新英格兰的"大迁徙"运动。她的丈夫约瑟夫·罗兰森（Joseph Rowlandson）一家也是在此期间到达新英格兰的，他本人是兰开斯特的清教徒牧师。不过，对玛丽·罗兰森而言，"英格兰"绝非一个朦胧的、只存在于婴儿时期记忆中的名字。她在故事中反复地告诉读者，英格兰与她信奉的新教上帝，是她在整个苦难经历当中紧紧抓住的图腾。

在被俘的第一个晚上，她身心俱疲，怀里还抱着"一个不幸受伤的婴儿"（没过多久，这个孩子就去世了），她乞求那些俘虏她的印第安人允许她睡在一处被英国殖民者遗弃的农场之中。她写道，俘虏她的美洲原住民是这样回应的："你还爱着那些英国人吗？"他们的目的在于让她放弃对英国的忠诚，进而融入印第安人的社群之中。在之后的日子里，她只能顶着压力，拼命地找寻一些标志来提醒自己究竟是谁。她发现了一处曾经饲养过"英国牛"的地方，"这让我好受了不少"。当她遇到一条"英国人的道路"——因为像她这样的殖民者会用特殊的方式来标记、划分土地——时，她特别希望自己能躺下来，最好能死在这里，简直就是另一个不愿被赶出伊甸园的夏娃。当一支由 30 名骑兵组成的连队突然现身在地平线上，骑着马朝着这群衣衫褴褛的囚犯赶来时，罗兰森看到"他们穿着英国人的服装，戴着帽子，系着白色的领巾，腰间系着腰带"，那一瞬间，她松了一口气，感觉自己即将得救，但很快，她的心情就又低落了下去。这些骑兵原来也是新英格兰的印第安人，只不过他们穿着买来或抢来的英式清教徒服装。[26] 很多象征身份的标志物实际上都并不可靠，而这时，罗兰森第一次直观地感受到了这一点。

在其他人的叙述当中，我们也时常能够看到，这些能让人联想到英格兰，联想到不列颠的事物是使早期被印第安人俘虏的殖民者坚持下去的重要精神支柱。1689 年，年仅 9 岁的约翰·盖尔斯（John Gyles）在现在的缅因州被马力希特人（Maliseet）掳走了。之后，在他的叙述中，一开始就表达了对自己曾经的定居生活的哀思："我们的人会去劳动，有些人在地里种着英国的干草，另外一些人在地里种着英国的玉米。"紧接着，他记录下了最后一次与同样被俘的母亲相见时，她悄悄地对他说的话：

> 哦，我的孩子！如果我们能回到老英格兰，去看看你的叔叔乔克（Chalker），还有其他朋友，那该是多么幸福又快乐的事情啊。[27]

和大多数在北美被俘的人一样，她没有被关进一座监牢之中，而是被迫在野外长途跋涉，这让她开始自我安慰起来。她想象自己是在旅行，她不是在穿越森林与灌木丛，而是在横渡大西洋，回到曾经的家乡。只不过，在现实当中，这样的归乡之旅并未出现，这对母子实际上是在前往法属加拿大，在那里，母子二人最终分离。对约翰·盖尔斯来说，他先后在不同的印第安部落中被囚禁了6年，之后又服侍了一个法国人3年。

这些早期被印第安人俘虏的殖民者所讲述的故事中，有不少让人不忍卒读的情节，不过，其中至少有一部分是经过精心打磨的。被详细记录下来的、感人至深的最后一次谈话，被俘的婴儿在极度痛苦之中死去，妇女无休止的悲痛以及先前的记忆对自己的折磨，这些情节都能为故事增光添彩，吸引读者的注意力，特别是在早期的北美殖民地，这种业余人士写的小说和戏剧还相当罕见。此类故事所体现的悲怆之情也能够进一步划清殖民者与美洲原住民之间的界限，至少玛丽·罗兰森似乎是这么想的，她也希望如此。不过，这样一种明显的情感宣泄也是北美俘虏的一个独特之处。对于英国人而言，柏柏里的俘虏大多是在外劳动的个体，也基本上都是男性。1850年之前，英国在南亚被俘的人也基本如此（只不过不像柏柏里那么明显）。然而，北美殖民地并不仅仅是工作、战斗的地方，这里是定居地。因此，这里的俘虏活动经常会将整个家庭卷入其中，几乎所有年龄段的人以及大量的妇女（在数量上与男性俘虏不相上下）都有可能成为俘虏。这些都影响到了俘虏故事的内容与风格。玛丽·罗兰森的作品并不是第一部在英语世界中大获成功的俘虏故事，甚至也不是第一部有关被印第安人俘虏的盎格鲁人的故事。但它是第一部由定居殖民者写下的、在北美成为畅销书的故事，因此，这部著作对北美的人们产生了深远的影响，使这些人都想着将自己被俘的故事讲述出来。可以说，与北非和亚洲的同类作品相比，美洲有关俘虏的故事更加女性化，当然也更加家庭化、私人化。[28]

然而，在这些早期的北美作品之中，屡次三番地提及英格兰或是不列颠的事物，不仅仅是出于私人情感的考量。正如吉尔·莱波尔（Jill Lepore）所言，对早期的殖民者来说，与母国相距 3000 英里的现实对他们而言既是一种解放，同时也让人感到担忧。[29] 他们想知道，现在，他们的故乡如此遥远，而那些与自己完全不同且日益遭到鄙夷的民族却离他们如此之近，又如此危险，他们该如何保卫自己的英国性？他们该如何防止这片荒野对其本性的腐蚀？被俘的经历，甚至仅仅是想象中被俘的可能性就会让人感到极度不安，因为——正如我们所看到的那样——被俘就意味着英国人可能会被美洲原住民同化，或是被卖入敌对的天主教帝国当中。汉娜·斯沃顿（Hannah Swarton）写道："我害怕去加拿大，害怕去找法国人，因为我怕被他们征服，害怕不得不向他们的宗教屈服。"1690 年 5 月，她在缅因的卡斯科湾（Casco Bay）被阿贝纳基人（Abenaki）俘虏，在被赎回之前，她被关押了超过 5 年。她的丈夫是泽西岛人，曾经在英军中服役。在被俘之后，斯沃顿的丈夫与长子都被杀害了；她另外的两个孩子也没有从印第安人那里回来。正是在这种背景下，她在故事中坚持自己英国人本性的做法就显得至关重要。她试图向任何怀疑者证明，同时也向自己证明，她成功地维护了自己的民族身份与宗教信仰。她回忆起在加拿大的某一天，"来了两个人，其中一个人用英语对我说：我很高兴见到你，我的同胞！能听到英国人的声音，这让我感到异常振奋"，事实也确实如此。[30]

因此，在早期被印第安人俘虏的殖民者的故事中，他们都在大谈特谈自己与母国之间跨越大西洋的联系。这既是出于忠诚，同时也是为了让自己和他人放心，他们坚定地认为自己保持着作为英国人的特性，以及这些特性所代表的一切。那么，在英国本土，人们能不能听到这些来自北美大陆的俘虏的声音呢？他们又作何反应呢？答案是，1750年之前，英国本土并没有持续性地对这些俘虏给予关注。

为了验证这一点，我们可以查阅这些俘虏故事的出版史。玛丽·罗兰森的故事在美洲出版的第一版迅速售罄，这一版还在很多人之间相互传阅，以至于现如今连一本完整保存下来的都没有，只有一些带有污点与磨损的零碎页面。美洲这边的印刷商于1682年又推出了另外两个版本的文本，并于1720年推出了一个新的版本。但在大西洋的另一边，这本书远远没有受到如此狂热的追捧。1682年在伦敦出版的版本似乎是1900年之前在英国本土出版的唯一一版。

其他北美的俘虏故事也大多与之相类似。例如，1736年，约翰·盖尔斯的故事在波士顿出版，而这本书根本就没有在英国发行。还有一些，例如伊丽莎白·汉森（Elizabeth Hanson）的故事，她于1724年被俘并被囚禁了大约5个月，在事件发生后，她就将自己的经历写了出来，并在北美出版。但直到18世纪下半叶（在这一例子中，是1760年），这本书才在英国出版。1750年之前，在伦敦，或是在英格兰、苏格兰、爱尔兰等其他地方出版的此类故事很少能大卖。1706年，科顿·马瑟在波士顿出版了一部极具影响力的俘虏故事集——《在邪恶中孕育出的善：与我们的俘虏有关的回忆集》（*Good Fetched out of Evil: A Collection of Memorables relating to our Captives*），其中的俘虏基本是在所谓的安妮女王战争中被俘的。在短短的一周时间里，这本书就卖出了1000册，此时，波士顿城里一共大约才有15000人。同样，真正读过这本书的人要远比买书的人多。人们四处传阅着这本书，以至于现今这一版只有4本存世。然而，这部在北美殖民地相当畅销的著作似乎根本就没有在英国出版过。[31] 本土的英国人确实有机会读到马瑟的另一套俘虏故事集——《耶稣基督在美洲的光辉业绩》（*Magnalia Christi Americana*），这套书于 1702 年在伦敦出版，共有 7 卷。但是，正如其篇幅以及拉丁文标题所示，这是一套相当昂贵的书，卖出的册数很少，而且事实证明，这套书也没有必要再出新版。[32]

近代早期，出版商基本不会出于慈善目的或理想主义来出版某类著作，当时这样的情况甚至比现在还要明显。除非作家或是消费者能够筹集到足够的资金来资助出版，否则只有在出版商预计能卖得不错的情况下，才会印刷出版一本书。那么，显然，在 1750 年之前，英国的出版商与印刷商就达成了这样一项共识，即国内的人们对被美洲原住民俘虏的殖民者的故事并不怎么感兴趣，尽管从表面上看，在美洲的不列颠人与国内的不列颠人同属一个帝国。

为什么会出现这种现象？从这一现象当中，我们能推测出的这一时期大英帝国在美洲的情况是什么样的？

分裂

自 17 世纪至 18 世纪初，英国国内对北美俘虏的认识并不算多，兴趣也并不算大，这在很大程度上是因为殖民当局本身对这些人的了解程度不够。贸易与种植园委员会（Council of Trade and Plantations，之后改称理事会）内部的大量档案表明，伦敦经常收到来自当地官员与线人有关北美俘虏遭遇的信息，只不过，这些消息的传递速度取决于横穿大西洋的帆船的航行速度。以著名的迪尔菲尔德袭击事件为例。这处定居点位于马萨诸塞西北边境的最远处，离康涅狄格河不远，仅 17 世纪 90 年代就被印第安人袭击过 6 次。1704 年 2 月 29 日。阿贝纳基人与他们的盟友再次席卷而来，杀死了迪尔菲尔德 300 名居民中的 48 名，并俘虏了 112 名。这个消息自然要经过几个月才能传到伦敦，直到 11 月才正式在议会宣布。大臣们立即授权为当地配备更多的枪支，以便马萨诸塞的殖民者与那些"对我们友好的印第安人"能够更好地保护自己。在 1712—1713 年与法国谈判《乌得勒支条约》时，英国外交官小心翼翼地在其中加入了要求释放所有被关押在加拿大的英国殖民者的条款，其中就包括仍被关押在那里的迪尔菲尔德袭击事件受害者。迟至 1721 年，英国驻巴黎的特使仍在向法国官员施压，要求他们出面赎回那些被扣留在加拿大印第安部落中的少数迪尔菲尔德俘虏。[33]

153 　　换句话说，在大洋彼岸，伦敦的政治家已经做了所有能做的事情，但考虑到双方之间如此遥远的距离，他们并没有办法直接干预。他们读到了殖民地官员与饱受折磨的目击者呈递来的有关迪尔菲尔德"大屠杀"事件的报告，并对其相当重视（"我将向你们提交两个年轻人的报告，这两个人经历了有史以来最残忍的屠杀"）。[34] 他们将大量的武器运到了美洲，以帮助殖民者自卫。他们的外交官尽其所能，向其他欧洲国家的官方施加压力，要求他们释放手中的俘虏。但身处英国的政治家们在这个阶段既没有足够的实力，也没有足够的意愿去做更多的事情。国内的大部分人也没有能力了解迪尔菲尔德事件，或是发生在北美的其他战事。这场灾难后，最著名的俘虏故事是由迪尔菲尔德的牧师约翰·威廉姆斯（John Williams）写下的经典之作《回到天国的被赎回的俘虏》（*The Redeemed Captive Returning to Zion*）。在 1704 年的袭击以及之后的囚禁中，威廉姆斯失去了他的妻子和两个孩子，而他的另一个女儿尤妮斯（Eunice）则嫁给了一个印第安人，还转信了罗马天主教，这让威廉姆斯既愤慨又难堪。1707 年，威廉姆斯 25000 字的故事在波士顿问世，在 18 世纪剩下的时间里，这本书在北美重印了 6 次。但与此同时，这本书似乎从未在英国本土出版过。

英国本土的人们对北美殖民者所面临的被俘风险认识有限，因而在情感上也很难与他们产生共鸣，其中的原因是很清楚的。约翰·埃利奥特（John Elliott）曾提出一个著名论断：尽管从现在往回看，16—17 世纪，西班牙、葡萄牙、法国与英国对美洲的入侵在全球史上是具有开创性的事件，但当时欧洲的很多普通人对这一系列事件基本上毫不关心。即使到了 18 世纪初，英国已经拥有了全世界最有活力的印刷业，但英国国内的读者仍然会发现，相较于获取有关大西洋彼岸殖民地的印刷文本，获取有关国内事务以及其他欧洲国家的书籍和深入的报纸报道更容易，也更符合他们的口味。[35] 可以肯定的是，在一段时间内，北美发生的某些危机可以激起英国人的兴趣。例如，菲利普国王战争发生之后，从 1675 年至 1682 年，伦敦出版了至少 14 部与之相关的作品，其中每一部都有关于俘虏的内容；而官方报纸《伦敦公报》（*London Gazette*）也刊登了几篇有关新英格兰殖民者真实遭遇的文章。然而，在大部分时间里，伦敦的报纸与图书出版商并不会持续关注北美殖民者的遭遇，相比起来，他们更关注跨大西洋贸易的很多细节；而其他各个地方的出版商在 18 世纪 40 年代之前也很少涉及这一主题。[36]

1750 年之前英国对北美俘虏事件报道的缺乏，也反映出英国人应对此类事件的机制与应对柏柏里俘虏的机制有很大不同。在应对柏柏里俘房事件之时，经由教会监督下的全国性募捐活动，英国的普通人会不断地为这些俘虏筹集赎金，这让英格兰、威尔士、苏格兰与爱尔兰的教徒（无论他们识字与否）清楚地了解到这些俘虏的详细情况。此外，这种募捐活动在大西洋两岸都有发生。在地中海与大西洋活动的北美殖民地水手与商人经常成为私掠者的袭击对象。那个曾经出版过众多俘虏故事的科顿·马瑟曾在至少两次布道中探讨了柏柏里和伊斯兰世界对英格兰与新英格兰水手的威胁。[37] 换句话说，柏柏里俘虏的经历被视作大西洋两岸的英帝国臣民共同经历的磨难。

然而，北美印第安人的俘虏就与其大不相同。显然，印第安人从来都没有直接危及大西洋彼岸的人们。印第安人也不总是希望从殖民者手中拿到赎金。当有些时候，印第安人向殖民者索取赎金时，所需的现金通常是由殖民者自己筹集而来的。例如，赎回玛丽·罗兰森所需的 20 英镑来自一群富裕且虔诚的波士顿人的捐赠。可以肯定的是，某些时候，在殖民地有亲属的英格兰人、威尔士人、苏格兰人和爱尔兰人，以及那些不信国教的教派，会给在北美被俘的殖民者及其家人捐赠一些钱财或物品。但在不列颠或者爱尔兰，从未有过为那些被美洲原住民掳走的殖民者募集赎金的官方主持的全国性募捐活动。宗教上的分歧可能是导致这一状况的原因。在为柏柏里俘虏提供救济的过程中，英国圣公会发挥了主导作用，但在北美的大多数英国殖民者与俘虏都不是圣公会教徒，而是不从国教者。而之所以在早期，美洲俘虏的故事在英国本土的传播有限，一种比较有说服力的解释是，对于主流的圣公会教徒来说，这些故事当中掺杂了太多清教徒的宗教信仰，因此，对于主流的圣公会教徒而言，这些故事显得十分陌生，甚至缺乏吸引力。[38]

　　早在 17 世纪初，一名默默无闻的英国圣公会牧师就在努力向英国各地的信众解释，为什么他们有责任为柏柏里那些被囚禁于天涯海角、受苦受难的同胞献出自己的爱心。"对那些可怜的囚犯与俘虏而言，"他告诉这些人，

> 他们（善良的灵魂）不能到我们这里来……因此，我们有责任去看望他们，如果我们能面对面地见到他们，我们就要亲自去，如果我们能将我们的关怀送去，就送过去，或是为他们祈祷……将他们所受的禁锢当作你的苦难，将他们的痛苦当作你的痛苦。与他们感同身受，因为你们与他们都生活在同一个身体之中。[39]

155

　　尽管英属北美的白人殖民者与大西洋另一边 3000 英里外的小岛上的居民在法律上与历史上，都是同一个帝国的臣民，但在 18 世纪中叶之前，前者遭到的俘虏与囚禁并没有像预期的那样，让后者感同身受。这并不是因为英国人对他们毫不关心，而是因为他们中的许多人从未了解过，也无法真正理解北美殖民者的遭遇。

　　然而，在大西洋两岸对印第安人的掳掠行为做出明显不同反应的背后，还有更多的因素值得我们发掘。其中非常重要的一点就在于，英帝国的能力有限，而且，英国人的数量始终是有限的。

　　从一开始，国家在英属北美殖民地发挥的作用就很有限，而且是以授权为主，而非干预。从伊丽莎白一世开始，历届君主都授权私人投资者承担在美洲建立殖民前哨站的风险，并强调私人有权对当地的土地宣示所有权（尽管其背后的法律基础值得怀疑），在很长一段时间内，这

就是英国官方采取的全部措施。这与西班牙君主积极介入南美殖民政策的做法形成了某种对比，用大卫·阿米蒂奇的话说，英国的统治者"躲在背后，让私人企业承担征服与殖民的重任"。[40] 这样一个廉价的、实施间接统治的帝国的一个特点在于，伦敦方面并不总是愿意在大西洋彼岸的殖民地上耗费过多的军事资源。在早期的俘虏故事当中，这一特质所带来的直接影响得到了清晰的呈现。在这些故事中，我们能够读到作者对英国当局没能充分保护殖民者免受印第安人与其他威胁影响的隐晦（有时是直白的）批评。因此，在玛丽·罗兰森著作的序言中，作者指出，印第安人之所以能"对兰开斯特发起大规模的袭击"，就是因为这里"没有按规定安排驻军"；而约翰·盖尔斯则宣称，1689年他被俘的地方，也就是如今缅因的佩马奎德定居点只有一个已经过时了的堡垒能用来防御，其中只有 3 门大炮还能用，外面的工事也只有 9 英尺高。[41] 其余那些更加客观公正的观察家也得出了同样的结论。王室的首席军事工程师威廉·罗默（William Romer）上校在 18 世纪初游历新泽西时，发现这里"没有任何堡垒或类似的防御场所"；在他眼中，宾夕法尼亚与南北卡罗来纳的防御工事几乎没有任何值得称道的地方。[42]

不过，罗默对北美防御设施的调查标志着英帝国在北美殖民地政策上的一次重大转变，尽管只是局部的转变。1688 年的"光荣革命"后，信奉新教的威廉三世与他的妻子玛丽取代了信奉天主教的国王詹姆斯二世；在此之后，英法两国之间也爆发了一系列战争，双方在欧洲之外的殖民地也逐渐被卷入了战争。对于北美的英国殖民者而言，他们先后经历了威廉国王战争（1689—1697），安妮女王战争

（1702—1713）、乔治一世国王战争（1722—1724）、乔治二世国王战争（1740—1748）；之后还有两次规模更大的冲突，一次发生在1756年和1763年之间，另一次则发生在1775年和1783年之间。英法两国及其各自盟友之间的一连串战争使北美大陆上的冲突程度不断升级，规模也越来越大，当地殖民者被俘虏的风险也急剧上升。这一系列战争也让英国官方对北美殖民地投入了更多的关注。

毫无疑问，正如贸易和种植园委员会在1701年向威廉三世报告的那样，人们逐渐相信，"国王陛下在美洲拥有大片的领土，而目前，这些领地需要得到更多的关注"。[43] 实际上，这意味着，需要越来越多像罗默上校执行的这类实地调研任务，需要向殖民地总督提供更多补贴、出口更多武器，进而帮助殖民者抵御法国人及其印第安盟友的进攻，在某些情况之下，还需要英国军队直接开赴北美，采取行动。因此，1711年，50多艘皇家海军舰艇外加8000名士兵被派往北美，加入了殖民地部队，准备入侵法属加拿大，不过，这一耗资甚巨的尝试最终宣告失败。然而，即使在这次罕见的远征中，英国官方主要利用的也是皇家海军，而非其陆军。1750年之前，英国并没有试图在美洲殖民地维持一支庞大的陆军来发动进攻，或是保卫殖民地免受攻击。多年来，英国陆军在全球范围内的分布十分有力地说明了这一点。1726年，在大西洋两岸都无战事的一年，只有一个营的英国步兵驻扎在北美，而在梅诺卡与直布罗陀，则驻扎了7个营。到1742年，当与法国的战争威胁到了英国本土及其殖民地时，驻扎在北美的英国陆军数量上升到了两个营，但仍与保卫英属地中海殖民地的10个营的兵力形成了鲜明对比。[44]

英国之所以无法在北美维持一支庞大的陆军，在很大程度上还是与帝国的阿喀琉斯之踵——人力资源的匮乏——脱不了干系。在这一阶段，英国陆军的规模太小，根本无法在全球范围内发挥有效的作用。因此，1715 年，当时正处于雅马西战争煎熬之中的卡罗来纳向议会提出请愿，希望能够获得援助。这片殖民地只有 "2000 名能上战场战斗的人，而且非常缺乏武器"，同时，他们认为前来攻打自己的是一支由 12000 人组成的印第安人联军，且接受了法国与西班牙的援助。伦敦方面迅速向殖民地运去了大量武器与弹药，但依旧没有派遣军队。1713 年《乌得勒支条约》签订后，英国陆军的大批士兵被遣散，剩余的军队还要应对本土正在崛起的詹姆斯二世党人带来的威胁。英国根本没有多余的陆军可以派往海外。[45] 而且，在新形势之下，帝国陆军人数长期不足的问题进一步凸显出来。1689 年之后，英法两国之间的冲突不断加剧，这给英国带来了长期无法解决的利益冲突。一方面，英国在美洲和世界其他地区的殖民地正面临法国的威胁，要求英国官方给予更多援助；但另一方面，英国本土现在也面临法国优势军队的挑战，而且经常面临被入侵的严重风险。因此，英国已经捉襟见肘的陆军很少有能力前往其他大陆展开军事冒险。

1750 年之前，英国政府几乎别无选择，在本土利益与帝国利益发生冲突之时，显然只能选择保卫本土。他们不能为了保卫海外的帝国而放松本土的防卫，以免被法国人和他们的西班牙盟友联手突袭。这也就是为什么，除了其一直拥有的商业价值与重要战略地位外，在这一阶段有这么多英国陆军驻扎在地中海地区，而与此同时，被派往美洲的陆军却很少。驻扎在地中海地区的部队随时能够参与保卫本土的战斗，而驻扎在大西洋彼岸的陆军只能保护生活在当地的殖民者免受法国及其印第安盟友的攻击。1748 年，战事大臣亨利·福克斯（Henry Fox）明确表述了这一政策：

> 在战争当中……无论是威廉国王时代还是安妮女王时代，我们都只能保卫自己的安全……我们的大臣们陷入了极端的困境之中，他们要么忽视陆地上的战争，要么忽视海上或是发生在美洲的战争，他们必须放弃后者，重视前者。原因很简单：如果我们将精力投入海上的战事或是对北美土地的征服之中，致使法国人成了欧洲大陆的主人，那么我们取得的成绩将毫无意义。[46]

和其他地区一样，在北美，帝国事业受英国内在的"小"的制约。在这种情况下，英国官方在殖民地投入的军事力量和官方资源相当微薄，而这对于大西洋两岸发生的事件和公众舆论的塑造都具有至关重要的意义。

　　这一事实之所以重要，首要原因在于其孕育了分裂。1689 年之后，北美的英国殖民者发现自己被卷入了与新法兰西法国军队的一系列重大战争之中。他们中的许多人以前就有充分的理由担心印第安人会对他们进行袭扰。到了这一时期，有一部分印第安人已经成了法国人（有时也包括西班牙人）的盟友，同时还获得了法国人提供的武器、物资，受其指挥。这意味着被俘的危险程度进一步提升。在前三次英法冲突之中，新英格兰每次都至少会有 300 人被俘虏，当然，在冲突中也有很多人死亡。[47] 在殖民者眼中，他们之所以会卷入这些战争，是因为他们与英国之间存在联系。因此，他们如此命名了这一系列战争：威廉国王战

160

争、安妮女王战争，等等。在殖民者看来，这些冲突导致他们不得不面临战斗、死亡与被俘的高风险，而这一切都是因为他们是那个远在天边的君主治下的臣民。然而，1750 年之前，国王的军队很少会前来帮助他们解决困难，相反，他们不得不学会自助。一名历史学家写道，在 1676 年菲利普国王战争结束后，殖民者"为在没有英国的帮助之下就取得了胜利而感到高兴，他们将其解释为在帝国内长期实施自治的伟大成功"。这种观念在 1689 年之后变得更为流行。英国因其自身规模狭小而不得不限制和平时期陆军的规模，这导致 1750 年之前，英国无力在大西洋彼岸长期维持一支规模庞大的陆军，而这使北美的殖民者越来越自力更生，也越来越傲慢。[48]

英国陆军长期缺席大西洋彼岸的战事这一事实也进一步影响了英国本土普通人的态度，同样，这一事实也有助于解释为什么最初英国本土的人们对印第安俘虏的故事缺乏足够的兴趣。对生活在本土的英国人而言，1750 年之前美洲原住民发动的袭击几乎只会影响到那些殖民者，而越来越多的殖民者都出生在美洲，甚至可能从未到过英国本土。相比之下，由于在这一阶段很少有英国士兵被派往美洲，因此他们并没有多少机会与印第安人接触，被其杀害或俘虏的风险自然也非常小。和英国的水手一样，对于这些人及其亲朋好友而言，在 18 世纪中期之前，最危险的区域是欧洲和靠近欧洲的伊斯兰世界，而非北美。在这一背景之下，英国人与那些北美殖民者用不同的名字称呼 1689 年之后一系列战争的现象就很值得分析了。正如我们所见，北美的殖民者是以在位的英国君主进行命名的，从而肯定了他们与大西洋彼岸之间存在的联系。相比之下，英国本土的人们在命名这些战争时，思考的坐标原点仍然是欧洲世界。对他们来说，1701—1713 年发生的战争不是安妮女王战争，而是西班牙王位继承战争；而被北美殖民者称为乔治二世战争的冲突，则被英国本土的人们称作奥地利王位继承战争。在这一阶段，对于英国本土居民而言，欧洲及其周边才是最为重要的地区。

到 18 世纪中期，这种情况开始发生变化。1756 年七年战争爆发后，来自英国的军队和他们的家人开始大规模横渡大西洋，前往北美，由此，有关印第安俘虏的故事和关于北美的其他信息在伦敦开始急剧增多。对国内的英国人来说，随着大量的同胞涌入北美——这些人不是为了殖民定居，而是为了战斗，他们希望能活着实现征服，最后再成功回到家乡——这片广阔的领土与这里所面临的危险才似乎变得更加真实，也更吸引人。

然而，尽管英国本土已经不再忽视北美殖民地，但英国本土士兵的战争经验与北美殖民者的战争经验之间长期存在的差距却并不是那么好弥合的，尤其是在对印第安人的看法之上，双方的分歧巨大。对于殖民者来说，其中一部分人亲身经历了印第安人的袭击，更多的人则是对印第安人抱有一种发自内心的恐惧与厌恶，再加上大量高度情绪化的俘虏故事与布道词，共同导致北美的殖民者普遍认为"根本没有好的印第安人"，但显然，这绝不是客观事实。在大西洋的另一边，情况则有所不同。长期以来，英国人都将注意力放在了欧洲的竞争对手之上，对印第安人和大西洋彼岸这片土地上的许多其他事物都一无所知，因此，很多本土英国人会表现出一种更为开放的态度，这也是可以理解的。

工艺品和图画可以帮助我们理解这种差异。"菲利普国王"（或称梅塔卡姆）于 1676 年 8 月在位于霍普山的家附近被枪杀后，他所拥有的饰品和财宝就都被送到了伦敦的国王那里。新英格兰人将菲利普的尸体砍成了碎片，把关节挂到了树上，还把头放在了普利茅斯殖民地，以供永久展示。许多年后，科顿·马瑟——这次的他没有忙着写有关俘虏的布道词——从"那个亵渎神灵的利维坦的头骨上"拿下了这位万帕诺格人领袖的下颌骨，并将其作为战利品带走了。[49] 在马瑟得意地抢走这件可怕的纪念品时，他内心深处有一种因恐惧而产生的仇恨情绪，这种仇恨甚至都无法因敌人的失败和死亡而得到宣泄。在这里，我们也能发现大西洋两岸视角的差异。在伦敦，人们看到的是菲利普华丽的腰带与作为军衔的标志物，这些干净、典雅的物件代表着印第安人高超的工匠技艺与战士的勇武精神。相比之下，新英格兰殖民地的居民看到的则是这个人腐烂的尸体，欣赏着他狰狞的头骨。让我表达得再清楚一些：无论是伦敦的政治家和商人，还是生活在美洲的英国殖民者，都在以自己的方式参与菲利普国王战争，最终打败了他，并逐步摧毁了他所捍卫的生活方式。而我的观点是，大西洋两岸的英国人对待这些问题的态度必然存在某些差异。

图像更能说明这一问题。例如，18 世纪在美洲出版的玛丽·罗兰森的书中有这样一幅木刻版画。这幅木刻版画粗糙的画工只会进一步凸显其所描绘形象的恐怖之处。从兰开斯特的住宅顶端迸发而出的熊熊烈焰吞噬了周围的一切。我们的女主人公玛丽·罗兰森从燃烧着的建筑物中冲了出来，高举双臂，脸上的表情极尽扭曲，还发出了恐怖的嚎叫，几乎如爱德华·蒙克（Edvard Munch）的《呐喊》一般震耳欲聋。她周围的灌木丛中则半遮半掩着一些奇怪的、像头骨一样的脸，他们的头发还参差不齐。这些就是带来混乱的元凶首恶。对于许多殖民者而言，这就是印第安人的脸。但对于那些身处国内、过着安稳日子的英国人而言，他们根本不会理解这幅画中的场景，甚至在很多情况下，连想象都做不到。当然，他们也看不到这些殖民者对印第安人都做了什么。他们所能接触到的印第安人的形象往往与这里的大相径庭。

18世纪上半叶在英国本土流传最广的印第安人形象，就是1710年到访安妮女王宫廷的4位印第安"国王"的形象。当然，他们并不是什么国王，而是强大的易洛魁联盟（Iroquois confederacy）中的几个年轻

23. 玛丽·罗兰森逃离了她那着火的房子，身后是紧追不舍的印第安人
一幅美洲的木刻版画

人，这个联盟由莫霍克人（Mohawk）、塞内卡人（Seneca）、奥农达加人（Onondaga）、卡尤加人（Cayuga）和奥奈达人（Oneida）组成，统治着现在的纽约州北部、安大略湖地区与圣劳伦斯的大部分地区。他们之所以被带到伦敦，是因为英国方面希望获得易洛魁人的帮助，进而一道入侵法属加拿大（结果并未成功）。在伦敦，这些印第安人颇受欢迎，还留下了大量精美的绘画与雕塑。令人吃惊的是，负责接待他们的英国人大多也并不知道这些人的"真实"装扮是什么样的（就像弗朗西斯·伯德实际上也并不知道他所雕刻的印第安女性应该穿什么服装一样）。同样令人感到吃惊的是，受命为这4位"国王"准备服装好向女王献礼的服装师为他们每个人都准备了一块头巾和一双拖鞋。很自然，考虑到英国人在地中海地区事务中的参与程度和经历过的危险，在这个伦敦人的刻板印象中，如果一个人不是欧洲人，那么他就是穆斯林。不过，最引人注目的是，英国官方决定如何看待并纪念这4位来访的美洲原住民。[50]

163　　现存有关他们最杰出的肖像画是由约翰·韦勒斯特（John Verelst）受安妮女王委托而创作的。这些画之所以引人注目，首要原因在于它们在某些方面呈现了高度个性化的特征。韦勒斯特并没有将他们画成典型的野蛮人（哪怕是高贵的野蛮人），而是将这些易洛魁人画成了身材高大、容貌绝美的贵宾，画中的每个人都有着不同的相貌与文身标记。只在一个层面上，这4个人呈现了高度的一致性。这些人的姿势遵循了近164　代早期欧洲艺术家为欧洲贵族男性设计的一套姿势，他们一只手举起，一只手叉腰，一条腿向前伸出，身上还带有象征着军功与军衔的标志。那个被英国人尊称为"六国皇帝"（Emperor of the Six Nations）的印第安人身边跟着一匹狼，相当于他的纹章兽，此外，他的身上还有一条贝壳串珠，用以彰显自己强大的国力以及与其他势力之间的交流沟通。韦勒斯特还将"马夸斯国王"（King of the Maquas）描绘成了一个强壮的猎人，而"河之国国王"（King of the River Nation）则被描绘成了一名武士，他腰间挎着一柄欧式宝剑，身披锦缎斗篷，下摆已经触及地面。20年后，即1730年，另一名艺术家以非常类似的方式描绘了因政治使命而出使伦敦的7名切诺基（Cherokee）"首领"，他们以公园为背景，摆出了气派十足的姿势，"仿佛他们也是英国的贵族，或者至少是个乡绅"。[51]

　　拿这些在英国广为流传的图像与以玛丽·罗兰森的恐怖木刻版画为代表的美洲图像相比较，在某种程度上是不公平的。在殖民时期，白人对美洲印第安人的态度以及与印第安人的关系从来都不是单一的，也并非自始至终都是敌对的。同样，在英国，也会有人对印第安人抱有极大的恶意，特别是那些与殖民者关系密切的人。因此，丹尼尔·笛福，一个对大西洋彼岸的同胞深表同情的不从国教者，对1710年到访伦敦的易洛魁人态度十分轻蔑。他怒斥道："当他们抓到俘虏时，总会剥去俘虏的头皮，我们很多可怜的英国同胞都曾遭此劫难。"[52] 尽管如此，这些形象的不同侧重点还是反映了双方在经验上的差异，同时也反映了双方的不同关切。与北美殖民者不同，英国人并未感受到印第安人带来的威胁，也不会如饥似渴地想要夺取印第安人的土地。与此同时，英国政府也越来越多地将某些印第安人群体视作对自己有用的帮手。韦勒斯特绘制的4位易洛魁"国王"的画像在肯辛顿宫展出，而紧挨着这4幅画像的是一屋子的皇家海军将领画像，这一安排绝非偶然。对于英国的统治者来说，他们一如既往地渴望能够获得更多的人力资源，而印第安人

165

24. Tee Yee Neen Ho Ga Row，六国皇帝
约翰·韦勒斯特绘

166

25. Sa Ga Yeath Qua Pieth Tow，马夸斯国王

约翰・韦勒斯特绘

士兵似乎并非威胁，而是帝国大业中潜在的武装帮手。一名帝国官员在谈到切诺基人、克里克人（Creek）和乔克托人（Chocktaw）时愉快地表示："他们是我们朋友的同时，也是用来保护我们定居点的最廉价和最强大的屏障。"[53] 由于自身规模的狭小，在建立帝国的过程之中，英国人不断地寻找盟友，各种各样的盟友，各地的盟友。他们不得不这样做。

167

　　这就是居住在大西洋两岸的不列颠人之间存在的紧张关系，也是居住在美洲大地上的两拨人之间存在的紧张关系。最初，双方之间的紧张关系并没有减弱大西洋两岸的不列颠人在其他方面的紧密联系。实际上，需要再次强调一遍的是，北美大陆的俘虏故事本身就表明，居住在这里的殖民者在很大程度上从母国汲取了灵感，还与其共享一套文化模式。然而，北美殖民者对被俘的恐慌，以及由此产生的文本，也说明了大西洋两岸存在的差异——宗教上的差异、知识与经验上的差异，当然还有地理上的遥远距离，在这一阶段，除了航海外，没有任何能连接这两者的纽带。尽管英国热衷于向欧洲以外的世界进军，但在近代早期，英国仍然只是一个欧洲大国。英国人首先关注的，一定是与之相敌对的欧洲大国；而 1750 年之前，这意味着英国本身就不多的军队与资源、英国官方的工作重心以及英国普通人的注意力都集中在欧洲及其周边地区的事件和冲突上（尽管也不是完全如此）。

　　由于北美的殖民者人数有限，在心理和其他许多方面都依赖"祖国"，而且在北方受到法属加拿大的威胁，在南方受到西班牙人的威胁，因此这些殖民者倾向于认为，发生在欧洲的竞争也已经将他们卷入其中。然而，独特的地理环境逐渐让他们的观点发生了变化。在某些情况下，北美原住民的行动，甚至仅仅是存在，都给他们带来了巨大的威胁，而在他们的想象中，这种威胁更值得重视，他们渴望获得当地人的土地，渴望他们彻底消失。稳坐伦敦的政治家们可能倾向于将北美原住民视为潜在的、能辅助帝国的人力资源，认为其能够改善他们兵力不足的现状，但在美洲的不列颠人更有可能将其视为阻碍，视为值得恐惧或是鄙夷的民族。并且，随着时间的推移，他们越来越迫不及待地将印第安人彻底消灭。

随着 1750 年后战争规模的不断扩大，本土的英国人与美洲的英国殖民者之间的分歧与差异也会进一步扩大。而在这些紧张关系的核心之处，我们看到的是饱受摧残的印第安人形象，以及饱受摧残的俘虏形象。

第六章
战争与新世界

对抗

　　1754 年 8 月 29 日，新罕布什尔，4 号。这个地方还很新，目前只有编号，还没有属于自己的名字。数量稀少的白人殖民者骑着马，坐着车，跨过康涅狄格河到达这里，他们彼此之间住得很分散，而且尤其依赖与当地印第安人的贸易。大多数时候，他们目力所及的地方连一个人都没有，既没有他们的同胞，也没有当地的原住民。然而，在这个盛夏的夜晚，至少苏珊娜·约翰逊（Susanna Johnson）并不认为自己过得有多么艰苦。她的丈夫詹姆斯刚刚结束了自己漫长的旅行，随身带回了一些西瓜和几瓶被他们称为"菲利普酒"（flip）的东西，现在的英国人通常称其为蛋奶酒。她给自己切了一块水果，清凉的西瓜顺着食道滑到了她的腹部，不过她基本没怎么碰那些酒。和家里所有的女人一样，也和她认识的大多数女人一样，她很容易就会怀孕。这已经是她第 6 次怀孕了，还有一个月，她就要临盆，在未来的日子里，她还会怀孕 8 次。尽管热浪一波一波地袭来，但她依旧保持着内心的平静，并享受着夫妻二人来之不易的团聚。当到了休息时间时，约翰逊夫妇和他们三个幸存下来的孩子躺在床上，而其他前来聚会的客人要么坐在椅子上，要么躺在地板的毯子上，此时，她很可能是聚会中唯一一个清醒着的成年人。由于身怀六甲，她基本上很难睡得沉稳，所以她是这些人中第一个听到响动声的人。

就在黎明即将到来之时，屋外传来的沙沙声被一阵剧烈的拍打声盖了过去。詹姆斯·约翰逊也被吵醒了。他咒骂着披上了自己的睡衣，摇摇晃晃地走向门口，此时的他还没意识到门外等着他的是什么。他以为来敲门的是另外一个来参加派对的白人殖民者，只不过来得太晚了。或者，也有可能是哪位客人出去解手，但由于醉得厉害，无法自己进门。但很遗憾，他猜错了。门被一脚踹开，约翰逊一眼就认出门外站着的是和法国人结盟作战的阿贝纳基人。尽管只有 12 个人，但他们都拿着武器，而且处于战斗状态，相反，约翰逊和屋内的其他男性则既没有武器，也毫无防备。打斗声和他们听不懂的叫喊声让家里的其他人也都从床上爬了起来。起初，苏珊娜震惊极了，她的大脑一片空白，根本没有意识到这些人的到来将意味着什么。她只是盯着自己三个受惊的孩子裸露着的身体，并因为这些孩子违反了新教的规矩而大喊大叫。直到此时，她才意识到要看看自己的身子："当我看着自己的身体时，我才意识到我也没有穿衣服。"

一个正洗劫着这所房子的阿贝纳基人扔给了她一条裙子，只可惜在几个月前，她就因怀孕而没法穿下这条裙子。她颤颤巍巍地把裙子系在身上，而后她、詹姆斯、几个孩子、她的妹妹与其他两个男子在没穿鞋，也没怎么穿衣服的情况下，被驱赶到了一片空旷之地，"我们必须

169

像以色列人一样生活在旷野之中，我们必须如此"。在走了还不到一英里的路程时，她就已经疲惫不堪，最终倒在了地上。旁边的一个印第安人举起了刀——但只是为了割开她那勒得太紧的裙腰。很明显，苏珊娜是一个有生育能力的女人，而且用不了多久，她就能生下一个小俘虏，因此她的价值巨大，只要她不经常拖延队伍的行进进度，或是耽误他们太长的时间，这些印第安人就不会杀她。几天后，她的女儿出生了，在未来，这个孩子将成为她的最爱。在她出生之时，苏珊娜就决定给她起名为"卡普提芙"（captive，即"俘虏"）。阿贝纳基人并没有给她时间让她恢复身体，一路上，苏珊娜一直坐在阿贝纳基人给她做的一个草垫子上，有时也会骑着马前行（直到这匹马被他们杀掉吃肉）。最终，9天之后，在印第安人的监督之下，苏珊娜、被起名为"俘虏"的女婴和其他人抵达了新法兰西的尚普兰湖东湾。他们走了100多英里，进入了另一个完全不同的帝国之中，而且马上就要过上一种完全不同的生活。[1]

然而，尽管很多有关约翰逊夫妇经历的线索都已消失在历史长河之中，但在某些方面，发生在他们身上的事情曾一而再，再而三地发生在其他人身上，这就让我们有迹可循。

自1689年起，英法两国之间或公开或隐匿的战争就一直没有停歇，这使新法兰西的法国殖民当局开始资助印第安人对英国在美洲的殖民者，尤其是新英格兰地区的居民进行袭扰，手段包括但不限于劫掠、俘虏和搞破坏。苏珊娜·约翰逊的故事说明，到18世纪50年代时，这种掳掠俘虏的活动已经成了司空见惯的事情。当苏珊娜和她的孩子们于1754年底抵达圣弗朗索瓦的阿贝纳基村时，他们并没有遭受道路两旁印第安人的夹道鞭打，也没有受到其他什么虐待。阿贝纳基人只是让他们排好队，然后给了他们每个人一枚代币。她还发现，这群人中的一位首领也是白人，他的父母都是被掳掠至此的新英格兰居民。这个人的身份变化——从出生时的英国殖民地新教徒，到成年后地位很高、信奉罗马天主教的阿贝纳基人——说明，尽管囚禁与俘虏可能不会对约翰逊夫妇的身份认知产生多大的影响，但会对他们的孩子产生极大的影响。被俘时年纪越小，越有可能适应并融入新的环境。这个名叫卡普提芙·约翰逊的婴儿的母语成了法语；而且在之后相当长的一段时间内，她都拒绝学习英语；而他们 11 岁的儿子在阿贝纳基村单独生活了近 4 年之后，已经完全不会说英语，而且也忘记了自己父亲的模样。这一切都让约翰逊夫妇伤心欲绝，他们认为自己已经失去了孩子，但站在历史的角度来看，这并不是什么新鲜事，也没什么值得特别关注的。

　　不过，苏珊娜被俘经历中的另一个方面却很值得我们关注。当英国于 1756 年 5 月对法国宣战（也即后来所说的七年战争的开端）时，约翰逊夫妇的待遇突然就发生了变化，这对夫妇，连同其女儿和苏珊娜的妹妹，都被带离了这个让他们时常保持警觉，但有时又觉得很亲切的阿贝纳基村，转移到了魁北克的一座监狱当中。1757 年 7 月 20 日，约翰逊一家的女眷们在魁北克登上了一艘卡特尔船（cartel ship，双方用于交换战俘的船只），横渡大西洋，前往英国的普利茅斯。这条连接北美囚禁之所与帝国大都市的海上通道，实在是一件令人惊叹的新奇之物。从 17 世纪到 18 世纪初，英国本土居民只是偶尔才会了解一下发生在北美殖民地的俘虏事件，且对此几乎没有表现出任何兴趣。他们关注的核心是柏柏里私掠者手中的俘虏，以及伊斯兰世界与地中海存在的危险，在对待其他地区被俘的英国人时，英国普通民众的关注度就没这么高了。当时间来到 18 世纪 50 年代，英国国内民众在这方面的无知与冷漠有了很大的改观。约翰逊家的女眷只是众多殖民地俘虏中的一小部分，由于七年战争的爆发，这些殖民地的俘虏被送到了英国本土，之后，他们会从本土启程，返回各自在北美殖民地的家园。不过此刻，这些人能够在英国逗留上一段时间，并与当地居民进行面对面的交流，分享他们的被俘经历。苏珊娜颇为自豪地提起自己在英国逗留的 6 个月："我受到了很多人的关注，不得不一遍又一遍地和那些朋友讲述我的苦难遭遇，来满足他们的好奇心。"

她还记述了自己在英国逗留期间所经历的其他事情。当苏珊娜、她的妹妹和她的女儿们终于在朴次茅斯港登上皇家海军的船只，准备返回北美时，这艘船的船长起初因她们奇怪而又穷酸的装束而误解了她们的企图，苏珊娜只好"发誓说我们并非名声不好的女人，也不是希望随军"前往美洲的女人。[2] 这说明，在这一时期，不仅有一部分北美殖民者会去英国，向当地人讲述他们被俘虏的故事；出生在英国本土的士兵也会被派往北美作战，而且其规模之大前所未有。1757—1761 年，从纸面上看，议会至少向北美殖民地派驻了一支由 3 万人组成的部队，有些时候，殖民地方面大约派出了 2 万名武装起来的殖民者来辅助英军作战。英国正规军中的一小部分人，外加一部分与这些士兵同行的随军家属会被北美的原住民或是法国人掳走，囚禁起来；通过这些人的经历，英国本土居民将更深入地了解北美殖民地和这里的原住民的情况。在这里，我们能看到跨大西洋的频繁交流往来，同时也发现了一种全新的冲突模式，这一切皆源于帝国之间的战争。

对于英国人而言，这场战争是极具变革意义的，因为英国此前从未在如此规模的冲突中取得过胜利。他们从西班牙人手中夺取了佛罗里达，从法国人手中夺取了加拿大、布雷顿角岛——这是控制圣劳伦斯湾的战略要地，以及加勒比海和西非的大量领土——格林纳达、多巴哥、圣文森特与塞内加尔——和他们在印度的首个重要领地：富饶的孟加拉地区。到 1763 年战争正式结束之时，大英帝国——此时的英国人开始以先前不常用的方式来称呼所有他们宣称拥有的土地——比一个世纪之前扩大了 5 倍。[3] 从更广泛的意义上来讲，这场战争引发了英国与整个西方世界观念上的深刻变革。1750 年之前，欧洲各主要国家及其海外殖民者很少认为像他们这样的基督徒、西方人、白人能够建立起一个帝国。长久以来一直延续不断的伊斯兰帝国，说明帝国似乎是非西方人的专利。然而，1760 年之后，在西方人眼中，奥斯曼帝国与莫卧儿帝国都陷入了前所未有的衰落之中。七年战争所波及的地域之广，以及这场战争所带来的根本性转变，以一种全新的方式向西方各国展示出他们的舰队、人力资源和早熟的民族凝聚力可以实现的目标——只要他们愿意。尽管亚当·斯密显然不是一个热衷于建立帝国的人，然而，从他的文字中，我们还是能读出这样一种系统化的、相当傲慢的西方文明全能论。他写道："在古代，富裕的文明国家很难抵御贫穷的野蛮国家的侵略；但是在现代，贫穷的野蛮国家则很难抵御富裕的文明国家的宰割。"整个世界，即埃德蒙·伯克（Edmund Burke）所谓的"人类的大地图"（great map of mankind），以一种前所未有的方式敞露在了欧洲人的欲望之下——至少站在此刻的角度来看，情况确实是这样的。[4]

鉴于上述领土上的变化与态度上的转变，人们可能会认为，对英国人而言，俘虏与囚禁不会再成为一个棘手的问题，然而事实并非如此。英国在北美前所未有的军事介入导致很多人在战争中成了俘虏，同时也给帝国的知识界带来了新的负担。直到七年战争的时代，英国人才亲身体会到了北美殖民地的范围之广，以及这片土地上错综复杂的局势。直到此时，这些英国人才意识到生活在北美大陆上的民族的多样性，以及那些生活在当地的白人殖民者与自己的观念差别有多大。此时，他们也比以往更加清楚地认识到，尽管美洲原住民的数量正不断减少，但他们仍然相当危险，不过，他们没准也可以为英国人所用，因此必须认真对待。

由于有不少英国人在此次冲突当中被俘，因此，英国人立刻着手研究起了北美的各种情况，但事实证明，他们进一步认清了自身在北美面临的诸多限制与挑战这一点更加重要。在赢得了一场世界规模的战争之后，英国人开始进一步建立自己的帝国，对他们治下物产丰饶、人口众多的跨大西洋帝国的规模与运作模式有了更多的了解，但与此同时，他们也进一步认清了帝国给自己带来的问题：他们自己太"小"，从而面临的限制太多。

进入荒野

在七年战争刚刚开始之时，英国国内很多人可以说是极度无知的，在他们看来，此时的北美原住民已经彻底完蛋，再不济也马上就要完蛋。1755 年，一名议员在讨论法国与英国在北美展开的竞争之时，所发表的轻蔑言论极具代表性。"这是两个平等主体之间展开的竞争，"他相当自信地告诉下议院，"针对同一片大陆，英法两国都声称自己享有不可分割的权利……我认为大家都同意的一点是，这里的原住民根本没有任何权利。"⁵ 在这种观点之下，北美之所以显得重要，根本不是因为其自身具有的复杂性，而是因为这里是欧洲两个最具侵略性且相互竞争的国家之间为争夺霸主地位而进行最重要、最持久的决斗的舞台。

　　不过，从一个非常实际的方面来看，这种欧洲中心主义的论调实际上有助于提高英国人对北美殖民者和被印第安人俘虏之人的理解程度。1756 年后，英国与法国签订了一系列条约，根据这些条约，所有战俘，"无论何种类型，无论身在何处"，都应实现互换，或"要求世界范围内两国交战的军队及其辅助军队"将其赎回。⁶ 在这里，条约明确承认，英法两国的冲突已经以一种全新的方式蔓延至全球，而且，这些列强也表达了对全球领土的巨大野心。这场战争中的所有战俘，无论是在欧洲之内还是在欧洲之外，无论是不是两国国民，都被认定为英国与法国管辖范围内的对象。对于英属北美殖民地而言，这意味着解救这些被法国人或其印第安盟友抓获的殖民者，例如苏珊娜·约翰逊，成了伦敦方面的职责，而且，通常而言，这些交换而来的俘虏需要先送至英国本土。在仅仅两个月的时间内，即 1758 年的 10 月至 11 月，就有超过 60 名被俘的北美殖民者以这种方式从新法兰西到了英国，他们在当地吃住几个月后，最终被送回了家乡。战争期间，这些被俘的殖民者发表的俘虏故事经常提及这一史无前例的跨大西洋换俘行动。例如，1756 年 4 月在宾夕法尼亚的洛基斯普林（Rocky-Spring）被印第安人俘虏并失去丈夫的简·劳里（Lean Lowry）就在自己的故事中讲述了她是如何被押送至新法兰西，而后于 1758 年的秋天从魁北克被送到英国的达特茅斯，之后又在第二年返回纽约的。[7]

在这一阶段，大多数英属北美殖民地的居民依旧视英国为自己的祖国，还有不少北美殖民者回到英国本土参观旅游，不过，有能力实现跨大西洋旅行的人通常都是富裕的男性：有"壮游"（Grand Tour）传统的南方绅士、圣职候选人、富商与说客，等等。而在这场战争之中，英国本土迎来了大量被卷入冲突、遭受伤害的普通殖民者（甚至还包括一些黑人），这实际上是一个相当反常的现象，然而这段历史尚未得到充分的研究。[8]几乎可以肯定的是，这些人的故事经过口耳相传，能给英国人带来不少有关不同族群的美洲原住民的信息，同时也能揭示北美殖民地日常生活的真实面貌。这些信息内容丰富，但也必然存在一定程度的选择性。从苏珊娜·约翰逊的故事中我们也能得知，事实确实如此。不过，这只是当时英国国内有关美洲的信息爆炸式增加的一个方面。此外，英国国内的人们还能依靠殖民者和在战争期间被派往北美的英军士兵、官员与随军家属寄回国内的各种信件了解北美的情况。此外，在这一时期，北美地区的印刷品大量涌现，这一点也至关重要。

此时，英国人开始以前所未有的方式了解起他们在大西洋彼岸统辖的土地与人民。从某种程度上说，这是因为这一时期有关北美的文本实在是太多了。1640—1760 年，在英国国内出版的有关北美的所有作品中，有 1/5 都出现在 1750—1760 年这 10 年当中。[9]除了这一系列作品外，在伦敦和各地方的报刊之上，也涌现了大量有关北美的信息。约翰·布鲁尔（John Brewer）在很早的时候就提出，到了 18 世纪中叶，英国新闻传媒网络的规模与复杂程度都呈现迅猛增长之势。报纸的销量急剧上升——仅 18 世纪 50 年代，报刊业的规模就扩大了约 30%。此外，越来越多的新报纸也如雨后春笋般冒了出来，例如，作为奴隶贸易中心的利物浦在七年战争期间拥有了第一家本地报社，这是因为当地居民对这场战争有强烈的兴趣。报刊数量的激增反过来也意味着，那些特别引人注目的故事与新闻能够得到多次重印，而且其影响范围能远远超出伦敦和其他几个主要城市。[10] 然而，有关北美与其他地区信息量的激增只是故事的一部分，甚至都算不上是最有趣的部分。这期间，读者们能读到的消息也发生了质的变化。

1756 年之前，英国的报纸杂志上有关北美的报道大多十分简短，主要关注的也是和商业有关的事件，通常只是某几个港口进出大西洋的船只记录而已。然而，随着战事的推进，英国本土的报纸、小册子与书籍中有关美洲大陆的资讯井喷式增长，人们也开始关注贸易之外的问题，例如那些引人入胜的故事。这很容易理解，因为在先前的日子里，英国人从来都没有如此深入地接触过北美大陆上的各色人等。1758 年，当时还很年轻的阿瑟·杨（Arthur Young）急于找到一个能让自己施展才华的地方，他写道："如今的舞台转移到了美洲"，

> 为了全面了解我们在占领一个地方之后会得到的好处以及需要付出的代价，我们不仅需要知道这个地方的经纬度（这往往是一些作者能给出的最有用的信息），还要知道这个地方周边的情况。例如，这个地方附近生活着哪个印第安族群；这些印第安人是能给我们带来好处的人，还是我们的敌人；周围最近的法国堡垒或定居点在哪里，这些法国人居住的地方离此地有多远。如果能掌握这些信

175

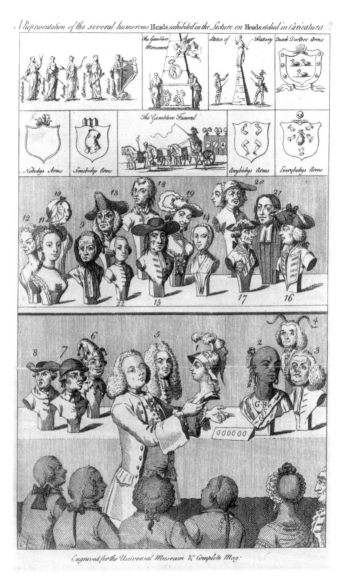

26. 不断学习的帝国
战后英国一次有关北美原住民人相学的公开讲座

息，那就太好了，然而，在那片人烟稀少的大陆之上，情况并不总是这样。

现在，那些受过良好教育且怀有强烈爱国之情的英国人开始接受这样一个事实：他们必须认真学习有关北美的知识，并不断提高自己的水平。在英国，人们开始更加重视那些与北美原住民长期接触过的俘虏的故事，因为这些故事被视为当时潮流的一部分。那些最初在北美出版，由殖民者亲笔写下或是口述的故事，如今有极大的机会在英国本土获得重印，或是被英国媒体摘录发表。[11] 此外，历史上第一次，那些因战争而到北美的人开始大量写作、出版有关在印第安人手中遭受囚禁或其他苦难的故事。然而，他们的家在英国，且他们还打算回到那里。

按照北美殖民地时期的标准来看，这些出自英国人之手的俘虏故事中，有一些内容仍相当初级。17世纪70年代，玛丽·罗兰森和她的编辑将第一部著名的长篇俘虏故事整理出版之时，他们在故事中就已经清楚地表明了"英国性"对他们来说是多么珍贵，多么具有象征意义，但这一文本也充分说明——也许是无意识的——像他们这样的新英格兰人已经相当熟悉美洲原住民的生活与美洲大陆的自然环境。像"独木舟"（canoe）、"棚屋"（wigwam）、"酋长"（sagamore）和"美洲印第安女人"（squaw）这样的词语屡屡出现在罗兰森的故事——《上帝至高的权威与仁慈》——之中，且不附带任何解释，因为对于那些马萨诸塞的读者来说，这些词不需要做任何解释。早在1700年之前，生活在北美的英国殖民者就已经适应了他们的新环境，同时也大量吸收了当地印第安人的相关知识，而这对于生活在英国本土的人们来说既不可能，也无必

176

要。[12] 因此，到 1750 年，殖民地与母国之间的这种经验与知识上的差距已经达到了惊人的程度。那些从英国远道而来，在七年战争期间被印第安人囚禁或是与印第安人有过接触的人，在写作属于自己的故事之时，是将英国本土的同胞视作读者的，因此，他们有时就不得不用些篇幅来介绍一下那些看上去非常基础的信息。

有些人，例如我们之后将详细介绍的彼得·威廉姆森（Peter Williamson），会将自己与印第安人接触后所获得的经验与自己在英国的经验相类比，以期更深入地理解印第安人。他写道，印第安战斧（tomahawk）是"一种类似于我们的泥水匠用的锤子的东西"。而亨利·格雷斯（Henry Grace）——一个经历非常悲惨的英国士兵，在新斯科舍和新法兰西先后被不同的印第安部落抓走，并做了 5 年多的奴隶——则在自己的故事中加入了有关雪地靴和棚屋的解释（"那是一种用桦树皮做成的小木屋……屋顶中间总要留出一块地方，用来散去烟雾"），这对于大多数北美殖民者而言似乎都是多余的，但对于他在英国贝辛斯托克的听众来说，情况就不一样了。即使是约翰·拉瑟福德（John Rutherfurd），这个出生于约克郡的苏格兰人，在战争后期撰写自己被齐佩瓦人（Chippewa）俘虏的非凡经历之时（当时的英国人对美洲的了解已经有了很大的提升），仍然认为需要在故事的中途按一下暂停键，来仔细解释一下"割头皮"（scalps）以及"围腰布"（breechclouts）等事物：

177　　　　那是一块长约一码半、宽约一英尺的蓝布，他们将这块布穿在两腿之间，将两端放到中间的腰带之下，来达到自己的目的。[13]

因此，英国人写下的俘虏故事和北美殖民者写下的俘虏故事之间往往存在显著的差异，不过也并非所有方面都有所不同。这些新出现的英国俘虏故事，和大多数殖民地居民所写的故事一样，总是会或真或假地掺杂一些有关色情的内容，部分原因在于这样的内容能够吸引读者，在这样的桥段中，读者甚至能接受自己一方处于弱势地位。18 世纪 60 年代初，身为步兵上尉的托马斯·莫里斯（Thomas Morris）曾被迈阿密人俘虏，并被短暂地囚禁了一段时间，在恢复自由之后，他将自己的遭遇记录了下来。总体而言，他对印第安人的态度是好奇且较为同情的。例如，他主张白人应当与印第安人中"无辜的、饱受虐待的，或是曾经幸福过的人"进行通婚。尽管如此，莫里斯还是用了不少篇幅来介绍印第安人的各种酷刑手段与施刑时间：

> 折磨俘虏的方法多种多样，其中常见的包括让俘虏脚踩热石子，用热针刺入眼睛，后面这种残忍的刑罚通常是由妇女来完成的，还有就是射箭，印第安人会把射中的箭从俘虏身上拔出来，以便再射。

他毫不掩饰地承认，"如果不是建议我出版日记的那位先生觉得必要的话，我本不该提及这些酷刑的"。[14] 英国人的著作开始用更多篇幅来介绍印第安人的暴力手段，主要目的并非刺激读者，而是因为这些读者的同胞正以一种新的方式遭受着这种暴力。印第安人不再只会威胁到那些生活在 3000 英里以外的英属北美殖民地的殖民者。由于这场战争的进行方式，有一部分印第安人开始对英国自己的武装力量构成威胁，而且这是一种相当可怕的威胁。

　　之所以会出现这种情况，其中的部分原因想必大家都已经很熟悉。最初，很多被派往美洲执行任务的英军士兵缺乏对当地的了解，也缺乏训练和充足的武器装备，但最重要也完全可以预见的是，英军缺乏足够的人手。1755 年 7 月，爱德华·布拉多克（Edward Braddock）将军与他手下的士兵在宾夕法尼亚西部的莫农加希拉遭遇惨败，先前，这一失败通常被归咎于这个约克郡人个人的傲慢无知和对野外作战的不适应。但这些总结出来的战败原因并没有在之后的作战中提供任何实质性的帮助。由法国人领导的，由休伦人（Huron）、肖尼人（Shawnee）、渥太华人（Ottawa）和阿尔冈昆人组成的部队能屠杀 1000 余名英军（其中包括布拉多克本人与 3/4 的军官），在很大程度上是因为这支部队的兵源极差，基本是其他将领不愿意要的不列颠人和爱尔兰人，外加一些基本没怎么受过训练的殖民地新兵，而他随身携带的地图也和真实情况相去甚远。[15] 同样，1756 年 8 月，安大略湖上的一个主要军事堡垒兼贸易站点——奥斯威戈——之所以会被攻陷（这算是当年英国在北美遭受的最大的一场军事灾难），与其说是因为将领个人的无能，不如说是因为士兵数量与后勤资源的严重不足。攻克奥斯威戈的法国与印第安人联军有 3000 多人。而英国的守军只有不到 1500 人，与此同时，他们能借助的防御工事"相当不堪，令人深感悲哀"。[16]

　　换句话说，在这场英国人最终获得胜利的战争开始之时，他们屡次三番地遭遇失败，大量士兵伤亡或被俘，这在很大程度上是因为英国人迄今为止还没有"经营过"自己在北美的帝国。北美的法国殖民者很早就意识到他们在当地的人口数量比不上英国殖民者，因此他们试图提高自己的军事准备水平来弥补这一缺陷。新法兰西是一个武装起来的社会，他们有自己的军事贵族和军事文化。这里分布广泛的民兵与法国正规军之间存在密切的联系。新法兰西的世俗官员与宗教神职人员不断加强与当地原住民的军事同盟关系；而法国政府对新法兰西的国防投资从 1712 年的约 30 万里弗尔＊上升到了 18 世纪 30 年代的 50 多万里弗尔，到 18 世纪 40 年代，这一数字更是飙升到了每年数百万里弗尔。[17]

七年战争之前，英国方面的表现则非常不同。英国的国内人口、基础税收与军队规模都不如法国。英国从来没有向美洲殖民地倾注过如此规模的资源，没有在这里维持过规模庞大的正规军，没有意愿来长期维系与原住民的盟友关系，也没有花很多时间与精力对当地的殖民者进行军事训练。[18]然而，需要强调的是，即使英国人与他们在北美的殖民者在 1758—1759 年期间振作了起来，开始协调、配合展开军事行动，并最终利用他们的人数优势来对抗新法兰西在武器装备与盟友上的优势，但此时，一大批美洲原住民部落仍然能够时不时地重创英国正规军。1760 年，切诺基人击败了由阿奇博尔德·蒙哥马利（Archibald Montgomery）指挥的一支庞大的英国军队，还占领了位于阿勒格尼山脉的劳登堡（Fort Loudoun）；1763 年的 4 月至 6 月，参与庞蒂亚克战争的渥太华、齐佩瓦、特拉华、休伦、塞内卡、肖尼和其他美洲原住民部落组成的联盟成功占领了五大湖至俄亥俄这片地区大多数防御薄弱的英国哨所。

因此，1756 年之后，英国本土的评论家们开始更深入地探讨美洲

＊　法国加洛林王朝时产生的货币，1795 年 1 法郎约等于 1.0125 里弗尔。

原住民带来的暴力问题，这在很大程度上是因为他们有充分的理由担心这种暴力会给自己造成相当的威胁，也因为对他们来说，印第安人的问题非常新颖。事实上，很明显，一部分被派往北美的英军士兵在横渡大西洋时就已经被搞得晕头转向，而当他们第一次面对作为敌人的印第安人——一个在欧洲从来没见过，自己也没做任何准备的敌人时，往往会"反应相当迟钝"。1755 年，布拉多克指挥下的步兵在面对法国人与印第安人的挑衅时，还会继续保持线列队形长达数小时之久，而不是分散到树林里寻找掩护，人们通常认为这是由于他们对游击战术一无所知。但这些新兵在以这样一种方式挤在一起时，很可能是在寻找他们唯一的、最后的安慰，以免在面对他们不了解、大部分时间里几乎看不见的敌人时被分割开来。为数不多的英军幸存者证实，在战斗当中，他们所能看到的印第安战士很少超过 5 人，这是因为印第安人善于伪装，而周围的树林又是如此茂密。[19] 在这种情况下，当那些印第安人突然在眼前冒出来时，通常会让人感到异常震惊。面对眼前"赤身裸体、身上涂满了黑色与红色涂料"的齐佩瓦人时，前一年刚刚抵达北美、当时只有 18 岁的约翰·拉瑟福德干脆放弃了"所有获救的希望，并已经做好准备接受最坏的情况"。很可惜，战争的历练并没有让这些士兵变为纯粹的杀人机器（而这恰恰是战争的目的），尽管原先缺乏经验的正规军被训练成能在保持沉默的情况下继续前进的士兵（这往往象征着军事专业化的水平），但这些士兵仍然可能会被印第安人在进攻时发出的呼喊与尖叫声吓倒。"人们往往会认为印第安人的战吼是十分可怕的，无法忍受的，"1758 年，塞缪尔·约翰逊向英国本土的读者们介绍，

179

这种叫喊会让那些最勇敢的老兵丢盔弃甲，不顾职责；这种叫喊会让人的耳朵失聪，让人的胸膛发冷；这种叫喊让他们没法听到命令，也来不及感到羞耻，除了对死亡的恐惧外，他们身上已经没有任何情感。[20]

在这样的战争中，与被俘相比，死亡似乎是更好的结局。在战争中被印第安人俘虏的成年白人男性基本没法被培养成一个印第安人，也不大有机会活到恢复自由的那一天，自然也就没有机会向其他人讲述自己的故事。18 世纪 50 年代末 60 年代初，印第安人对宾夕法尼亚、马里兰和弗吉尼亚的定居点发起了一波又一波的袭击，前后大约有 3000 人被俘，据估计，其中白人男性被杀掉的概率是女性的 19 倍。在战斗中被抓获的士兵可能会更糟一些。在莫农加希拉战役后，印第安人只从布拉多克的残兵败将中抓了 20 名俘虏。其中有 8 人是女性，这些人能够活下去，是因为印第安人将女性视作有生育能力的、有用且没有什么威胁的人。另外 12 人则是士兵，这些人被折磨致死，以测试他们的勇气程度，并安抚那些战死的印第安人亡灵及其亲属。"他们将他剥得一丝不挂，"亨利·格雷斯在听说了其中一个俘虏的遭遇后写道，

180

然后把他绑在一棵树上，在他两边各生了一堆火，把他活活烤死。同时这些印第安人还围着他跳舞，完全不理会他的哀号……其中一个年轻的印第安人跑到了两堆火中间，把他的阴茎割了下来，然后塞进了他的嘴里，好让他无法哭出声来。[21]

让人感到惊恐与陌生的，不仅是这种暴力行为对肉体的极端摧残，还有四处横流的鲜血、残缺的肢体、精心设计的肢解，以及故意延长的、让人难以忍受又无法消除的痛苦。对于英国人而言，这些行为不仅让他们感到难以理解，同时也会引起他们内心深处的极度不安。1756年，当约翰·利特尔黑尔斯（John Littlehales）上校在奥斯威戈被俘并被带到蒙特利尔时，他和与他一同被俘的战友很可能都不明白为什么当他一到那里，70名阿贝纳基人就迅速抓住了他，并把他拖到城墙之上，让他跳舞，"然后用棍子打他……用印第安语骂他是流氓、婊子养的、狗和恶棍，这种行为持续了整整一个小时"。我们之所以能理解印第安人说的话，是因为这一次，在场的一个人对双方的文化都有深刻的了解。理查德·威廉姆斯（Richard Williams），曾在奥斯威戈的第51团中担任鼓手，1755年，他被拉加莱特（La Galette）的印第安人俘虏，并被带到了新法兰西。当他目睹利特尔黑尔斯的恐怖遭遇时，威廉姆斯自己已经成功地度过了这一段艰难的历程。印第安人在他的鼻梁上穿了一根刻有花纹的棍子，他的耳朵也被割掉了，这使"他可以把自己涂得像印第安人一样，不被别人发现"。此外，他已经掌握了不同部族的印第安人所使用的语言。因此，在利特尔黑尔斯遭受折磨之时，他问了那些印第安人，"为什么要以这种方式对待他……而不去对付其他（英国）人"。那些印第安人回答道："这是因为利特尔黑尔斯是个懦夫，表现得很差，否则他们就不会打他。"很明显，在战斗中，利特尔黑尔斯丧失了战斗的勇气，但十分重要的一点在于，无论是他，还是他的战友，可能都无法像威廉姆斯那样将一个人在战场上的怯懦表现与后来对他进行的持久虐待联系起来。相反，在其他目睹了这场凌虐的英国人看来，这一举动完全就是印第安人恣意妄为的野蛮行为的又一力证。[22]

很多英军士兵都认为，印第安人的暴力行径既残酷，又完全无法预 181
测，这就解释了为什么一部分士兵（包括那些曾经有能力平静地面对其
他敌人的人）宁愿开小差也不愿意和他们作战，或者干脆直接认命，准
备好迎接死亡。这就是 1757 年 8 月 9 日发生在乔治湖南端的威廉亨利
堡（Fort William Henry）的事件，也算是整场战争中最具争议性的事件
之一。当时，驻守当地的英军已经表明了投降的意愿，而且法国人也正
式接受了他们的投降，但随后，英军与驻扎在此地的殖民地军队就遭到
了一大群亲法印第安人的袭击，一名目击者报告称，一些"英国人完全
被吓傻了，在印第安战斧的攻击面前毫无抵抗"。又一次，英军士兵在
面对完全异质的军事文化时表现得手足无措。根据西欧（非印第安人）
的惯例，在投降之后，他们的生命应该是神圣不可侵犯的，但事实并非
如此，在面对突袭之时，一部分人不知道该做些什么，所以就什么都没
做。此外，在此次遇害的大约 180 名英军士兵和随军人员中，有些人很
可能是因为担心遭遇什么其他更糟糕的变故而选择了速死。事实上，在
威廉亨利堡被俘获的所有白人男性俘虏中，似乎至少有一半人活了下
来，其中还有 40 人选择和印第安人生活在一起。但是，如果想要在被
印第安人俘虏后获得好结果，那么就需要足够的勇气和经验，而这些刚
到美洲的英军士兵自然是缺乏这种经验的。[23]

战争时期发生的此类事件，以及大西洋彼岸对这些事件的描述，在
某种层面上使英国本土居民与美洲殖民者在针对美洲原住民的态度上变
得更加一致。早先，很多英国人在看待美洲印第安人时通常会带着十
足的浪漫主义滤镜，他们认为这些人没准是能帮助到自己的、能被同

化的、具有十足野性与高贵气质的林地"野蛮人"。然而，当英国人直接与这些人接触并发生冲突之后，这种浪漫主义想象就被无情地打破了。想要证明这一点，我们只需要将1710年约翰·韦勒斯特为拜访安妮女王的4位印第安"国王"绘制的精美肖像与1759年乔治·汤申德（George Townshend）绘制的与其一同作战，攻击魁北克人的渥太华人与阿尔冈昆人的素描进行对比就可以。

汤申德是一名英国贵族的儿子，一名陆军将军，同时也是一名业余的艺术家，他热衷于创作一些与自己社会地位相当的白人男性的恶俗漫画，所以人们不应过度解读下面这几幅画中蕴含的贬义意味。实际上，在某些方面，汤申德所描绘的印第安人形象要比韦勒斯特更接近真实情况。由于家境殷实，汤申德热衷于收集印第安文物，而且变得越来越专业，他甚至还把一个印第安男童带回了英国，带到了他家在诺福克的雷纳姆的大庄园里，将其作为一个陈列品，一个供人们仔细观察的对象。因此，他总是小心翼翼地画着这些印第安人和他们的日常生活，例如，他会不遗余力地表达印第安人的体格健硕、高大威武（相对于通常个子不高的英国男性而言），以及他们极佳的耐力与敏捷度。不过最能说明问题的还是汤申德记录下的印第安日常生活场景，以及他给自己的画作取的标题，其中包括"戴着头皮上战场的印第安人""拿着战斧追赶受伤敌人的印第安人""一个奥塔华斯（Outawas）部落的印第安人与他的家人一同去打仗"，以及其他一些类似的场景。然而，在这些素描中，没有任何一处地方表现出印第安人的热情与幽默，也没有展现出汤申德对印第安人的同情与理解。这里的印第安人，哪怕是那些与英国人一同行动的印第安人，都被描绘成了不折不扣的异类，他们颇具威胁性，是一

27. 渥太华战士水彩画

乔治·汤申德绘

28. 鼓吹英军的仁慈

《约翰逊将军从北美印第安人的战斧之下拯救了一名受伤的法国军官》，
本杰明·韦斯特（Benjamin West）绘

群原始的、没有其他想法的猎人，完全没有文明，也没有人类的情感。在这里，印第安人是完完全全的"他者"。[24]

那些用这种眼光看待美洲原住民的英国人，并不只是因为大西洋彼岸的战事。在这一时期，西欧人的高度自负在一定程度上源自这样一种观点，即他们的战斗方式更加人道，当然，他们的战争规模也更大。[25]其中，俘虏所扮演的角色举足轻重。1757 年，关押在不列颠和爱尔兰的法国战俘就已经超过 13000 人，到 1762 年，被关押的法国战俘人数已经超过了 26000 人。在此之前，英国本土居民从未见过如此众多被关押在他们自己土地之上的、战败且孤立无援的外国敌人；有关这些战俘及其苦难遭遇的印刷品逐年增多，为他们展开的公民捐款也随着战争的进行而逐年增加。1759 年，伦敦、爱丁堡、都柏林与其他大城市都举行了帮助法国战俘的慈善募捐。这一系列活动募集了数千英镑，还有大量的鞋子、衣物和药品。为纪念这一全国性的慈善活动而发行的小册子由塞缪尔·约翰逊亲自作序，这些小册子被"珍藏在大英博物馆和大英帝国的众多大学当中"。这些举动试图证明，英国不仅在全球范围内取得了胜利——到 1759 年，英国显然已经取得了这场战争的胜利——而且这场战争充满人情味，交战方既相当仁慈，又十分文明。一名记者写道，英国人"将他们的俘虏看作人，而且非常怜悯这些处于困境之中的敌人"。自然，法国人也有同样的想法，同样也为关押在其境内的英国战俘组织了类似的慈善募捐。[26]

正是考虑到英吉利海峡两岸对俘虏境遇（绝大多数是白人）的积极关注，我们才能更好地理解埃默里克·德·瓦泰尔（Emeric de Vattel）在《万国法》（*The Law of Nations*，1758）一书中强调的一些重点，这本

185　书后来成为有关财产、战争与帝国的最有影响力的启蒙文本之一。在关于战争的章节中，瑞士法学家瓦泰尔在"为破坏和劫掠而进行的非法战争"（他直截了当地指出，柏柏里私掠者发动的几乎所有战争都属于这一类）与"目前欧洲大多数国家进行的人道战争"之间做出了绝对的区分。瓦泰尔认为，杀死战俘是不正义的，事实上，这是一种相当野蛮的行径。胜利的光辉不应该被"不人道与野蛮的行为"玷污。因此，他宣称："我们盛赞英国人和法国人，因为我们听到了他们是如何对待战俘的。"[27]欧洲列强在全球范围内加速竞争，侵略性不断升级的同时，发生在欧洲之内的战争开始变得更为人道，特别是在对待战俘这一方面。在这一领域，瓦泰尔对许多军事专家已经本能地视为理所当然的事情进行了系统化、学术化的表述。

在瓦泰尔出版代表作的同一年，即1758年，英国在美洲的总司令詹姆斯·阿伯克罗比（James Abercromby）将军向法军统帅蒙卡姆侯爵（marquis de Montcalm）保证，他希望"在这片大陆之上以欧洲人道的方式进行战争，事实上，在任何地方也都应该如此"。阿伯克罗比实际上将对待俘虏的行为视作检验文明与否的重要标准："要善待那些在战争状态之下……落入我们手中的人。"[28]从表面上看，这样一种对待战争的方式将美洲原住民彻底排除在了"人"之外，他们毫无人性，自然不会人道地进行战争。印第安人并不会对陷入困境的敌人表示同情。众所周知，他们对战俘施以酷刑，有时还吃人。更为常见的情况是，他们会在仪式上暴力攻击那些战俘，这让欧洲人感到相当不安。这些印第安人有时也会杀死那些已经放下武器、手无寸铁之人，就像他们有时也会袭击妇女和儿童一样。杰弗里·阿默斯特（Jeffrey Amherst）

将军的行文中充满了厌恶之情，印第安人是"所有造物中仅有的畜生和懦夫……他们对（女性）施以残忍的暴行，还把那些可怜的俘虏的头皮割了下来"。另一名英国将军十分同意阿默斯特的看法，在他看来，印第安人是"刺客，而非士兵，因此他们毫无慈悲之心"。²⁹ 在这种摩尼教式的、充满报复欲的观点中，美洲原住民就是他们的猎物。在英国快速扩张的帝国之中，他们不可能受人尊敬，也不可能被欧洲人视作文明的一方。他们对待白人俘虏的行为证明他们是野蛮人，是怪物，其行为既无法理解，也不符合基本的道义。

被俘虏的人

186

然而，需要强调的是，这绝不是七年战争后英国人对美洲原住民的唯一一种看法。

由于七年战争之后仅仅过了十几年，美国独立战争就爆发了，因此，人们（尤其是美国史学者）通常认为，18 世纪 50—60 年代，英国的军事与政治阶层就已经变成铁板一块的帝国主义者了。这些人往往会将注意力集中在英国人在北美所表现出的傲慢与急躁之上，这是因为他们知道后来发生了什么：殖民地的民众成功地推翻了英帝国的权威。夸大英国士兵与官员无一例外地厌恶印第安人就是其中的一个方面。因此，一名学者认为，杰弗里·阿默斯特（毫无疑问，他相当仇恨印第安人）"代表了英国军队对待印第安人的态度"；而另一名学者声称，英国人"不假思索地认为印第安人既不成熟，又相当暴力"。³⁰ 当然，他们中的许多人的确如此，但有些人不是这样的。可以肯定的是，像阿默斯特这

187

Hendrick the Sachem or Chief of the Mohawks.
Etched from an Original Drawing.
Publish'd according to the Act March 8.1756 by T.Jefferes at Charing Cross.

29、30. 不同的审视方式

七年战争期间英国人绘制的两幅
有关其盟友，易洛魁人亨德里克
（Hendrick）的肖像

The brave old Hendrick the great SACHEM or Chief of the Mohawk Indians
one of the Six Nations now in Alliance with & Subject to the King of Great Britain

样极端的人的确主张要对印第安人实施种族灭绝,只是我们并不知道他是否真的这样做了。还存在另外一个极端,像约翰·斯图亚特(John Stuart)这样的英国印第安人专家,他既是军队中的一名军官,同时也是坚定的帝国主义者,丝毫不亚于阿默斯特。而他娶了一个混血的切诺基人,在七年战争期间结识了阿塔库拉库拉(Attakullakulla)酋长,并被他救过一命。此外,他在报告中明确表示,美洲原住民的暴力行为并不比伦敦或巴黎的街头犯罪水平更令人感到愤怒。[31] 在这两个同样极端的人完全相反的想法与行为之间,夹杂着英国在官方与军事层面对印第安人的许多不同态度与看法。

在英国国内,普通人的态度甚至更加复杂、多变。其中一些人亲自参加了战争,十分确信美洲原住民都是无可救药的野兽,他们在对待俘虏时很残忍,这是因为他们本质上就很残忍。但其他英国人通过阅读信件或是其他印刷品得知,他们自己在美洲的正规部队(就像法军和殖民者组成的部队一样)有时也会干同样的事情。在战时的私人信件和英国本土与美洲殖民地的报刊中,我们能看到,英军士兵也经常会剥掉受伤或垂死的敌人的头皮,有时也会屠杀妇女儿童和那些无辜的平民。[32] 因此,如果在战争中,印第安人的行为是野蛮的,那么在有些情况下,大西洋两岸的不列颠人也是野蛮的。随着有关北美的信息不断涌入,英国国内对美洲原住民的认知变得更加错综复杂。在北美殖民地的英国官员经常向伦敦报告称,印第安人之所以会实施暴力行为,往往是因为白人殖民者挑衅在先,或是因为他们侵占了原住民的土地。正如1763年伦敦一家报纸刊登的一篇报道中所说的那样:"如果我们研究一下为什么最近一些印第安人会和我们爆发冲突,就会发现,起因往往是我们的一部分殖民者违背了条约，霸占了印第安人狩猎、捕鱼的场地，没有这些地方，他们（印第安人）就没法活下去。"[33]

因此，尽管这场战争在某种程度上鼓励英国民众将印第安人视为残忍的恶棍，但在另一方面，也让很多英国人将印第安人视为遭受误解的受害者。战争结束后，在英格兰与苏格兰出版的众多小说中，人们能够很好地观察到这样的矛盾心理。18世纪60年代末，托比亚斯·斯摩莱特（Tobias Smollett）出版了自己的作品《汉弗莱·克林克的远征》（*Expedition of Humphry Clinker*），其中的老兵，也是故事的主角奥巴迪亚·利斯马哈戈（Obadiah Lismahago）中尉既经历了印第安人的酷刑（"一个老太太用一把尖刀挖出了他的一只眼睛，然后又在眼窝里放入了一块燃烧着的煤"），又经历了他与一个"印第安女人"的幸福婚姻。利斯马哈戈总结道，印第安人"崇敬两种相互冲突的原则；一种是所有善的源泉，另一种则是所有恶的源头"。亨利·麦肯锡（Henry Mackenzie）的《世界风云人物》（*Man of the World*，1773）一书中被俘虏的士兵也是如此。他既经受了切诺基人的残酷折磨，但随后又着迷于他们的社会生活："不管是谁，用什么诱惑，都没法让我离开这里。"[34] 不过，这种对印第安人既排斥又敬仰的复杂态度，在俘虏的故事中得到了最为清晰的呈现。尽管这些故事表面上看起来都平凡无奇、简单易懂，但仔细阅读就会发现，在这些故事中隐藏着很多值得关注的细节。

我们有必要认真审视一下彼得·威廉姆森的一系列故事。他被称为"有史以来最厉害的骗子之一"，但人们更愿意将其视作一个不断变着法地讲述自己与印第安人、与北美遭遇的故事的人。[35] 1730年，他出生在阿伯丁郡阿博因（Aboyne）村的一个小农之家。大约12岁的时候，他被云游到阿伯丁的一帮无耻商人绑架。和 17—18 世纪很多年轻、贫穷又无所依凭的英国人一样，他被运往大西洋彼岸，并被卖为契约奴隶。这是威廉姆森第一次被俘的经历。他第二次被俘发生在 1754 年，当时他的服役期刚刚结束，并在宾夕法尼亚的伯克郡务起了农。1754 年 10 月初，印第安人袭击了他的住处，他声称来袭的是特拉华人，他们俘虏了他，直到 1755 年 1 月，他才逃了出来。随后，他加入了殖民地军队，参与了七年战争，与法国人和他们的印第安盟友作战，直到最后在奥斯威戈被俘。1756 年底，他乘着一艘皇家海军舰艇返回了英国，从那时起，他的写作生涯就拉开了帷幕。

一年后，《彼得·威廉姆森体验过的法国人与印第安人的残暴行径》（ *French and Indian Cruelty exemplified in the life ... of Peter Williamson* ）一书的第一版在约克郡出版。其文本量很是庞大——超过了 100 页，而且在某些方面可以说相当符合人们的刻板印象。在书中，作者自然而然地描述了不少"可怕的、令人震惊的"印第安酷刑，不过，威廉姆森同时也十分生动地描述了自己在目睹这些行径之后的反应，这一点很不寻常。他写道，在他刚被印第安人俘虏没多久的一个晚上，特拉华人就把他绑了起来，点上了火，然后用烧红的炭火和棍子靠近他的脸。当他吓到开始哭时，他们丝毫没有搭理他，只是接着将那滚烫的炭和火棍凑过来，"他们告诉我，我的脸湿了，他们会帮我弄干"。威廉姆森的第一版故事中还包含了大量的细节，至少这足以让我相信，他确实在离美洲原住民很近的地方生活过一段时间。尽管其中既有明显的虚构情节，也有吹嘘他自己重要性的桥段，但同时也有准确的观察和很多基于一手信息的分析。例如，他描述了特拉华人当时在一些方面相当依赖来自西方的消费品，不过与此同时，他们也在努力地适应这些外来商品："地位高一点的人会用最好的亚麻布做衬衣，有些人还穿着有花边的衣服；但在穿之前，他们会给这些衣服涂上各种各样的颜色。"然而，让这本书在一个多世纪的时间里一直畅销的原因并非这些人类学知识的细节，甚至也不是书中对"各种复杂"的印第安人暴行的精心描绘。[36] 真正的原因在于威廉姆森拥有卓越的情感洞察力，能够敏锐地捕捉英国公众情绪的变化，与此同时，在这本书中，威廉姆森没有仅限于讲故事，而是发动了一场论战。

在 1762 年出版的增补版中，上述这些天赋都得到了充分体现。正如《法国人与印第安人的残暴行径》这个标题所表明的那样，从一开始，威廉姆森就强调，像囚禁这样的残暴行为并非印第安人独有的做法。他同时也指责法国人雇用并煽动原住民来袭击英国人。他指责英国商人在与印第安人交易时欺诈对方并向他们兜售酒精；他还谴责阿伯丁的商人支持白奴制度，把像他这样的弱势青年卖到大西洋彼岸做奴隶。通过这种方式，威廉姆森将责任分摊给了各个民族，进而超越了原先唯独印第安人是野蛮人的陈词滥调。他在文中写道，印第安人既不是常人无法理解的怪物，也不是颇为浪漫的林地贵族。他们是暴力的、不完美的、会与其他造物发生冲突的造物，而那些与他们发生冲突的造物本身往往也是暴力的、不完美的。威廉姆森在 1762 年版的俘虏故事中增加了一些具有政治倾向的帝国式的主张。那时的他坚定地认为，必须将北美印第安人"视作我们潜在的合作伙伴"。然而，除非采取"某种措施""将他们纳入我们之中"，否则英帝国在北美的殖民地将永无宁日：

190

我们最近在美洲的交易证明，和印第安人友好共处是完全可能的，而与他们保持友好往来的唯一方法就是向他们提出能够确保他们自由并符合他们期望的建议；我们不仅要在战争时期严格遵守这些提议，还要时不时地更新双方的条约……他们非常骄傲，喜欢被人尊重的感觉。[37]

《法国人与印第安人的残暴行径》在英国广为流传，而且经久不衰，不过这本书在美国独立之前似乎没有在北美出版。到 19 世纪初，这本书在伦敦已经重印了好几版，在爱丁堡重印了 6 版，在约克、都柏林、格拉斯哥、利斯、利物浦、斯特林、阿伯丁和其他城镇也有不同版本——有时不止一个。如果说这一时期有一部广为流传的有关北美原住民的英文经典作品，那么唯有此书方能荣膺桂冠。然而，彼得·威廉姆森选择以这样一种独特的方式来描写他被俘的经历和美洲原住民，还能在英国长期收获如此广泛的读者，这到底意味着什么呢？

彼得·威廉姆森自己的动机似乎很明确。从某种程度上说，他自己正是那种会以较为开放的态度看待非欧洲人手中的欧洲俘虏之人。他很穷，也没什么亲朋好友。而且，他还来自不列颠的边缘地带——苏格兰北部。正如我们在地中海那一部分看到过并将在印度部分再次看到的那样，当威廉姆森这类地位低下、被边缘化的白人被迫以这种方式跨越文化与政治边界之时，他们的态度往往会更为灵活。在日常生活中，英国本土的居民与北美殖民地的白人都没有给威廉姆森带来什么好处，那么，为什么不和那些同样被白人欺负的美洲原住民产生共鸣呢？在他不平凡的一生走到终点之前，他曾先后在爱丁堡经营过一家咖啡馆（其中

31. 身为特拉华战士的彼得·威廉姆森
1762 年版故事的封面

大量装饰了印第安人的古董和服饰），发明过农业机械，还自立门户做过出版商。威廉姆森自己相信，俘虏他的特拉华人实际上是让他真正长大成人的人，而且，这些特拉华人还教会了他一种特殊的智慧与生活哲学。

他在最后一部于 1789 年出版的自传作品中向读者保证，正是与美洲原住民共同生活过的经历，才让他真正成为自己，一个完全自然的人，能够通过自己的努力获得成功，进而无视欧洲死板的等级制度。他承认，"如果我接受过伏尔泰、教皇或是艾迪生 *（Addison）那样的教育"，那么他才有可能以更为精练的方式记录自己的经历。但他所受的教育是完全不同的，是在一个遥远的、还不那么腐化堕落的学校里接受的：

> 读者在这里会问，我是在什么学校里长大的？我只能告诉他们，我受教育的学校横跨 4000 多英里，与天同高，由许多部落的印第安人负责管理；他们这里没有任何地方存在正规教育，靠的是代代相传，他们用战斧在树皮上做记录，这些记号能跨越几个世纪，一直流传下去，并被后人识读。

当 1799 年威廉姆森在爱丁堡去世时，他身着从北美带回来的服饰（至少他是这么和家人说的），即特拉华战士的软皮鞋、流苏绑腿、毯子和羽毛头饰。[38]

---

* 即约瑟夫·艾迪生（Joseph Addison），英国散文家、诗人、剧作家以及政治家。

从这个角度来看，彼得·威廉姆森的形象基本上就是一个反叛者，一个理想主义者，尽管很独特，但至少还可以被纳入分类体系之中。他并未有意地继承卢梭——那个在作品中拥抱森林，但同时一直舒适地生活在自己书房之中的绅士——的学说，他要比卢梭更原始、更自然、更平民。最终继承了威廉姆森衣钵的人是阿奇·贝莱尼（Archie Belaney，1888—1938），他是一个非常普通的英国人，于 1906 年移民到了加拿大。在那里，贝莱尼以"夜行者"（Wa-Sha-Quon-Asin）的身份重新开始生活，此外，他还有一个人们更熟知的名号——"灰猫头鹰"。贝莱尼成了捕猎能手，同时还是专业的河工，他收集鹿皮来做软皮鞋，还先后和不少原住民妇女一起生活过。他还出版了有关自己在加拿大荒野中的田园生活的书籍，且很快就成了畅销书。他在大西洋两岸做的公开讲座吸引了大量观众，在讲座中，他向听众讲述了印第安人有关人类有责任保护野生动物和自然环境的观念（这一点远远领先于这个时代）。[39] 然而，尽管威廉姆森和贝莱尼十分相似，但仅仅从这种个人特立独行的角度来解读他的俘虏故事及其在英国的大获成功是绝对不够的，甚至是错误的。我们应当认为，威廉姆森及其作品反映出的时代背景，是英国人在七年战争之后更充分地认识到美洲原住民社会的复杂性——他们既拥有宝贵的品质，同时也很邪恶——而那些被俘的白人可能会认为印第安部落有着相当的吸引力。

让人感到震惊的是，这一时期，在英国人创作的最出色的印第安俘虏故事中，我们都能清晰地看到上述观点。然而，此书作者的社会地位远比威廉姆森要高，而且完全没有他身上的那种浪漫主义色彩。1746 年，约翰·拉瑟福德出生于约克郡，但他本人和苏格兰贵族有着某种程度的渊源。1762 年，他横跨大西洋来到美洲，加入了他的叔叔——一名前英军军官——在底特律设立的贸易财团。拉瑟福德本人是一个富有野心、聪明且自律的人，在到了底特律之后，他就开始学习法语和几种印第安语言，以便能够进军英帝国刚刚拿到手的加拿大，并在那里拓展自己的商业版图。[40] 之后，1763 年 5 月，他同意加入一支由英军军官组成的队伍，对底特律和麦基诺之间的湖泊与河流进行测绘，结果在测绘途中，他们正赶上了庞蒂亚克战争。庞蒂亚克是一个美洲原住民组成的大联盟，其中包括渥太华、齐佩瓦、特拉华、基卡普（Kickapoo）、迈阿密、塞内卡等诸多部落，他们发动叛乱的目的是试图将英国人及其定居者赶回阿巴拉契亚山脉以东的地带。

接下来发生的事情既让拉瑟福德感到害怕，同时也让他感到纠结，但自始至终，他都能意识到印第安人的行为与自己存在一些细微的差别。在勘测途中，这支队伍遭遇了齐佩瓦人的伏击，最初，队伍中的一些英军军官进行了抵抗，但很快就被杀害，他们的头皮也被剥去，遇难者中包括拉瑟福德的朋友查尔斯·罗伯逊（Charles Robertson）上尉。在战斗结束之后，齐佩瓦人将罗伯逊的尸体剁成大块，然后放在火上进行烤制。随后，一个齐佩瓦人用小木棍串起"一小块"肉，递给了拉瑟福德，还说"英国人的肉很好吃"。按照拉瑟福德自己的说法，在此次危机之中，他很好地控制住了自己；我们大可相信他的话，因为他在前面坦率地承认，在被俘的那一刻，他完全吓呆了，既没有努力自救，也没想着去救他的朋友。此时的他只是一个平民，不知道该怎么战斗，也不想死。所以他决定好好利用自己的聪明才智，以及最近学会的新语言。在这场战争中，他还学到了更多有关美洲原住民的知识。他认识到，齐佩瓦人这看似原始的吃人行为，实际上是一种"宗教仪式"，而之所以把他朋友的肉块递给他，并非一种毫无理由的暴行，而是一次考验。拉瑟福德是一个健康的、英俊潇洒的 18 岁男性。事实上，他得到的——除了有可能吃到一顿非常可怕的饭菜外——是一次接受考验的机会，倘若他通过了考验，那么在一段时间之后，他就有机会成为一名齐佩瓦战士。

他保持着冷静，向他的印第安主人——一个他称为皮瓦什（Peewash）的人——保证：

> 我愿意服从他的一切命令，如果他坚持要求的话，即便是那些我非常不愿意去做的事情，我也会服从，不过，眼下的这一命令是唯一我完全不想去服从的，我恳请他不要坚持这么做。就这样，通过表面上服从他的命令，我不必吃下我朋友的尸体；而且我相信，由于我表现出了极度渴望取悦他的态度，反而获得了他的好感。

随后，拉瑟福德被剥去了英式服装，换上了一条毯子和一条围腰布。他的头被剃光，"只留下头顶上的一小撮和两侧的两小绺头发"，齐佩瓦人还在这些头发上编上了银色的饰针。此外，他们还教会了他该如何画脸。但这些都只是外在表现。他还必须做苦力、砍柴、种玉米、剥动物皮，还要给皮瓦什的悍妻做家务。只有当他表现得既听话又有用时，下一个阶段才开始。随后，拉瑟福德描述着自己见到的场景（当然，他没法完全理解自己所目睹的全部事情）：齐佩瓦人举行了一场盛宴，在这场宴席之上，人们分食了一条狗，但他没有被允许吃。另外一条狗则在一场仪式上被淹死了；之后，他和他的主人来到了一座岛上的印第安人墓地，在场的所有人都在皮瓦什死去的一个儿子的墓地周围种上了几粒玉米。然后，皮瓦什杀了一头熊，这次，拉瑟福德被允许参加宴席。

第二天黎明时分，这些人都回到了那座坟墓周围，在火上烧了一些熊的脂肪，而后，皮瓦什发表了一番长篇大论，"其间，他经常指指坟墓，然后再指指我，如此循环往复，每当他停下来之时，我们就会开始合唱"。

> 他们告诉我，这是为了安抚死者的灵魂，因为那名死者可能会因我取代了他的位置而感到不快，皮瓦什随后告诉我，我成了他们的儿子，仿佛我曾吸吮过这对乳房一样（他给我看了他妻子的乳房），同时他还告诉我，要把这些孩子〔皮瓦什三个幸存下来的儿子，拉瑟福德将他们的名字音译为玛亚齐（Mayance）、奎多（Quido）和奎达宾（Quidabin）〕视作我的兄弟，我的名字不再是萨迦纳什（Saganash），也不再是英国人，而是阿狄克（Addick），义为一只白色的驼鹿。[41]

就这样，约翰·拉瑟福德，这个事实上更应算是苏格兰人而非英格兰人的人，在经历了一系列仪式之后，获得了重生（彼得·威廉姆森相当渴望这一点），成为一个完全不同的人，成为一个印第安人，成为他们中的一员。

只不过，这一特殊的跨越未能得到进一步的巩固。1763 年 8 月，拉瑟福德成功逃离了那里，并很快加入了第 42 团，即黑卫士兵团（Black

Watch），参与了针对印第安人的战斗，还在美国独立战争期间为英军效力。实际上，他从来都没有融入印第安人的社会，而且，与威廉姆森不同的是，他也从来都没想过要融入印第安人的社会，这使得在某些方面，他在逃离那里的一年之后所写下的故事更具有说服力。因为这意味着他足够超然，能够回过头来仔细分析他在多大程度上被齐佩瓦人接受，在多大程度上没有被接受。拉瑟福德意识到，皮瓦什和他的妻子想要收养他，主要不是出于情感考虑，而是为了获得他这个劳动力，而且，一旦出了什么意外，他们没准还能靠他获得一些赎金。他知道，很多齐佩瓦人都认为他的白皮肤很难看，而且充其量也只把他看作一个小学徒。他注意到，在那场他获得新名字的仪式之后，那帮人也很少管他叫阿狄克。相反，他们还是一直叫他"皮瓦什的人"，这说明他仍然是一个地位低下的人，一个依赖别人生存的人，一个还在试用期内的仆人。

然而，尽管拉瑟福德很聪明，而且他还决心要彻底清除这段在印第安部落生活的经历对自己造成的影响（要不然他为什么要放弃自己的生意，加入英军？他一方面是想复仇，一方面也想证明自己仍然是个英国人），但他笔下的文字却揭示了很多他自己都没有意识到的事情。在描述完那场仪式之后，他就不再用他们的名字来称呼皮瓦什、他的妻子和儿子们，而是转而称呼这些人为"我的父亲"、"我的母亲"和"我的家人"。尽管他做出了种种努力，但在那座失落的墓葬小岛之上，拉瑟福德仍然发生了一些不可逆转的改变。尽管他不愿承认，但这段印记却永远无法被完全抹去。此外，在故事中，他还提到了许许多多白人，他们或主动或被动地进入了印第安社会之中，还或多或少地被印第安人同化了。其中就包括罗伯特·戴维斯（Robert Davers）爵士，他是一名英国的男爵，与拉瑟福德一道被俘，最终被杀害，但在此之前，他曾与休伦人一起生活过两年，"穿着他们的服饰，遵守他们的礼仪"，戴维斯希望此举能帮助他摆脱家族的诅咒。还有恩赛因·保利（Ensign Pauli），一名在庞蒂亚克战争中被俘的英军军官，在拉瑟福德的记录中，被俘后不久，他就与一名齐佩瓦人妇女一道坠入了爱河。还有一个不知道姓名的弗吉尼亚人，他娶了一个印第安女人为妻，拉瑟福德遇到他时，他正担任庞蒂亚克的翻译。换句话说，在拉瑟福德的故事中，既包括英国人和印第安人之间的仇恨、暴力与偏见，也包括不同背景的人们跨越边界，相互交流、相互理解的例子，这说明，双方之间的界限绝非不可撼动。[42]

18 世纪 60 年代，这种边界的可跨越性在英国人当中已经得到了广泛的认可。彼得·韦（Peter Way）就曾指出，七年战争期间，驻扎在北美的英军下层官兵中，有很多人逃到了美洲原住民那边去，以至于任何一个被发现与印第安人生活在一起，还声称自己是被俘虏到这里的英军士兵都有可能被送上军事法庭，除非他能确实地证明自己是被俘虏来的。在战争时期以及战后的一段时间里，英国每在美洲大陆上向前推进一点，那些英军的高级官员就会带回一批"白人俘虏"，而这些人往往都不是被印第安人俘虏去的。杰弗里·阿默斯特在占领了蒙特利尔后，发现"英国的臣民"心满意足地生活在当地印第安人中间，还"穿着印第安人的衣服进城"，在看到这一幕后，他相当震惊。[43] 而其他那些更有经验，也更没有什么思想包袱的官员则认为发生这种事情是理所当然的，只不过在和印第安人谈判签订条约之时，他们一定会加入这样一条：要求遣返逗留在印第安部落中的白人。1764 年，英国人与休伦人签订的条约中规定"休伦方面应当立即送还……英国囚犯与逃兵"。在第二年与克里克人和乔克托人签署的条约中，英国方面提出，印第安人不应"庇护恶棍和逃跑之人"，而是应当"交出所有逃兵，无论其是黑人还是白人"。[44]

在帝国统治阶层的大多数人眼中，无论是出于自愿还是被俘，与美洲原住民生活在一起的英军士兵和殖民者都应该受到强烈的谴责。这种混杂的举动严重冒犯了英国人的国家自豪感、宗教自豪感和种族自豪感，而现如今，随着七年战争的胜利，英国人的自豪感大大增强。然而，除此之外，这样严格的禁令在具体的实践层面也是能维护帝国稳定的。英国在北美驻扎的军队，尤其是1763年之后，规模都太小了，以至于没法允许士兵肆无忌惮地跑到荒野中去和印第安人厮混。而那些成了"白种印第安人"的殖民者同样也会带来不少麻烦。英国人并不希望（尽管他们经常不得不忍受）武装起来的殖民者袭击印第安人的定居点、侵占印第安人的领地，而这些人通常的借口就是找回白人俘虏。如果帝国的官员能够将这些问题扼杀于萌芽之时，并通过条约和谈判的方式系统性地让印第安人将所有"印第安白人"送还，那就再好不过了。

然而，对于普通英国人而言，七年战争和这一时期的大量著作留给他们的更多印象是，某些白人有时确实会主动选择和美洲原住民生活在一起，同时也受到了他们的欢迎。这种情况的存在说明印第安人并不是纯粹的怪物。至少有些印第安人能够让白人死心塌地地效忠与追随，与此同时，印第安人和白人之间也能够建立起深厚的情感纽带。英国人思考着，当出生于瑞士的英国军官、勇敢的印第安战士布凯（Bouquet）上校于1764年底到塞内卡与特拉华部落处，要求他们交出白人"俘虏"

时，会发生什么事情。一些被"解放"的白人儿童一直尖叫不停，人们只能将他们从印第安养父母那里拖拽出来，去和他们压根不认识的亲生父母团聚，去说他们根本不会说的语言。然而，在英国引发最多人关注的，是印第安人自己对这些暴力的、由帝国强加来的分离作何反应：

这些印第安人也仿佛全然忘记了他们一贯的野蛮，成了这个感

32.《印第安人将英国俘虏交给布凯上校》
本杰明·韦斯特绘

人至深的场景的重要组成部分。他们极不情愿地交出了心爱的俘虏；为他们流下了很多眼泪，叮嘱他们要接受指挥官的照顾与保护。[45]

"仿佛全然忘记了他们一贯的野蛮"，这句话出自一名宾夕法尼亚的圣公会教徒对布凯此次行动的记述，并由国王的地理学家于 1766 年在伦敦出版，这一表述提醒我们要注意先前态度的软化，以及这种软化的限度。在七年战争之后，这本书和彼得·威廉姆森故事的广泛流行说明，一部分英国人开始认为美洲原住民只是犯过罪，而非无可救药地一直浸淫在罪孽之中，有些人甚至认为他们要比欧洲人好，因为他们更自由、更自然，甚至更慷慨。然而，确实没什么人会将美洲原住民视为和白人平等的理性人。尽管如此，此类观念与著作在英国仍然收获了相当多的共鸣。因为如果印第安人确实能够"忘记"他们的野蛮，同时在和俘虏与其他人相处的过程中也能产生人类的情感，那么这就毫无疑问地证明，印第安人的"野蛮"并非与生俱来的，而且"野蛮人"也有能力改变与进步。如果印第安人确实能够改变与进步，那么在英国的美洲帝国当中就一定能给他们找到一个安全的、受保护的空间：

（印第安）野蛮人的这些品质要求我们要对其报以正当的尊重。我们应当富有慈爱地认为，他们之所以陷入野蛮，是错误的教育外加错误的勇敢和英雄主义观念导致的；而我们应当将他们身上的美德视作自然界让他们和我们一样能够成为合适教养对象的可靠标志；我们已有的长处要求我们以这种方式为他们提供一切帮助。[46]

出于实用主义和人道主义，在七年战争之后，英国官方越来越倾向于采纳这种观点。

胜利的果实与艰难的维系

和我们在前面看到的情况一样，俘虏的故事远不只是一个仅涉及私人的故事。英国人对待俘虏问题——在这里，指的是对待北美殖民地的白人俘虏和那些俘虏他们的美洲原住民——态度的转变与英国人对待帝国态度的转变以及针对帝国而产生的焦虑密切相关，在这里，帝国特指北美殖民地这一部分。七年战争之后，英国人在讨论、想象美洲原住民时表现出一系列非常明显的矛盾心理，而这恰恰反映出英国在对待北美殖民地时面临的巨大不确定性。这场战争使英国在此处和世界其他地区取得了空前的战果，但这一非凡的胜利几乎立刻带来了新的挑战与疑虑。

这在一定程度上是因为英属北美殖民地的规模大大扩张。1763 年之后，英国的统治范围从极北冰冷的拉布拉多海岸一直延伸至南部的佛罗里达湿地，向内陆拓展了大约 200 英里，其治下的民族、宗教与文化相较于 1756 年之前更为丰富多样。甚至在战争仍在进行的时候，刚刚抵达北美的英国官员与士兵就已经被这里广阔的地形和彼此之间差异巨大的民众震撼到了。正如我们所看到的那样，他们不得不认识到美洲原住民的多样性与他们潜在的危险性，而且他们也认识到，英帝国急需其中的一部分人来辅助自己。在北美，通过动员民众参与作战，英国人得以了解到当地黑人的人口规模，而此时黑人在 13 个殖民地居民中所占的比例甚至超过了现在黑人在美国人口中的比例。1756 年，英国驻北美总司令在通告纽约人时强调，英国"不管你的肤色如何、体型如何、年龄如何，只要身体健康……而且会用枪"，考虑到英国当局对人力资源的迫切需求，以及黑人占纽约人口 1/5 的事实，英国人也没法采取其他可行的措施。[47]

现在，战争胜利了，加拿大、路易斯安那和佛罗里达都被纳入了帝国的版图，因此，在美洲的英国官员必须应对大量新加入的、不会说英语的白人臣民，他们信奉天主教，而非新教。此外，他们还要应对这些地区的原住民。[48] 英国在北美大陆的地盘比以前大得多，而且异质性相当明显。即使是七年战争前就已经存在的 13 个殖民地，现在也越来越被伦敦方面视为在民族、文化和利益方面与自己不同的一群人。在战争时期，有大量的英国士兵与官员驻扎在这些殖民地，外加有关它们的信息在英国本土爆炸式地增加，不仅让英国人更加了解他们治下的非白人群体，而且也让他们更直观地认识到了居住于此地的白人殖民者和自己的相同之处与不同之处。可以肯定的是，1763 年之后，英国人似乎更习惯将那些生活在美洲殖民地的白人殖民者称为"美洲人"，这要比那些居住在美洲的白人开始习惯这么称呼自己早上 10 年，甚至更久。曾经，人们会不假思索地认定大西洋彼岸的白人殖民者和英国本土的人们没什么不同，而如今，很多人（尽管并非所有的英国人）都认为那些殖民者有着自己的特征，而且双方很可能已经大不相同。[49]

这反过来又让英帝国在 1763 年之后面临的另一个挑战变得更为棘手。在战争期间，为了满足军事与行政方面的需求，13 个殖民地的英国官员曾试图统计境内的白人与非白人人口数量。他们很快发现，白人和有色人种的数量都相当多。像苏珊娜·约翰逊这样一代又一代移民妇女贡献的高生育率，使殖民地的白人人口从 1650 年的 55000 人，增长到了 1700 年时的 265000 人，再到 1750 年的 120 万人。在短短 100 年的时间里，北美殖民地的盎格鲁殖民者就从当时英国人口总数的 1/100 飙升到了 1/5；而到了 1770 年，北美殖民者的人数再次飙升，与英国本土人口的比例上升到了 1∶3。[50] 和其他很多事情一样，1750 年之后，北美殖民地人口增长的速度进一步加快是受到了七年战争的影响。一旦英国人取得胜利，法国人在北美的野心也就被终结了，从而英国人从大西洋彼岸向美洲的移民进一步加速。1760—1776 年，约有 55000 名爱尔兰新教徒、40000 名苏格兰人和 30000 名英格兰与威尔士居民离开他们的家园，前往美洲，此时，他们与他们的同胞对这片大陆有了更加深刻的了解。伦敦的政治家们则一遍又一遍地强调，这些跨越大西洋的移民绝大多数是 30 岁以下的年轻男性，而英国自身的农业、工业、陆军与海军最依赖的正是这些人。[51]

因此，1763 年后，那些经常让英国人对自身帝国事业感到担忧的因素再次引发了人们的巨大焦虑：狭小的本土面积、稀缺的资源与人口数量的稀少。众所周知，英国本土的人口增长速度远远低于美洲殖民地的人口增长速度，那么在未来，英国如何才能继续维持对美洲殖民地的权威？1767 年，一名专家预测（很不幸，和其他大多数专家一样，这个专家也没预测对）："大约再过 20 年或者 30 年，（美洲殖民地的）人口将和英国本土的人口一样多，甚至他们那边的人口会更多。"这名专家还警告称，英国的人口数量"将不足以处理这个国家的全部事务，包括国内事务与国外事务；同样也不足以保卫英国的全部领土"。如果大量的年轻人移民到美洲殖民地，进而导致本土人口流失，那么英国又该如何维持本国的繁荣昌盛，如何在战争中自卫，更不用说如何维系这个庞大的帝国？乔治·格伦维尔（George Grenville）甚至在七年战争之前就已经警告过下议院：

201 　　　　先生们，我们都很清楚，西班牙……的人口数量（已经）急剧下降，因为西班牙太鼓励他们的人民移居到美洲的殖民地；因此，无论这些殖民地对我们这个王国而言多么有价值，这都应该是对我们的一次警告，绝不要让殖民地吸纳太多母国的人口。[52]

在七年战争之后，英国人越来越倾向于将北美殖民者视作与自己存在些许差别的一群人，而这使上述担忧变得更加严重。过去，英国人会因美洲殖民地的繁荣昌盛感到欣喜若狂，因为在他们眼中，美洲殖民者是自己的同胞，他们的人口越多，自己的实力就越强大。但如今，一部分英国人就不再那么自信地认为，这些大西洋彼岸的殖民者快速增长的人口，也就是本杰明·富兰克林所谓的"美洲乘法表"（American multiplication table），会永远且必然站在英国这一边，服务于帝国的利益。1775 年，塞缪尔·约翰逊在有关美洲殖民者的小册子中暗暗表示："如果他们接着翻倍，再翻倍，那么他们所在的那个半球就没法容纳这些人了。"这种前景是如此可怕，以至于约翰逊在把手稿交给印刷商之前就把这几句话从稿子中划掉了。[53]

　　不过，英国当局最为关心的，与其说是美洲人到底想不想自己建立帝国，不如说是严格意义上的现实问题，即如何才能有效地治理、控制这些白人殖民者和英属北美大陆上的其他民族，并在一段时间内保持和平与稳定。在战争期间，驻扎在北美的英军与文职官员得出了一个结论：正是殖民者对美洲原住民土地无休止的侵扰，才导致印第安人采取了暴力袭击行为。在 1763 年爆发的庞蒂亚克战争中，约翰·拉瑟福德和托马斯·莫里斯等英国人被俘，大量英军士兵被杀，这一切都进一步让伦敦方面相信，让殖民者和美洲原住民相互隔离、相互确保安全并同样服从英国王室是多么重要。正是为了实现这一目标，1763 年之后，英国人才在北美维持了一支 1 万人的军队（当然，北美殖民者对此的看法大相径庭）。伦敦方面乐观地认为，一支常驻在北美、具有相当规模的正规军部队能够在数量不断增加、相当渴望土地的白人殖民者与那些愤怒的、已经受到伤害的、正在步步后撤但又极度危险的印第安人之间建立起一道分界线。[54]

但是，由于美洲殖民者拒绝缴税，伦敦方面自然没有足够的资源来维持北美的治安，这支 1 万人的军队也就一直停留在纸面之上。到 18 世纪 70 年代初，在加拿大、13 个殖民地、佛罗里达和广阔的西部边境之上，只有不到 4500 名穿着军装的英国人维持着秩序，因为英国自己的常备军规模相当有限，而且英国国内的纳税人不能也不会在和平时期允许英国的常备军规模进一步扩大。[55] 这一幕我们已经见过很多次，英国各方各面的"小"既限制了其帝国事业的发展，也限制了他们的虚荣心。

不过，我们不应夸大这一阶段英国在美洲的帝国事业面临的压力，我们也不应过分强调七年战争之后英国的焦虑。18 世纪 60 年代至 70 年代初，大西洋两岸都有许多人为大英帝国前所未有的全球影响力与财富感到欣喜，他们仍旧将对方视为自己的新教兄弟与不列颠同胞，并相信这种基于商业、宗教和同一君主的跨大西洋联盟将会而且应该永远维系下去。然而，在大西洋两岸，还有其他一些不列颠人，他们更有预见性地意识到，七年战争所赢得的先前根本无法想象的战果带来了惊人的领土收益，也带来了巨大的行政与军事负担，以及很难维系的民众期望，而在北美，英帝国的力量已经承受了极大的压力，甚至在某些方面正在逐步退却。

这也许是七年战争之后英国人有时会对美洲原住民抱有同情的终极原因，也是彼得·威廉姆森的俘虏故事能长期获得人们追捧的原因。矛盾的地方在于（不过从表面上看没什么矛盾），英国本土的人们和正在步步后撤的北美原住民现在有了某种共同点。和大英帝国一样。北美原住民面临着越来越大的压力。而且，正如英国国内的一部分人对殖民者的人口规模感到焦虑，并受到他们日益增加的人口数量与不断滋事的威胁一样，美洲原住民也面临着同样的威胁。因此，在七年战争之后，英国的帝国主义者和美洲的原住民都发现，他们有时会很奇怪地站在同一边，面对一个共同的挑战：美洲白人殖民者不断壮大的队伍。现在，这些人对美洲原住民提出的要求与乔治三世、英国议会以及帝国利益提出的要求都感到越来越不耐烦。在即将到来的危机中，美洲原住民和大英帝国都无法置身事外。

第七章
革 命

错认的身份

1780 年 9 月 22 日，星期五：他第二次被俘的经历注定是短暂的。

当他抵达岸边之时，已经是晚上，哈德逊河西岸茂密的丛林已经完全被黑暗吞没，而他披上了一件披风，将自己的夹克罩了起来。他骑着马，既没有看到其他人，也没有被什么人看到，一路来到了哈弗斯特劳附近预先确定好的地点，但这次碰面花的时间有些太长了。当这个也许不再算是美国人的美国人拒绝在停泊于河畔的英国军舰上会面之时，他的处境就已经变得十分危险。现在，他需要就抚恤金、可能的晋升与适当的保障措施等细节问题给出具体的方案，双方一直谈到了破晓时分。他已经疲惫不堪，但又需要时刻保持警惕。他对每一个突然发出的声响都极为敏感，不管那是飞鸟，还是树丛中沙沙作响的小动物，抑或不知道哪来的一声炮响。最终，他没能顶住，听从了对方的劝告，骑马到了附近的一处房子里，希望能在这里躲一躲，直到夜幕再次降临。当安全屋已经近在咫尺之时，他突然听到在自己附近出现了哨兵的声音。

他，约翰·安德烈（John André），国王陛下在北美的总司令亨利·克林顿（Henry Clinton）的副官，先前已经与一个名叫本尼迪克特·阿诺德（Benedict Arnold）的大陆军主要将领达成了协议，阿诺德将军愿意投降英军，并将西点堡垒交给英国人。但是，在这个过程中，他自己也跨越了一条非常关键的边界线。对他来说，这座安全屋一点也不安全。因为它处在美国的界线之内。

他已经竭尽所能。到目前为止，他的神经一直处于极度的紧张状态，这可能导致他的判断力受到了一些影响。他身上穿着一件忠于英国国王的人借给他的普通深红色大衣，将自己那身英军高级参谋的绣金夹克藏在其中。他把阿诺德的秘密指示塞进了白色丝袜当中，打算在星期六早上出发，找到一条回到纽约英军总部的路。阿诺德给了他一张通行证，由于离这个美国人的叛逃还有几天时间，所以这张通行证足以保证他安全地通过两组哨兵的检查，顺利回到中立地带。也许正是这种解脱感最终让他功亏一篑。这三个大陆军民兵穿着家常的、沾满泥土的平民服装，一直在树林里搜寻自己队伍中的逃兵，他们最初并没能确定这个陌生人的身份，安德烈也一样不清楚他们的身份。的确，他的口音很独特，他的胡茬和不合身的大衣似乎与他表现出来的仪态格格不入，但眼下是一个天下大乱的年代，没有谁的装扮或者行为应当是什么样的。然而，面对这个人急切提出的、根本没过脑子的问题，这三个民兵保持了足够的警惕。"你们是哪一边的？"约翰·安德烈问道。"和你一边的，"他们回答称。就这样，他彻底放松了下来，并告诉他们自己是一名需要帮助的英军军官。就是这些话，让他成功地把绞绳套在了自己的脖子之上。

10 月 2 日，在纽约与新泽西交界处附近的塔潘，大陆军方面以间谍罪判处安德烈绞刑，法场上有 500 多名大陆军士兵负责维持现场秩序，周围聚集了大量的人，他们或痛哭流涕，或小声啜泣，眼睁睁看着他的尸体在绞刑架上晃荡了整整半个小时才被放下来。围绕着安德烈的经历，大量或真实或虚构的故事涌现了出来，在新生的美国，这一点尤其明显。在整个 19 世纪以及之后的很长一段时间里，美国的收藏家们相互竞价，只为争夺这个死去之人的一缕头发，他在最后被囚禁期间画的一幅素描，他坐过的一把椅子，或是他拥有的一本书。任何一幅年轻、英俊但又不清楚姓名的红衣军官的画像都会被人们贴上"约翰·安德烈少校"的标签，因此，他的形象一直处在变化之中。

33. 约翰·安德烈在行刑前画的自画像

在美国，人们如此崇拜一个被处决了的 29 岁英国陆军少校这件事，实际上并不像表面看起来那么奇怪。毕竟，从各种意义上讲，约翰·安德烈都是输家。西点堡垒没有在美国独立战争期间投降，反倒是乔治三世在北美的军队投降了。因此，对于那些崇拜他的人来说，安德烈虽然站在了错误的一方，但仍充满浪漫主义色彩，与本尼迪克特·阿诺德形成了鲜明的对比，对美国人而言，阿诺德完全就是令人厌恶的叛徒，是这场伟大的独立战争中的加略人犹大。而安德烈就相当迷人了，他似乎与人们刻板印象中傲慢的英国人和暴虐的帝国士兵大不相同。他身上混杂着法国和瑞士的血统，精通多门语言，是一位出色的艺术家，有写日记的习惯，和许多英国军官一样喜欢戏剧，此外，他还长得很帅，又很幽默、随和，因此有大量的男女为之倾倒。尽管安德烈出身商贾，个性又极为张扬，但在他巨大的个人魅力面前，英军中那些老古板的高级军官都得靠边站。而在人生的最后一天里，他仍然极富魅力。他兴高采烈地吃完了乔治·华盛顿从自己的餐桌上分来的早餐，还和两名年轻的美国军官勾肩搭背地走向刑场，这两名军官马上就成了他的朋友，在行刑前，安德烈向那些判处他绞刑的军官鞠躬致意。在看到绞刑架和绳子的那一刻，他踉跄了一下，低着头看了一会儿（他曾希望自己能像一名士兵一样被枪决），但很快，他就恢复了过来。他说，在踏上去往天国的马车之前，美国人的鼓声比他想象的更富有音乐感。[1]

正是这些微小的细节在当时赚足了观众的眼泪，也让他拥有了相当不错的身后名，不过这些却掩盖了安德烈本人的身份和他的信念。毫无疑问，他是个有修养、有魅力，还富有感情的勇士，但与此同时，他也是一个充满野心、经验丰富的帝国战士，出于深深的爱国主义信仰，毅

34．约翰·安德烈的行刑现场

然投身于战斗之中，并以此来规划自己的人生。他在临刑前写信给一位英军中的朋友："我不认为努力结束一场内战的行为……是一种犯罪。"尽管华盛顿相当具有骑士精神，但他仍然坚决地处决了这名优雅的英国俘虏，同样，尽管安德烈对囚禁他的那些美国人很友善，但自始至终他都坚信这些人是大英帝国的叛徒，他们的所作所为破坏了帝国的善治，切割了连接着大西洋两岸的纽带。除此之外，我们还必须注意到，在优雅至极的举止之下，很可能隐藏着安德烈强烈的复仇欲望。因为安德烈曾经被俘过。1775 年 11 月，他在加拿大的圣约翰堡与数百名战友一起投降，先后在宾夕法尼亚的兰开斯特和卡莱尔这两个地方待了几个月，那里的共和派居民有时会在街上向他扔东西，拦截他的信件，威胁称会把他扔进监狱（此时的他相当于被假释的状态）等，这些行为"意在羞辱我们，抬高他们自己"。[2] 在这里，安德烈的个人魅力和成就基本没什么用。而如果他能在大陆军在查尔斯顿和卡姆登接连遭遇惨败的同一年亲自参与一场策反，让大陆军方面丢掉西点堡垒，那么这一定算是一种非常有吸引力的复仇方式。还有什么比策反本尼迪克特·阿诺德——这位 1777 年时在萨拉托加战役中俘获数千名英军的大功臣——更能让他忘却自己被俘的痛苦记忆呢？

　　在这场有着固定套路的帝国大戏之中，俘虏扮演着关键的角色。对英国人而言，在整个美国独立战争期间，不同类型的俘虏都发挥着相当重要的作用，有些俘虏发挥的作用相当特殊，有些则有着不少共同点。值得一提的是，英国本土的人们从未就应当如何看待那些身处北美殖民地的殖民者达成共识。对于相当一部分英国人来说，大西洋彼岸的那些人离自己太远了，他们对这些人压根就没有任何兴趣。虽然随着七年战争的爆发，英国人对北美的认识肯定有了大幅提高，但这并没有在英国本土塑造出一种普遍共识。对一部分人来说，13 个殖民地的白人殖民者为七年战争的胜利做出了巨大贡献，他们似乎比以往任何时候都更像是大西洋彼岸的同胞，是新教徒，是热爱自由的英国人。然而，对其他人来说，北美的白人殖民者首先是殖民者，和北美的其他群体——讲法语的加拿大人或者美洲原住民——一样，他们需要接受统治，尽管英国人应当好好统治他们，但他们也必须好好服从统治。

1775 年后，英国与自己曾经的 13 个殖民地之间爆发的战争既源于这些根本性的分歧与不确定性，同样也加剧了这些分歧与不确定性。约翰·安德烈暴露了自己，并为此付出了生命的代价，因为在最重要的时刻，他并没有正确地认出美国人，没有分清哪些人是他的敌人，哪些人是他的朋友。同样，在如何看待大西洋彼岸这些人的问题上，英国人摇摆不定，陷入了分裂之中，导致这场冲突中的英国人既无法有效地让他们自己抓获俘虏的行为合法化，也无法就谁应该被视为俘虏这一问题达成一致。这些令人尴尬的问题一直没能得到解决，才导致英国方面不仅在军事方面遭遇了失败，而且在宣传与政治方面也遭遇了同样的失败。

应当把谁算进来？

从最直接的层面来看，在美国独立战争期间，英国方面有数以万计的士兵和水手被俘虏。其背后的根本原因想必读者们已经很熟悉：英国太小，人口太少，常备军太少，没法在帝国境内或者任何一片离自己遥远的大陆上长期维持一场大规模的陆地战争，更不用说赢得这样一场战争，除非英国人能得到为数众多的当地居民或其他能提供实质性援助的盟友的积极支持。之所以需要再次强调这一点，是因为正如斯蒂芬·康威（Stephen Conway）所言，人们总是认为，这场冲突中的"英国是一台近乎无敌的军事机器，因此或有意或无意……夸大了美国人的成就"。[3]例如，在梅尔·吉布森（Mel Gibson）的电影《爱国者》（*The Patriot*）中，一方是由光鲜亮丽、满怀恶意的英国军官指挥着的红衣战斗机器，一方则是外表邋遢、装备落后但高尚的美国民兵。这是有关美国独立战争经久不衰的迷思：战场上的真实情况完全是另外一回事。

可以肯定的是，英国最初的形象就像那个强大的歌利亚（而革命者自己则是大卫），一个极具侵略性的国家，通过七年战争改变了全球范围内的均势状态。然而，七年战争和美国独立战争在本质上是截然不同的。在七年战争中，英国人获得了欧洲的强大盟友——特别是普鲁士——的支持，这些盟友有效地牵制了敌人在欧洲大陆上的大量武装力量。而在北美，英国人最终得到了大约 20000 名殖民者所组成的部队的支持，而且英国方面也得到了殖民地民众的广泛支持。即便如此，他们仍然花了数年的时间才成功击退了法国方面规模小得多的殖民地部队，从而成功占领加拿大。

而 1775 年之时，情况则相当不同，对英国人而言，形势也更加危急。欧洲的几大列强要么像法国一样从一开始就与英国为敌，要么像俄国一样保持中立；很多殖民者公开拿起武器与英国人为敌，而更多的人则选择保持沉默；英国自己的武装力量也没能像 1759 年那样创造奇迹。出于经济原因，1763 年之后，皇家海军的规模有所缩减，而当这场新的战争爆发之时，英国陆军的总兵力还不到 36000 人（和纸面上的数据并不相同）。英国政府粉碎这场他们眼中的叛乱的最好办法就是将其扼杀于萌芽之中，然而在美国独立战争最重要的头两年里，伦敦方面只多征召了约 18000 人的部队。尽管与此时华盛顿手中的部队相比，这些人似乎绰绰有余，但我们仍需要将北美与英国本土的距离和当地的地理因素考虑在内。大陆军是在本土作战，尽管并非所有的当地平民都支持他们，但相比之下，在北美作战的英军消耗的几乎所有军需物资都需要从 3000 英里之外的地方运来，或是从当地居民那里征用而来，而这种做法几乎必然会把平民推到对立面。[4]

　　然后，有所区别的地方就在于这场冲突的规模，对英国人来说，美国独立战争比他们以前参与过的任何一场战争都要大。美国人自然倾向于只关注发生在 13 个殖民地之上的事情。然而，这些殖民地只占当时英国大西洋帝国 26 个殖民地中的一半，剩下的地方还包括加拿大、新斯科舍、佛罗里达、加勒比地区的岛屿，以及洪都拉斯湾和米斯基托海岸的非官方定居点。这些地区的大多数居民在 1775 年都没有选择造反，但上述几乎所有地区都爆发了一定程度的冲突；而且所有这些地区都需要英国军队驻守，都需要相关的后勤人员提供补给，驻扎在这些殖民地的英军士兵也同样很容易被俘、患病或是死亡。[5] 1778 年后，法国正式站在殖民者一边下场参战，随后，西班牙于 1779 年参战，荷兰于 1780 年参战，使英国面临的情况大大恶化。这不仅为殖民者提供了更多的军事资源，尤其是海军资源，而且还使这场冲突蔓延到了其他大陆之上。荷兰、西班牙与法国的每一个殖民地，以及英国在地中海、非洲和印度的每一块领土，现在都被卷入了战争的旋涡之中，这些地方的人们再次面临着死亡与被俘的风险。到 1780 年，英国参战的陆军兵力超过了 10 万人，但这一阶段，战争所波及的地理范围已经太大，以至于这些部队中只有不到 30% 的兵力能够投入北美战场。[6] 这个看起来像是歌利亚的巨人，实际上每个关节都在流血。

这场战争的规模与性质在一定程度上解释了为什么在战争期间被俘的英国人数量极多，而且引发了极大的争议。从一开始，就有大量的英国士兵与平民在陆上和海上被俘。仅仅在 1775 年 11 月圣约翰堡的一次交战中，约翰·安德烈身边与他一同被俘的士兵就至少有 250 人。两年后，殖民地一方的首席战俘专员伊莱亚斯·布迪诺特（Elias Boudinot）就曾估计，此时英军方面扣押了将近 6500 名战俘，而大陆军一方则控制了大约 1 万名战俘。[7] 1780 年，在查尔斯顿战役和卡姆登战役之后，英国方面控制的俘虏人数大幅上升，但在经历了约克镇战役与其他几场不太引人注目的失败之后，天平又彻底地倒向了另一方。1782 年 5 月，克林顿将军严肃地告知伦敦当局，敌人现在控制着大约 12000 名英国战俘，"而我们手中只有 500 名"。[8]

然而，这些数字不过是对某一类战俘的粗略估计。正如大英帝国陆军部承认的那样，在这一时期，他们根本不具备

> 确定具体被俘人数的方法，既不知道任何一年被俘虏的总人数有多少，也不知道在这一年当中双方交换了多少俘虏。

独立战争时期的美国当局更没有能力对被俘人员进行精确且全面的统计，部分原因在于在北美的英国战俘从未被集中到少数几个战俘营之中

以便于统计，而是广泛地甚至是杂乱无章地分散在北美各地。例如，在萨拉托加战役中被俘的 2500 多名英国士兵，后来被分散安排到了 13 个殖民地中的 9 个，这些战俘生活在 30 个不同的定居点之中。[9] 鉴于战俘分布得如此分散，无论官员们多么认真，都很难确认有多少人在监禁期间死亡或者逃跑，抑或有多少人改变了立场，无论是加入大陆军或是当地民兵，还是与当地妇女结婚并悄然融入了本地社区。

此外，上面提到的战俘总数并没有将所有的俘虏都统计进来。例如上面提到的大陆军方面对英军俘虏的数量估计，通常就不会将皇家海军战俘和北美私掠者在海上俘虏的英国商船船员与乘客计算在内。负责海军战俘事务的英方专员大卫·斯普罗特（David Sproat）在战后宣称，到 1779 年，"北美几乎每个监狱里……都有英国的水手（然而很多人都被忽视了）"，在他本人的监督下，有超过 7700 人被交换了回来。[10] 而这些人只占这场冲突中在海上被俘的英国人总数中的一小部分。当法国、西班牙和荷兰参战之后，它们的海军与私掠船队就也加入了抓捕俘虏的行列之中，而在大西洋和英吉利海峡活跃的北美殖民地私掠船能够在法国、西班牙或荷兰的港口卸下它们抓获的任何英国俘虏，而无须大费周章地将他们带回北美。1779 年，本杰明·富兰克林表示，现在法国境内的英国战俘都要比英国监狱中的北美殖民者多了。或许这只是一种宣传策略，试图将英国人的注意力集中在战俘交换问题之上；或者，这也可能是消息灵通的富兰克林所做的一个推测。英国人自己曾统计过，到战争结束之时，他们至少有 2000 名水手被囚禁在西班牙，其中有很多人是被北美殖民地的私掠者带到那里去的。[11]

因此，在美国独立战争的某一阶段，被俘虏的英军士兵、海军水手

35. 北美殖民地中忠于英国王室的人们营救出了一名英军战俘
当 时 的 条 件 通 常 要 比 这 个 严 酷 得 多

和商船船员的总人数很可能超过了 2 万人，特别是我们还需要将在西
印度群岛、拉丁美洲、非洲沿海地区以及——我们将在后面一章中看
到的——印度等地被俘的人计算在内。全球规模的战争导致了全球规模
的俘虏。然而，无论是这一原因，还是缺乏足够高质量的档案记录，都
并非探究在这场失败了的帝国战争中俘虏对英国人的意义的主要障碍。
更加棘手也更具挑战性的问题在于俘虏的定义。这场冲突中的哪些人应
当被纳入"英国俘虏"的估算范畴之中？我们到底该把谁算进来？历史
仍然是从胜利者的角度书写的，所以对这场战争的大部分描述都与《独
立宣言》相符。这意味着，1775 年之后，冲突的双方要么是英国人或站
在英国一边的人，要么是美国人或站在美国一边的人，仿佛当时的人们

已经被泾渭分明地划成了两拨人，而且所有人都认同这种划分方式。然而，这种做法往往会给战争中被俘虏的人强加上某种确定性与同质性，实际上，这种确定性与同质性并非那么显而易见。

让我们先来看一看被卷入战争的女性。1775 年，在北美的各个英军营地当中，女性大约占了 1/8。到战争结束之时，北美的英军部队中妇女与士兵的比例接近 1∶4。不可避免的是，在战斗的过程中或是行军途中遭遇的伏击里，一部分随军的妇女与士兵的妻子会被大陆军俘获，和其他人一样遭受被强奸和杀害的命运。据了解，1775 年在加拿大与安德烈一同被俘的"英国人"中，有将近 1/4 是妇女和儿童。英军在萨拉托加投降之后，又有数百名妇女被俘虏。"真是一群肮脏的人"，

> 有好多妇女，她们仿佛是运辎重的牲畜，每个人的背上都背着一个特别大的篮子，里面装着锅、水壶，还有各式各样的家具，这么沉的东西把每个人的背都压弯了。孩子们从各种器皿的空隙里探出头来，还有一些特别小的婴儿，应该是在行军路上出生的，妇女们光着脚（原文如此），身上披着肮脏的破布，散发着难闻的臭气……倘若当时这帮人没抽烟，那么我就该担心自己会不会受到污染。[12]

这是英帝国另外一个非常不同的面相。随着战争的进行，这些在救护、烹饪、洗衣方面不可或缺的妇女中，有越来越多的人实际上出生于美洲。而在整个战争期间，她们在英军军营中的地位明显上升。她们中的很多人是在战争中失去父母、丈夫或其他亲人的难民，因此只能寄身

于某个路过的英军军团，好换取一份口粮、一个住处，或许还能遇到一个能照顾自己的人。有些女性则是在英军在附近扎营之时和其中某名士兵建立了密切的关系，于是随后加入了他们的行军队伍，也许她们会将自己视作那名士兵的合法妻子。毕竟，这帮武装的"入侵者"与这些妇女说着同样的语言，有着类似的习俗与文化背景，所以我们根本没法用简单的"亲敌"二字概括这里发生的一切。那么问题来了：像这样被俘虏的妇女该如何划分归类？是否要因为她们和英军士兵走得很近而将她们算作英国人？还是应该把她们看作被自己一方俘虏的美国人？几乎可以肯定的是，许多被卷入其中的人都会意识到，这两种定义都与她们当时所处的复杂环境不相符合。

同样，对于这场战争中为英国方面效力的辅助部队成员来说，分类也没那么容易。与他们的敌人一样，英国人通常会将本国的正规部队与那些被雇佣来作战的黑森人和其他德意志人区分开来，到1778年，这些人约占北美"英军"总人数的1/3。1777年10月，当一个名叫约书亚·皮尔斯贝里（Joshua Pilsberry）的大陆军士兵自行统计在萨拉托加投降的人数时，他非常清楚这一点，但还是不由自主地表达了自己的困惑。根据他的计算，在伯戈因（Burgoyne）将军麾下的这支降兵中，有2242名"英国俘虏"；此外，还有2390名"外国人"。对皮尔斯贝里来说，显然，尽管英国人毫无疑问是敌人，但还不算是外国人。[13] 同样，英国人自己也区分了那些为他们服务的欧洲军队和他们在美洲本土的盟友。无论是在纸面上，还是在内心里，他们都明确区分了支持他们的美洲白人与那些从南方殖民地大量涌进军队的黑奴。然而，无论何时，北美的保王党人都很难进行归类。

在狂热的革命者眼中，毫无疑问，保王党人是帮助敌人的叛徒，是腐败、压迫与暴政的帮凶。1777 年 12 月，大陆会议通过了一项决议，规定任何自愿支持英国一方的人都将被监禁起来，并由他们所在的州负责处理，他们将不被视作战俘，而是罪犯。这一决议出台之后，大量保王党人遭到了监禁，他们中的很多人被监禁了很多年，被剥夺了财产，被流放，还有些人遭到了残酷的折磨，甚至被施以私刑。正如 1789 年后的法国一样，在一定程度上，美国革命在基层的宣传靠的是私刑与各种各样的恐怖手段。居住在宾夕法尼亚兰开斯特的约翰·马圭尔（John Maguire）冒着风险将几名逃跑的英国战俘藏在了自己的房子里，结果没过多久，这一行为就"被发现了"，他"被关了起来，现在自己的人生全毁了"。还有些人则是因为在错误的地方说了错误的话，或是因为没有足够明确地庆祝胜利，或是仅仅因为他们遭到了邻居的怀疑甚至是单纯不被喜欢而受到了当地革命委员会的打压。[14]

214

显然，在北美殖民者的眼中，保王党人根本不是叛徒，他们压根就是敌人。这些保王党人认为自己应当忠于出生之时所在的那个国家，其中很多人并不认为自己仅仅是大英帝国的臣民，而是认为自己就是英国人。因此，问题再一次浮出水面：我们要如何将这些人进行归类？如果把 1775—1783 年被囚禁的北美保王党人都包括在内，那么在这场冲突中被俘的英国人总数就至少有 5 万，甚至有可能接近 10 万。

此外，在实践中，"美国人"与"英国人"这两个含糊不清、争议极大的词语还会带来另外一个极端复杂的问题。到 1779 年时，约有 2000 名支持独立的北美殖民者被关押在不列颠和爱尔兰的不同地区，其中绝大多数人位于英格兰南部沿海一带，这些人基本是在海上被皇家海军或英国的私掠者俘虏而来的。[15] 我们很容易就可以猜到，这些人也激发了当地居民的同情心。七年战争期间，英国公众就曾为被关押在英国本土的数千名法国战俘捐款捐物，而在 1775 年之后，英国人也开始为被俘的美洲殖民者举办类似的募捐活动。与先前不同的地方在于，人们不太确定应当如何看待这些俘虏。1777 年，苏格兰艺术家艾伦·拉姆齐（Allan Ramsay）一针见血地指出，与曾经的 13 个殖民地之间的战争既不是一场与外敌的冲突，也并非纯粹的内战。他强调，"最近，在北美大陆出现了一类新的群体，仔细观察后会发现，这些人并不属于上述两类中的任何一类；因此，他们让人感到十分困惑"。[16]

　　这些被关押在英格兰、威尔士、苏格兰和爱尔兰沿海地区的人，这些与看守他们的英军士兵和狱卒说着同样语言的人，难道仅仅是敌方战俘？还是说，他们在某种程度上也是被俘的不列颠人？或者，他们是其他某类人？对于英国那些持反战立场的辉格党人和激进派人士来说，答案很明确。无论是被关押在北美还是英国本土，这些被俘的北美殖民者都是自由事业的殉道者，是乔治三世暴政的受害者，最重要的是，他们是英国同胞。但其他很多英国人的想法更加矛盾，当然也更符合事实。可以肯定的是，他们认为这些俘虏与先前的那些敌人并不相同，但他们确实不知道该如何给这些人归类，也不知道他们在多大程度上和自己一样，在多大程度上和自己不一样。

　　当时的英国漫画家也没法解决这一难题。在 18 世纪的大部分时间里，英国漫画中的北美殖民者形象和印第安人是一样的。1775 年之后，这显然就不合适了，因为在战争中，北美原住民慢慢变成了英国的盟友。那么，该如何表现这些"不忠诚的"北美白人呢？让人感到惊讶的

36.《议员们与大陆会议成员会面》
1778 年的一幅英国画作

是，在美国独立战争期间，英国的艺术家经常用不同的服装来区分这些
人，但大家最终也没能塑造出一个令人满意的、普遍为人们所接受的标
准形象。因此，在战争期间的英国漫画中，那些敌对的北美殖民者总是
穿着荒谬的、不合身的制服，看着像是从哪个布满了蜘蛛网的阁楼里搜
刮出来的东西。像马萨诸塞州州长约翰·汉考克（John Hancock）这样
的人既得到了人们的吹捧，又被狠狠地嘲弄着。在漫画里，他穿着奇怪
的毛皮衣服，露出肌肉发达的大腿，与诺斯勋爵（Lord North）的华丽
锦缎、丝质长筒袜和吊袜带形成了鲜明对比。在另一幅画里，大陆会议
的成员们站在一棵充满了异域风情的棕榈树之下，不怀好意地注视着前
来和谈的卡莱尔（Carlisle）伯爵，显然，卡莱尔伯爵等人的服饰就显得

216

正常多了。在这些漫画中，英国人逐渐意识到，一部分北美殖民者正在创造新的身份认同。然而，与此同时，在这些漫画中，北美殖民者与英国人的差异在很大程度上仍只局限在服饰上，局限在那些穿在身上但也可以再次脱掉的东西之上。

这场冲突在很大程度上与"美国人和英国人"如何看待彼此、应当效忠于谁的问题有关，这意味着我们很有必要去研究这些在冲突过程中被俘虏的人。和不断飙升的死亡人数、受伤人数与税收金额一样，俘虏数量的飙升并不仅仅意味着这场持续多年的战争变得既危险又烧钱，尽管对于战争双方而言，这显然也是事实。在这场独立战争中，应当如何看待、如何对待来自另一方的俘虏这一问题背后更深层也更广泛的争论在于，国家与帝国的边界究竟在哪里。

这在一定程度上要归因于交战双方共享的文化资源。英国本土的人们与北美殖民者都有自己的俘虏故事。对于前者而言，他们已经习惯于借助此类故事来思考他们的国家与帝国拥有的优势与劣势，以及他们与各种各样的敌人之间存在的差异和共性。然而，在这场帝国大战中，俘虏故事有着特殊的意义，因为故事的主角说着同样的语言，同样对印刷品相当痴迷。因此，英国本土的人们不仅看到了己方士兵与支持者痛苦的被俘经历，而且经常能看到北美殖民者撰写并印刷出来的攻击英国人的报道，其中，英国人被描绘成了侵略者、俘虏他人之人。在这些独特的情形之下，有关俘虏故事的写作与争论本身就成为战争的一部分，同样也成了宣传革命的一种策略。

捕获网中之狮

1781 年 6 月 1 日，一个叫威廉·维杰（William Widger）的人做了一个梦。维杰是马萨诸塞州马布尔黑德一个半文盲的私掠者，在美国独立战争期间站在了大陆军一边，1779 年，他所在的横帆双桅船"腓尼基号"（Phoenix）被皇家海军捕获，随后连人带船一起被带回了英国，他与其他北美战俘一道被关在了普利茅斯的米尔监狱之中。作为一个关押犯人的场所，这里与其说是冷酷无情的禁闭室，不如说是个破破烂烂的草台班子，以当时的标准来看，这所监狱的死亡率很低，但越狱率很高，因此，维杰在狱中一直坚持写日记，狱警也一直没有阻拦（或者说压根就没发现）。在这本日记中，维杰把自己的想法都写了下来，并尝试对其进行合理化的处理。他在睡梦中穿越到了几千英里之外的北美，想象自己回到了马布尔黑德，走在一条相当熟悉的道路上，尽管——正如梦境中经常出现的那样——梦中的他当时就知道这一切都只是幻想。在梦境中，昔日的邻居西尔维斯特·斯蒂芬斯（Sylvester Stephens）突然冒了出来，和他打了个招呼，并且聊了一阵子：

> 我对他说："现在，我离家这么近，却没法回去，真是太难了。"我想着，他似乎是在问我："有什么麻烦吗？"我说："你猜我为什么在路的这一边。"

在维杰的梦里，宽阔的大西洋一瞬间变成了一条尘土飞扬的新英格兰街道，他被束缚在了街道的这一边，没办法跨越到另一边去，但他仿佛仍

217

然能认出家的景象。在那沾满污垢的普利茅斯监狱里，他似乎"离家很近"，但又不在那里。[17]

　　在无意识的状态下，人能够以一种相当奇特的方式为事物赋予象征意义：维杰的梦就生动地展现了这场冲突双方的许多战俘都曾有过的感觉，即他们既脱离了熟悉的环境，但由于这场战争的特殊性，又似乎没有完全脱离。无论是英国人还是北美殖民者，在这场战争中面对的敌人，其肤色与衣着往往与他们自己的肤色和衣着相同，他们很可能说着同样的语言，信奉同样的宗教，在大部分时间里的日常活动和思考方式都非常相似。因此，在这场战争中，通常那道将敌对双方完全分隔开来的壁垒没法好好发挥作用。当人们看到那些名义上与事实上的敌人之时，他们会发现自己仿佛是在照镜子。

　　几乎所有从这场战争中幸存下来的俘虏，在他们日后的故事中都会记述自己这界限模糊的感觉。对于英军军官、老伊顿公学人托马斯·休斯（Thomas Hughes）来说，同样的感觉发生在1777年底佛蒙特的本宁顿。那年，他在提康德罗加被俘，在武装押送下一路前行，突然，休斯一行人被附近镇上的居民围了起来，他从这些人的脸上看到了某种震惊的表情，当然，他自己也可能有类似的感觉。他写道，这些人"惊讶地发现我们和他们看起来没什么区别"。[18]下一位出场的是约翰·布拉奇福德（John Blatchford），他在支持独立的船只"汉考克号"（Hancock）上做乘务员，在海上，这艘船被英方捕获，布拉奇福德则被送到了朴次茅斯。对他而言，敌我之间界限的模糊感发生在一间客厅里。当时的他被请进了屋子：

以满足某些女士的好奇心，她们说自己从来没有见过新英格兰人，因此把我叫了过来。我走了进去，她们看到我看起来像个英国人，似乎非常惊讶；她们说她们确信我不是新英格兰人，因为我和她们长得一样。

查尔斯·赫伯特（Charles Herbert），被关在另外一个英国港口城市的北美水手，在自己的俘虏故事中记录了一段与之非常相似的对话。在他的故事中，提出问题的是一些皇家海军水手的妻子。"他们是什么样的人？"这些妇女在第一次看到来自北美的俘虏之前问道，"他们是白人吗？"

当有人指着前面站着的人时，她们惊呼："为什么他们看起来和我们一样？而且他们说的是英语！"[19]

在这场战争中，上述这种发现敌人和自己长着相同面孔、说着相同语言的时刻并不少见。然而，几乎可以肯定，在战争结束之后再回忆此类场景之时，一部分人是带有某些特殊意图的。在上面引述的这些段落中，被俘的北美战士在被带到英国之后，会在某一时刻被当地人看作"和自己一样的人"。然而，在这些美国人的俘虏故事中，后面几乎必定会发生一件事或一场对话，表明事实上情况恰恰相反。例如，在查尔斯·赫伯特死后出版并经过大量编辑修改的故事中，在英国水手的妻子们似乎承认这些战俘"和我们一样"之后，一件轶事的发生表明情况绝非如此。据赫伯特（或是他的编辑）所述，他后来拿到了所在的福顿监狱看守保存的一份口粮清单，上面标有"给叛军囚犯"的字样。赫伯特——故事里是这么说的——立刻"划掉了'叛军'一词，并改写成了'美国人'"。在这个故事中，囚禁的磨难使赫伯特的爱国者身份变得模糊不清，然而这却激发了他更为强烈的自我宣示欲望。[20] 被关押在敌方领土上的艰难困苦有助于揭示他与战友们的真正身份——自由且独立的美国人——而不是人们眼中与英国人没什么区别的人。正如这个例子所表明的那样，美国独立战争中的俘虏故事往往带有特别明显的、自觉的政治意图。对战争双方，尤其是革命者而言，俘虏故事成为思考战争的一个组成部分。

对英国人来说，他们从一开始就必须表明，在他们眼中，这些被俘的北美革命者到底是什么人。直到 1782 年，一切都要结束之时，英国议会才正式明确这些人是"战俘"。若早些时候这么做的话，就相当于承认他们是另外一个主权国家的战士。在此之前，官方采取的方案是，将北美战俘视为"国王陛下的受人误导的臣民"。官方的说法是，由于英国是一个人道的国家，因此这些人不会受到叛乱者通常会承受的野蛮惩罚。尽管如此，他们的身份定位依旧是叛乱者。[21] 当然，为了否认革命者的独立主张，英国人还采取了其他一系列措施来对待这些俘虏。盖奇（Gage）将军最初拒绝将俘虏的大陆军军官与士兵分开关押，他试图通过此举来表明他并不承认乔治·华盛顿授予的军衔，而只承认乔治三世国王授予的军衔。随着越来越多的英军士兵与军官被大陆军俘虏，英军方面被迫放弃了这种具有政治象征意义的举动，但在整个战争期间，英国人在宣传用语层面一直坚持着类似的观点。1777 年，时任英军驻北美总司令的威廉·豪（William Howe）爵士告诉自己的一名下属要如何

负责即将到来的战俘交换活动:

> 我想补充一点，那就是，在交换俘虏的整个过程当中，都不能
> 出现国王陛下的名字，也不允许对方使用大陆会议的名义，整场换
> 俘活动都是华盛顿先生与我之间的事情。

在与英国官方的交流中，大陆会议的权威是不被承认的，就像先前英国
人也并不承认乔治·华盛顿拥有授衔的权力一样。[22]

从今天的角度来看，这些很容易被人理解为一群严重脱离现实的帝
国老古董徒劳无益的场面话。但当然，1777 年，豪与其他国家的人们
都不可能预知华盛顿最终能取得胜利。英国的政治精英与军事精英都非
常清楚地知道，他们言语上的任何一个失误都会被敌人利用进行大肆宣
传，更不用说这些敌人和自己说着同样的语言，同样擅长利用印刷品。
而且，美国的精英也相当谨慎，拒绝犯任何可能承认乔治三世拥有统治
他们的权威的错误，这些人同样也会对措辞斤斤计较。在几乎每一次交
换战俘的谈判中，美国人都采用了"军官换军官，士兵换士兵，公民换
公民"的说法。[23] 他们坚称双方交换的是公民（citizen），这是宣称他
们与英国人一样是主权国家成员的另外一种方式。然而，在某些方面，
美国革命者在对待俘虏问题上采用的策略与英国人截然不同。他们在这
样做的时候更不加掩饰，而且也取得了极大的成功。

其中一个原因在于 1776 年 7 月 10 日大陆会议通过的决议，该决议
规定英国军队及其盟友在北美犯下的任何罪行都将被视为是在乔治三
世的指示下进行的。这让革命者一方有着极强的动机去收集、宣传，并

220

在必要时尽可能多地制造英国在战争中所实施的暴行的证据。通常情况下，存在大量确凿无疑的证据。英国与美国方面的资料都显示，在这场战争中，有不少英军士兵强奸过无助的妇女，有时甚至得到了军官的准许。此外，他们还肆意破坏平民财产，经常在战场上杀害伤员，随意监禁那些确定的或是可疑的革命支持者，有时还对他们施以酷刑，最终再把他们绞死。[24] 美国战俘还可能遭受英国人的虐待。以下说法已经成了美国爱国主义教科书中的陈词滥调：大约有 11500 名被俘的美国人在纽约港停泊的英国囚船阴暗潮湿的船舱内死亡。1808 年，这些遇难者的尸骨被正式安葬在了纽约，随后人们还在附近立了一块纪念碑，将遇难者的数字刻了上去。事实上，究竟有多少美国战俘死在了那腐烂的船舱里，人们永远都不会知道。英国方面没有相关的记录；而 11500 人（准确地说是 11644 人）这一数字似乎源自 1783 年纽约一家报纸的报道，自此之后，这一数字就得到了广泛的认可。[25]

　　在纽约和其他地区，确实有许多被英军俘虏的美国人死于天花、营养不良、痢疾、无人看护、绝望，有时也死于看守的虐待。不过，人们普遍忘记了另外一件事情。在战争中，暴行与苦难从来都不是其中一方的专利。有相当数量的英国士兵与水手，以及保王党士兵与平民，还有数量更多的亲英黑人与美洲原住民，也是强奸、劫掠、酷刑、任意逮捕、私刑与恣意屠戮的受害者；而且这一方的战俘中也有很多人死亡。每出现一个英国方面的恶棍，例如侵吞救济纽约美国战俘食物、燃料与药品的宪兵司令坎宁安（Cunningham），就会有一个美国方面的恶棍，例如在马萨诸塞的剑桥用英国战俘练习刺刀的亨利（Henley）上校。[26] 每出现一个在纽约的英国囚船中生不如死的美国革命者，就有一个被俘的英国海军或商船船员在停泊于波士顿或康涅狄格海岸的美国囚船中生不如死。没有人去费心了解有多少英国人死在美国人手中，但可以肯定的是，被俘虏的英国人和保王党人的日子也相当难过，他们的死亡率也相当高。1778年，一名（在这种情况下已经算是很人道的）美国看守草草地写道："我照料的这些可怜人几乎全都病死了。"[27] 和其他演变为内战的冲突一样，参与美国独立战争的人们通常不会对此类暴行施加限制，而这就使此类情况变得更为残酷。

以约瑟夫·胡迪（Joseph Huddy）上尉为例，他曾遭英军俘虏，被关押在了纽约，但随后，他与另外两个战友被选定用来作为换俘的对象。然而，押送这三个人到交接地点的保王党人部队在途中停了下来，自作主张将胡迪吊死了，还在尸体的脖子上挂了一块牌子，上面写道："胡迪是为菲利普·怀特偿命的。"这里的菲利普·怀特（Philip White）是一名被处决的保王党人。可以想见，这让乔治·华盛顿极为愤怒，他给英军总司令写了一封措辞严厉的信，威胁说如果不立即逮捕并移交那些杀害手无寸铁的美国俘虏的凶手，自己就要对英国战俘采取报复行动。克林顿将军收集了有关此案的文件与证词，其中的证据并不仅仅揭示了这场暴行，同样也反映了很多现如今已经被人遗忘了的暴行。胡迪所在的蒙茅斯县亲革命派居民证明他是一个绝对的爱国者。同样，可以预见的是，蒙茅斯县的保王党人讲述的则是一个完全不同的故事，正如胡迪被扯断的脖子上挂着的牌子所表明的那样，这个故事中充斥着一连串的暴行，直至最后，这些人不得不进行报复。他们声称，胡迪和他的治安会成员把一个当地的保王党人从床上拖走，并吊死了他。他们还将很多保王党人的尸体从坟墓里刨了出来，并大肆侮辱。他们还打断了一个保王党俘虏的腿，挖掉了他的眼睛，然后让他逃跑。不过，还有一份重量级的证词讲述了另外一个不同版本的故事，只不过克林顿显然并不喜欢这个版本。这个保王党人确实同意，在蒙茅斯县境内发生了针对保王党人的暴力事件，而主谋也确实可能是胡迪。但他对此并没有十足的把握。[28]

如果所有这些事情都让人觉得如此耳熟，那就对了。一拨人对另一拨手无寸铁的人施加了可怕的暴力，而另一方又将暴力奉还给了对方的无辜之人，暴行一次接着一次，针对那些非我族类之人的流血事件一场接着一场，在我们这个时代，这一幕仍然不算罕见。回看过去，美国独立战争因其理想和最终的胜利而变得圣洁起来，但在当时，这场战争和其他任何一场持久战一样——肮脏，毫无公平可言，不加区分地残害士兵与无辜平民。因此，一个问题显现出来：既然苦难与暴行从来不是这场战争中一方的专利，那么为什么美国革命者能够在这些事情上比他们的对手赚得更多的资本？托马斯·安布雷（Thomas Anburey），一名在萨拉托加战役中被俘并在美国各监狱辗转多年的英国军官，于 1791 年在伦敦出版了他的两卷本俘虏故事，他在序言中写道，之所以要写这本书，是因为他对许多人抱有的"支持美国独立的人都是好人，而支持祖国的人都毫无人性"的观念感到相当愤怒。[29] 安布雷的愤怒是可以理解的，但他的这番话实际上也承认，英国不仅输掉了 13 个殖民地，而且还输掉了宣传战。

在某种程度上，这是因为革命者更加努力——因为他们知道自己必须这么做。从一开始，他们在舆论上就火力全开。当然，在历史上已知的几乎所有战争中，每一方都会指责对方残暴无度，同时宣传自己有人性、讲道德。然而，美国革命者自始至终都在"强调敌人的残忍与恶毒"，特别是针对战俘，"他们的暴行不同于18世纪的任何一场战争"。他们的舆论战线不止一条，但基本着眼于印刷品。大陆会议通过了一项又一项决议，谴责英国人（或真或假）的残酷行径，因为他们知道自己的话会出现在北美和世界其他地区每一份同情自己的报纸之上。[30] 与英国人的任何官方交流也是以同样的方式进行的。因此，在约克镇战役之后，美国人对在那里俘虏的8000名英军施加的暴行令在场的法国盟友相当震惊。尽管如此，在华盛顿写给康沃利斯勋爵（Lord Cornwallis）的那封广为流传的信中，他依旧坚称："美国人一向善待俘虏。"[31]

除了革命精英们小心翼翼、深思熟虑的措辞外，还有数以百计由普通人（偶尔也包括妇女）讲述的在英国人手中惨遭凌虐与囚禁的故事。1777年6月，《波士顿公报》（Boston Gazette）在头版报道了菲利普·琼斯（Philip Jones）的故事。在被俘期间，一名歹毒的英军上校用枪射中了他的腿，之后还用刺刀补了一刀。这个俘虏故事——可能准确也可能不准确——随后被康涅狄格的几家报纸转载。有关俘虏的故事、美国战俘名单以及被英国人抓住并施以暴行的普通人的书面证词，在美国独立战争那几年里成了报纸上的标准内容，以至于保王党的主要刊物《纽约公报》（New York Gazette）的编辑詹姆斯·里文顿（James Rivington）对其进行了恶搞。1781年，他颇带嘲讽地为一本新书打了一份广告，这本书名为《一套新的、完整的暴行系统：包含凌虐技艺的各种现代改进措施。配有一幅囚船内部的精细封面插图》（A New and Complete System of Cruelty: Containing a Variety of Modern Improvements in the Art. Embellished with

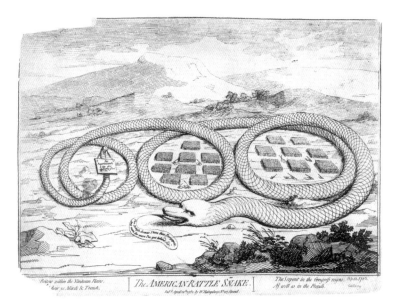

37. 美国的响尾蛇抓住了萨拉托加和约克镇的英国人
詹姆斯·吉尔雷（James Gillray）的早期杰出作品

an Elegant Frontispiece representing the Inside of a Prison Ship）。这是一种颇为温和的嘲弄，不过，他也默认了革命者在宣传层面上取得的胜利。[32]

224　　　有时候，英国人确实也出版了他们一方的俘虏故事，其中描绘了对方采取的暴行，以及英军士兵与支持者遭受的残酷囚禁，但出版并传播这些故事往往面临着各种各样的阻碍。首先，他们在许多方面都处于不利地位，因为战场离英国本土太过遥远，而且缺乏重要的欧洲盟友的支持。战争期间，美国的士兵、水手或者公民被英国人俘虏或虐待的故事总能得到同情北美的印刷商的支持。然而，在美国，保王党的报纸数量则要少得多，而且伦敦的印刷商距离这里有 3000 英里，受害的英国人与保王党人发现，要想迅速地将他们的故事印刷出来绝非易事。³³此外，美国俘虏的故事能够在国际上四处流传，而英国俘虏的故事则没有这个待遇。本杰明·富兰克林和其他居住在欧洲的美国人为法国、西班牙、荷兰以及其他欧洲国家的新闻传媒网络源源不断地输送着材料，其中甚至还包括英国本土的新闻传媒——在战争时期，其审查的严格程度远远不如美国方面。例如，1777 年，富兰克林与英国的斯托蒙勋爵（Lord Stormont）就美国战俘在英国的待遇问题进行了书信往来。经过篡改的信件摘要很快就被泄露给了《伦敦纪事报》（*London Chronicle*），这是一家反战媒体。³⁴这些真真假假的信息不断涌现出来，一点一点地消磨着英国人的决心与英国的声誉。

然而，美国方面拥有的优势远不止这些。这些俘虏故事迎合了美国人在这场战争中的需求，然而对于英国人来说，这种方式却根本不适用。对于他们而言，在印刷品中用丰富的细节来指责曾经的北美殖民者如何虐待、监禁本国的士兵、水手和保王党人的做法，实在是一种令人深感屈辱的行为。1778 年，激进的反战分子约翰·威尔克斯（John Wilkes）向下议院表示："欧美的所有报纸都在公开宣扬我们的军队在萨拉托加遭遇的耻辱，还把条约中的耻辱部分公之于众。"实际上，英国当局根本不想公布根据双方签订的条约带回数千名英军俘虏的故事，即便这些士兵遭遇了非常苛刻的对待。时至今日，英国的历史学者仍然没有对这些俘虏的遭遇进行充分研究。³⁵这样的事情根本不应该发生在一个强大帝国的士兵身上，不该发生在自己的殖民者手中。然而，对于美国的革命者来说，情况则大不相同。就像后来的印度和爱尔兰民族主义者一样，他们中被俘虏的人绝不是屈辱的象征，而是模范，是英雄。美

225

国战俘遭遇的苦难与囚禁几乎是天赐良机，是英国恶棍对 13 个殖民地
所施加的禁锢与凌虐的绝佳缩影。换句话说，对美国人而言，俘虏是有
用的，这不仅是因为他们能够帮助美国人树立起一道明确的分界线，来
区分刚刚被发明出来的美国与其他国家。

正如我们所见，就其本质而言，美国独立战争一开始就有着身份不
明确的特点。通常在其他战争中显而易见的"我们"与"他们"之间的
分界线在这场战争中并不明显，而且，战争双方都意识到，他们之间存
在大量的共同点。对英国人来说，这是一个贯穿始终的问题。最初，对
他们的对手来说，这也是一个亟待回答的难题。和 1789 年后的法国与
1917 年后的俄国一样，美国独立战争的爆发并不完全是一个团结起来的
民族的集体行为，而是大量活动家鼓动的结果，他们必须说服并在必要
时胁迫其他同胞像他们那样思考。这是一项注定充满挑战的任务。据估
计，坚定的保王党人至少占曾经的 13 个殖民地白人人口的 1/5，有些时
候可能接近 1/3。[36] 此外，正如约书亚·皮尔斯贝里在统计萨拉托加英
军俘虏时所表现出的那样，即使在革命者自身的队伍当中，也有许多人
发现很难明确地将英国视为外国势力。这就是为什么在整个战争期间，
大陆会议与革命活动家都投入了巨大的精力，将俘虏故事与其他或真实
或虚构的英国暴行作为资本来进行宣传。他们需要在自己与对手之间筑
起一道坚固的屏障，说服自己的支持者以及那些中间派和尽可能多的保
王党人，英国人是残酷无情的，因此他们是外人。

在战争期间出版的最有名的俘虏故事中，我们能够非常清晰地看到
这一策略。从某种程度上讲，伊桑·艾伦（Ethan Allen）是一个既强硬
又暴力的人，一个天生的民主主义者，而且拥有只有佛蒙特人才有的

狠劲。用一位美国历史学家的话说，在独立战争爆发之前，他一直算是一个"边疆流氓"。他有属于自己的治安队，即格林山兄弟会（Green Mountain boys），在后来成为佛蒙特州的纽约州东北部地区跑马圈地，并将和自己有竞争关系的人全都驱逐了出去。但与此同时，艾伦也是一个天生的演员，知道该怎么用文字来重新粉饰自己。他曾经说过："一个故事一直都会是个好故事，直到人们听到下一个故事。"战争爆发之后，他恰到好处地写下了自己的新故事，从而将先前的故事抹除掉。他确信加拿大注定要成为他毫不掩饰地称为"美洲帝国"的一个组成部分，因此他于1775年参与了大陆军对加拿大的入侵，并在蒙特利尔被俘。如果英国人足够有先见之明，他们要么就该把他枪毙，要么就放他走。但恰恰相反，他们拘押了他两年多，有时条件很恶劣，但有时又给了他很大的自由度。[37]在重获自由后，艾伦马上出版了自己的俘虏故事，这本书在两年内就出版了八个版本，被美国、欧洲大陆和英国的无数报纸摘录、宣传，就连埃德蒙·伯克也曾在议会中引用过其中的段落。

　　艾伦的写作有双重目的：一方面，他试图将英国人妖魔化为一个"傲慢且残忍的民族"；另一方面，他希望表明美国人的优越性将如何引导他们战胜这帮恶魔。他指责英国领导人的行径不亚于种族灭绝："一个精心策划、系统性的……摧毁我们国家年轻人的计划。"他语气坚定地表示，美国战俘经常受到虐待，有些被直接杀害，有些则被故意传染上天花。在被俘期间，他一直努力与英国人作斗争。在被囚禁于英国法尔茅斯的那段时间里，他决心"保持自己的精神状态，要表现得像个勇敢的士兵，这样我就可以展示出美国人坚忍不拔的优秀品质"。他写道，自己不停地向看守和见到的其他英国人宣传革命的原则，并告诉他

226

们任何镇压革命的企图都是徒劳的："想想吧！你们只是一座小岛！而且你们手握权力太久，以至于已经毫无人性。"这种如虹的气势与坚定不移的表现，对那些动摇了的革命者来说是极大的鼓舞，也是一种极为有效的手段。[38]

出于政治因素的影响，英国人根本无法有效对抗这种攻击。不仅是帝国的自负使他们比对手更不愿意承认他们囚禁了成千上万的俘虏，还时不时会对他们施加暴行。真正的原因还要更深一层。由于英国方面的战争目标具有特殊性质，所以他们没法针对革命者的暴行指控展开对等的报复。艾伦这帮人的目的在于尽可能地让更多美国人疏远英国，让他们彻底摆脱对英国的依赖，转而致力于追求独立。相比之下，英国的军事精英与政治精英既没有也不可能想要挑起一场针对美国人的彻底的仇恨运动，因为他们之所以要打这场仗，就是因为想要把尽可能多的美国人留在帝国之内。我们看到，英国人再次被自己的"小"束缚住了。他们和艾伦一样知道，自己"只是一座小岛"，因此，他们永远不可能仅靠军事手段来维系自己庞大的美洲帝国。他们没有足够的人力，他们永远也不可能拥有足够的人力。在他们的帝国大业之中，他们一如既往地需要得到大多数被统治者的支持。

正是这样的战争目标使英国无法打好这场宣传战，同样，这样的战争目标在很大程度上也阻碍了他们的军事行动。英国的指挥官与政治家一直在犹豫不决，他们不知道是该寻求与那些他们视作叛军的人和解，施以怀柔之策，还是该像对付其他敌人一样毫不留情。同样的道理，即使是在用笔墨和美国人打宣传战之时，他们也常常试图赢得美国人的支持。1776年8月，在《独立宣言》发表一个月后，豪就措辞严厉地就未来交换战俘的问题致信华盛顿，但在结尾处，他又话锋一转：

> 在信的结尾，我不能不表达最深切的关心之情，如今的殖民地是如此的不幸，与我在上次战争中有幸经历的情况完全不同，这让我失去了本应有的更多个人交流的乐趣。[39]

豪在战场上和革命者激战正酣的同时，还在试图呼吁他和他们有着共同的文化与政治遗产。看上去有些矛盾的是，他渴望美国人爱他和他所代表的一切。然而，越来越多的革命者不再有这样的内心冲突。他们不再关心英国人是否爱他们，他们也不想要英国人的爱。他们想要的是自由。

抹黑大英帝国，建立新的帝国

可以看出，这场冲突中的双方都承受了被囚禁的痛苦，而这样的共同经历使他们进一步走向分离。在这场战争中，成千上万的美国革命者或多或少地遭受了囚禁之苦；成千上万的大英帝国支持者也同样如此。但到目前为止，只有美国方面从中捞得了大量的政治资本。在他们这一边，被囚禁的俘虏所遭受的苦难，为革命者提供了极富价值又易于理解的隐喻，他们认为乔治三世和他手下的大臣们一直在打压人民对自由的追求，而指控英国人虐待俘虏则有助于将其"他者化"，并动员人们支持一个新生的共和国。然而，尽管在这场战争中，英国人没能从俘虏故事中获得什么宣传优势，但自始至终，英国人更担心的仍然是那个困扰

228

了这个帝国许久的问题：英国的人口数量不足，以及英国本土的极端狭小。为了解决这个问题，英国人采取的策略将进一步扩大自己与那些白人殖民者之间的分歧。

　　一个被俘虏并惨遭毒手的处女的故事清晰地展现了这一点，毫无疑问，这个故事是极佳的宣传素材。1777 年 7 月，来自纽约州爱德华堡，时年 20 多岁的简·麦克雷（Jane McCrea）在护送下离开家乡，前往加拿大和她的未婚夫大卫·琼斯（David Jones），一名在英军伯戈因将军手下服役的保王派军官成婚。在她人生中的最后一段旅途之中究竟发生了什么，我们永远也无法搞清楚。其中一个故事的版本是这样的，为英军效力的美洲原住民错误地伏击了麦克雷的队伍，而她则被乱枪击中。而在其他版本的故事里，是护送队伍中的两名阿尔冈昆人强行掳走了这个女人，而这两个人就谁需要负责她以及如何分配赎金的问题吵了起来。在争吵的过程中，她惨遭杀害。可以确定的是，在"她打算结婚的那天早晨"（或者至少可以说，这是伯克告诉下议院的版本），一支搜索队发现了麦克雷被剥去头皮的尸体——根据某些报告的说法，当时她赤身裸体。在此之后，事实是什么就已经不重要了。[40]

　　在随后铺天盖地的宣传册中，最为重要的一点在于，一个无辜的平民被受雇于英国人的印第安人强暴和杀害。此外，麦克雷来自一个保王派家庭，同时还与另外一个保王党人订了婚，为支持王室而战。那些鼓吹革命的宣传家强调，她的命运证明了一个可怕的事实，那就是英国的反人道行径实际上威胁着所有的美国人，无论其政治立场如何。最关键的地方在于，麦克雷是一名女性，而且是一名白人女性。美国将军霍雷肖·盖茨（Horatio Gates）在给伯戈因将军的公开信中表示："这是一

38.《简·麦克雷谋害案》(*The Murder of Jane McCrea*)
约翰·范德林绘

位年轻的女士，容貌可爱，性格贤淑，与人和善。"[41] 在约翰·范德林（John Vanderlyn）多年之后绘制的画作中，简·麦克雷皮肤白得发亮，身穿蓝色的圣母长袍，被两个皮肤发棕、肌肉发达的印第安人摁在地上。其中一个人揪着她的头，把她引以自豪的长发向后拖拽；另一个人则抓住了她裸露的手臂，并举起了他的战斧。显然，惊恐与求饶已经没有任何作用。一边是半裸的野蛮人，一边是衣服已经凌乱的少女，这表明死亡并非她遭受的唯一侵犯。革命派的媒体坚称，在发现尸体之时，麦克雷是赤身裸体的状态，当然，事实究竟如何，我们并不清楚。

从某种程度上讲，这是一个极富戏剧性的案例，它尤其凸显了革命派的宣传策略——有意地将英国军队及其辅助人员与暴行的生动事例联系在一起，从而否定他们的人性，让他们彻底变成外来的敌人：

哦，残忍的野蛮人啊！真是铁石心肠！

哦，残忍的英国人啊！毫无怜悯之心！

他们从哪里得到的这把刀，这把残忍的刀？

是从英国送来的，是在英国锻造的。

那战斧与刀被送到野蛮人手中，

目的就是杀人。

是的，这些兵刃来自英国王室。

然而，正如一位爱国诗人写下的这些诗句所表明的那样，在此次事件中，英国人并不仅仅是因为与暴行有关而被"他者化"。在此类情况之下，革命者试图将大英帝国与那些非白人混为一谈，进而抹黑英国。有关麦克雷的大量宣传不仅指出，这场惨案的元凶首恶是受雇于英国人的美洲原住民，同时，他们还有意消除了英国人与原住民之间的区别：

一些英国军队，与印第安人混在一起，

手里拿着剑、刀和战斧。

他们大喊着，冲出树林，

就像追寻猎物的野兽，在搜寻人类的血液。[42]

在这首诗里，新的、来自英帝国的威胁被转化成了旧日里来自印第安人的威胁，而且措辞都非常相似。

约翰·亚当斯（John Adams）就曾表示，乔治三世不过是个"拿着权杖的野蛮人"，英国的帝国主义者是如此邪恶，以至于他们都不能算是真正的白种人。在战争期间的美国俘虏故事中，我们也能看到此类表述。[43] 1779 年，约翰·道奇（John Dodge）的故事在费城出版，并于次年再版。在故事中，他特别强调了俘虏他的英军与美洲原住民之间的亲善关系："那些英国野蛮人，只要一听到印第安野蛮人的叫喊声，就会飞快地迎上去，与他们相互拥抱起来。"另一个曾经被俘虏过的美国人回忆道："英国人为印第安人（提供了）火器、弹药、战斧和剥皮刀，好帮助他们对抗美国的白人。"实际上，那本最著名的美国俘虏故事——玛丽·罗兰森的故事——中也有类似的观点。她的著作《上帝至高的权威与仁慈》是另外一个陷入印第安人重重围困的孤身白人女性的故事，在 1720—1770 年的北美，这本书已然绝版了。然而，到 18 世纪 70 年代，也就是美国独立战争的年代，罗兰森的这本书在北美先后发行了 7 个不同的版本，其中一些还附有精美的插画。如果是在过去的话，罗兰森故事中的插图应该会与之前那幅版画的风格大差不差，即印第安人将白人的定居点包围起来，放火烧毁了罗兰森的小屋，让她和她的邻居们陷入极度的恐惧之中。然而，18 世纪 70 年代，上述这种熟悉的画风发生了变化。在新的插画中，罗兰森被塑造成了一名勇敢的女战士，拿着枪保卫自己的家园，以对抗一排排身穿制服、手拿制式棍棒的男人。现在，穿着红军装的英国人（多么巧妙的讽刺手段）成了原住民的替身，而就在同一时间，越来越多的美国人将原住民称作红皮肤之人。[44]

这还不算完。为了进一步表明，英国人因其恶行而彻底成为“他者”，不再算是文明人，因而也不再算是白人，一部分革命派作家将英国人与黑人和美洲原住民联系了起来。在战争的背景之下，这一点还是很容易做到的。曾在大陆军中服役，于 1777 年在提康德罗加被俘的埃比尼泽·弗莱彻（Ebenezer Fletcher）一度被关押在一处英军营地之中，在这里，他目睹了来自各个民族的英国盟友。他写道，“印第安人经常来到我们这个营地，还用他们的语言辱骂我们”，更糟的是，“一个年纪蛮大的黑人抢走了我的横笛，我认为这是我在敌人这里受过的最大侮辱”。本杰明·吉尔伯特（Benjamin Gilbert），一名贵格会教徒，在 1780 年被亲英的印第安人俘虏，他见过的为帝国效力的势力就更多了。在被俘后，他被押送到了加拿大，在这里，他见到了为乔治三世而战的法国游击队、亲英的莫霍克人（他本人对这些人印象不错），还有各种各样的黑人：

这些黑人从看守手中逃出来，前赴后继地奔向尼亚加拉。他们首先会碰到印第安人，这些印第安人会问他们的意图，而（他们）则回答说"我们是为国王而来的"，于是印第安人便将他们保护了起来。[45]

他们是为国王而来的。这说明，人们对于美国独立战争中英军形象的想象——由身穿猩红大衣、纪律严明的白人男性组成的同质化方阵——显然是失之偏颇的。1775 年后，北美的英军部队中充斥着大量来自不同背景、穿着各色制服的保王党人，为数众多的德意志人与其他欧洲移民，以及大量的随军妇女。此外，为了满足自身需求，他们长期以来都与大量非白人势力结盟，尽管与英国合作的非白人总数一直都在变化。从某种程度上讲，他们的对手也是如此。据了解，至少有 5000 名自由黑人站了大陆军一方，一些美洲原住民也是如此，例如马萨诸塞的斯托克布里奇（Stockbridge）印第安人。[46]但要比数量的话，双方实际上没有什么可比性。起初，很多美洲原住民部落试图保持中立，但正如科林·卡洛韦（Colin Calloway）指出的那样："随着时间的推移，总体而言，绝大多数印第安人都选择与英国人站在一边。"至于黑人，在战争期间，南卡罗来纳可能有多达 25000 名奴隶逃离了他们的主人，到英国军队中寻求庇护。佐治亚 3/4 的黑人也是如此。如果托马斯·杰斐逊没说错的话，弗吉尼亚的 30000 名奴隶，其中包括他自己的不少奴隶，也都前来投奔英军。更靠北方一点的殖民地黑人也经常选择站在英国这一边。[47]

站在英国的角度，他们之所以要拉拢、庇护这么多非白人的辅助人员，其原因显而易见：和往常一样，他们没什么选择。一个英国人无奈地指出：

> 英国军队的规模太小了，以至于在我们和我们祖先的记忆之中，从来没有哪场战争是完全不靠外国人的。

小可不一定意味着美。当帝国处在压力之下的时候，小往往会让人感到绝望。英国人别无选择，只能把美洲一切能动员的人都动员起来："既然需要足够的人手……那么无论这个人是德意志人还是卡尔马克人（Calmuck），是俄国人还是莫霍克人，都无所谓。"然而，在这样的指导思想之下，与数量如此众多的美洲原住民和逃亡的黑奴结盟，并与他们一同作战，英国人也就成了美国白人革命者眼中完全的"他者"，甚至不再被视为白人。麦克雷事件是一场宣传上的灾难，这不仅是因为一个年轻、无助的保王派女性被英军雇佣的印第安人杀害，还因为伯戈因将军根本没法对责任人采取严厉的报复行动。他所能做的就是坚持强调，那些印第安人"并非有预谋地犯罪"，从事实上来讲，他说的没准是对的。[48] 但他无法像革命派要求的那样处决所谓的罪犯，即使他自己想这样干也不行，因为他迫切需要维系自己与美洲原住民之间的同盟关系。再一次，英国自身面临的人力限制——这一无法回避、无法解决的根本性困境——迫使英国人不得不寻求各种各样的盟友来支持自己。

然而，这还并不足以解释这场战争中"英军"队伍里的民族多样性，因为这一解释并没有告诉我们那些美洲原住民和黑人（无论是自由民还是奴隶）与英国结盟的动机。在这场冲突中，思想与承诺从来都不是白人的专利，就如同它们也从来都不是辉格党人的专利一样。对于不少黑人和美洲原住民来说，在 1775 年后选择加入英国人的阵营，不仅是因为拿了礼物、收了贿赂或是受了胁迫，也不仅是因为没有其他地方可去。一些人的确是自己做出的选择，就像本杰明·吉尔伯特的黑人看守那样，选择"为国王"而战。为什么会这样呢？

我们可以立马否定这样一种猜想——以现代人的标准来看，在北美执行任务的英军官兵的种族主义思想要比大多数反抗他们统治的美国白人殖民者弱。很明显，事实并非如此。托马斯·杰斐逊就曾敏锐地指出，像 1775 年邓莫尔勋爵（Lord Dunmore）这样的英国帝国主义者在美国南部宣布"奴隶自由"的行为，在某种程度上是非常虚伪的，因为当初正是英国的奴隶贩子把绝大多数的黑人卖到那里做奴隶的。[49] 同样的道理，英国在 1783 年与美国白人和欧洲其他国家谈判的和平条款中，完全没有提及他们在北美的黑人与原住民盟友，尽管英国人确实在战后为其中一些陷入绝境的人提供了庇护，将他们安置在了加拿大、非洲或其他地方。

然而，在这种情况下，承认英帝国当局对这些非白人族群的关心极为有限，只会让原来的问题变得更加棘手。在美国独立战争期间，英国人寻求非白人支持的军事原因与人口原因是显而易见的，但为什么英国人的军队能够获得如此大量的支持（即使他们最后没能获得成功）？针对这一问题的回答将让我们再次进入这场冲突的核心，即约翰·安德烈所说的，相互区别、不断变化的身份建构问题。

1775 年后，在英国与北美的白人殖民者刀兵相见的众多原因背后，实际上是对帝国的两种对立解释。对于大多数选择革命的人以及他们在英国国内的大多数支持者而言，跨大西洋帝国在本质上就是埃德蒙·伯克所说的"不列颠的两个分支"。持这种观点的人认为，北美的白人殖民者应当享有本土的英国人享有的一切权利、自由与特权（但不需要交同样的税款）。他们还期望伦敦方面能给予他们特殊的优惠待遇，进而让他们有别于北美的其他任何民族，无论是法裔加拿大人，还是美洲原住民，抑或黑人。因此，当波士顿律师詹姆斯·奥蒂斯（James Otis）发现，在一部分英国人的心目中，英帝国在北美治下的所有居民似乎都没什么差别时，他大发雷霆。他在1764年时写道，殖民地"并不是像愚蠢的英国老百姓想象的那样，由英国人、印第安人和黑人共同组成，实际上，这里只有自由的英国白人臣民"。[50] 奥蒂斯的话中隐含着这样一个假设：在北美，真正重要的只有英国人，而其他民族在政治上是不存在的，而且应当继续不存在下去。作为白人、新教徒的盎格鲁北美殖民者并不想当平等主体中的第一名。他们认为自己是特殊的，是英国人的同胞，是大海另一边的英国人。

　　而站在英国的立场上，帝国当局并不能采取这种排他的立场。18世纪，特别是在50年代之后，英国人致力于平衡北美大陆上的各个势力，进而建立一个更加融合的北美帝国。他们在世界范围内征服的土地越来越多，规模越来越大，现实层面的变化促使统治阶层在政策上与观念上发生了这种转变，不过这一转变同样也是出于对自身利益的维护。英国的统治精英非常清楚地认识到了他们自身的领土与人口限制，以及这些限制对帝国权力和影响力构成的障碍。因此，给予北美那些人口快速增长的英国殖民者以绝对的特权和自由是极不明智的选择，很可能会给帝国带来危险，而且——在伦敦的一部分人看来——也是不公平的。更好的方案自然是分而治之——经久不衰的帝国游戏。对英属北美的所有民族都提供一定程度的保护与奖励，让他们保持忠诚，继续共存，相互制衡，这样做就会好得多。因此，1763 年后，伦敦方面试图禁止渴望获取土地的白人殖民者进入西部地区，从而为美洲原住民提供一定程度的保护。1774 年，《魁北克法案》（Quebec Act）通过，进一步明确了以天主教信徒和法语人口为主的加拿大的法律特权与领土范围。对于伦敦方面来说，这些措施不仅是对庞大的美洲帝国所蕴含的多样性的实际认可，也是防范其中一支力量过于强大的手段。不过，对于那些将自己视为英国同胞的北美殖民者来说，这些政策意味着背叛。

正是在这一背景之下，我们需要给那些在 1775 年后选择与大英帝国站在一起的成千上万的非盎格鲁人找到合适的位置。一名英国官员在革命前夕告诉克里克人和切诺基人，只有国王陛下的政府才能保护印第安人的土地不受殖民者侵占；而且，许多美洲原住民认为他说得很有道理，毕竟，除此之外，他们还能依赖谁呢？至于美国南方的黑奴，1772 年伦敦的萨默塞特判决（Somerset legal decision）让他们进一步相信，英国可能会帮助他们重获自由，同时还能给予自己一些小恩小惠。在大西洋两岸，人们大多认为这一案件的宣判标志着奴隶制在英国本土被宣布为非法。因此，一名历史学家多少有些夸张地写道，"各个蓄奴的殖民地普遍相信，一旦英国在这场战争中获得胜利"，那么"北美的奴隶制将被连根拔起"。[51]

换句话说，黑人和美洲原住民之所以在这场冲突中与英国站在一起，不仅是为了获得些贿赂，也不仅是因为没有其他选择，而是因为他们在英国人身上看到了些许希望，不管这是否现实。也不仅只有黑人和

235

A VIEW IN AMERICA IN 1778

39. 衣着怪异的美国革命者正在欺负一个黑人
1778 年的一幅英国画作

236　印第安人认为，接受远在大西洋另一边的伦敦的统治要比生活在一个有
着高度自我意识、快速繁殖的白人新教徒占主导地位的新独立国家更有
利于他们自身。出于大致相似的原因，其他各个少数民族群体都是如
此。只会说本国母语而不会说英语的荷兰与德意志移民、新罗谢尔讲
法语的胡格诺派教徒、讲盖尔语的苏格兰高地殖民者：所有这些人，几
乎无一例外地在 1775 年后选择站在了英帝国一边。[52] 从很多角度来看，
在美国独立战争期间支持大英帝国的人们是来自各个不同少数群体的大
集合。这是英帝国失败的一个原因，但这一点也再次表明，现在经常被
人们认为在实践中与思想上必然带有种族主义的帝国，有时在性质上与

政策上恰恰能包容多民族，因为这个帝国不得不这么做。

在北美支持大英帝国的各个民族中，有相当一部分人不想冒着风险留在当地。1782 年后逃离美国，前往加拿大、英国、西印度群岛甚至是非洲的人数，是 1789 年大革命后逃离法国的人数的 5 倍。对于这次出逃的白人而言，他们的恐慌是完全没有必要的。对于像他们这样的人来说，新生的美国能给他们提供世界上任何其他地区都无法提供的平等与发展机会。然而，在很长一段时间内，这种美妙的、史无前例的美式富足需要由其他人来承担代价。一方面是无与伦比的自由和理想主义，另一方面，新生的美国也坚定地奉行排外主义与积极的扩张主义，它确实是一个帝国，看来，伊桑·艾伦的预言成真了。为数众多的黑人与美洲原住民在美国独立战争期间选择与英国人站在一起，使新生的共和国更容易通过完全排除这两个群体的方式来定义自己的公民。

美国独立战争结束后的半个世纪是各个帝国在全球范围内争霸的一个关键时期，所有主要的欧洲海上帝国——法国、西班牙、葡萄牙、荷兰，尤其是英国——都发生了巨大的变革。这一时期，即 18 世纪 80 年代至 19 世纪 30 年代，那些陆上帝国也发生了重大的变化。其中部分帝国，例如奥斯曼实力大损；而另外部分帝国，例如俄罗斯帝国与新生的美利坚帝国则实力大增。托马斯·杰斐逊在谈到美洲原住民时说，他希望"彻底终结他们的历史"，他的意思是要彻底终结美洲原住民的土地占有模式和迁徙习惯，以便一代又一代的白人农民能够不断向西迁徙。最终，这成了现实。[53]

对于英国人而言，这场战争的失败不仅对英帝国造成了沉重的打击，同时也带来了新的问题。接下来的历史绝非"第一帝国的衰落史"

（这是一个真正的美国中心主义的提法），因为这个帝国一直都比 13 个殖民地大。不过，这场战争的失败确实让英国人感受到了羞辱，同时也使其长期处于焦虑之中。那些认为英国太小，以至于没法维系一个庞大海外帝国的人，似乎已经拿到了充分的证据。从某种程度上来讲，这是英国人从未忘记的一个教训。他们再也不会试图从威斯敏斯特直接向一块主要的海外殖民地征税。他们也不会真正冒着打全面持久战的风险（不同于长期的游击战），不顾一切地守住帝国中决心要求独立的部分。从这一层面来看，人们甚至可以说，18 世纪美国独立战争的成功有助于解释为什么英国在 20 世纪会如此迅速地接受去殖民化。这一痛苦的经历让他们意识到了自己在后勤与战争方面面临的巨大限制。

在其他方面，美国独立战争也让英国吸取到了不少教训。这场战争让伦敦的人们知道：像英国这样的庞大帝国，想要在渴求土地的白人殖民者和当地原住民之间维持平衡是相当困难的，而直到 19 世纪，澳大利亚和新西兰才进一步明确了这一点。这场战争也向帝国展示了民族认同蕴含的强大能量与潜在风险。在这场冲突中，英国人意识到，出于各种各样的原因，英国人自己被分化了，他们先前的团结受到了损害，而他们的对手却拥有了一个更为明确的目标和使命。英国人弥补自身渺小的唯一办法就是团结一致。但在这场帝国冲突之中，国内的民族认同与政治认同都出现了危机，最终导致了灾难性的后果。

然而，随着时间的推移，所有这些失败带来的损害都成功地得以修复，当然，他们仍然担心在海外遭遇失败，因为英国太小了，很难长期维系一个伟大的帝国。就在 1821 年，一个英国使团来到了纽约和新泽西交界的一个地点，大约 40 年前，约翰·安德烈的尸体被草草地掩埋

在了这里。挖掘遗体并将其运回威斯敏斯特教堂的墓地要比想象的困难
不少。安德烈的头骨已经与颈部关节分离，附近一棵桃树的树根"像网　238
一样"缠绕着他的尸体。⁵⁴ 军官和行政官员们聚集在一起，低头注视着
这个帝国失败的标志，但他们并没有过分沮丧，因为现在的英帝国正以
前所未有的速度蓬勃发展，只不过发展的地域有所不同。而在新的帝国
疆域之中，英国人将继续应对各种各样的俘虏挑战，之前在地中海和美
洲的经验已经让他们有所准备。现在，是时候将目光转向东方，来看一
看印度了。

第三部分

印度
俘虏与征服

第八章

另一条通往印度的路

萨拉的故事

　　1801 年，伦敦。距离约翰·安德烈少校被绞死刚超过 20 年，但这些身处僻静小巷里听着故事的人所生活的世界已经与安德烈的世界完全不同，他们也都清楚这一点。在他们面前讲话的人和安德烈一样，也是个强硬之人，一个帝国主义者，不过她与安德烈还有明显的区别。他们二人身处不同的国家，而眼前这位女郎也成功地活了下来。她的名字叫萨拉·沙德（Sarah Shade），她所讲述的是发生在印度的故事。生活教会了她如何阅读，也教会了她好几门语言，但没教会她书写，因此她只能依靠记忆来讲述故事。也正是因为如此，她既无法精确地理清时间线，也没法清晰地记住事件的先后顺序；但她一直没有放弃。这一年，英国的食品价格高涨，失业率激增，同样是这一年，又一场全球规模的战争爆发，因此，她必须靠讲故事来收获慈善家的关注与援助。慈善基金会的董事们相当熟悉劳苦大众的悲惨故事，同时也时刻对那些试图骗钱的欺诈者保持警惕，幸运的是，当他们听到真正的好故事时，还是能识别出来的。他们将萨拉的经历整理了出来，并进行了适当的润色和修改，然后制作成一本小册子出版，希望其能卖得足够好，以便养活她和她的新婚丈夫。这是第一个由英国工人阶级女性撰写的，有关尝试征服印度，又在当地被俘的真实故事。[1]

这不是传统的帝国史，甚至不是后殖民史通常关注的那类文本，萨拉也不是他们关心的人。从表面上看，沙德似乎确实是一个相当独特的人物，由于她的性别，她的贫苦出身，她显然不可避免地会成为一个边缘人物。她是大英帝国在印度的工具，因此甚至算不上传统意义上的受害者。然而她本人没有权力，没什么魅力，也没有当英雄的能力；甚至可能都没有意识到她所经历的事情背后的意义。在《萨拉·沙德的生活故事》（*Narrative of the Life of Sarah Shade*）一书中，根本就没有出现“帝国”这个词。然而，尽管如此，沙德与她的故事还是相当具有代表性的，值得我们认真对待。

她本人之所以具有代表性，是因为从 18 世纪 40 年代到 1947 年印度独立这段时间，在印度工作的大多数英国人都和她有着共同点：出身下层阶级，隶属于军队。而且，她所讲述的故事——尽管其传播方式很特别——既反映出这一时期英国人的民族情绪与帝国建设方向的重大转变，同时又推动了这一转变。沙德并不是第一个将自己在印度的冒险经历写成故事的英国平民女性。这一殊荣当属汉娜·斯内尔（Hannah Snell），她由人代笔的回忆录《女兵》（*The Female Soldier*）在 1750 年出版时大获成功。据出版商说，在被丈夫遗弃后，斯内尔决定女扮男装，加入英国海军，1748 年时，她在印度南部（科罗曼德尔）

海岸的一处英国东印度公司要塞之中服役，随后参加了英国对法国据点本地治里的攻击。在这场战斗中，斯内尔的腹股沟处受了伤（太经典的故事情节了），但她仍然没有暴露自己女性的身份，直到军队返回英国之后，她才有机会悠闲地讲述自己曾经的经历。当时，人们似乎都相信了这个故事。切尔西伤残军人休养院（Chelsea Hospital）甚至因为她在战争中受的伤而给她发放了一笔年金。然而，斯内尔的印度冒险故事是否真实发生过，这一点仍然值得怀疑。[2] 当然，如果将其与《萨拉·沙德的生活故事》对读的话，人们马上就能感受到二者之间的差距以及时间的飞速流逝。这不仅是因为汉娜·斯内尔的故事大部分可能是虚构的，而萨拉·沙德故事中有关印度生活的细节部分能得到档案的证实。[3] 这两个由半文盲的贫困女性所讲述的故事之间也相隔了 50 年，在此期间，世界性帝国的模式和英国与印度之间的关系也经历了一次彻底的变革。

在《女兵》一书中，印度次大陆这片大地，以及在 18 世纪 40 年代争夺其南部海岸的欧洲各国势力，只不过是给一个传统的故事换上了一个异国的舞台而已，这类故事的通俗套路，一般是一位下层女性在失去爱情之后开始自己的冒险，途中还少不了女扮男装的情节。但在半个世纪之后，沙德的故事就与之完全不同了。在她的故事中，随处可见 20 多年里她在印度南部与孟加拉的所见所闻。其中提到了印度美食、当地的野生动物、风景、航运、语言以及英国人在当地的艳遇；还包括大量的印度地名，在讲故事的时候，沙德似乎忘记了自己的听众身处伦敦，而且这帮人有时还误解了她说的地名。1750 年之时，汉娜·斯内尔的出版商靠着女扮男装的桥段和女性的越轨行为来推销这个故事。但对于

243

HANNAH SNELL,
the Female Soldier,
Who went by the Name of James Gray.

40. 作为帝国战士的汉娜·斯内尔

1801 年将萨拉·沙德的故事记录下来的人来说，重要的是其中有关印度 244
的信息，而这一点也很好理解。现如今，英帝国在北美最富有也最古老
的殖民地已经分离出去，英国的统治阶层与公众的注意力逐渐转移到了
印度次大陆之上。用沙德故事出版时的首相小威廉·皮特（William Pitt
the Younger）的话说，对于大英帝国而言，印度"恰好弥补了帝国先前
的巨大损失"。[4]

　　因此，萨拉·沙德的故事是在英国人对印度的认识更加深刻，同时
对印度的兴趣也更加浓厚的情况下诞生出来的，这也是该故事能够吸引
读者的原因之一。沙德还以一种更为直观的方式展现了英帝国在这一阶
段的遭遇。不仅限于她出版的故事，就连她自己的身体也是一部展现帝
国的文本。在印度时，她的面部曾两次受伤。一枚火枪弹穿过了她的右
腿小腿；她的右臂也曾被一把马刀划伤，"身上的伤痕清晰可见"。而
这还不是全部的疤痕。巨大的爪子也曾在沙德的身上留下过痕迹，那是
老虎的抓痕。因此，她自己被撕裂、被破坏的肉体成了英国这一时期在
海外（无论是印度，还是世界其他地区）频繁动用暴力的绝佳代表。自
18 世纪 50 年代起，战争所波及的地理范围越来越大，英帝国在战争过
程中获得或是丧失领土的速度也在不断加快。从 18 世纪 80 年代开始，
全球范围内的暴力活动进一步升级，随之而来的是更高的风险与更大的
赌注，因而输掉的代价也更大。在美国独立战争期间，西班牙、荷兰，
特别是法国，都出兵进行了干预，最终让英国丢掉了北美的 13 个殖民
地，以及加勒比地区、地中海地区和非洲的不少领土。在萨拉·沙德讲
述自己的故事时，英国与法国已经陷入了一场规模更大的冲突当中，此
次冲突从 1793 年正式开始，一直持续到 1815 年，中间几乎没有任何间

断。在此期间，英国人不仅面临着战败的风险，而且面临着拿破仑·波拿巴数量占优的军队入侵本土的风险，此外，英国的海外领土也有丢失的风险，这一点常常被英帝国的传统叙事无视。1810 年，一名经验丰富的陆军军官判断道，英国"有可能被更为强大的力量摧毁"，其拥有的海上帝国可能即将灰飞烟灭。即便在这个时刻，英国人也不可能知道，他们将短暂地拥有全世界的统治权。5

英国在印度的侵略与扩张和 18 世纪 50 年代后全球范围内的战争升级之间有密切的联系，与此同时，入侵印度也与这一时期极端的不确定性和焦虑有关。在当时，"转向东方"，也就是转向印度，似乎是一项刻不容缓的任务。考虑到此时英国所面临的困境——过度膨胀的海外野心搭配国内各种资源的严重不足——这种情况怎么可能不出现呢？面对着印度广袤的土地和庞大的本土人口，英国的"小"就显得格外扎眼。一如既往，英国人必须寻找一种妥善的解决方案以应对这一问题，而在寻求解决方案的过程中，他们又会面临诸多的困难和风险。萨拉经受过伤害的身体和她的故事一样，让人们想到了当时正席卷印度次大陆的暴力与恐怖，有时，这些暴力也让英国人自己畏惧，害怕自己会遭到反噬。

那么，我们完全可以跟随这位女士的脚步，踏上前往印度的旅程，从而重新审视早期大英帝国在印度的活动。这则故事也让人们基本了解了英国俘虏在印度次大陆上可能发生的各种遭遇。萨拉的故事是一个有关海洋和东印度公司的故事，也是一个有关数量有限的英国人在印度面临各种限制，以及为此寻找盟友的故事。这是一个有关侵略与绝望的故事，最后，这也是一个有关老虎的故事。

局限

　　和她的许多同胞一样，萨拉之所以要踏上前往印度的旅程，是因为她在国内没什么好的发展机会，而且她希望自己能够发上一笔横财，或者至少闯出点什么名堂。1746 年，她出生在赫里福德郡的一个工匠家庭，被取名为萨拉·沃尔（Sarah Wall），十几岁时，她就成了孤儿。根据她自己的说法，在接下来的日子里，她在农场里做工，"过着奴隶般的生活"。后来，她逃到了伯明翰，在当地的一家纽扣制造厂工作。就在那里，她的继父（可能也是她的情人）约翰·博尔顿（John Bolton）找到了她，并向她提出了自己的建议。他告诉萨拉，"由于她已经失去了父母，外加十分漂亮，所以她最好（和他一起）去印度"。于是，他们就动身去了印度。

　　1769 年 1 月 20 日，他们乘着"新德文郡号"（New Devonshire）这艘拥有三层甲板的东印度公司商船起航前往马德拉斯。船长马修·霍尔（Matthew Hoare）精心保存下来的航海日志证实，他们的确在伦敦登上了船，同时，根据记录，在旅途当中，萨拉伪装成了约翰·博尔顿的妻子。[6] 东印度公司的这类航海日志是数量丰富且尚未得到充分利用的史料，这些日志充分表明了这个"宇宙中最伟大的商会"所涉及的地域范围、行业，以及这帮人的胆识。从这些日志中，我们可以读到这些船舶装载的复杂货物，相互之间的协调事宜，记账与相关的组织工作，像"新德文郡号"这种船上的工作人员需要在几个星期的时间里从伦敦不同的船坞中为自己的船舶装载货物、大炮、火药、陆军与海军的新兵、牲畜与长期航行在危险水域所必需的各类物资。此外，我们还可以读到

246

驾驶这些装载着大量货物、情况复杂的船只从英国到印度再到中国的旅途所涉及的航海技术和工作的艰辛程度。18 世纪 60 年代，这一趟航程仍需花费将近一整年的时间，而一名普通水手的工资只有 22 英镑。[7]

英国的航海艺术家热衷于描绘东印度公司商船，因为这些船只是国家影响力和财富的典型象征。在成百上千幅画中，我们能看到各式各样的东印度公司商船，这些船只航行在大洋之上，将珍贵的商品带回国内，或是组成船队，以抵御私掠者的侵扰。在巨大的船帆之上，挂着的是迎风飘扬的红白条纹东印度公司旗帜（这无疑影响了星条旗的设计）。然而，从另一个角度来看，这些画面不仅表现出了英国在海洋与商业上的影响力，更凸显了英国自身实力的性质与其所面临的限制。英国人喜欢大海的图画，因为在两个世纪的时间里，他们的商船与军舰在大海上占据了上风。然而，和荷兰人一样，他们喜欢艺术作品中的海洋形象的另外一个原因在于，海洋能够让他们抵达世界上的任何地方，这在很大程度上弥补了自身有限的地理空间与人口规模给帝国带来的限制，尽管这些限制从来没有得到彻底的解除。通过海洋与船只，英国人可以，而且确实能够抵达任何地方。不过，英国人也没法做到旱地行舟；所以在踏上陆地之后，他们将面临截然不同的挑战和困境。这些挑战和困境通常会比他们想象的更加艰巨。就东印度公司而言，情况尤其如此。

1600 年，东印度公司根据伊丽莎白一世颁发的特许状成立，其享有英国与亚洲贸易的垄断特权。在这一时期，无论是王室，还是公司的老板和 24 名身处伦敦的董事，都没有认真考虑过要建立一个东方帝国。他们当时的目标是让英国人参与到制造业与商业的竞争当中，并成为世界上最富有、最先进、最具竞争力的国家之一。在东印度公司成立的第一个世纪里，公司每年派出的 8 艘左右的船只基本上都会前往香料群岛，做当地的香料生意，包括丁香、肉豆蔻、胡椒、肉桂皮与小豆蔻，有了这些香料，那些无法冷藏的食物就能入口了，那些平常不怎么清洗的身体也能好闻一些。但是，到了 17 世纪下半叶，东印度公司就已经开始改变英国人的生活方式和消费习惯，他们从印度进口了大量的精美纺织品，

41. 英国的东印度公司商船
保罗·莫纳米（Paul Monamy）绘，约 1720 年

从也门的穆哈进口了咖啡，还从中国进口了茶叶与瓷器。就印度次大陆而言，东印度公司主要在三个港口城市开展业务。历史最悠久，也最靠南端的是马德拉斯（现在的金奈），1639 年，这里被开发成贸易港口，到 1700 年，这里的印度人口就已经超过了 10 万。在西部，贸易港是孟买，1661 年，这里与丹吉尔一道作为布拉干萨的卡塔里娜的嫁妆，归入了英国人的控制之下。东北部则是加尔各答，这里于 1690 年被开发成贸易港，利用了孟加拉的专业织工和恒河与亚穆纳河的贸易优势。通过这个贸易三角——马德拉斯、孟买与加尔各答——东印度公司逐渐成长为英国最大的公司，其在印度的出口业务中所占份额也超过了竞争对手荷兰、丹麦、葡萄牙和法国的贸易公司。[8]

但在很长一段时间里，东印度公司依旧将自己定位为一个私人企业，一个商业主体。在同时期的艺术作品中，我们可以很清晰地看到这一点。1731 年，东印度公司的董事们委托乔治·兰伯特（George Lambert）与塞缪尔·斯科特（Samuel Scott）为其在伦敦利德贺街（Leadenhall Street）新建的总部绘制 6 幅壁画。这些作品很好地表达了东印度公司在这一时期对自身的想象，及其看待印度的方式。这 6 幅画分别绘制了公司的 6 处基地，其中有两个不在印度次大陆，一个在南非角（当时由荷兰控制），一个在南大西洋的圣赫勒拿岛。这表明，在这一时期，东印度公司将自己视作一个做洲际贸易的公司，而没有将目光聚焦在印度之上。即使是选定的四处印度基地——孟买、马德拉斯、加尔各答与马拉巴尔海岸的代利杰里——也都是港口城市，说明此时的东印度公司仍然是从海洋的角度出发，从外部来审视印度。可以肯定的是，斯科特和兰伯特精心地描绘了东印度公司影响力与权力的根源。在他们的画作中，人们可以看到停靠在马德拉斯圣乔治堡城墙外的巨大桅杆式东印度公司商船、轰鸣的大炮、飘扬的旗帜，以及公司在孟买的仓库。但这些仍然是海洋视角下的场景。印度的内陆并不在画面当中，印度的人口也不在其中。因为即使到了 18 世纪初，东印度公司也没有将自己的触手伸向这些地方，而且对此也没什么太大的兴趣。[9]

然而，在萨拉前往印度的 1769 年时，情况已经发生了变化，而且，无论如何，她都会亲身参与并见证这一更加剧烈且彻底的变化。在这一系列变化的背后，是三个帝国的命运波动。一方面，18 世纪，印度莫卧儿帝国的权力与控制力大幅下降；另一方面，在北美掀起剧烈波澜的英法帝国竞赛也开始影响到印度次大陆。

1744 年后，科罗曼德尔海岸的英法两国商人就开始招募少量的印度兵（sepoys），此外，他们还会从国内募兵，其中大部分的开支会由公司自己承担，但也有一些是正规军。事实证明，这为 1750 年之后英法在印度部分地区展开更为激烈的争夺做好了准备。1756 年 6 月，孟加拉新到任的年轻纳瓦布*达乌拉（Siraj-ud-Daulah）占领了东印度公司在加尔各答的定居点。东印度公司立即做出了反应，决定采取暴力手段进行反击。曾在马德拉斯担任过东印度公司职员，之后从军的罗伯特·克莱武（Robert Clive）首先带人夺回了加尔各答，而后于 1757 年 6 月在普拉西战役中消灭了达乌拉的部队。随后的一系列小规模冲突削弱了法国人和他们的印度盟友，最终在 1764 年，东印度公司在印度北部的布克

---

*　Nawab，莫卧儿帝国副王和各省总督的称谓。

萨尔取得了一场重要胜利。次年，当时的东印度公司主管兼东印度公司部队总司令克莱武从不情愿的莫卧儿皇帝沙·阿拉姆二世（Shah Alam Ⅱ）手中获得了孟加拉、比哈尔与奥里萨的土地岁入（*diwani*）。从此之后，一度被限制在莫卧儿帝国边缘地带的贸易公司开始统治大约 2000 万印度人，以及印度次大陆这片土地上最富饶的省份。从此之后，东印度公司也不再需要从英国本土运金银来购买印度的纺织品、香料和硝石。相反，在印度获得的土地收入能够用来支付公司的采购费用。随着时间的推移，这些收入也逐渐被用于支付越来越庞大的军队和官僚队伍的工资。[10]

　　然而，即使在有权获取土地岁入之后，东印度公司的行政权力仍然局限于孟加拉和海德拉巴的周边地区，局限于北萨卡尔（Northern

42. 孟买
乔治·兰伯特与塞缪尔·斯科特绘

Sarkars），以及在孟买和马德拉斯长期经营的沿海定居点（这些定居点里的英国人少得可怜）。[11] 实际上，萨拉在印度的经历在很大程度上受到了当地英国人数量稀少的影响。1769 年，在前往印度的航程中，她就发现自己是"船上唯一的女性"，除了她，还有 185 名男性，其中大部分是东印度公司的士兵。当时，从英国到印度的单程旅费至少要 30 英镑（按今天的价值计算，这笔钱要远远超过 1000 英镑），而且东印度公司并不想为自己的士兵和基层员工的妻子出这笔路费。此外，萨拉并不是任何人的妻子。经过三周的航行，"在一次醉酒之后"，她的继父试图利用她的稀缺价值，把她卖给船上的一个士兵。然而，船长阻止了这笔交易，为此，这三个人还打了一架。当萨拉抵达马德拉斯后，她马上就被东印度公司的一个中尉保护了起来，还上了他的床，在很长一段时间里，这个中尉都拒绝把她交给自己的一个部下——约翰·卡夫（John Cuff）中士，不过到最后，卡夫还是成功地娶了她为妻。18 世纪 80 年代，卡夫在印度南部去世后，她立刻就被一名在当地作战的下士抢走了。人们注意到，随着年龄的增长，外加频繁的战争和印度暴烈的阳光，她的美貌不再，自此之后，她在军队中也就无人关心。

不过，萨拉·沙德之所以能在印度如此受人欢迎，如此有性吸引力，或许并非因为她的个人魅力，而更可能是因为这里英国人的数量极为稀少。无论是在当时，还是在其他时间段，东印度公司与伦敦的政治家都没有将印度次大陆视作一个潜在的定居殖民地。1750 年后，有越来越多的英国女性来到印度，但即使是这样，和她们数量非常有限的男性同胞相比，她们仍然是极少数。英国官方从来没有打算向印度大规模移民，也没有打算让身处印度的英国人与自己的同胞大量繁育后代。这很符合实际，因为在 18 世纪以及之后的岁月里，很多前往印度的人没过多久就去世了，都来不及在当地繁育后代。自 1707 年至 1775 年，在孟加拉为东印度公司工作的 645 名白人男性公民中（只有 645 人！），已知有近 60％ 的人死在了当地，而且他们基本是刚到这里没几年就去世了。即使到了 18 世纪末，驻扎在印度的英国士兵中每年都会有 1/4 的人死亡。[12] 埃德蒙·伯克那段非常著名的指责，即印度本地居民几乎从来没有见过一个白发苍苍的英国人长什么样子，既是党派间的论战，同时又是一种相当准确的描述。只有极少数东印度公司的高层人士才有可能在印度次大陆赚得丰厚的非法收入，然后作为百万富翁荣归故里，回到英国，而这也正是埃德蒙·伯克所指控的内容。而这一时期前往印度的绝大多数英国人都赚不到什么钱，甚至一分钱都赚不到，他们大多也活不到回英国的那一刻。在印度最古老的圣公会教堂——马德拉斯的圣玛丽教堂——参观时，人们就会发现，在印度去世的英国人的纪念碑与墓碑上，最受欢迎的墓志铭之一就是："智慧是人类的白发。"对于 1820年之前（甚至之后）从英国来到印度次大陆的很多人来说，这是他们唯一有机会拥有的白发了。[13]

　　由于英国人在印度次大陆的人手稀缺，而且减员严重，他们实际上一直都很清楚，自己永远也不可能牢固地统治印度，单凭英国人自身的力量，连试一试都用不上。印度离英国本土太远；印度也太大、太复杂；最重要的是，这里的人口太多。1788 年，据一位曾从军的苏格兰政治家估算，印度的人口是不列颠与爱尔兰总和的"11 倍"，而这很有可能还低估了印度的人口。[14] 即使是在 18 世纪初，印度的总人口可能就已经多达 1.8 亿，这意味着与现在一样，当时印度的人口就已经占全球总人口的 1/5。相比之下，18 世纪 80 年代，不列颠与爱尔兰的人口总数还不到 1300 万。当然，这样比较英国与印度的人口总数显然是具有误导性的。正如本杰明·迪斯雷利（Benjamin Disraeli）所说，18—19 世纪的英国人很容易陷入过度紧张的状态之中，将印度想象成一个强大的、无法管理的单一体，但实际上，此时的印度根本算不上是一个统一的整体。[15] 这一时期的印度仍然只是一个地理上的概念，在这片大陆上有数量众多的邦国，而再往下就是数十万个具有浓厚地方主义色彩的村落。这一点对于英国最终的成功而言至关重要。在莫卧儿帝国的巅峰时期，整个帝国有高效的税收系统，能够维持稳定、垄断权力，其中的一部分邦国也有高效的管理体系。但整个印度次大陆本身缺乏一个统一的国家机器，也没有一套成熟的国家理念。相比之下，东印度公司与英国政府之间的关系越来越密切，而英国之所以能相当早熟地实现中央集权，并打造具有凝聚力的民族主义，在很大程度上是因为英国的领土范围很小。

然而，尽管东印度公司在商业领域获得了相当的成功，其财政实力也相当强大，通过英国政府获得了印度统治者梦寐以求的海军力量，还非常成功地利用了印度次大陆上的宗教、文化与政治分歧，但由于在印度的英国人与印度本土人口之间存在的巨大差距，因此英国人必须始终依赖印度本地人。奥姆·普拉卡什（Om Prakash）与 K. N. 乔杜里（K.N. Chaudhuri）就指出，与其欧洲的竞争对手一样，在一开始，东印度公司就只能借助印度银行家与航运业的帮助，从印度统治者手中租借土地来建造最初的简陋工事，他们还需要与各地区的商人——印度西部的古吉拉特人（Gujaratis）、南部的切蒂亚尔人

253

（Chettiyar）和穆斯林商人——紧密合作，来巩固自己的地位。到18世纪40年代之时，仍有近一半为东印度公司在马德拉斯的基地提供服务的船只归属于印度人；当1756年达乌拉进攻加尔各答时，加尔各答的白人居民几乎都被印度放债人给绑架了。[16] 在接下来的半个世纪里，转向军事征服的东印度公司只不过是换了一种依赖形式而已。东印度公司越来越多地依靠当地的统治者、代理人和地主来组织人员、征税，还雇用了越来越多的印度线人、间谍、供应商、办事员与各类行政人员。最重要的是，东印度公司不得不从曾经为莫卧儿帝国效力的大量武装农民中招募军队。用 C. A. 贝利（C. A. Bayly）的话说，这些征服者"所能取得的成就总是受到严格限制的，因为在很大程度上，大英帝国在印度的统治仍然是由印度人来经营与保卫的"。[17]

这种对被统治之人的日益依赖，不仅影响了在印度的英国人对被俘经历的理解，也影响了英国本土的人们看待东印度公司及其雇员的方式。在地中海和北美，对于那些英国的殖民者、士兵、水手与商人而言，被非欧洲人俘虏通常意味着在一瞬间被抛入完全陌生的习俗、文化、食物、语言和服饰当中，有时甚至还会涉及不同民族之间的性行为。然而，在印度，英国人太过稀少，也太依赖当地人口，以至于那些在当地稍作停留的人都会对印度的各方各面有所了解。对于1820年以前生活在印度次大陆的绝大多数英国人（尤其是英国男性）而言，印度的食物、语言、服饰，以及印度的性伴侣，至少都不算完全陌生。因此，在这里被俘所经历的文化上的冲击往往比在其他海外地区要小，特别是当受害者是贫穷的白人时。

萨拉·沙德这个女人就是一个典型案例。她和她的第一任丈夫卡夫中士一同被迈索尔的统治者海达尔·阿里（Haidar Ali）的军队俘虏，并被关押在班加罗尔大约 11 个月之久。不过在此期间，她不仅能够从丈夫的陪伴中得到些许安慰，同时也得到了不少帮助，因为在这一时期——18 世纪 80 年代初——她已经高度熟悉印度的当地情况，并在一定程度上被同化了。在班加罗尔负责看守她的一名印度卫兵原先曾在东印度公司马德拉斯的军队中当过兵，他"因为（沙德）会说他的语言，而且懂烹饪，所以对她很感兴趣"，当然，这里指的是烹饪印度南部的食物。这段轶事看起来有点不太真实，但我认为其中至少有一些内容是真的。当然，我们知道，当萨拉回到伦敦，并在 18 世纪 90 年代中期第二次丧偶之后，她正是靠做咖喱菜和其他印度菜维持了几年的生计。她是为那些住在首都的"众多东印度公司家庭"有偿做这些饭菜的，这些人和她一样，回到了名义上的祖国，但发现自己一直留恋着那片大陆。

这说明，从另一个角度来看，英国人在印度被俘的意义是与众不同的。在许多英国本土的居民看来，所有在印度生活过很长时间的英国人都有可能成为印度人的俘虏，即使这里的"俘虏"不是字面上的意思。由于在印度的英国人非常稀少，而且在很多方面都相当依赖当地人，所以他们经常会担心（特别是在早期阶段）自己被印度的环境改变，被当地的习惯和价值观影响，不再是真正的英国人，而变成了当地人。这些担忧也经常能够传导回国内，为英国国内的人们所熟知。

正如 18 世纪 90 年代，生活在伦敦的东印度公司白人退伍士兵仍然喜爱萨拉做的咖喱菜这一事实所表明的那样，上述焦虑并不完全是杞人忧天。但那些表达担忧的人认为，在印度的英国人有可能被当地人同化，而这种同化绝不是改变自身饮食习惯这么简单。他们指控那些在印度发了大财的英国人（nabob，当然这个词让人联想到了腐败的纳瓦布——指穆斯林统治者，这种腐败特质同样适用于从印度回来的富有的英国人）屈服于——同时还加剧了——印度特有的腐败与专制，并将这些罪恶带回了国内。一名东印度公司的退休职员抱怨道，他和他的同事在回到英国之后，"发现自己成了异类，而且他们一直都被人们视为异类"：

> 他们认为，诚实、自由的印度人（请注意一名英国公司的雇员对自己使用的这个词！）永远都要比鄙视所有宗教的不信者还坏——总之，印度人都是不守规矩的罪犯，印度泛滥的强奸与暴力已经彻底污染了英国的所有美德。[18]

这段话写于 1797 年。在最早的几十年里，英国国内的人们对东印度公司白人雇员（包括文职人员和军人）的敌意要表现得更为明显和普遍。这有助于解释为什么有关英国人在印度的俘虏故事过了这么长时间才出现在公众视野当中。18 世纪 40 年代之前，在印度的英国人既不足以给当地人带来什么威胁，也没什么油水，以至于印度当地政权根本没有怎么俘虏这些人。然而，即使在这之后——当英国人被俘的风险大大增加时——在很长的一段时间里，我们几乎没有见到公开出版的有关印度的俘虏故事。[19] 我确信，这是因为，对于那些生活在英国本土的人来说，在印度的英国人似乎离自己太遥远，而且他们所效力的是贪婪的东印度公司，而不是英国这个国家，从他们的行为表现来看，这帮人已经完全是异类，根本不值得同情。如果说在印度的英国人有时会受苦，那么国内的英国人并不愿意——而且一直到 18 世纪 80 年代末也都不愿意——阅读他们的遭遇，或是共情他们遭受的痛苦。

约翰·西凡尼·霍尔韦尔（John Zephaniah Holwell）的《黑洞中死亡的真实故事》（*A Genuine Narrative of the deaths ... in the Black Hole*，1758）一书似乎是个明显的例外，不过这部著作恰恰能更有力地说明上述论点。1756 年 6 月，当达乌拉占领加尔各答时，霍尔韦尔，一个出生在都柏林并成为东印度公司高级雇员的人，与其他 145 人（这一数字是霍尔韦尔自己宣称的）一起被囚禁在了一个 18 英尺见方的监狱里过夜。他告诉我们，到早上之时，除了 23 人，其他人都已经没了呼吸，他们或死于窒息，或死于脱水，或是在争抢唯一的窗口（这是他们唯一能呼吸到外界空气的地方）时被其他俘虏踩死。真正的死亡人数可能接近 50 人，而且其中并非所有遇难者都是英国人。然而，尽管霍尔韦尔显然夸大了这里发生的事情，以便将达乌拉妖魔化，好报复一下他对自己的事业造成的损害，同时为自己死去的几个朋友报仇，但这本身并不令人感到惊讶。更引人注目的是，霍尔韦尔所讲述的"黑洞"故事在当时的英国产生的影响相当有限。维多利亚时代的人们会把"加尔各答黑洞"理解为英国在印度的一场悲惨遭遇：就像未来的麦考利勋爵（Lord Macaulay）在 1840 年时所言，"那项大罪太暴虐了，令人难以忘怀"。然而，与霍尔韦尔同时代的英国人对此的反应则截然不同，准确来讲，很多人压根就没有反应。可以肯定的是，1758 年时，这本俘虏故事的摘录被刊登在了英格兰、苏格兰与爱尔兰的报纸和杂志之上，但在此之后，没有任何一个新的版本问世。19 世纪之前，英国的画家似乎也没有将目光聚焦在这一事件上。在加尔各答建立的"受害者"纪念碑则出自霍尔韦尔本人的委托，同样，相关费用是由他一人支付的。很快，这座纪念碑就因缺乏必要的维护而倒塌，直到 20 世纪初，在印度总督寇松勋爵（Lord Curzon）的主持下，这座纪念碑才得以重建。[20]

256

这段历史在很长一段时间内被人们忽视的很大一部分原因，我们已经在前文中详细探讨过。在这一阶段，英国公众对东印度公司的同情心与爱国主义认同是相当有限的，即使在未来的几十年中，情况依旧如此。1756 年，一名英军军官在了解到加尔各答沦陷之后表示，"我认为，这件事情是东印度公司过度挑衅摩尔人所导致的结果"。因此，这一时期，人们并没有怎么接受霍尔韦尔对达乌拉的诋毁。1772 年，一位证人坚定地告诉议会调查小组，"他并不相信这位王公将英国人关到黑洞里时有任何屠杀的意图"。[21] 甚至当我们仔细阅读霍尔韦尔自己的说法时，也不难发现，他并没有打算包装一下东印度公司在印度的业务。在他的故事里，黑洞中的受害者极少是以英雄的形象出场的。相反，故事中的这些人拼命地用衣服来吸收自己身上的汗水，从而能喝汗液来解渴，甚至喝掉自己的尿液，直到他们实在受不了那股浓酸味儿为止。我们还看到，随着时间的推移，氧气逐渐耗尽，那些仍然活着的俘虏是如何出于一种纯粹的动物本能，践踏着尸体与垂死的人，从而靠近那扇窗户，以求得生存的。19 世纪初，一名英国作家相当厌恶地写道："所有的同情心和人类的感情都消失了，没有人愿意为救另一个人而有所退让。"这显然不是激动人心的帝国冒险故事。1756 年，当达乌拉的军队横扫加尔各答时，驻扎在这里的东印度公司士兵只有 70 人，而在整个孟加拉，英军的数量也不超过 500 人，甚至更少。[22]

当萨拉于 18 世纪 60 年代抵达印度时，英国在印度的统治即将发生重大的改变。诚然，在历史上，欧洲列强第一次成功地破坏了印度原有的政治秩序，一家来自英国的武装商社如今盘踞在印度最富有的地区之一——孟加拉之上，表面上作为莫卧儿皇帝的附庸对当地进行统治。然而，在这一阶段，东印度公司所能渗透到印度内地的程度仍然非常有限，英国国内对于东印度公司在印度的活动也没什么兴趣与同情心。最重要，甚至比在其他海外地区更为明显的一点是，英国在印度的人力资源明显受到了限制，而且相当脆弱。为了扩大他们在当地的权力基础，英国人需要更多的人力，也需要更多的军事力量。在萨拉居住于印度的这一时期，英国人逐渐学会了如何获取这些资源。他们付出的代价是金钱；但有时，他们也会遭遇可怕的暴力、战争与掳掠。

骑虎

18 世纪 60 年代末至 90 年代，萨拉在印度的时间几乎都是在军队的营地中度过的，在这段时间里，她也跟随一群男性士兵一起参与了一场又一场的军事行动。正如其故事的副标题所说的那样：她的故事是一位女性的英雄传奇，"与军队（原文如此）一道穿越这个国家，围攻本地治里、韦洛尔与纳加帕蒂南"。在印度，英国人要想维持这样的战争速度，就需要想更多的办法来招募到足够数量的士兵。在 1744 年这样一个全年基本是战事的年份里，东印度公司在加尔各答、马德拉斯与孟买总共只雇用了大约 2500 名来自欧洲的士兵。到了 1765 年，仅在孟加拉一地，东印度公司就有一支 17000 人的部队，而这仅仅是个开始。1778年，在印度次大陆上，英国的正规军与东印度公司的部队——至少在纸面上——就有 67000 人。当 18 世纪 90 年代萨拉离开印度时，这里的兵员总人数超过了 10 万人。到 1815 年，东印度公司在印度的军队已经扩张到了 25 万人。[23]

众所周知，军队规模的扩张与东印度公司在印度的领土扩张之间存在密切联系。一方面，像加尔各答沦陷这种突发的、毁灭性的失败已经不太可能再次发生。军事力量的增强使东印度公司更容易守住它已经获得的领土。另一方面，军事力量的增强也让剥削变得更加容易。在榨取土地岁入与税收，或是从某些印度当地统治者那里敲诈些保护费、签订一些不平等条约之时，军队的存在起到了至关重要的作用。此外，这支不断扩张、雄心勃勃的军队将东印度公司带进了印度内陆，而这要比伦敦的政治家和公司董事们所希望的渗透程度要深得多。在 1757 年普拉西战役后的半个世纪里，议会之中的辩论和位于伦敦的东印度大楼与身处印度的文职人员及军人之间的大量往来通信中都充斥着"征服绝不是我们想要做的事情"这个主题，但他们最终还是实现了征服。[24] 然而，不断升级的军事力量与暴力活动并没有让英国在印度建立起牢固不破的帝国。至少在四个方面，1757 年后的东印度公司在印度的地位并没有其迅速扩张的军队规模所显示的那般稳固。

首先，印度次大陆与英国的距离和双方在人口与领土范围上的差距都给英国带来了持久的挑战。即使到了今天，对英国人来说，印度史仍然是"他者的历史"，一个典型例证就是人们不得不将分析英国在北美的处境时通常采用的那种逻辑应用在印度之上。众所周知，在美国独立战争期间，英国人面临着北美地理范围大、人口多以及穿越大西洋 3000 英里运送战备物资的后勤困难等诸多考验。实际上，在印度的英国人经常认为自己也面临着类似的困难。在这里，也可能会出现类似的情况：虽然偶尔能取得辉煌的胜利，但这些胜利本身是远远不够的。当地的敌对势力只会暂时撤退，而后再利用当地取之不尽、用之不竭的人力资源，在法国人的帮助下，获得越来越多、先进到能与东印度公司所使用的武器相媲美的装备，之后再重新集结起来，和东印度公司打上一仗。"我们把海达尔赶出了战场，"在攻打印度南部的迈索尔王国之时，一名英国军官在阵亡前不久绝望地写道，

> 但我们既无法摧毁他的大炮，也无法阻止他的撤退。在这种情况下，我们失去的每一个人对我们来说都是有价值的。然而，即使他以十敌一，对他来说也没什么大不了的。[25]

这表明，虽然英国人面临的首要挑战是印度巨大的地理规模与人口数量，但第二个挑战依旧是他们无法克服的自身局限。1756 年之后，从纸面上来看，东印度公司的军队规模让人印象深刻，但在战场上维持一支人数足够且有战斗力的欧洲军队就是另外一回事了。即使是第一步，将足够数量的白人士兵带到印度这件事本身就相当困难。东印度公司在英国本土招募士兵并不比英国的正规军更容易，特别是在夏季农忙时节，愿意应征的平民就更少了。在普拉西战役后的 60 年时间里，战争的全球化使兵源愈加紧缺。1776 年，随着美国独立战争的爆发，英国的人力资源不得不转向北美，此时的东印度公司计算出其在印度的炮兵部队，即军队中不可缺少的一部分，至少缺员 700 人。1794 年，当时的英国正在与革命后的法国交战，据估计，东印度公司欧洲兵团的缺员人数

已经与在战场上服役的欧洲士兵人数一样多了。[26]

　　第二步，即便是东印度公司在英国本土成功招募到了士兵，也需要他们活着抵达印度才行。1790 年之前，东印度公司商船与运输船上的白人士兵死亡率有时能与跨大西洋奴隶船上被锁住的黑奴死亡率不相上下。1760 年，在前往印度的"奥斯特里号"（Osterly）上的 53 名官兵中，有 33 人在抵达印度之前就去世了；1782 年，"庞迪奇里号"（Pondicherry）上有 1/3 的人死在了从好望角到约翰娜岛（前往马德拉斯的一个中间停靠站点）的航程中。有时，整艘船上的人都会在狂风巨浪中殒命，例如 1786 年发生在东印度公司商船"哈尔斯韦尔号"（Halsewell）上的事情。[27] 那些没在旅途中死掉的士兵，在登陆印度之后仍要面对持续的细菌袭击，特别是痢疾、水媒霍乱和疟疾。据估计，在任何一个时间点，东印度公司在印度的欧洲部队中都有大约 20% 的人因为生病而丧失行动能力。对于东印度公司的外科医生而言，一个在印度受伤的欧洲士兵康复的可能性是相同情况下的印度兵的 1/6，因为对于欧洲士兵而言，他的免疫系统因反复生病而受到了重创，在很多情况下，过度饮酒让情况变得更加糟糕。

　　东印度公司很早就清楚这一切，而且由此也产生了第三个长期困扰英国人的问题。如果东印度公司要控制印度的大片土地，那么其所依赖的大部分人就必须是印度人。因此，18 世纪 50 年代之后，"英国"在印度军事实力的大幅扩张实际上是一种错觉。在这之后，东印度公司与英国政府都向印度次大陆派遣了更多的士兵，但东印度公司军队规模的扩大主要还是依靠印度人实现的，这也说明英国人对印度人的依赖性越来越强。即使在普拉西战役中，为英国人作战的印度人的数量也是欧洲士

43.《一艘沉没的东印度商船》
J. M. W. 特纳（J. M. W. Turner）绘

兵的两倍以上。在接下来的半个世纪里，东印度公司雇佣的白人士兵数量与印度兵数量的差距进一步拉大。1767 年，东印度公司驻扎在科罗曼德尔地区的普通士兵中，只有 13% 是欧洲人：尽管实际上，这 13% 的人里还要包括美洲人、加勒比海地区的黑人、德意志人、瑞士人、葡萄牙人、法国人和来自各地的不列颠人。10 年之后，东印度公司在印度的白人士兵数量刚刚超过 1 万人。而此时东印度公司雇佣的印度兵数量是白人士兵的 7 倍。[28]

白人极高的患病率使本就相当巨大的差距变得更为悬殊，东印度公司深入印度内陆的一部分前哨站也面临着同样的挑战。1770 年时，在孟买以南 60 英里的维多利亚堡，有 160 名印度兵驻扎在这里，这些人只

44. 孟买的东印度公司印度兵

在名义上受 3 名东印度公司的白人官员监督，而在这 3 个人当中，没有一个是军人。在东印度公司的若干基地里，有些时候似乎压根就没有白人存在。根据一名英国军官的记录，18 世纪 80 年代，他曾意外发现印度南部的一座"英国"堡垒中连一个英国人都没有。这座堡垒中的印度兵依旧拿着东印度公司的工资，因此也就继续在他们的岗位上工作着。

当这名英国军官到来之时，这些印度兵都聚集起来看着他，因为"多年以来，他们从未见过一个欧洲人"。[29] 尽管这个例子有些极端，但指出了一个时间跨度相当漫长的现象。当我们在估算所谓英国在印度的军事实力时，总是需要注意到这样一个事实，那就是英国在印度的大部分军人根本就不是英国人。

到了维多利亚时代，这样一种依靠被统治者的兵源来维持帝国统治的制度已经逐渐得到了广泛的认可（尽管还不是被所有人接受）。然而，在早些时候，这一制度内在的不安全性和轻率程度让人们感到相当震惊，甚至是恐惧不安。1769 年，一名东印度公司的军官坦率地写道："将我们的主要依赖放在我们要控制的臣民身上，这是一项极具危险性的行为。"在议会的辩论和东印度公司大楼与其雇员的通信中，类似的论调也屡屡出现。[30] 在某种程度上，这种紧张的情绪反映了这样一个事实，即对东印度公司而言，大规模征募印度兵的制度仍然是一类新鲜事物，还没有人确信这种方式能够维持下去，而不至走向崩溃或是反噬其主。不过，一些英国官员也担心，东印度公司可能无法持续获得足够的现金来为这支不断壮大的印度雇佣军提供军饷与后勤保障。

这有助于解释为什么东印度公司在伦敦的董事们认为公司军队中的某些人正在进行不负责任的扩张行为，并对此持强烈反对的态度。在印度的战争本身就很昂贵，与此同时，这些战争还损害了当地的贸易与农业生产，同样也损害了纳税人的利益。如果印度的商业、农业与土地利润开始枯竭，那么东印度公司雇佣的印度兵的军饷要从哪来？事实上，1768 年，在第一次迈索尔战争期间，由于东印度公司的军需品供应出现了短缺，公司雇佣的印度兵大规模开小差，到了 18 世纪 80 年代初，食品供应与军饷的中断导致了相当严重的印度兵叛乱事件。在约翰·西凡尼·霍尔韦尔和其他人看来，普拉西战役后的一系列暴力事件最终会吞噬掉整个东印度公司：

262

> 新的、短暂的胜利会刺激我们，进而推动我们去夺取新的领土；而这就需要进一步增加军事力量来保卫这些土地；就这样，我们会接着攫取，接着消耗，直到我们的双手被塞得满满的，然后就是抽筋，就是失去知觉，我们将不得不把抓到的东西全都扔掉。[31]

还有第四个，也是最后一个方面，即东印度公司不断扩张的军队规模似乎适得其反，这支军队不光对印度人来说很危险，对英国人自己来说也很危险。东印度公司从来都不是在真空中运作的。在普拉西战役后的半个世纪里，东印度公司周围还有众多相互竞争的印度本土势力。目前，南亚学者普遍认为，1720 年后莫卧儿帝国在印度的政治与军事力量出现了萎缩，但这并没有引发普遍的分裂和无政府状态。某些地区诞生了强大的继承国，这些政权有时展现了比莫卧儿皇帝更强的现代化能力与意愿。就军事变革而言，这些锐意进取的印度势力从未完全照搬欧洲模式。一部分政权，如马拉塔联盟（Maratha Confederation），在 17 世纪的时候就已经开始从封建军队转变为更为集中的中央部队；而 18 世纪初波斯和阿富汗的入侵以及印度不同王国之间的冲突也有助于推动印度次大陆的军事变革。[32] 不过尽管如此，自 16 世纪开始，许多印度统治者都在系统性地复刻欧洲的军事技术与战术，同时也在雇佣欧洲的雇佣军。随着东印度公司在印度本土的不断扩张，其日益强大的军事机器不仅为其他势力的军队提供了学习的模板，同时也不得不与这些军队进行竞争，而这些军队目前所使用的武器装备和东印度公司的军队相差无几。

在普拉西战役和布克萨尔战役以后的英国著作中，我们很容易发现，当时的英国人对这一系列变化的认识越来越深刻。在机密文件与高层之间的电报当中，一面描绘的是印度人天生的服从性；一面又承认当下的印度在军事上越来越活跃，也越来越危险。东印度公司的一名上校在 18 世纪 70 年代末参与迈索尔战争时写道："每一年，我们都在给这些黑暗势力带来更多的军事知识。"[33] 1781 年，马德拉斯的英国总督承认道："印度人不再害怕我们的武器了，我们也没法再蔑视他们的反对意见。"一名老兵在回顾 19 世纪初的战斗时写道："（英国的）大多数人……对印度好战部落中发生的变化一无所知……再加上他们天生的勇敢与数量上的优势，使我们与他们之间的冲突变得极端血腥。"[34]

在普拉西战役和布克萨尔战役后，英国人欣喜若狂地认为，他们能轻而易举地在印度取得胜利，因此，这帮人需要以更加现实主义也更严肃的态度来看待在印度的战争。萨拉·沙德的故事再次说明了这一点。在这则故事当中，我们看不到任何洋洋自得的地方，沙德不仅见证了英帝国在印度 20 多年的胜利，同时也见证了一系列的悲怆、损失与军事失利。沙德本人在迈索尔被俘虏，也曾多次受伤。她还失去了两任丈夫，同时，在一周的时间里，她目睹了自己所在的英国军团中有"16 名军官的妻子丧偶"。其故事的基本背景是英国在印度不断扩张的权力，以及英国人在当地感受到的恐惧和反复出现的逆转，这一基本事实使这则故事现在读起来依旧引人入胜。同样，在这一背景之下，在印度被俘虏的英国人数量开始增加，相关的俘虏故事也在逐渐增多。

在国内的英国人与身处印度的英国人都意识到了他们所做之事背后的巨大风险，因此，人们开始或直接或间接地表达起自己的忧虑与担心。从 18 世纪 50 年代起，老虎就成了英国人想象当中频繁出现的意象。萨拉本人在和约翰·卡夫结婚没多久之后就被一只老虎抓伤了。她的手臂上留下了非常明显的老虎抓痕。此外，她还与老虎有过另外一次交锋，当时，她目睹了一只老虎将一名东印度公司军官怀着孕的印度伴侣吞食掉的场景（这可能是为她代笔的写手担心东印度公司的军队中此类跨民族的性行为变得日益常见而擅自增加的内容）。在这些可怕的遭遇之外，萨拉的出版商还在她的故事中插入了一个特别的附录，用以描述印度的野生动物，他们认为，其中老虎是最可怕的动物：

> 老虎是自然界中最凶猛的动物之一；它们的外表庄重且威严，但行动却狡猾可鄙；它们从不正面面对猎物，而是选择埋伏起来，突袭猎物。

这段描述中相互对立的用词很有趣，也很具有暗示性。在这段叙述里，老虎既是一只雄壮的野兽，又缺乏勇气；既危险，又狡猾。最重要的是，人们无法预测它的行踪，正如印度本身所呈现的那样，难以捉摸。到了这一时期，这种拟人化的老虎形象在英国的文学与艺术作品中已经相当常见。然而，在普拉西战役之前，英国人对于老虎的认知还仅限于古代动物寓言和纹章学书籍中所呈现的不够精准的形象。直到征服

了孟加拉之后,英国人才注意到这种动物。在当地工作的东印度公司官
员在野外或是王室的动物园里碰见了老虎,有些人还见过被射杀的老虎
尸体。有几个人设法将活着的老虎运回了英国。18 世纪 50 年代,坎伯
兰(Cumberland)公爵就曾得到过几只老虎;1762 年,时任孟加拉总督
的罗伯特·克莱武向马尔巴罗(Marlborough)公爵赠送了一只母老虎。
这只老虎就是乔治·斯塔布斯(George Stubbs)曾画过三次的那一只。
比起他画的猎豹,斯塔布斯的《王室老虎肖像图》(*Portrait of the Royal
Tiger*, 1769)更受欢迎,因而得到了大量的复制传播。[35] 其中,有大量
或精致或粗糙的复制品,还有雕刻、临摹画,甚至还有针线织出来的
版本。斯塔布斯的老虎画也成了一种艺术时尚。在随后的几十年里,詹
姆斯·沃德(James Ward)、詹姆斯·诺斯科特(James Northcote)和
其他很多艺术家也都以老虎为主题进行了艺术创作;而北方的艺术家托
马斯·布威克(Thomas Bewick)和年轻的埃德温·兰德希尔(Edwin
Landseer)也为从美术图册到儿童文学的书籍绘制了大量精美的老虎
版画。[36]

　　然而,这不仅是因为东印度公司的征服使英国人熟悉了印度次大陆
上最令人印象深刻的动物。而且在某种程度上,英国人将老虎当成了印
度本身的代名词。由此,老虎成了一种意象,通过对老虎的描述,英
国人可以表达自己对印度次大陆的看法与忧虑之情。布威克就曾写道:
"老虎是亚洲特有的物种,但在印度,老虎的数量尤其多。"[37]

　　从任何一个角度来看,老虎都是一个很合适的隐喻。它们体型庞
大、气势磅礴、威风凛凛,和幅员辽阔、物产富饶且拥有众多王公贵族
的印度很是类似。埃德蒙·伯克在普拉西战役那一年曾写道,这些老虎

45. 乔治·斯塔布斯画的母虎图

46.《狮与虎的争斗》
詹姆斯·沃德绘

光鲜亮丽，又威胁性十足，是令人赞叹的生物：

> 看看……这具有惊人力量的动物，你下意识的想法是什么？是
> 这种力量将服从于你吗？……不，你真正想到的是，对于这股强大
> 的力量被用于掠夺和破坏的恐惧……这令人赞叹的生物……在阴暗
> 的森林里游荡，在荒野之中咆哮……出现在我们眼前的可能是老
> 虎，可能是豹子，也可能是犀牛。

这表明，对英国人来说，在这一阶段，印度的老虎最能唤起人们的注
意力，因为老虎是危险的，是不可知的，也是无法控制的动物。斯塔
布斯画笔下的母老虎卧在地上，神态放松，但在那美丽的皮毛之下，
人们仍然能够轻易地观察到它那健硕的肌肉组织，而那双有光泽的眼
睛——眼神并没有与观众接触——则完全不属于人类。正如朱迪·埃格
顿（Judy Egerton）所说，我们丝毫不会怀疑这只庞然大物"能够轻松
地跳起来攻击人类"。[38]

　　我们有必要将1750年后老虎形象的流行视作英国人在面对自己与
印度次大陆之间日益激烈但又不可预测的关系之时，对这片大陆既好
奇又不确定的心态的另一种表达。实际上，老虎是一个既令人着迷又
让人感到恐惧的形象。不久之后，英国的作家与艺术家就开始用狮子
和老虎的遭遇来比喻英国与印度之间的交锋。斯塔布斯的《狮子与死
老虎》（Lion and Dead Tiger）、詹姆斯·沃德的《狮与虎的争斗》（Fight
between a Lion and a Tiger）都是在英国与印度激烈冲突之时画出来的。随
着19世纪的到来，这类想象中的动物竞赛已经成了英国人自满情绪的

266

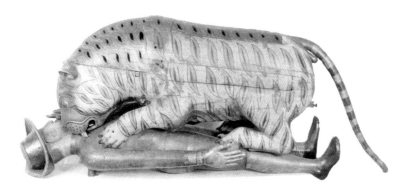

47. 一只老虎正在吞食一名英军士兵
为迈索尔的蒂普苏丹制作的木制带发条的雕像

一个来源。兰德希尔在他的《20幅狮子、老虎、黑豹与豹子图》(Twenty Engravings of Lions, Tigers, Panthers and Leopards，1823)中说道，"时代的声音"一致宣布狮子是"百兽之王"。[39] 图中，不列颠尼亚的狮子已经成功地战胜了印度老虎。因此，大量维多利亚时代的英国男性在绘制自己的肖像时，都会让自己的脚牢牢地踩在老虎皮或是老虎的尸体之上，后来还有很多人拍摄了此类照片。对于莫卧儿的王公而言，老虎是统治的象征，而现在，这些老虎在狩猎中被抓住、被杀掉，或是被关在兽笼之中，对于英国人来说，这一幕成了英帝国统治印度的象征。然而，在19世纪初之前，这种对印度次大陆满怀自信，认为自己能统治老虎的感觉是相当罕见的，因为这一时期的老虎仍然能够打他们个措手不及。托马斯·彭南特（Thomas Pennant）在1781年的《四足动物史》(History of Quadrupeds)中说道："它们会攻击各种动物，甚至包括狮子，众所周知，在狮与虎的交战之中，往往双方都会丧生。"这一年，英国在印度南部遭遇了惨痛的失败，大量英国人被俘虏。[40]

　　在蒂普苏丹（Tipu Sultan）统治时期（1782—1799）之前，在英国人的心目中，老虎就已经成为印度的象征，而这位迈索尔统治者系统性地将老虎的形象用于自己的宗教活动和各种仪式之中，18世纪80—90年代，他俘虏了众多英国人，成了英国人心目中十分恐惧的对象，实际上，正是他的部队俘虏了萨拉·沙德好几个月。在某种意义上，对英国人来说，蒂普装饰着虎纹的宫廷、士兵制服上的虎纹，以及他手指上的戒指与剑柄上装点的咆哮着的虎头珠宝，都进一步加剧了人们的担忧之情，也就是说，印度充满了危险。事实上，现在的他们骑虎难下。与此同时，对英国人来说，老虎和狮子这对意象还有另外一个层面上的含义，尽管这层含义并没有得到广泛的认可。

48.马德拉斯一尊装饰有虎头的迈索尔火炮

如果说在他们眼中，印度是一头巨大的、凶猛的、无法驯服的、无法预知行踪的野兽，那么同样，在此过程中，英国人自己也变得更加危险，对印度次大陆与世界其他许多国家的人民来说，英国人也变得更加冷酷无情。1764 年的布克萨尔战役为他们赢得了孟加拉，在此后的半个世纪里，英国的军事暴力达到了前所未有的高度，其中大部分战斗是在印度发生的，而这些战斗往往是由那些拿着枪和剑、带着船只的雇佣兵发动的，他们异常凶猛，经常不听伦敦方面的指令，在很多时候都超出了伦敦方面的控制。他们就像是被放出牢笼的贪婪野兽一样，朝着整个世界扑了过去，企图将这只猎物彻底撕成碎片：

> 狮子说："我抓住了这个，是因为我有牙齿；我抓住了这个，是因为我脖子上有鬃毛；我抓住了这个，是因为我有爪子；我抓住了这个，不是因为我拥有真理、理性或是正义的支持，而是因为我是一头狮子。"[41]

英国人也化身成了凶狠的野兽，在萨拉·沙德的见证下，朝着迈索尔的虎口大炮进发。

第九章
虎与剑

迈索尔及其意义

1780 年 9 月 10 日，波利卢尔（Pollilur）。这里位于神庙小镇甘吉布勒姆西北 10 英里处，离马德拉斯只有几天的路程。对于大英帝国而言，这个时间节点无疑是一个噩梦般的时刻。此时的英军还没有加特林机枪，幸存的一名英国上校还能再活一段时间，不过他周围组成方阵的龙虾兵正在不断倒下，在方阵之外，那些落单的英军士兵已经无路可逃，这些人或是被长矛刺穿了脖子，或是在试图逃跑时被弯刀砍下了脑袋。不过，方阵之内也没有避难所。士兵们仍然手握他们的火枪，但装载弹药的马车刚刚发生了爆炸，用不了多久，他们就只能用剑、长矛与赤手空拳来和敌人搏斗了。从四面八方向他们聚拢而来的是一波又一波的迈索尔骑兵，他们身上的各色军装闪闪发光。威廉·贝利（William Baillie）上校受了伤，躺在轿子里，汗水沁透了他身上厚厚的制服，而他正痛苦地咬着自己的指甲。相比之下，蒂普苏丹，海达尔·阿里的长子与迈索尔未来的继承人，只穿了一件带有老虎花纹的丝绸外衣，掌控着战局的发展。他在他的战象上观察着局势，品味着玫瑰的芬芳，并思考着要杀掉多少英国人，再活捉多少人。

在塞林加帕坦外蒂普典雅的木制夏宫墙壁上，30 英尺长，绘有波利卢尔战役的壁画仍在闪闪发光，而这不只是对迈索尔一方胜利的纪念。仔细观察，我们就会发现这幅由不知名艺术家为蒂普的宫廷绘制的宣传画很有意思地展现了战士的阳刚之气，以及阳刚之气的缺失。蒂普与他那些戴着头巾的士兵无一例外地都留着胡子。即使是与他们并肩作战的法国盟友也是满脸胡须。但对面的英国人则被描绘得非常不同。在现实当中，贝利手下的部分士兵穿着苏格兰式的花格呢短褶裙和各种颜色的装束。[1] 然而，在这幅画里，英军士兵都穿着红色的制服外套，这种颜色象征着鲜血、生殖力与权力，但在印度，这种颜色也与太监和女性有关。贝利手下的男人们也都明显地、无一例外地将胡须剃得干干净净。他们整齐地侧着身子，有着雌鹿一样的眼睛、上扬的眉毛，以及漂亮的粉色嘴唇，画中的这些人像是女孩，或者至少不完全是男人。在这一时期，这种嘲讽方式在印度次大陆上并不罕见。另一位印度统治者在 1780 年时写道，英国人"比女人还坏"，他们是狡猾的、像狐狸一样的商人，曾愚蠢到想要挑战老虎。而现在，彻底消灭他们的时机已经到来。[2]

当时，英国方面的反应也没什么不同之处。1781 年，当波利卢尔与其他一系列针对迈索尔的军事行动接连失败的消息传至伦敦之时，人们"普遍感到相当惊愕"。而在那些与英国为敌的欧洲国家首都，以及正在进行独立战争的美国，人们既感到惊讶，又有些幸灾乐祸。毕竟，在这一年里，英国还经历了约克镇战役，自此之后，英国就再无希望将跨大西洋帝国中最古老也最富有的一块殖民地留在帝国之内。而就在同一时间，英国刚建立没多久的东方帝国也正面临着严峻的压力。反对帝国的辉格党人霍勒斯·沃波尔（Horace Walpole）预言道："印度和美国都在离帝国远去。"这有点过于兴奋了，但正如首相诺斯勋爵承认的那样，波利卢尔战役的失败"引起了全世界的关注……同时也激起了公众的愤怒与不安之情。"³ 尽管后来英军在印度南部取得了一些胜利，让东印度公司与迈索尔王国之间的冲突以平局结束，然而帝国的信心却遭受了严重的冲击，而且在一段时间内都没能恢复过来。1784 年，英国议会通过了一项新的立法，开始管理东印度公司的相关事务，并明确放弃了英国未来在印度扩张的企图："征服计划与统治的欲望……与这个国家的期望、荣誉和政策相抵触。"当 1790 年与迈索尔王国的战争再度爆发之时，人们仍然怀疑英国有没有能力在印度次大陆进一步扩张。当时在伦敦出版的政论小册子几乎无一例外地预言，在印度，英国军队将再一次被打败，并受到羞辱。⁴

这种帝国正处于衰退之中的情绪的根源显而易见：美国独立战争的失败，以及随之而来的全球影响和国内对这场战争的反思。"在欧洲，我们丢掉了梅诺卡岛，"一名议员沉闷地说道，

在北美，我们丢掉了 13 个殖民地和两个彭萨科拉那样的港口；在西印度群岛，我们丢掉了多巴哥；在非洲，我们也丢掉了多个定居点……在印度……我们丢掉了昌达纳戈尔（Chandanagore）与先前控制的所有法属盂加拉定居点，我们丢掉了本地治里，丢掉了卡里耶（Carical），还丢掉了我们从法国人那里夺来的、位于科罗曼德尔与

49. 波利卢尔战役
来自 1820 年一位不知名的印度艺术家的临摹品

50. 一张维多利亚时代拍摄的照片
照片中是位于巴格·塞林加帕坦的达利亚·道拉特（Darya Daulat）的
波利卢尔战役原始壁画

马拉巴尔海岸的所有定居点。[5]

现在看来，在丢掉了北美 13 个殖民地之后，英国显然能够集中精力，将更多的资源倾斜到印度和世界的其他地区当中去，进而产生更大的破坏力。但在当时，大多数英国人并没有预料到情况会变成这样。相反，他们中的一部分人坚信，英国在全球范围内遭遇的失败确凿无疑地证明，他们的国家太小了，以至于无法建立起一个长期稳定的领土型帝国。即使是那些没有如此悲观的人，似乎也在美国独立战争之后并不看

273

好英国在印度的前景。

从一开始，印度次大陆巨大的地理范围，外加庞大的人口规模，不仅令人心生畏惧和不安，同时也吸引了人们的目光，激发了他们的热情。波利卢尔战役的失败与其他几场军事失利不可避免地加剧了人们的焦虑情绪，在当时人看来，英国在印度的存在永远都只可能是"极少数人对上千万人的不稳定统治"，由此可见，英国在印度的统治必然是短命的。从 1700 年起，英国就没有再经历过如此重大的军事失利，而这也从另一个方面加深了人们对英国在印度统治可能性的怀疑。议会专门组织了针对这一系列军事失利的调查，最终给出的调查报告有整整 6 卷之多，此外，议会还对前孟加拉总督沃伦·黑斯廷斯（Warren Hastings）的行为进行了调查，这一系列调查向人们揭示了东印度公司的腐败与无能，尽管先前就曾有人怀疑过东印度公司的统治情况，但这些材料从未以如此完整、如此丰富的形式出现在公众面前。[6] 长期以来，人们一直在担心身处印度的英国人会受到当地腐败环境的影响，现在看来，这种担心似乎是完全正确的。18 世纪 80 年代，英国人之所以对大英帝国的前景尤其是在印度的统治不抱什么希望，至少有很大一部分原因在于，英帝国在当地的文职人员与军事人员太过腐败，同时又无能得无药可救，根本就不配继续统治。他们不配取得胜利。此外，在印度取得胜利似乎也已经成为一种遥不可及的奢望。

与迈索尔王国及其盟友的战争已经证明，一部分继承了莫卧儿帝国原先势力范围的王国如今成了印度次大陆上的主要军事力量。海达尔·阿里，一个非常有能力但并不识字的军阀，于 1761 年篡夺了迈索尔王国的王位，并在登基伊始就相当努力地推进军队的现代化。1782 年继任的蒂普苏丹则更进一步，将迈索尔王国打造成了一个强大的财政－军事国家。[7] 其统治的成果在战场上显而易见。在 1767—1769 年与迈索尔王国的第一次长期对抗之中，东印度公司几乎丢掉了整个马德拉斯，从而被迫与之和谈。到 1780 年，即波利卢尔战役的那一年，迈索尔王国的战争机器变得更加庞大，其财政、商业和领土等方面的资源也更加丰富。他们还拥有相当完善的情报网络。人们普遍认为，这一时期迈索尔王国的防御工事要比东印度公司的更为卓越，军需品的供应链也是如此。迈索尔的骑兵很容易就能占据优势地位。迈索尔 2/3 的武器装备都是由欧洲制造的；不过他们也拥有自己的军工厂、铸铁厂以及适应当地战争需求的先进科技。[8] 而且，迈索尔王国的陆军规模要比东印度公司在马德拉斯的军队规模更大。

18 世纪 80 年代初，一名东印度公司官员声称，海达尔·阿里指挥着大约 9 万名士兵；另一名英国评论家则声称他麾下有 15 万名士兵；还有人报告称有 20 万。所有这些估算的数字实际上都存在问题，但它们表明英国人对迈索尔军队的规模和潜在风险保持着高度警惕。[9] 在与迈索尔王国之间爆发的第二次大规模冲突之中，英国人甚至差点丢掉对海洋的控制权，这一事实更让英国人感到不安。就像早些年的阿尔及尔与摩洛哥一样，海达尔·阿里与蒂普苏丹统治下的迈索尔王国是一个伊斯兰政体（虽然印度教人口占多数），他们没有什么理由害怕欧洲人的陆军。只有当英国人拥有比这次冲突中更有秩序、数量更多的陆军，同时获得一支强大海军的有效配合之时，他们才能在这里取得优势。据说海达尔曾说："我可以在陆上打败他们，但我无法吞噬海洋。"[10] 不过，法国人却可以；而且，在一个阶段，他们似乎正打算这么做。

　　早在 18 世纪 60 年代，海达尔就已经熟练地、有目的地雇佣来自法国和其他欧洲国家的雇佣兵、工程师、工匠、翻译与医生。[11] 在 1779—1784 年的战争中，他和蒂普曾有机会与法国正式结盟。不过，由于此时的法国正忙于与英帝国在北美的战事，因此他们没法向迈索尔王国提供足够的人员与资金支持。但法国方面将超过 1/4 的战舰——总共约 20 艘主力舰艇——派往科罗曼德尔海岸执行巡逻任务。如果这支由海军上将德·叙弗朗（de Suffren）指挥的舰队不仅能成功地与英国人交战，而且能切断东印度公司在印度南部的据点马德拉斯的人员、资金、信息与物资供应，那么马德拉斯很可能就会沦陷。假如这种情况确实发生，那么东印度公司在印度南部的印度军团将拿不到军饷，食物供应也会中断，毫无疑问，这会导致印度兵哗变。事实上，18 世纪 80 年代早期，东印度公司的印度兵就曾爆发过兵变，还有人叛逃到了迈索尔一边。[12]

　　甚至到了 1800 年之后，法国仍旧在资助印度本地势力的抵抗运动，而这也正是英国人一直关注迈索尔王国的原因之一。当然，这一时期的法国几乎没有能力取代英国在印度的统治地位；而迈索尔王国实际上只统治着印度次大陆的南部地区。1791 年，蒂普苏丹统治下的领土面积大约有 92500 平方英里，比东印度公司在孟加拉控制的土地面积略小。[13] 然而，蒂普甚至比海达尔更善于动员大量的农民兵，也更擅长推动当地贸易的发展，并成功地筹集到了所需的资金。如果他能得到法国军舰与大炮的援助，那么他就很可能彻底战胜英国人。而这反过来又可能对其他印度势力产生多米诺骨牌效应。东印度公司的主管与伦敦的政治家

51. 波利卢尔战役中陷入绝境的英军方阵

都意识到了一点，那就是英国在印度的存在规模很小，这意味着英国在印度的力量源泉与其说是资本或武力，不如说是舆论与想象力，他们利用少数几场高效的成功战役来维持印度人心中英国不可战胜的观念。英国人必须让人们看到他们在印度取得的胜利，因为——直截了当地说——他们不能让其他人看到英国人经常失败。1781 年，东印度公司的一名高级军官在下议院的演讲中阐明了这一点。他告诉各位议员，英国在印度的统治"与其说是真实的，不如说是想象中的，我们没法用如此悬殊的人数完全控制那片广袤的大陆"。因此，像波利卢尔这样的失败会给英国人带来双重的风险，因为从另一方面来看，这场战败让英国人颜面尽失："我担心他们（印度人）很快就会发现，我们实际上和他们差不多，没有比他们强大到哪里去。"而且，一旦出现此种情形，英国在印度的统治将会受到何种影响？[14] 因此，一个强大的、奉行扩张主义的迈索尔王国，与英国主要的欧洲竞争对手法国结盟，其危险性不仅限于这一行为本身。在北美遭遇惨败之后，两者的结盟会进一步削弱英国在整个印度的声誉与权威，而这正是英国人所担忧的地方。

而且，迈索尔王国在一个特殊的、令人厌恶的方面损害了大英帝国的威信。他们俘虏了大量的英国士兵，并让其中一些人改变了自己的立场。

我们永远无法得知，在迈索尔与东印度公司的历次战争之中，究竟有多少英国士兵被俘虏。仅波利卢尔一战，就有超过 200 名英国人被俘（大约有 3000 名"英军"士兵，其中既包括白人，也包括印度人，在此次战役中被杀）。不过，在其他许多英国战败的战役和小规模冲突中，也有相当数量的英国人被俘。例如，1782 年，法国人将其军舰在海上俘虏的 400 名英国水手与 60 多名皇家海军军官交给了海达尔。许多被迈索尔方面俘虏的英国人（被俘的东印度公司印度兵要比英国人多得多）都没能活到被释放的那一天，他们或死于疾病，或死于囚禁场所的严酷环境，或因为他们被俘之时就已经受了重伤。但我们知道，在 1784 年双方签署和平协议时，有超过 1300 名英军士兵和至少 2000 名印度兵仍然活着，并被移交给了英国方面。我们还知道，另外有 400 名英国俘虏留在了迈索尔，直到 18 世纪 90 年代，而且其中有人自愿改信了伊斯兰教。[15]

　　与更晚近的英国人在亚洲被俘的事件——例如，在 1942 年新加坡沦陷后，日本方面俘虏了 13 万名英国士兵——相比，迈索尔王国俘虏的英国人在数量上似乎并不怎么起眼。然而，在审视这些俘虏时，我们必须意识到在这一阶段，驻扎在印度的英国士兵总数很少——不超过 1 万人，而且在先前的日子里，英国人总是自视甚高，他们认为仅仅依靠如此微不足道的白人士兵，再加上几支印度本土的辅助军团，就足以在印度次大陆上开疆拓土了。1757 年的普拉西战役中，由 600 名白人士兵外加 2400 名欧亚混血士兵与印度本土士兵组成的"英军"部队击溃了人数是自身 15 倍的敌人。1779 年之后，迈索尔军队俘虏的白人与印度人数量比任何其他事件都要引人注目——在印度次大陆所有的英国人中，至少有 1/5 的人被俘。这说明，欧洲人在军事技术、战术与军事纪律方面相较于印度本土军队全面占优的日子已经彻底结束。1784 年，一名被俘的英国军官如此描述他那些被迈索尔军队俘虏的战友："在 20 年前，像这样的部队能够横行整个印度。"[16] 但现在不行了。在英国国内，迈索尔军队俘虏了多少英国人本身并不重要，重要的是人们会如何理解这些俘虏存在的意义。那些认为迈索尔王国里"到处都是英军俘虏"的想法，有些类似于越战后美国人对被越共俘虏或是在行动中失踪的美国大兵的命运的担忧。在这两个案例当中，俘虏的规模都进一步加深了一场不尽如人意的帝国战争给本国人带来的羞辱感，同时也激起了人们对一个阴险的非西方敌人的仇恨与担忧。[17]

　　不过，这种对俘虏的担忧之情还带来了一个重要的转折，这一点在塞林加帕坦宫殿墙壁上的那幅波利卢尔战役的壁画中也有所体现。显然，这幅画是迈索尔王国的宣传画，同时也是一件精彩的艺术作品。然而，尽管如此，负责绘制这幅作品的无名艺术家仍然在庆祝英军即将被消灭的同时暗示了英国人的实力。在如此极端的情况下，英国士兵的方阵——至少在这幅画中如此——仍然保持着紧密的团结与森严的纪律。自18世纪80年代起，一直到19世纪，有关被迈索尔军队俘虏的英国人的材料就一直在英国境内广为流传，这表明英帝国在遭遇惨败之后，国内陷入了极度的不安之中，他们尤其不确定英国在印度的统治会变成什么样子。但在这些文本当中，我们也能看到一种更强硬、更深刻的军事帝国主义色彩，以及英国内部出现的一种更为自觉也更为自信的国家与帝国文化。在英国经历了史无前例的失败——首先是在北美，而后是在印度——之后，其国内诞生了一种十分不同，而又相当危险的东西。

作为作者的战士

前前后后，迈索尔军队俘虏英国人的时间总共只有40年；而我们最多只知道其中20年的故事。然而，由于被囚禁于此的英国人中很多都有较高的文化水平，而且，和大多数被柏柏里人或者美洲原住民俘虏的人相比，他们中的相当一部分在被俘期间都没什么事情可干，因此，他们写出来的俘虏故事在内容与形式上都很丰富多样。不过，这些俘虏与其他地区的俘虏有一个显著的区别，那就是在此被俘的大多数人都是军人。

至少有两位女性写出了自己在迈索尔的囚禁经历，其中一位是我们在上一章中谈到的萨拉·沙德，而另外一位则是伊丽莎·费伊（Eliza Fay），她是一名大律师的妻子，1779年在卡利卡特旅行时与其他9名欧洲人一同被俘。当然，还有一些俘虏故事的作者是男性平民，例如亨利·贝彻（Henry Becher），他是一名商人，1790—1792 年被囚禁于迈索尔，在重获自由之后，贝彻也出版了自己的俘虏故事，这是在孟买出版的第一部用英语写作的此类文本。几乎可以肯定的是，在这一系列战争中诞生的俘虏故事要比现在留存下来的多得多。迈索尔当局会定期搜查监狱和囚犯本人，以寻找那些被囚犯藏匿起来的纸张与书籍；而俘虏们有时也会自行销毁自己的作品，以免被看守发现。有些时候，一些故事随着作者本人的死亡而消散在了历史之中。1791 年 7 月，英军入侵了塞林加帕坦附近的一处堡垒，在其中的一个仓库里发现了一本"小日记"。负责看守这个仓库的印度人告诉这些英国人，这本日记的主人是一个叫汉密尔顿的英国水手，他在大约 9 年前被俘，因其精通木工技能而一直被留在迈索尔。最近，由于英国人再度入侵这里，为表报复，汉密尔顿遭到了处决；而他在这 9 年当中辛辛苦苦写下来的日记似乎也没能保存下来。[18]

278　　　然而，即使是有关迈索尔的俘虏故事全都完整地保存了下来，也不会对上述论点的可靠性产生什么影响。在迈索尔，绝大多数俘虏故事的作者都是男性，而且是以战争和杀戮为生的男性。

　　与欧洲大陆的一些史学家相比，英国的历史学家们显然还没有做好准备将这些士兵纳入广泛的文化史与思想史研究之中。陆军史专家与海军史专家仍然将关注的重点放在这些军人在行政、社会与战争中所扮演的角色之上；而文化史与思想史学者在写作时，往往会默认奥尔德斯·赫胥黎（Aldous Huxley）的观点，即军人的思想是一个矛盾体。[19] 很少有人会把身着军装的男性（或女性）和平民放在一起进行研究，但事实上，在一个社会当中，军人与平民往往共同参与着有关重大议题的讨论，他们在共同思考，共同写作，也都会对彼此的意见有所反应。而且，米歇尔·福柯指出，"军营里的人"（他可能还会将海军里的人补充进来）是欧洲启蒙运动的主要参与者。[20] 很大一部分原因在于，1740 年之后，在欧洲所有的主要国家当中，军人的人数与重要性都有了显著提升，同时，另外一个原因在于，有相当数量的军人都接受过良好的教育（这一点并不仅限于军官阶层），因此他们自然有兴趣参与到当时的知识生产与辩论之中。罗伯特·达恩顿（Robert Darnton）就曾指出，在法国的梅斯或蒙彼利埃等驻军城镇中，人们对启蒙作品的需求相当大，在百科全书的订阅人群当中，军人所占的比例也很高。和其他欧洲国家一样，在法国，军人有时积极地参与了文化的生产，同时也是文化作品的狂热消费者。[21]

尽管在人们的刻板印象中，这一时期的军人要么是蠢货，要么是无脑的战斗机器，但我们完全没有理由认为在 18 世纪和之后的日子里，英国军人在文化活动与学术研究领域内长期缺席。和其他大多数欧洲国家一样，英国正规军的陆军与海军军官基本上都是从地主、富商、专业人士和教士家庭的年轻子弟中招募来的。这并不一定说明他们比其他人更聪明，但这一出身确实保证了大多数军官至少接受了一定程度的教育。在萨拉托加投降的英军将领约翰·伯戈因本人就是一个与伦敦各个剧院都有着密切联系的业余剧作家，可以说，其戏剧生涯的成功程度甚至超过了他在战场上的表现。伯戈因也并非唯一一名对文字感兴趣的军官。18 世纪 50 年代，当他还是一名中校之时，他就规定所有在他手下服役的军官都要会说法语，会算术，每天必须花一点时间来阅读，而且要"迅速且准确地"书写英语。[22]

　　这表明，随着时间的推移，写作越来越成为英国军官日常工作的一个组成部分。对于这些军人而言，写日记或是详细的日志，就和写大量的书信一样，是在执行上级的命令，而不单单是一种个人的选择。对于高级军官来说，情况更是如此。1754年，阿德勒克朗（Adlercron）上校随皇家军团前往印度时，他一直谨记着国王乔治二

52. 1841年，路易莎·布朗夫人（Mrs. Louisa Brown）手握着作为东印度公司军官的儿子的军事日志

世与军队总司令坎伯兰公爵的指示，他们要求他"定期记录自己的一
切行动"。随着英帝国野心的进一步膨胀，对情报的渴求意味着下级
军官，有时甚至包括他们手下的士兵，也需要密切观察周围的环境与
自己的遭遇，并将他们的观察记录在案。这一点在印度毫无疑问是正
确的，尽管这里的大多数军官都是受东印度公司雇佣的，而非英国正
规军的军官，而且他们的社会出身通常要比正规军的军官更低一些。
18 世纪 60 年代，东印度公司的官方史学家罗伯特·奥姆（Robert
Orme）建议道："你们需要留心那些军官，他们在全国各地行军，会
将观察到的任何有意义之事都……记录下来。总之，他们有写日记的
习惯，而这对我们而言相当重要。"[23] 士兵们不仅在为帝国作战，他
们还在描述、分析当地的情况，并通过文字进行交流，在这方面，他
们发挥了突出的作用。

因此，在这一时期，随着军队职业化的不断推进以及欧洲各国对全
球范围内的详细勘查需求的增加，越来越多的士兵也逐渐成了作者。不
过，军人所写的东西并不仅仅是为了服从上级的安排，也不仅仅是因为
这是他们工作的一部分。有些人是出于兴趣而写作的，也有些人是希望
通过自己的作品而扬名立万，或者至少赚到些钱。只要扫一眼这一时期
的任何一份英国报纸或杂志，人们就可以发现，陆军与海军的军官经常
向媒体出售有关欧洲与欧洲之外的战争或冒险的故事、回忆录、地图和
图画，这些军官有时也会自己出版相关主题的书籍。由此可见，年轻的
温斯顿·丘吉尔在撰写并出版他自己在西北边境与布尔战争中对英帝国
的反思、对战场的军事观察以及被俘虏的经历之时，他完全是在按照英
军的传统行事。[24] 一直以来，军人在选择自行出版或向媒体供稿时，所

涉及的主题与内容是千差万别的。退役的军官，或是怀着某些不满情绪的军官，有可能会决定将某些有争议的或是令人难堪的材料公之于众，不过当这些人违背了官方的口径自行爆料之时，大概率会给自己惹上不小的麻烦。不过，对于那些普通的士兵与水手而言，他们的写作与出版所受到的限制就很少了。所以说，大多数迈索尔的俘虏故事是由军人写成的，但这并不意味着这些文本本身就是口径统一的。很多作者都从他们的职业当中学习到了写作的方法和仔细观察的技巧。其中，有些人是传统的爱国者、战士，对自己的职业充满热情，急于为国家以及为东印度公司和英国的政治家效力。而其他人则不然。他们的作品有自身独特的风格，同时也混杂了很多其他特质。

281

53、54. 塞林加帕坦关押英军军官的地牢的外景与内景

　　然而，最初，那些被迈索尔军队俘虏的英国人之所以要写作，主要是因为他们将写作看成一种抵抗和生存下去的策略。海达尔·阿里与蒂普苏丹费尽心机地抓捕并囚禁大量英国俘虏，有两方面的原因。首先，这些男性和偶尔出现的女性是外交游戏当中的筹码，借助这些俘虏，迈索尔方面能够更快地迫使东印度公司与自己达成协议，并要求其放弃对领土和特许权的诉求。其次，海达尔与蒂普都将俘虏的英国人和其他欧洲人视为有利用价值的人。他们都是野心勃勃的扩张型统治者，因此对于东印度公司在印度的领土诉求产生疑虑是完全可以理解的。但是，自16世纪以来，印度的统治者一贯坚持利用那些拥有特殊技能的欧洲人，而这两个人也同样如此，他们有时还会将那些拥有特殊技能的欧洲人吸纳进自己的国家之中。[25] 因此，两人都试图分化、瓦解这些英国俘虏，以便更好地控制与利用他们。

　　鉴于上述原因，从来没有任何两个迈索尔的俘虏经历完全相同，就像从来没有任何两个柏柏里的俘虏或美洲原住民的俘虏的经历完全相同一样。即便这些人在被俘之前来自同一个团、同一个连、同一个驻地或是同一艘船，迈索尔人也会将他们分散关押。被关押到同一座要塞或同一座城市的俘虏通常会被分散到不同的地点。即使到了现在，如果你去参观占地面积巨大但已经遭到毁坏的塞林加帕坦，尽管当地杂草丛生，那些建筑摇摇欲坠，但在高韦里河的岛屿之上，你依旧能看到令人印象深刻的景象，导游可能会带你参观一座大型的拱形监狱，据说在18世纪80年代早期，大约有300名英国军官被关押在这里。这座特殊的监狱被维多利亚时代的帝国主义者小心翼翼地保存了下来，而且他们还经常修缮这里，给墙壁粉刷一番，以至于这里看上去像是一家相当优雅的

282

382 俘虏危机：大英帝国崛起的背面（1600—1850）

地下葡萄酒酒吧，而非一座充满痛苦、肮脏与恐惧的监狱。然而，如果你没有按照标准的旅游路线参观，而是选择自己步行或是骑自行车去探索塞林加帕坦，那么很快，你就会发现其他一些没有什么标志，条件也没有那么好的监狱了，这些地方通常关押的是那些没有军衔的英国军人和东印度公司的印度兵。[26] 在大多数（尽管不是所有）的迈索尔堡垒中，人们都会将没有军衔的英国士兵与他们的长官分开关押。不过，在被俘之后，每隔一段时间，迈索尔人就会重新分配一遍这些军官与士兵的囚禁之所，而且，在囚禁期间，不同的人会有不同的待遇。詹姆斯·斯卡里（James Scurry），一个在皇家海军"汉尼拔号"（Hannibal）上服役的男孩，在海上被法国人俘虏，随后被移交给了迈索尔方面，他与他的战友们一同被押往班加罗尔。到了那里之后，这批俘虏被分为三部分。他所在的队伍被押往另外一个定居点，再之后，迈索尔人根据俘虏的年龄做了进一步的细分。斯卡里最后又被送回了班加罗尔，与其他大约 50 名英国士兵和水手关在一起，其中年龄最大的 17 岁，最小的 12 岁。[27]

迈索尔人有意识地采取各种手段来瓦解这些英国俘虏的凝聚力。囚禁场所的环境也比较糟糕，尽管这不是英国俘虏唯一需要承受的煎熬。正如前文所言，这一时期的欧洲人一致认为，战俘享受的待遇是衡量一个国家文明程度的重要标准。然而，与美国独立战争期间发生的情况一样，在冲突的压力之下，和平时期对这一问题的讨论往往被抛诸脑后。曾主持改革刑罚措施的约翰·霍华德（John Howard）就曾宣称，正是法国人在七年战争期间对一部分英国俘虏的"野蛮"对待，第一次激发了他对囚犯福利问题的兴趣。然而，德·叙弗朗上将在 18 世纪 80 年代早期将英国战俘移交给迈索尔方面时，专门提到了在北美与印度的英国人给法国战俘带来的痛苦。[28] 无论是在欧洲之内，还是在欧洲之外，战俘的境况，特别是低级别战俘的境况，往往充满着风险，有时这些战俘相当短命。因此，在迈索尔的英军俘虏所遭受的苦难并没有什么特别之处。

在印度南部的热带气候下，他们常年承受着烈日的炙烤，遭受着毁灭性季风的影响、各种昆虫的叮咬与各种疾病的侵袭。对于那些没有军衔的士兵来说，他们还需要在户外挖掘战壕或是修筑防御工事，这使情况变得更加糟糕。由于缺乏适当的医疗护理，这些被俘的伤员成批地死去，即便是侥幸活下来的人，他们的伤口也无法完全愈合，那些断掉的骨头或是破损的内脏仍然会穿破他们的皮肤。[29] 俘虏的脚踝上还套着 9 磅重的铁链，这使他们只能蹒跚着走路，而且，一旦戴的时间足够久，一部分人终身都没法恢复。看守们时常对他们进行辱骂，有时还会虐待他们的肉体，然而实际上，其中许多俘虏压根就没有任何理由要热爱东印度公司或是英国。此外，还有一些残酷的折磨手段。例如，被强迫在大庭广众之下做爱，几乎没有机会洗澡，不给够食物，不允许俘虏使用自己熟悉的餐具，等等。在监狱里，俘虏们往往没有书籍，没有自由，也没有麻痹自己的酒精。许多在印度的英国男性都倾向于过量饮酒，但如果这些俘虏的看守是严守戒律的穆斯林或印度教徒，那么他们就没有机会碰到酒精了。1784 年，当英国方面的和谈特使抵达迈索尔时，他们给当地的俘虏带来很多补给：药品、帽子、鞋子、腊肉、芥末一类的英国调味品。但最重要的是，他们带来了酒：仅马德拉酒就带了 100 多瓶。[30]

　　和其他地方的情况一样，囚禁的经历会对人的思想产生深远的影响。18 世纪 80 年代初，在迈索尔的英军战俘中，很少有人试图逃跑，原因之一是在这一阶段，他们完全不知道自己究竟该逃到哪里去。塞林加帕坦距离东印度公司的大本营马德拉斯只有大约 250 英里的路程。但是，如果马德拉斯已经沦陷了呢？俘虏们都知道，迈索尔王国的军队是很强大的。由于没法与外界取得联系，再加上被囚禁于此，他们没有办法知道迈索尔的军队最终会打到哪里。迈索尔的俘虏故事说明，在这种情况下，流言对俘虏有着极大的杀伤力。新来的俘虏会告诉其他俘虏，英国人又遭遇了新的失败，或者更糟糕的是，这些人带来的有关英国人胜利的消息被证明是假的。有时，迈索尔的看守会主动向俘虏们透露英军战败的消息，好消磨他们的士气。1782 年 2 月 27 日，被关押在塞林加帕坦的军官得知，英军在印度南部的指挥官艾尔·库特（Eyre Coote）也被俘虏了。第二天，他们被告知，"我们 15 个营的军队都被击垮了"，此外，7000 名法军士兵与海达尔·阿里的部队正在合围马德拉斯。[31] 这些信息都不是真的，但英国的俘虏们无法确证这一点，就像他们无法确定自己能否重获自由一样。18 世纪 80 年代初，被迈索尔军队俘虏的英国人在监狱里碰到了在 1767—1769 年的迈索尔战争中被俘的同胞。一名军官记录了这些长期被关押的英国人的情况："他们被看守着，显得十分沮丧，他们被允许穿着欧洲风格的衣服，但这些衣服已经非常脏了。"[32] 到这一时期，这些身处迈索尔的战俘已经被关押了 10 多年。那么，他们这些人真的有机会离开这里吗？

　　他们需要与未知的变数、恐惧、肉体承受的苦难以及与战友的分离做抗争，这有助于解释为什么这些俘虏中有这么多人开始写作。并非所有人都会写作。一部分被关押在迈索尔的英国士兵与水手实际上是文盲。此外，在监狱当中，纸张是一种稀缺且昂贵的商品。为了将纸张偷运进来，他们需要向那些印度看守行贿。此外，他们要么将去世军官随身携带的几本珍贵的书拆开，取用其中的空白页；要么利用自己的空闲时间，借助周围的材料来制造纸张与墨水。俘虏们还必须拥有充足的时间和空间，以便能够在远离看守的监视下相对安全地进行写作。由于各种限制条件的存在，那些低阶层的俘虏几乎不可能有机会写作，因为他们往往需要从事相当辛苦的劳动，还被关押在更为拥挤的牢房里。不过，写信则是另外一回事。互相写信是俘虏们团结起来的最大原因。他们之间不断传递着简短、潦草的信息，这些信息往往被卷起来，藏在米饼、雪茄烟、砖头或是松动的瓦片后面。至少有一次，一名被俘的英军军官在一张小纸条上写下了他的信息，并将其紧紧地卷起来，好塞进一支笔的笔杆里。而后，这支笔，连同那张小纸条被塞进了一个印度仆人的肛门之中，这个仆人就这样把这段信息带出了监狱，并将其交给了收件人。[33]

　　显然，这种依赖于信使同意的伎俩是传信模式中一个相当戏剧性的案例。在 18 世纪 80 年代被迈索尔人俘虏的英国人一样也极度依赖印度本地的辅助人员。似乎绝大多数写信的人都是英国俘虏（不过，至少有一份出自印度兵的信息被保存了下来）。然而，在迈索尔的各个城市与要塞之间传递信息的人肯定是来自印度的仆人、洗衣工、看守与工人。[34] 他们这么做的动机多种多样，与此同时，这些举动也必然会将自己置于危险之中。有些传递消息的印度人收受了贿赂。有些人则是东印度公司的逃兵，他们的内心也许还残存了一些忠诚，因而会选择帮助这些白人，或者是因为他们在这一阶段并不确定哪一方会取得最后的胜利。还有少部分信使可能是印度教徒，他们认为海达尔与蒂普是篡位者。根据我们掌握的情况，还有一部分人单纯只是出于好心。

无论动机如何，这些传递信息的中间人都具有更为广泛的意义。从表面上看，迈索尔的俘虏之间建立起来的信息网络是相当具有"男子气概"的。在之后出版的一些俘虏故事中，作者都将之视为英国人勇气与智慧的结晶，借助这一信息网络，英国俘虏成功地挫败了迈索尔人分裂、打击英国人士气的企图。不过，正如我们所见，俘虏之间的交流实际上主要依赖于印度人的勇气与智慧。此外，并非所有迈索尔人分化与打击英军俘虏士气的举措都失败了。如果说在这里，有些印度人跨越了宗教与民族的界限，选择了帮助英国人，那么反过来也是如此。一些英国俘虏也越过了界限，选择了帮助迈索尔人。

这些就是在这一信息网络背后发生的故事。出于各种各样的原因，在迈索尔的英军俘虏会秘密地互相通信，给彼此带去一些安慰的话语，传递最新的流言，询问一些医疗建议，互相通报当天自己所在的队伍中谁死了，或者，如果他们是军官的话，还会通过这种方式与原先自己的部下保持沟通，以维持对他们的影响力。与此同时，俘虏们也会利用这一信息传递网络来了解哪些人仍然值得信赖，而哪些人有可能准备叛变了。

在成功留存下来的迈索尔俘虏故事中，有一份相当特别，其作者是一个名叫克伦威尔·梅西（Cromwell Massey）的爱尔兰人，是东印度公司的一名军官（从这个名字来看，我们基本可以认定他是一名新教徒），在1780—1784年期间被囚禁在塞林加帕坦。原件现藏于伦敦的大英图书馆，只有 4 英寸多高，宽度不足 2 英寸。[35] 梅西将四处拼凑来的纸张缝在一起，依靠着自己制造的墨水，用极为细小的字体做着每天的记录，一到晚上，他就把这本小册子藏在衣服里。不过，这本有些地方是用密码写成的简短日记不只包括他自己的记录。梅西还在给堡垒里其他地方的俘虏写信。这些小纸条被印度守卫和仆人偷偷运了出去，而后又

286

55. 克伦威尔·梅西的狱中日记

由这些中间人将回信偷运回来。再之后，梅西会把回信缝到小册子里，或是将信上的内容誊抄上去。最终，这本小册子可以向我们证明漫长而残酷的囚禁是如何考验并改变这些俘虏的。

在 1781 年的某一天（梅西的记录中没有说明具体的日期），他和其他被关押在塞林加帕坦的俘虏们注意到，在牢房的窗户外，一队又一队的迈索尔军人正在白人的指导之下，按照英军的操典进行训练。几个月来，这些白人教官和其他身穿迈索尔军装的白人总数已经超过了 100 人。[36] 梅西一直观察着这些倒戈的人。10 月，一名中士偷偷给他送来一封信，信中写道，被关在堡垒里的英国列兵中，有 15 名"看上去很健康的年轻人"被强迫加入了迈索尔军队。在他们拒绝叛变之后，这些人被"逐一带到了一个房间当中"，在那里，他们被剃光了头发，赤身裸体地仰卧着，他们的胳膊和大腿被印度看守牢牢按住，然后那些人"强行……给他们做了割礼"。然而，梅西很快就了解到，并不是所有叛变了的人都是被胁迫的。一名接受了割礼的年轻军官给他写信说："坦率地讲，当婆罗门抱着邪恶的目的来挑选年轻人时，我是自愿站出来并接受割礼的。"梅西还了解到，并不仅有塞林加帕坦的英国俘虏有主动投敌的。班加罗尔的一名线人告诉他："堡垒里的 51 个年轻人……现在都受了割礼，其中有 5 个还是候补军官。"[37]

这也许是英国人与海达尔·阿里和蒂普苏丹统治的迈索尔之间互相交流的最引人注目的例子，尽管并非最重要的例子。在俘虏了大量英军军官与士兵之后，迈索尔王国的统治者不仅将其中一部分人纳入自己的国家，而且试图引入英军的军事操典来训练自己的军队。对于英军俘虏而言，他们中的一些人自愿或不自愿地跨越了政治与宗教的边界，被招募进了迈索尔军队之中，而且，在这一过程中，他们的肉体被打上了不可抹除的烙印。

适应战败

我之所以要强调迈索尔的俘虏规模、性质与其内部的复杂程度，是因为有些时候，人们会将迈索尔的俘虏遭遇视作英国人在宣传战中可兹利用的绝佳武器，用来贬低迈索尔这个危险的印度本土敌人。然而，针对迈索尔的俘虏遭遇可以有很多种不同的解释，并不是每一种解释都是有利于英国人的。这是自东印度公司脱离纯粹的商业角色以来，第一次有印度本土的势力强大到有能力俘虏东印度公司大量的白人士兵与印度兵（当然还包括英国正规军的军人），并囚禁他们好几年之久。在这种情况下，被俘的英国人很容易就被塑造成了英帝国失败与耻辱的象征。特别是当 1784 年与迈索尔的战争结束之后，英国方面并没有签下战胜的条约，也没有获得什么领土。那些被释放的俘虏要么继续留在印度，履行自己的职责，要么一瘸一拐地回到国内。一名英国海军少尉回忆起自己刚刚回到马德拉斯的时候，他相当痛苦地写道："政府在接待我们之时，极尽怠慢与羞辱。"[38] 他是在贝德努尔被俘的，在监狱里，他眼睁睁地看着和他一同被俘的 93 名军官中，有 1/4 死在了牢里。尽管现在的他重获自由，但他发现自己并没有受到民众的欢迎，这些人似乎只想忘记像他这样曾经被俘虏的人，以及他们身上所烙印的那些东西。丝毫不令人感到意外的是，在短时间内，这些被释放的迈索尔俘虏中没有一个人公开发表了自己的故事。事实上，没有任何一个被迈索尔俘虏的英国军官在日后直接以自己的名义将原先在狱中写下的东西发表出来。当这些故事出现在印刷品之上的时候，人们发现，这些作品要么是匿名出版的，要么是在作者死后出版的，而且几乎每部作品都经过了大量的编辑与修改。

最初人们不愿意出版迈索尔俘虏故事的原因是显而易见的。在那种情况之下，英国人并未做到团结一致。根据当时人们的估计，1784 年时，仍有约 1700 名出生在英国的男性俘虏生活在迈索尔。其中大约有1/4 是或被迫或主动地站到迈索尔一方的。这些人中有相当一部分都接受了割礼，对于他们的同胞而言，这一点更加让人难以接受。对穆斯林来说，割礼的社会意义远远大于其宗教意义。割礼本身并不是伊斯兰教的五大功修（Five Pillars of Islam）——礼功（参与礼拜）、念功（表明自身信仰）、课功（缴纳课税）、斋功（斋戒禁食）与朝功（到麦加朝圣）——之一，而是穆斯林身份的一种标识。[39] 因此，对于迈索尔的英国俘虏来说，经受割礼似乎意味着自己原先的身份遭受了不可挽回的打击，他们已经不可逆地"他者化"了。用一名少尉的话说："在割礼之后，我失去了作为基督徒与英国人的资格，而这原本是，也将一直是我此生最大的荣耀。"[40] 这句话既显得有些滑稽，又有些让人伤感，不过很显然，这句话印证了之前的推论。这个人坚守着自己的宗教信仰和公民身份，但与此同时，随着那一小块肉的离去，这些东西也一道被夺走了。

不过，这些对肉体的毁伤显然最能引起人们的愤怒与焦虑。迈索尔当局到底为什么要下令对英国俘虏实施割礼，目前还不清楚。当时的英国人试图将其归结为蒂普苏丹对"宗教的偏执情绪"，显然，这一说法只不过是对伊斯兰教武力传教的恐惧之情在新时代下的另外一种表达方式。早期，这种说法也影响了人们看待柏柏里俘虏的方式，不过这种解释并没有什么说服力。作为穆斯林的蒂普苏丹或是海达尔·阿里究竟有多虔敬，仍然是一个饱受争议的问题。不过可以肯定的是，蒂普和他的父亲一样，都是实用主义者，他们既统治着很多印度教徒，同时也会和未受割礼的法国与葡萄牙雇佣兵以及辅助人员进行合作。[41] 似乎没有什么理由认为他或他手下的官员真的期望让这几百名衣衫褴褛的英国人改信伊斯兰教。对他们来说，施以割礼的主要目的还是彰显自己的主人身份，并将之作为这些人被纳入迈索尔王国的不可磨灭的象征。此外，迈索尔人还会采取一些带有羞辱甚至是惩罚性质的肉刑。在迈索尔，传统上被定罪的重刑犯会被割掉某些身体部位，例如耳垂或是鼻子，来永久地标识他们的罪犯身份。有没有一些英国战俘也被割掉了某些身体部位，以标识其罪行并充当惩罚措施？这似乎是有可能的。[42]

当然，在面对周围俘虏肉体上的遭遇时，很多英国人感受到的是羞耻、屈辱与恐惧。弗洛伊德（Freud）就曾指出，对于那些自身所信奉的宗教中不包含此类做法的人来说，割礼就类似于阉割。在迈索尔的俘虏故事中，英国俘虏普遍认为，迈索尔人对他们中的一些人施加的割礼不仅侮辱了他们的英国公民身份与宗教信仰，而且也损害了他们的男子气概。克伦威尔·梅西就曾写道："今天早上，我十分震惊地得知他们要给一些人割包皮。"[43] 此外，蒂普苏丹还将一些年纪非常小的俘虏、鼓手和水手搜罗到了宫廷之中，要求他们做拉姆扎尼（*ramzanis*），即穿着女性服装跳舞的男孩，这一事实进一步加剧了俘虏的担忧，他们认为迈索尔人是在有意地损害他们的男性气质，后来，这件事也被英国的媒

56. 曾囚禁于塞林加帕坦的一名军官委托一名印度艺术家创作的画像
画中仆人的存在是为了消除自己的耻辱感吗？

体报道了出来。[44] 因此，从这个意义上来讲，被迈索尔人俘虏的英国人是英帝国的耻辱：他们不仅是帝国在战场上失败的标志，是在印度的英国人没能团结一致的标志，同样也是被阉割了的象征。

　　起初，英国人并不清楚要如何看待被迈索尔人俘虏的英国人，也不知道该如何讲述他们的故事，其中一部分原因在于有很多陆军与海军军官也被俘虏了，而且其中还有一部分是高级军官，享有相当高的社会地位。本书先前研究的大多数俘虏都是穷人，他们的出身很平凡，从事的职业也五花八门——商船船员、列兵、小商贩、殖民者、农民、四处流浪的旅人等，这些人充分代表了近代早期的绝大多数人。然而，迈索尔的俘虏与美国独立战争时期被俘的英国军人一样，和先前的这些俘虏大不相同。他们中的绝大多数是在战斗中被俘的陆军或海军士兵，所以他们的遭遇关系到国家的威信。此外，这些被俘士兵的领导认为自己是军官，是绅士，因此有相当高的个人和职业荣誉感。这些人显然不习惯将自己打扮成受害者，他们也很难在自己的俘虏故事中将自己描绘为受害者。

290

对于这些人来说，在任何一个地方长期遭到囚禁都是一种挑战。他们习惯了命令别人，也相当珍视自己的身体，但现在，只要他们还想活下去，就不得不学会服从、忍受侮辱。他们曾经是有地位、有权力的人，但现在，他们不得不生活在一个陌生的社会中，既无足轻重，又毫无权力。在波利卢尔战役中被俘的陆军中尉约翰·林赛（John Lindsay）当时年仅 19 岁，当一名迈索尔官员询问他是否拥有铁匠的相关技能时，他记录下了自己的心情——"非常受伤"。在家乡时，林赛是一位苏格兰伯爵的儿子：但在塞林加帕坦，谁会关心这些呢？不过，林赛本人能屈能伸，还很有智慧，而且随着时间的推移，他还学会了苦中作乐：

291

> 我每天都要被一群来我铺位这里抽雪茄、大谈政治的先生折磨。我建议他们最好像我一样考虑考虑怎么修补身上旧衬衫的破洞，而不要想着该怎么解决印度和欧洲的权力平衡问题。[45]

正如林赛所言，这些被俘虏的军官再也不能在世界舞台上大显身手，更无力决定世界该如何运转。他们已经沦落到了一个特别艰苦、特别狭隘的私人领域当中，而那些将注意力集中在原先通常由女眷或是仆人完成的家务活之上的俘虏过得才相对舒适一些。

对林赛而言，他总是时不时地挪开牢房外墙上一块松动的瓦片，并通过这条缝隙望着迈索尔街头的日常生活：

> 外面有很多婆罗门女孩下河洗澡，有四五百匹马经过，周围还跟着很多卡纳提克的居民，一个高门大户的摩尔人的迎亲队伍也走了过去，他的妻子坐在带盖的轿子当中，两个老摩尔人在屋子里骂人，一群人围坐在几个人周围，听他们讲故事。我把瓦片塞了回去，怕他们抬头看到我。

他仿佛是进了一座女修道院或是后宫当中，与外界再无交集，只能透过缝隙偷偷地瞥一眼外面的世界，而实际上，那个世界离他只有一墙之隔。不过林赛依旧保持着乐观与自信。他仔细记录下了自己所观察到的一切，然后又回去做起了裁缝。在他的狱中日记里，我们不难感受到他相当自豪于自己新学会的缝纫技能。⁴⁶ 克伦威尔·梅西也是如此，他在塞林加帕坦度过了 4 年，最后活到了 100 多岁，而他正是靠着家务活和写作来抑制自己的恐惧与无聊情绪。在这方面，他与 20 世纪最著名的囚犯纳尔逊·曼德拉（Nelson Mandela）不谋而合，他也在牢房外找到了一块没有被利用起来的土地，并开辟出了一个小花园。然而，还是有一些英国军官俘虏没法适应当非欧洲人俘虏的日子。理查德·鲁瓦·鲍耶（Richard Runwa Bowyer），一名皇家海军中尉，在 1781 年末至 1784 年被关押在班加罗尔，他的狱中笔记就从未正式出版过，也没有被媒体摘录发表，甚至在他死后也是如此。⁴⁷ 在我们读到这些笔记之后，我们就能理解这是为什么了。因为这些笔记中充斥着痛苦的嘶吼。

鲍耶是一个出身一般的虔诚新教徒（他并不信国教），而且不够成熟，他的脸皮要比林赛薄多了。不过他之所以受伤如此之深，主要是因为这是他第一次来到印度，在还未抵达之时就在印度南部海岸被俘虏了。因此，在被俘之后，他不得不适应这个他先前从未接触过的国家，适应这里的气候与文化，以及非白人、非基督徒对他拥有绝对权力的境况。需要注意的是，他自己先前从未对印度人行使过权力。结果是，鲍耶一直生活在恐慌中，摇摆不定，不断地试图给自己找一些坚实的基础，好维持自己在宗教、祖国与种族上的优越感，但这样的努力经常失败。他在记录这些挣扎之时没有做丝毫保留，因此，他的叙述成为我所知道的最原始的有关跨文化冲击的文献之一。

他发现在监狱当中，暴力与虐待完全颠倒了过来——例如，在班加罗尔，他和他的战友们每天都要被一个手持鞭子的"黑人"军官召集起来——与其他那些更日常的情况相比，这一点尤其令人感到沮丧。而且，他不得不承认，一些迈索尔人看上去还很不错（"我必须承认，他们的很多做法要比法国人更像基督徒"），但这一点让他更加不安。当那些与他一起被关押的迈索尔罪犯陷入饥饿之时，他原本想给他们提供一些食物，但这些人却拒绝了这份好意，这也让他深受伤害（"他们不接受……他们认为我们给他们的任何东西都会玷污他们"）。他自己没法保持超然的心态——他痛苦地写道，囚禁于此意味着"要完全依赖黑人"——他从来都不知道该如何与那些看守互动，并捍卫自己的独特性：

> 黑人以斗鸡为乐，在我们的监狱里，这已经成为一种风尚。我自己买了一只公鸡，我的一些同伴也买了，由于黑人们经常向我们

发起挑战，而我们也希望能靠打赌赢些钱……我很幸运地用自己的公鸡赢到了 8 先令＊，不过自此之后，我就不再这么干了，因为我认为这很野蛮粗暴。

293　然而，鲍耶又一次弄错了。

在一次看似匪夷所思的事件中，他内心的紧张情绪达到了顶峰，而这一切可能只是由于他自己。他声称，1783 年，与自己建立了某种友谊的班加罗尔穆斯林总督希望能借用他的一些西式服装，以便为到访迈索尔的一个法国盟友做一些类似设计的服装。他写道："晚上，总督与这个假扮的法国人带着一大群乌合之众，来到了我们这个监狱。"鲍耶说，直到那时，他才注意到这个法国人的"手和脸是被涂成白色的"，而透过新马甲与紧身马裤就能看出"他原本的黑色皮肤"。这是不是鲍耶的臆想？是恐惧感、酷热的天气、长时间的监禁和有关种族、权力与美德的假设受到挑战导致的结果吗？还是班加罗尔的总督发现了鲍耶抱有的偏见与深深的不安，并决定利用这种伪装来打击他们？在家乡，鲍耶很容易在伦敦与各地的剧院看到白人演员在舞台上扮演黑人的桥段。但现在，他认为自己面对的是一个假扮成白人的黑人，而这个黑人正在模仿自己、嘲讽自己，这让他完全无法忍受。在任何时间、任何地点，谁能发笑，或者反过来说，谁被习惯性地取笑，都是观察权力与自信来源的最好指标。在这种情况下，那些嘲笑鲍耶的人，其实是在嘲笑他和他的战友暂时陷入的极端无力状态。[48]

＊　英国旧辅币单位，1 英镑 =20 先令。

鲍耶于 1784 年获释，在恢复自由后，他几乎马上动身回到了英国，到自己熟悉的地方去寻求庇护，并迅速和一个汉普郡女人结了婚。但他从未将自己的狱中故事发表出来；在短时间内，与他一同获释的其他所有俘虏也没有发表过自己的俘虏故事。他们的沉默至少在一定程度上应当归因于这次囚禁经历的特殊性质。原先人们认为，英国能轻易地在印度次大陆上获得成功，但他们这些俘虏恰恰象征着英国在当地的失败。同样，他们的俘虏经历涉及了对肉体的毁损，而这可以被解释为对英国人男子气概的侮辱。在迈索尔的一些俘虏曾是军队中的高级军官，对他们来说，回顾这段恐惧、肮脏与妥协的经历会让他们感到尴尬与羞耻；一些英国俘虏也曾叛逃到迈索尔一边，因此，对英国人而言，这段经历也让人感到很尴尬、很羞耻。然而，让这些俘虏无法出版自己的经历的最重要原因在于，18 世纪 80 年代，很少有英国人坚信他们在印度以及全球其他地区遭遇的失利只是暂时的，是可以逆转过来的。只有当英帝国重新取得了一些胜利并恢复了一定程度的信心之后，在低谷时期的忍耐才能成为一件值得庆贺的事情。因此，只有当美国重新站到全球霸主之位以后，回国的越战老兵才能成为受欢迎的人。而对于迈索尔的俘虏来说，在帝国的势头与国家的信心恢复之前，他们的境遇也是难以改变的。在英国再次取得成功之前，他们也没什么能做的。

与美国的越战老兵一样，在此期间，迈索尔的俘虏发现自己不仅被人们指责为失败者，还被指责为与暴徒沆瀣一气的侵略者。1783 年，也就是大多数俘虏被释放的前一年，埃德蒙·伯克曾担任编辑的期刊《社科年鉴》（*Annual Register*）就刊登了一篇赞美海达尔·阿里的讣告和一

57.《蒂普之死或围攻后宫！！！》（ *The Death of Tippoo or Besieging a Haram!!!* ）
托马斯·罗兰森（Thomas Rowlandson）绘

封来自东印度公司少尉的信，在这封信中，这名军人指责他在印度南部
的战友参与了劫掠、强奸和屠杀等诸多罪行。1784—1785 年，这封信
被其他期刊多次转载，作者声称，仅在英国对迈索尔一个名为阿嫩达布
尔的定居点发起的一次进攻中，就有 "400 名美丽的妇女" 被杀或被伤
害，"……英国的列兵在这里犯下了各种各样的罪行"。此时，法国的媒
体与打算在议会起诉前孟加拉总督沃伦·黑斯廷斯的英国政客也指出，
东印度公司在印度犯下了大量令人发指的罪行。[49] 批评东印度公司的人
们也一再提到英军士兵对阿嫩达布尔妇女的屠杀，而且这一指控一直存
在。因此，当最早的迈索尔俘虏故事开始出现在报刊上之时，其语气

明显是在为自己做辩护。在贝德努尔被俘的军官哈里·奥克斯（Harry Oakes）发表了一篇语气阴冷的回忆文章，而在开头，伦敦的出版商先是刊登了自己的道歉声明，大意是蒂普苏丹如此对待这些英国俘虏"显然是基于报复的原则……东印度公司军队的无理行为在很大程度上为敌人的行为做了辩护"。[50] 两年后，也就是1787年，一群东印度公司的军官外加英国正规军的军官（其中也包括奥克斯），从孟买向位于伦敦的东印度公司大楼发出了一封官方信函，信中这些人表示，他们坚信有关阿嫩达布尔的指控是捏造的，并对英国媒体不断重复这些指控的行为感到惊讶：

> 我们并不是在宣称，军队的一切行为都毫无瑕疵……（但是）我们目前的目标在于让世界相信，当我们居住在这片遥远的土地之时，我们并没有丧失人类的基本情感。[51]

东印度公司下令大量印刷这封信，1791年，下议院也下令这样做，但收效甚微。有关入侵印度南部的东印度公司军队和英国正规军虐待、屠杀当地妇女的指控仍在继续。在蒂普苏丹失败后，1799年在伦敦发行的一份印刷品中再次出现了此类指控。画中是在劫掠的英国人，他们的穗带、肩章与三角帽装束说明这些人是军官，而且从各种意义上讲，他们正在入侵蒂普的后宫。以现在的观点来看，从军官嘴里吐出来的文字气泡 ["万岁！我的宝贝：现在是'黄段子'时间"（Hurrah my Honey: Now for the *Black Joke*）] 无疑说明这幅画的种族主义倾向。但其中的种族主义色彩是相当复杂的，且在当时是广为流传。尽管画中的这些妇女有着棕色皮肤，但她们同样穿着欧洲的时装。白色的羽毛装饰着她们卷曲的头发，白色的长筒袜套在了她们的膝盖之上。在这个纯属想象的场景当中，这些身处绝境的蒂普的女人成了时尚的女士，这无疑是为了让她们的遭遇更容易引起英国观众的同情。与此同时，在这幅画中，军官们的形象也被重新塑造了，而且远没有想象中的那么讨人喜欢。他们满脸都是淫荡的表情；艺术家将他们的鼻子画得异常长，以暗示他们马上就要侵犯这些女性。任何对自身的克制，例如骑士精神，在这里都完全隐身。一名英国军官无助地躺到了半裸的迈索尔受害者身下，这个强奸犯似乎成了俘虏，甚至显得相当滑稽可笑。

胜利之后的重写

296

那么，这一切是怎么改变的？这些被迈索尔人俘虏的英国人是如何从焦虑、失败与羞耻的象征转变成了英帝国叙事中影响深远的一个组成部分的？这在很大程度上与1789年爆发的法国大革命及其引发的世界危机有关，这场危机一直延续到了19世纪的第二个10年。在法国大革命刚刚开始之时，这场革命的基调是自由主义、平等主义，在某些方面甚至是反帝国主义的，但最终，这场革命却相当矛盾地增强了很多民族国家的力量，也明显地增强了一部分——尽管只是一部分——陆上帝国与海上帝国的力量。南美洲的西班牙与葡萄牙帝国被这场危机彻底削弱，荷兰帝国与法兰西帝国也遭受了重创。然而，为了应对法国大革命带来的意识形态危机与军事危机，很多国家在这个过程中获得了前所未有的动力、组织程度与机会去加速扩张领土。俄罗斯帝国就是一个典型例子，其于 1801 年吞并了格鲁吉亚 *，1809 年吞并了芬兰。新生的美利坚帝国也是如此，1803 年，美国从法国手中购买了路易斯安那，使其领土规模整整扩大了一倍。然而，最引人注目的一点在于，英帝国也是如此。[52]

1789 年后，无论是在战争方面，还是在政治宣传方面，英帝国的统治机器与战争机器都火力全开，四面出击，而且收获颇丰。和世界其他地区一样，印度也受到了相关的影响。1792 年，在经历了 3 年的艰苦战斗之后，蒂普被迫将迈索尔王国的部分领土割让给了东印度公司，尽管割让出去的并非其最富饶或最重要的部分。7 年后，在经历了更多野蛮的战斗之后，蒂普的首都塞林加帕坦的城墙被轰塌了，蒂普本人被杀，迈索尔王国之前的印度教王朝沃德亚尔（Wodeyars）王朝得以复国——当然是有条件的。和之前与英国人的冲突一样，迈索尔王国得到了法国方面的援助。但这一次，恰恰是法国的援助最终导致了蒂普王朝的毁灭，而没有给英国人造成多么巨大的损害。[53]

诚然，18 世纪 90 年代，以法兰西岛为基地的法国私掠船干掉了数千艘在印度洋活动的英国船只；1798 年，拿破仑大举入侵埃及，可以说，其目的在于利用埃及作为进攻印度的跳板。[54] 然而，此次行动恰恰分散了法国人的注意力，在蒂普最需要法国为其提供实质性支援之时，他们却无能为力。18 世纪 90 年代初，康沃利斯对迈索尔王国的入侵既没有给人留下什么深刻印象，也没有取得成功。如果此时，法国能介入进来，很可能会给战局带来决定性的变化，但很不幸，此时的法国仍然

---

* 1801 年俄国吞并了格鲁吉亚的卡特利 – 卡赫季王国，即东格鲁吉亚地区。

处在大革命的浪潮之中。然而，由于迈索尔王国与法国之间存在联系，当英国人的爱国之心被激发起来，以对抗来自法国大革命和拿破仑的威胁之时，英国人也必然会将矛头指向蒂普。此时的英国人不可能去同情一个与计划入侵英国本土的欧洲大国有关的印度统治者。与18世纪80年代一样，在90年代之时，英国的宣传战不仅将蒂普视作完全的"他者"、一个亚洲的国王、一个伊斯兰教的统治者，英国人还将他与自己最主要的欧洲基督教敌人联系了起来。而在这一时期，蒂普与拿破仑成了一枚硬币的两面。

因此，蒂普之所以被贴上专制主义的标签，并不仅因为他是印度统治者，也不仅因为他是穆斯林，甚至这都不能被算作主要原因。实际上，在英国的宣传当中，专制主义是他与拿破仑——另外一个篡位者——共享的特征。[55] 这使之前迈索尔俘虏的遭遇成了英帝国宣传战中的重要资源。18世纪80年代，被俘的英国人与印度兵所遭受的严酷对待（"比柏柏里奴隶的处境还糟"）现如今（90年代）被挖掘了出来，用以支持蒂普压迫白人和印度人的论断。有史以来第一次，英国政府与东印度公司开始策划撰写并出版有关印度的俘虏故事。这一时期，东印度公司专门派人采访了所有曾在迈索尔监狱中待过的人，以从中获取有用的信息，并对其进行适当的整理和改编，以创作出感人至深的故事。其中最出彩的故事被送到了伦敦的东印度公司大楼，在这里，东印度公司的主管会迅速将这些故事刊登在官方的《伦敦公报》之上。1791年8月，马德拉斯的英国人得知有5名英军俘虏从塞林加帕坦逃了出来，其中包括一个名叫威廉·德雷克（William Drake）的皇家海军候补军官。一名陆军军官立即接到指示，"要从他们那里收集到所有他能问出来的信息"。在当年年底之前，马德拉斯方面就向伦敦寄出了"威廉·德雷克先生……与其他囚犯……提供的故事副本，其中包括他们在狱中的待遇"。次年 4 月，德雷克的故事就被刊登在了《伦敦公报》之上 [同时，这篇故事也出现在了《加尔各答公报》（Galcutta Gazette）之上]，很快就被《泰晤士报》（Times）和其他商业报纸转载，并被放到了有关"暴君蒂普"的社论之中："也许先前从来没出现过比下面这篇故事更有趣的报道。"[56]

　　不过，在英国人的想象当中，蒂普的形象不仅仅是亚洲版的拿破仑。正如他为自己选定的象征物那样，他也是一位老虎国王，是英国人眼中印度所有危险与不可预测之物的化身。这一时期，英国人将他描述成了一只老虎，"会将他抓住的无辜受害者撕成碎片"。而这种宣传手段与以往有些许不同。18 世纪 80 年代，即使是被俘的英国人也通常会选择用较为温和甚至是充满敬意的语词来形容蒂普。一名在坦焦尔被俘的英军上校写道："他仿佛已经习惯了胜利，而且他也没有任何傲慢或专横之处"。另一名在门格洛尔被俘后当面见过蒂普的英军军官记录道："他的举止从容不迫，和蔼可亲；他的言行亲切友善。"[57]"从容不迫""和蔼可亲""亲切友善"，这些都是简·奥斯汀（Jane Austen）在她的小说中用来形容绅士的词语。在早期英国人对蒂普的描述中，大量出现这种形容英国绅士的用语，肯定不是偶然现象。此外，还有人会形容蒂普拥有洁白的肤色——就像他的父亲一样，显然，这也不是偶然现象。1780年在波利卢尔被俘的陆军中尉罗伯特·卡梅伦（Robert Cameron）习惯将监狱里的看守称为黑人。然而，在被带到蒂普面前之后，他认为蒂普"皮肤白皙，面容端庄"。另一名被囚禁在迈索尔的苏格兰军官英尼斯·芒罗（Innes Munro）在他的故事中批判了印度发生的混血现象，他认为这会"让英国人的肤色变得黯淡无光"，然而，他却毫不吝啬地将海达尔·阿里与普鲁士的腓特烈大帝相提并论。[58] 即使到了1790年，也有一名英国的观察家将蒂普比作阿喀琉斯，这说明在他的心目当中，蒂普是一名武艺高强、拥有健壮体格的古典美男子。[59] 情况总是如此，一位有权力、有地位、在战场上取得辉煌战绩的非欧洲人，可以纠正欧洲人出于种族主义而产生的敌视目光（当然，反之亦然）。

然而，到了18世纪末，英国人在公开与私下场合里对蒂普的描述都变得更为黑暗了。1799年，一名苏格兰高级军官在塞林加帕坦的废墟里看到了他赤裸的尸体，他是这样回忆那个场景的：

> 他的外形与印度的穆斯林没什么区别。他的胸部很丰满，大腿很短……他的肤色黝黑，比东方贵族男子的肤色要深得多。他的脸色在死后可能显得白了一些……这也许是与（女性）滥交的结果。

蒂普不再是一个能够在印度南部给英国人造成巨大伤害的强大统治者，他死了，尸体任由他们摆布，而在此处，蒂普既变成了黑人，同时又被东方化。他的尸体不再让人联想到阿喀琉斯，而是被女性化——在这段描述中，蒂普甚至有了丰满的胸部和短小的大腿。1782年时卡梅伦欣赏到的白皙皮肤现在成了黑色——尽管他死后的脸色很是苍白。而后面的这位作者很明显是在指责蒂普性生活过度，以致他的身体遭受了损伤，甚至可能是阳痿。然而，即使是在这段令人不快的文字当中，作者也在蒂普身上看到了一些人类共通的东西。他在这段话的最后承认，蒂普死后的表情是"温和且满足的……那是一种安详又谦逊的气质,他活着的时候就是这样"。他还敦促英国应当巩固其在印度的现有领土成果,"而不是寻找进一步扩张的对象"。[60]

不可否认的是,1799年塞林加帕坦的沦陷与蒂普的战败是一件相当具有震撼性的事件,在此之后,英国离在印度实现霸权又近了一步。在英国国内,这场胜利引发了大规模的关注,同时也点燃了民众的兴奋之情。然而,现存的证据也表明,尽管当时人们对蒂普的态度更为消极负面,但他们的情绪依旧十分复杂。在他死后,人们对他的评价仍然起起伏伏,这一点和他生前一样。就英国是否应当在印度更进一步以及是否有能力更进一步这一问题,英国人并没有达成什么新的共识。尽管这并

58. 塞林加帕坦的城墙
1792 年一位英国艺术家绘

没有阻止英国人在印度的扩张行为，但直到 1803—1804 年马拉塔联盟被
消灭之前，英国在印度取得的成绩依旧是有争议的。[61] 英国人的疑虑依然
存在。在高层人士的通信中，我们仍时常能看到类似的说法，例如在塞
林加帕坦陷落之后，孟加拉总督就专门在信中批评了英国军人在当地的
暴力与野蛮行径（"这是有史以来我们国家最大的污点，其恶劣程度超过
了世界上任何地区的暴行"）。在 19 世纪初的几十年里，这些论调在普通
人当中也很有市场。19 世纪 20 年代，一些爱国的父母可能为了培养孩子
的爱国心而给他们购买霍奇森青少年戏剧系列中的《蒂普苏丹，或塞林
加帕坦的风暴》（*Tippoo Saib; or the storming of Seringapatam*），然而，他们一
定会对扮演蒂普的演员所说的开场白感到惊讶：

　　*好了，我勇敢的人民！我知道你们的忠诚，也丝毫不惧怕那些
甚至直到现在还威胁着我们、要毁灭我们的暴政！*

如果说东方专制主义确实存在的话，那么现在，东印度公司在印度施行
的军事专制主义在很多方面都丝毫不逊于这种东方专制主义。这种论点
在这一时期的英文著作当中已经相当成规模。[62]

　　而这正是迈索尔的俘虏故事所能发挥作用的地方。在英国军队的规
模和在全球范围内的侵略性空前壮大之时，这些故事使英国公众重新认
可了英军士兵的人性。

　　这一时期相当有影响力的一本书是由威廉·汤姆森（William
Thomson）撰写的《晚近以来在亚洲作战的回忆录》（*Memoirs of the Late
War in Asia*），这本书出版于 1788 年，"一时间洛阳纸贵"，次年，这本

书又出了增订版。[63] 需要注意的是，汤姆森本人并不是一名军人，而是一名牧师，后来又成了职业作家。此外，他还是苏格兰人，这一点也很重要。蒂普自己也意识到了，在 18 世纪 80—90 年代入侵迈索尔的军队中，苏格兰军官与士兵的人数相当多。[64] 当时负责印度事务的大臣也是苏格兰人，他就是亨利·邓达斯（Henry Dundas），他本人曾主持过议会对波利卢尔与印度南部其他一系列军事失利的调查工作。对邓达斯来说，印度至关重要，而在美国独立战争失败后出现的针对帝国事业的悲观与幻灭情绪则相当令人厌恶。在他看来，帝国不能停下前进的脚步，因为不列颠的综合国力，尤其是苏格兰的实力和当地才华横溢但又吃不饱饭的男性，都有赖于帝国的扩张。没有证据表明汤姆森是受英国政府或是东印度公司的指示才写下这两卷本有关迈索尔俘虏的故事的，但他与苏格兰上层人士以及苏格兰军队的高级军官之间存在紧密的联系，而这一点对于这部著作来说至关重要。[65]

尽管书名为《晚近以来在亚洲作战的回忆录》，但这本书与其说是一部军事史著作，不如说是一部殉道录。正如"致读者"的序言中所述，这本书讲述的是"我们的士兵在被野蛮人囚禁期间发生的事情"，因此，其关注的重点并非帝国或是战场，而是"个人的命运"。汤姆森并没有回避英国在印度南部遭遇的失败，因为他知道该如何将这一系列失败转化成对自己有利的东西。例如，在他的故事里，波利卢尔战役后东印度公司残存下来的兵力成了"我们为数不多的军人当中幸存下来的勇士"，人们应该为这些人感到骄傲。汤姆森也并不回避迈索尔俘虏曾遭遇的一系列可耻之事。肮脏的环境、痛苦、恐惧、悲伤、被强迫施加的割礼，以及囚禁本身对忠诚与士气的打击，都被他写进了书里。这一点是肯定的，因为他在采访那些曾经被俘虏的军官和参考他们在狱中所写的笔记之时，都大量借鉴了这些内容，这一点他自己也承认。他一方面将这些人的故事与回忆融入自己的文本之中，另一方面又不直接点明自己的资料来源，由此，他既能够充分展现出人们被囚禁的痛苦与悲怆，同时又不损害那些为他提供材料之人的阳刚之气、绅士风度或是职业自豪感。他表面上写的是帝国战争的编年史，但实际上却成了：

> 一出悲剧……一出遭遇苦难的悲剧，而不是行动的悲剧……希望读者不会因为书中提到了很多事实而怀疑这些人的人性……暴力的处境使人类灵魂中的激情与力量得以展现。我们这些被俘同胞的感情……他们彼此同情的力量；他们在这样强烈的感情的推动之下，通过倾诉或写下虽未经雕琢但很有感染力的诗句，实现了自身的解脱。[66]

通过这种修辞手段和高度文学化的表达方式，汤姆森将东印度公司与英国正规军的战士转变成了"新人"（new men），或者用一个更不时代错置的说法，转变成了有感情之人。汤姆森有意转移了叙述重点，不再将重心放在记录印度南部的军事行动和与之相关的争议事件与暴力活动，而是强调英国士兵在极端压力下面临的情感危机、经受的煎熬与努力克服的勇气，以期唤醒读者的同情心。

　　汤姆森是一个高度专业的文人，但并非一个原创作家。他并没有发明这种修辞方法，也并非这种文风的开创者，他只是将其借用了过来。其真正的源头大家都非常清楚：塞缪尔·理查逊（Samuel Richardson）

三部影响巨大的小说——《帕米拉》（*Pamela*，1740—1741）、《克拉丽莎》（*Clarissa*，1747—1748）和《查尔斯·格兰迪森爵士的历史》（*The History of Sir Charles Grandison*，1753—1754）。汤姆森学习了理查逊的写作手法，将不同人物（在这里，显然指的是迈索尔俘虏）的信件与叙述联系到了一起，进而构建起了他所谓符合事实的历史。与此同时，他还效法了理查逊对道德的重视、对细节的把控，以及最重要的——对个人如何经受住苦难的考验，并由此获得救赎的关注。

　　甚至在汤姆森的书出版之前，一部分受教育程度较高的迈索尔俘虏就已经意识到，理查逊笔下克拉丽莎·哈洛（Clarissa Harlowe）面临的困境与他们自己的苦难相当契合。在小说中，克拉丽莎被囚禁在了妓院之中，受到了无情的迫害与考验，然后她还被下了药，使恶棍洛夫莱斯（Lovelace）最终夺走了她的贞操。但她并没有打算就此妥协，而是坚持了自己的基本操守。她逃离了妓院，并最终主动拥抱了死亡，但在死后，她的灵魂获得了救赎，而折磨她的人也得到了应有的报应。换句话说，《克拉丽莎》这部小说本身就是一部虚构的俘虏故事；而在汤姆森的书出版之后，这本小说和其他同种类的小说对英帝国俘虏故事的写作产生了越来越明显的影响。[67] 对于迈索尔的俘虏而言，克拉丽莎的故事似乎尤其合适。他们也被囚禁了起来，也遭受了痛苦；他们中的一些人被下了药，随后身体也遭到了侵犯，只不过对于他们而言，经历的是割礼。而且，这些人的基本操守与身份认同并没有因此受到影响，因为这一切都是在违背他们意志的情况下靠暴力完成的。现在，这些曾经被囚禁的受难者获得了自由，他们也证明了自己的清白，而他们故事中的元凶首恶——蒂普苏丹，也得到了应有的报应。

在某种程度上，由于全球规模的战争、帝国复苏的势头与更为保守的英国民族主义作品的出现，同时也由于迈索尔俘虏故事的写作方式发生了重要的转变，先前充满屈辱、肮脏与失败的记忆似乎变得有趣了起来，还带着一些道德热忱和悲剧精神。在汤姆森那本畅销书之后出版的许多迈索尔的俘虏故事中，我们能够看到上述转变带来的影响。例如，1792年，东印度公司在加尔各答的出版社资助出版了一本名为《詹姆斯·布里斯托的苦难故事》(*Narrative of the Sufferings of James Bristow*)的书。其序言明确指出，这本书应当与《晚近以来在亚洲作战的回忆录》一起阅读。汤姆森书中的主人公是英军军官。但布里斯托的故事则是一名地位低下的东印度公司列兵的故事，他被俘，被强行施以割礼，而后被强迫加入迈索尔王国的奴隶兵团，但他——至少在故事中是这样的——的内心依旧保持着对祖国与信仰的忠诚，并最终逃离了蒂普的魔爪，回到了同胞的怀抱之中。同样，这是一部非常严肃、充满细节的作品，它的重点不在军事行动之上，也没怎么描写印度南部的自然环境，而是将笔触集中于一个受难者经历的痛苦和他自己的决心之上。和汤姆森的作品一样，这本书读起来依旧能让人感动，而且在商业上也大获成功，1793—1794年，这本书在伦敦就印了两版，直到19世纪20年代，这本书仍在不断再版。[68]

因此，我试图论证的是，从人力扩张，陆军与海军实力上升，经济、技术与工业的发展，民族主义观念的强化等角度来解释18世纪90年代之后英帝国的复兴和在印度与世界其他地区取得的成功，在一定程度上是正确的，但也是不充分的。就是否要在全球范围内施加干预这一问题，当时的英国人和现在的美国人一样需要被说服，即他们不仅是一个超级大国，而且是一个有美德的、努力的、有奉献精神的民族。仅仅在军事上取得胜利是远远不够的。事实上，鉴于英国长期以来对常备军持怀疑态度的传统，军国主义本身就极不受民众欢迎；例如，18 世纪90 年代阿嫩达布尔大屠杀和其他东印度公司犯下的罪行就引发了舆论的强烈抨击。和对待 1775 年之后与北美叛军对峙的英军士兵一样，人们不会因为在印度次大陆肆意妄为的士兵是英国人就支持他们。他们必须首先是个好人，因此绝不能做坏事。对 18 世纪 80 年代以来的迈索尔俘虏故事进行改写就是其中的一种方式，在官方的资助之下，英国在海外的军队得到了重新包装，以满足国内民众的需求。[69]

当然，为跟上这波潮流，英国人还采取了其他很多手段。例如，在英国国内的舆论场上，针对与迈索尔王国的一系列战争，除了英军俘虏的相关内容外，还有这样一件让人印象深刻的事情，那就是康沃利斯勋爵"善待"蒂普苏丹两个儿子的故事。他们于 1792 年被扣为人质，以确保他们的父亲会割让领土并支付高额的战争赔款。米尔德丽德·阿彻（Mildred Archer）就曾指出，在有关迈索尔战争的画面中，这一幕出现的频率最高。有无数的绘画、雕刻、版画、纪念品，甚至是刺绣，以及各式各样的文字报道都在描绘这幅画面。事实上，艺术家对这一事件的关注程度几乎与蒂普之死和塞林加帕坦沦陷一样多。[70] 在现实中，英国人将两个年幼的孩子从他们的父亲身边带走，以充作外交筹码，其中的仁慈显然是有限的。但大多数展现这幅画面的人却竭力夸大英军的善意，而且明确将英国人所拥有的军事美德与蒂普有意识采取的残酷行径进行对比。他们指出，在蒂普的势力蒸蒸日上之时，他俘虏了数以千计的英军士兵和东印度公司雇佣的印度兵，却让这些人受苦受难。而现在，时移势易，英国人不仅强大到有能力俘虏蒂普的亲生儿子，而且相当友善地对待这两个孩子，以彰显他们优越的人性。的确，在日后，这两位年轻的王子相当受人重视。

304

我们完全可以从不同的角度来进行理解。1784 年，埃德蒙·伯克以惊人的敏锐直接点破了其中的奥秘：

> 他们的核心政策就是将当地人完全排除在外。我们能看到很多英国人在那个伟大的舞台（印度）上尽情表演。但是……在这幕剧中，一个当地人都不会出现。[71]

新的作品将重点放在了英军士兵无可争议的品质上，即他们的勇气、纪律、耐力、自我牺牲精神、战友情谊等，通过这种手段，新一代的意见领袖们成功地转移了公众的注意力，让他们不再关注这些军人在印度和世界其他地区所进行的具有争议性的行动。依靠武力对外扩张的帝国政策不可避免会导致大量的人员伤亡，也不可避免会出现劫掠与破坏，但这些问题被搁置了一边。相反，公众的目光集中在了英军的军官与士兵之上，将他们视作一个个单独的个体，一个个受苦受难、英勇无畏的楷模。因此，当约翰·林赛的一个后人最终于 1840 年出版了他在迈索尔监狱中的笔记之时，他不仅省略了其中一些阴暗、乏味又带有讽刺意味的语句，而且加上了一段序言：

> 作者在这本日记中的每一页都不自觉地传达着深刻的道德教诲。在阅读的过程中，读者的眼睛可能会湿润，内心会难过，但

我相信，每一位读者在读完这本书后都会成为一个更睿智、更优秀的人。[72]

不过，我们可以从一种截然不同的视角来审视英国公众对帝国、军人与俘虏的态度的演变。当那位无名艺术家负责为蒂普的宫殿绘制壁画时，他有意将贝利上校指挥的、被包围的英军士兵女性化，这显然是为了嘲弄、贬低这些人。然而，矛盾的地方在于，英国人在重新包装自己的军队之时，也主动运用了很多女性化元素，他们甚至从塞缪尔·理查逊有关被抛弃的女性的小说中汲取了灵感。这一过程被特里·伊格尔顿（Terry Eagleton）称为"驯化后的英雄主义"，原先那些"军国主义中的野蛮价值、赤裸裸的支配与男性的傲慢"被掩盖了起来，或者至少是被更"受人欢迎的美德……充沛的感情、文明与温情"中和。[73] 经过这一番精心的雕琢之后，帝国的战士不仅成了有教养的人，而且有一种怪异的温柔——至少呈现出来的他们彼此之间的相处模式是这样的。曾经被迈索尔人俘虏，之后又带兵打败了蒂普的大卫·贝尔德（David Baird）将军的传记作者在 1832 年写道："在这场可怕的囚禁中，最引人注目，也最让人感动的一点在于，在囚禁期间，每个人似乎都更担忧自己的同伴，反而不怎么担忧自己。"[74]

在讲述那些发生在欧洲之外的战争时，将故事的重点放在西方人的情感与道德成长之上的方法直至今日依旧相当有效，而且绝非只有英国人会熟练使用这种手法。想想看，有多少好莱坞拍出来的越战电影，甚至是一些批判性的电影，都不会把越南人当作故事的主角，而是将美国英雄的勇敢、经历的折磨与内心挣扎放在故事的中心位置。在这些展现

305

美国人在全球范围内的冒险的电影当中，当地人被严严实实地拦在了观众的视线之外，而感情的中心则被放到了西方的入侵者身上。不过，英国人开创这样一种展现本国在海外作战的军人风采的文学表达方式，有着一些特殊原因。到 18 世纪末，英国人的侵略性越来越强，尽管在这一时期，英国的人口焦虑已经有所缓解，但他们在人口数量上仍然受到限制。和先前一样，1800 年之后，英帝国的战士们仍然会面临失败、被俘与受苦的风险，因为他们的人数和资源规模与他们在全球范围内的野心远远不相匹配。因此，对英国人而言，发明一套新的书写帝国战争的方式至关重要，在这套新的叙事中，零星遭遇的失败与灾难可以展现英雄的美德，彰显他们道德的升华与强烈的爱国之心——某种意义上，这也是一种胜利。

还有最后一个需要注意的点。东印度公司与迈索尔王国之间一连串的战争生动形象地向人们展现了当英国这样一个小国试图在遥远的地方建立一个庞大帝国时，其命运会发生哪些明显的变化。第一次（1767—1769）与第二次（1779—1784）迈索尔战争的失败说明，东印度公司远远低估了自己向印度内陆进军的难度，与此同时，英国在印度次大陆、北美和其他地方遭遇的一连串失败也让整个国家陷入了幻灭情绪之中，甚至坠入了绝望的深渊。正如我们所见，对于悲观主义者而言，迈索尔的俘虏遭受的割礼就是整个民族被人阉割的决定性标志。英国似乎不再是七年战争中那个轻松取胜的赢家，而是一个正处于收缩与衰落之中的帝国。如果在 18 世纪 80 年代进行一次民意调查，那么很多英国人，甚至有可能是大多数英国人，都会认为 19 世纪不可能再是属于他们的世纪。先前的他们已经到达了顶峰，而现在的他们正在走下坡路。同样，20 世纪 80 年代的很多美国人也都认为，越战的失败表明他们的帝国已经迈过了顶峰。在一段时间内，他们也会认为 21 世纪是属于其他国家的世纪。

如果说前两次迈索尔战争与美国独立战争的失利让英国人明白，在海外开疆拓土并没有想象中的那么简单，那么，18 世纪 90 年代爆发的后两次迈索尔战争，就和同时期围剿法国的欧洲大战一样，证明英国仍然有能力在遭遇全球范围内的惨败之后重整旗鼓。英国的反击比以往更猛烈，也更成功。英帝国的复兴不仅涉及在印度与全球其他地区的军事活动的进一步升级，还包括帝国自身意识形态的全面重构。迈索尔的俘虏从原先帝国的耻辱象征转变成了英雄，他们的牺牲，他们遭遇的痛苦最大限度地展现了这个国家的男子气概，而这一切都是意识形态重构的结果。同样，美国的越战老兵最初也不得不面对同胞的冷漠，甚至是公开的敌意。然而到后来，他们也变成了美国的英雄，以致美国的退伍军人组织不得不花大量精力去对付那些谎称自己参加过越战的人。[75]

和两个世纪之前的英国一样，在经历了巨大的创伤之后，美国的战斗意志与统摄全球的意志成功地恢复了过来。但我们不应将英美之间的此类比较推得太远。因为，无论美利坚帝国与早期的大英帝国在多少方面存在呼应，仅就帝国自身的规模而言，两者之间存在明显的、根本性的差异。美国横跨一整个大陆，而英国的本土面积非常小，这既刺激了英国人对海外帝国的追求，同时也成了英帝国崛起过程中一直面临的障碍。然而，即使是在这个方面，与迈索尔王国的冲突也见证了英帝国的一次重大转变。起初，英国人相当畏惧印度庞大的领土面积和众多的人口，很多英国人还怀疑在当地招募来的印度兵能不能经得起考验。与迈索尔王国的战争大大缓解了这些忧虑。海达尔·阿里与蒂普苏丹俘虏的英军士兵能够说服那些印度人冒着巨大的风险为他们传递信息，而且，尽管在对迈索尔的战争中，少数东印度公司的印度兵选择了叛变或是开小差，但大多数人仍然保持着忠诚。在这几次战争当中，几乎所有的英军俘虏都在自己的故事里提到了"我们勇敢的印度兵身上彰显出的毅力与忠诚"这一主题。[76] 对英国人而言，这意味着一次重大的转变。他们从未能够将足够数量的美洲原住民纳入自己的队伍之中，原因在于，原住民的人数相对较少，而且那些白人殖民者对此也持激烈的反对意见。然而，英国人开始意识到，在印度，情况发生了重大变化。在这里，他们可以通过大规模招募本地人来解决自己人手短缺的问题。此外，正如一系列迈索尔战争所证明的那样，这些被招募而来的印度兵一样也会为东印度公司和英国的帝国事业而英勇战斗，并在必要时献出自己的生命。

在印度总督韦尔斯利勋爵（Lord Wellesley）1805 年写的一份秘密备忘录当中，有这样一段尽管带有各种各样的种族主义偏见，但本质上还算正确的话：

> 作为雇佣军，印度的本地人拥有超越一切的顺从、温顺与忠诚的品质。这些品质是这些人与生俱来的，因为无论是在英军，还是在其他国家的军队中，这些人都表现得如此优秀……（他们）让我们节省了本国的人力，而其忠诚度几乎毫不逊色于我们自己的同胞。

这是在北美失利之后，英国在帝国复兴道路上迈出的重要一步。在英国本土生长出更强大、更保守的民族主义观念之时，英国的政治家与军人也前所未有地意识到——由于他们扩张的地区没有充分发展出民族主义观念——可以通过招募本地的人力来弥补自身人数的不足。英国人确实可以利用先前存在的分裂与矛盾进行统治。在韦尔斯利写下这段话的时候，几乎有 17 万印度兵在为东印度公司而战，而在世界的另一端，英国人也在利用黑奴组成的军团在加勒比地区作战。[77]

　　然而，尽管如此，英国人却仍需要继续与自身局限性所带来的问题作斗争。尽管他们越来越依赖本地人为自己作战，但他们仍然需要建立起自己的核心力量。在 18 世纪 80 年代被迈索尔俘虏的英军士兵中，几乎有 1/4 的人（主要是下层士兵）或主动或被动地投靠了迈索尔一方。因此，当英国开始新一轮规模更大也更危险的帝国扩张之时，英国人也不得不好好解决这些作为陆军与海军主力成员的贫穷白人所带来的问题。怎样才能让这些人心甘情愿地成为帝国的炮灰呢？让我们来看一看。

第十章
穿军装的俘虏

赢得数字游戏

　　1798 年，也就是蒂普苏丹人生的最后一个整年，英国出版了有史以来在帝国问题上最具影响力的著作之一。这部著作不是一部小说，也不是一部传统意义上的政治理论作品。这本书的作者是一个名叫托马斯·马尔萨斯（Thomas Malthus）的知识分子，而这本书的标题则是《人口论》（*An Essay on the Principle of Population*）。马尔萨斯后来成了海利伯里学院（Haileybury College）第一位政治经济学教授，该学院成立于 1805 年，其主要目的就是为东印度公司培训职员，不过需要指出的是，马尔萨斯的著作所关心的并非印度或是整个英帝国。同时如一名早期的编辑所言，这部著作最初没有收获多少读者，也未能得到广泛的社会认可。但这部作品绝对算得上世所罕见，因为它深刻影响了相当一部分人的观念，同时其所达到的效果又远远超出了作者最初的意图。相当厌恶马尔萨斯本人及其论调的威廉·黑兹利特（William Hazlitt）也曾说过："当我们谈到马尔萨斯先生时，我们指的是《人口论》；而当我们提到《人口论》时，我们所说的实际上是这样一个从各种各样的垃圾中脱颖而出的核心命题，靠着它，我们就获得了撬动世界的支点。"[1]

这个命题相当直截了当。如果不加以限制，那么人口将以指数级增长，进而超过食物供应的上限："人口增长的力量远远超过了地球上生活资料增加的力量。"《人口论》中的世界末日论调更多的是出自马尔萨斯个人对法国大革命所释放出的能量的恐惧（也许是因为他在写这本书时牙疼得厉害），而并不是因为他认为这一时期的英国已经面临人口过剩的危机。[2] 尽管如此，他的这本书依旧彻底地改变了当时人们争论的基础。在此之前，英国人经常担心他们国家的人口太少。然而，在《人口论》出版之后，大多数人开始相信，英国的人口正在以惊人的速度增长，甚至已经到了无法控制的程度。当前所面临的挑战似乎是人口过多，这种观念上的革命性转变对于 19 世纪英帝国的发展壮大而言至关重要。

在 18 世纪的大部分时间里，人们普遍认为英国的人口数量正在以一种类似于自由落体的速度下降（尽管并非所有人都持这一观点）。18世纪下半叶，定量研究的兴起并没能驱散人们心中的这种幻觉。当时最受尊敬的人口学家理查德·普莱斯（Richard Price）仔细研究了城市的死亡率与房产税的相关数字，似乎是为了证明自 1688 年起，英格兰与威尔士的人口就一直在下降，到 18 世纪 80 年代，可能已经不足 500 万人（实际上，就在普莱斯写作之时，仅英格兰的实际人口数量就已经远远超过了 700 万）。[3] 这种普遍存在但又不符合事实的人口忧虑症给英帝国带来了相当深远的影响。在很长的一段时间里，英国的政治家并不希望向海外派驻大量的军队，也不希望有技能的劳工阶层大规模移民海

309

外，因为他们担心这可能会导致国内人口短缺的情况进一步恶化。1771年，一名反对向印度增兵的议员警告道："我们的人口状况并不乐观……人口在不断减少……我们应该尽可能地将人口留在国内，以保卫英国。"而且，北美的失败以及在印度南部遭遇的重大挫折进一步放大了这种焦虑情绪。这一系列失败似乎恰恰说明，英国太小了，人口也不够多，没办法在维持国内繁荣的同时，为规模庞大的帝国冲突提供必要的税收与人力资源。大规模的领土征服与全球范围的商业贸易不同，英国不能，也不应该放纵这一行为。[4] 但马尔萨斯的这部名著开启并加速了人们思想的转变。

他那广为流传的《人口论》，外加 1801 年不列颠与爱尔兰有史以来第一次人口普查结果显示其人口总数超过了 1600 万，让英国人开始更加肆无忌惮地要求帝国在海外进行扩张。与政府关系密切的新一代政治经济学家帕特里克·科洪（Patrick Colquhoun）在自己的著作《论大英帝国的财富、权力与资源》（*Treatise on the Wealth, Power and Resources of the British Empire*，1814）中进一步阐明了其背后的逻辑。其目的在于彻底消除那些长期以来挥之不去的"对帝国资源的悲观看法"。他印制了 1811 年第二次人口普查的数据，以及说明英国在全球范围内可调动的武装部队（包括印度与其他地区本地人组成的部队）已经超过了 100 万人的统计数据，试图说明"即便是最乐观的人也不可能预见到大英帝国的人口、领土与实力能够增加得如此之快"。他使用了一个日后相当著名的短语，称赞现在的大英帝国已经成了"日不落"帝国，同时，在全球范围内围剿拿破仑的胜利已经一劳永逸地证明了"征服的可行性"。无须再担心帝国的扩张会耗尽英国的财富与人口。事实的真相是，对于这二者而言，帝国都是不可或缺的。1817 年，另外一个参与论战的人建议，每 5 年，英国就需要"至少让 100 万人移民出去"。帝国占据的新土地、提供的机会与相伴而来的战斗，正是解决马尔萨斯人口过剩的天赐良机："殖民……必须被视作救赎的手段。"5

另外还有两方面的变化也进一步坚定了英国人翻涌而起的自信心，使其认定英国现在是一个足以在海外开疆拓土、拥有昭昭天命的超级大国。这两件事，一是爱尔兰并入英国，二是拿破仑的战败。在马尔萨斯的代表作发表的那一年，即 1798 年，成千上万的新教徒与信奉天主教的爱尔兰人起义，反对伦敦的统治。起义遭到了血腥镇压，之后，1800年《合并法案》（Act of Union）的出台将爱尔兰并入了联合王国的版图。爱尔兰的人口增长速度甚至超过了英国，而现在，英国人可以放心地动用这一部分资源（至少从表面上看是足够安全的）。这一点至关重要，因为如果没有爱尔兰人，英帝国在这一阶段的迅猛发展几乎就是不可能的。到 19 世纪 30 年代，在英军队伍里，爱尔兰人占 40% 以上。在大饥荒之前，驻扎在印度的白人士兵中，一半以上都是爱尔兰人。一名东印度公司的官员说道："爱尔兰的苗圃似乎取之不尽，用之不竭。"6在 1815 年的滑铁卢战役中，英军中的爱尔兰人比例几乎同样让人印象深刻，而这场对法国最后的、决定性的胜利说明英帝国的规模确实发生了变化，同时还为其进一步的大规模增长创造了必要的前提条件。

法国大革命与拿破仑战争（1793—1815）之后，英国的殖民地数量从 26 个增加到了 43 个。在非洲，英国人夺取了好望角、塞拉利昂、冈比亚与黄金海岸；在加勒比海地区，英国人获得了多巴哥、圣卢西亚和特立尼达；在地中海，英国人占据了马耳他和爱奥尼亚群岛。此外，英国人也征服了澳大利亚与印度的大片土地。⁷尽管这些新鲜的血红色斑点在地图上很引人注目，但从某种意义上来说，在全球范围内的权力政治中，最为关键的变化发生在欧洲。现在的人们经常强调欧洲人在历史上是如何侵略其他地区的。然而，尽管这种指责是可以理解的，但其掩盖了欧洲国家之间的激烈争斗。在过去 2000 年的每一个世纪里——只有一个明显的例外——欧洲人都将精力用在了彼此仇恨和争斗之上，而不是入侵其他地区。正如马克·马佐尔（Mark Mazower）所言，这片黑暗大陆一直处在自我消耗之中，其消耗程度远比对外侵略大得多。2000 年之前，上述欧洲内战的唯一一个例外就是欧洲各列强从滑铁卢战役后到 1914 年第一次世界大战爆发之前的百年和平，对英国而言，这 100 年的和平仅被克里米亚战争（1854—1856）短暂打断。

维多利亚时代的英国人很少会对这片大陆前所未有的安宁或他们自己所掌握的欧洲霸权感到完全放心。他们一直在担心旧日的对手法国，担心俄国的存在，以及他们企图染指印度的手段，还担心一个新出现的、统一的德国。尽管如此，在滑铁卢战役后到 1914 年，英国与其他所有欧洲国家都没有再经历过类似于七年战争或拿破仑战争那样规模的冲突。这一时期，英国的殖民地从未像在美国独立战争时期那样遭到西方列强的围攻。这种欧洲内部百年和平的利益，或者说代价，是西方特别是英国拥有前所未有的自由来集中精力建设自己的全球帝国。1800 年，欧洲列强外加俄国与美国一共占据了全球陆地总面积的约 35%。到 1914 年时，由于滑铁卢战役之后上述国家之间的战争减少，西欧、俄国与美国共占据了地球上 84% 的土地。⁸

因此，到 1815 年，一向被视为英国建立海外帝国的主要内部障

311

碍——人口数量的限制与领土规模的狭小——所带来的焦虑之情迅速消退了下去。然而，日益坚定的信心，外加欧洲内部战争的结束，以及经济前所未有的发展，并没有立即终结英国的俘虏恐慌。相反，在此之后，英国人遭俘虏这一事件的性质发生了变化。这一时期，英国本土移民海外的人数激增，一方面是因为英国政府觉得可以这样做，另一方面也是因为帝国的领土规模让他们别无选择。这些前往海外的英国人中，有相当一部分是被派往帝国各地的工人阶级，这些人受到了严格的约束与监管，而且对何时能够回国甚至能否回国都没有什么发言权。在1850年之前的澳大利亚，被送到这里的白人工人阶级大多数是囚犯。但在亚洲，大多数人则是士兵，是大英帝国的工蜂，但在某种程度上，他们是被自己国家俘虏的人，是穿着军装的俘虏。

从18世纪后半叶到19世纪前1/3的时间里，英帝国在海外的军事力量发生了革命性的变化。1740年，英军总兵力大约有40个团，但其中只有3个驻扎在欧洲以外的地区。到了18世纪70年代，情况就已经开始发生变化，几乎每个团都有可能会被派驻到海外执行任务。到了1800年，尤其是1815年之后，情况又有了很大的不同。在维多利亚女王1837年登基的前夕，英国正规军的100多个团中，有3/4以上的兵力驻扎在帝国治下的各个地区。⁹其中有至少20个团驻扎在印度，此外，在印度还有东印度公司自己的军队，在这一时期，其军队规模已经超过了20万人，其中绝大部分是印度兵。

312

这一系列转变相当具有戏剧性。然而，如果要说这一系列转变标志着一个本质上军事化的帝国正日益崛起，那么就需要谨慎对待这一判断了。¹⁰1750年后，英国军队的规模得到了明显的扩张，其活动范围也呈现全球化的趋势：是的。然而，尽管按照英国先前的标准，这一扩张的确让人印象深刻，但如果与同时代其他一些欧洲国家和非欧洲国家的军队相比，情况就并非如此。到 1850 年，英国在国内与所有海外"领地"（印度除外）的驻军总数刚刚超过 10.5 万人。这还不到当时法国军队规模的 1/3，不到俄国的 1/8，甚至比压根没有殖民地的普鲁士军队规模还要小。[11] 诚然，东印度公司的军队需要被列入计算范围之内。但其中绝大多数是印度人，而不是英国人；而且，正如一名军官在 1833 年时指出的那样，甚至是在印度，英帝国军队的规模与印度次大陆的面积和人口之间仍然有相当明显的差距。据他估测，每 450 名印度本地居民中，才有一个印度兵为英帝国效力。而这甚至与当时美国的情况都形成了鲜明对比，此时的美国显然是一个处于第二梯队的国家，但其军队规模（包括正规军与民兵）与总人口的比例仍然接近 1∶100：

> 当将目光投向英属印度的地图之时，你就会发现，在那条长长的边境线上，很多地方经常连一个团的驻军都没有，有些地方甚至连一支印度兵小队都没有，这似乎令人难以置信。[12]

换句话说，在这一时期，更值得人们关注的点在于英军在全球范围内分布区域的扩大，以及英国国内对于人员外流更为宽松的态度，而并非英国总体军事力量的持续增长和军队规模的日益扩大。"帝国的超负荷运转"（imperial overstretch）并非英国在维多利亚时代后期突然出现的一个现象。[13] 就其军队规模与其所统治领土之间的差距而言，英帝国没有哪个时刻不是超负荷运转的。这有助于我们理解，为什么尽管此时英国拥有毋庸置疑的海军优势，西方与其他国家之间的技术差距也在进一步拉大，但维多利亚时代的英国军队仍然会在帝国的各个角落遭受零星的、野蛮的羞辱——死亡、战败，偶尔还包括被俘。

然而，英国在海外部署的人力与其全球地位之间的差距也创造了另外一种俘虏。到 1815 年，几乎每个英国正规军的士兵都有可能在海外度过自己职业生涯的一半甚至 2/3 的时间。长期以来对军队规模的限制，以及随之而来的兵力分散问题，意味着在 19 世纪 50 年代之前，这些岗位上的士兵需要在当地驻扎很长时间，有可能是 10 年，甚至是 20 年都不间断。1828 年，时任战争大臣的帕默斯顿子爵（Viscount Palmerston）告诉议会，两个即将被派往海外的英军军团可以先在国内驻扎 6 年，这一点实际上很不寻常。在此之前，这两个部队"在海外不间断地服役了 17 年之久，不是在东印度、西印度，就是在锡兰"。如此长时间的海外驻扎意味着这些从表面上看最应当代表大英帝国的士兵，实际上却成了更令人难以预测的角色。1836 年，英国陆军军需长承认：

> 每个清楚在殖民地服役意味着什么的人都必须知道……即便部队的纪律性再强，也几乎不可能防止士兵或直接或通过自己的妻子间接本地化。[14]

站在英国政府的角度来看，英军士兵在多大程度上会"本地化"才是问题的关键所在。由于这些人长时间被限制在非欧洲地区，没有任何回国休假的机会，那么在这样的前提下，如何才能防止这些普通的英国士兵在此过程中发生某些不可挽回的改变？这些改变又会带来什么影响？那些在其他大陆之上生活了相当久的部队是否有可能"本地化"，以至于影响到他们原先的宗教信仰以及政治与民族身份？会不会有一部分人开小差，甚至是完全脱离队伍？在那样一个离本土很远，又很可能缺乏通信的地区，英国政府该如何监督并控制这些驻扎在当地的英军士兵？

我们必须从欧洲内部与欧洲外部面临的压力出发，来理解英国官方对这一问题的焦虑之情。1770—1840年，法国与美洲爆发了一系列革命，一批新的共和国诞生，与此同时，英国国内的人口、城市化、生产资料、识字率、印刷文化以及社会的阶层意识都在加速增长和发展。现在人们普遍认为，英国政府一方面在应对国内出现的各种变化，另一方面在海外推动着扩张，这两者相辅相成。乔治王时代晚期不列颠与爱尔兰的统治者塑造出了一种更加保守，也更加军事化的民族主义观念，他们既强调仪式与宗教的严肃性，还新增了大量的军营与监狱；与此同时，从加拿大到好望角，英帝国在帝国各地的活动家们也开始奉行更加严格的控制政策，宣扬更加自信的意识形态。[15] 然而，英国内部日益加速的变化与此时英帝国的发展境况还有着另一面。18世纪70年代到19世纪40年代，英国的中下层阶级呈现更加动荡不安、更加政治化的趋势，他们也更加敢于表达自己的不满情绪。在这段时间里，英帝国的统治阶层也面临着越来越多底层制造的混乱与抗议。反抗的人群不仅包括他们试图统治的原住民，还包括他们本国的贫穷白人，也就是那些穿着军装的俘虏。

这些人显然不是我们在前面几章中看到的那种直接意义上的帝国俘虏。从表面上来看，这些人是自由人，他们是武装着的战士，而不是受害者。然而，越来越多的英国士兵驻扎到了海外，他们穿着发臭的、和当地气候极不相配的红色毛料制服，或是汗流浃背，或是瑟瑟发抖，生活在肮脏的军营或满是虫子的帐篷之中，这些士兵与那些殖民地的白人和非白人精英差距巨大；在某些方面，这些驻扎在海外的白人士兵和黑奴一样不自由。一名英国列兵用他不怎么熟练的语法抱怨道：

> 在印度，军队里的人一般被视作一台大机器当中的部件，只能被动地听工程师指挥，而没有自己的想法：至于说感情，他们是不考虑这些的，列兵被看作最低级的动物，只适合被九尾鞭和宪兵统治着。[16]

考虑到他们工作与战斗的地方以及他们所代表的东西，这些士兵很容易就被当地的非欧洲人俘虏，同样，这些人一样会觉得自己被英帝国束缚住了。他们被派往那些生活条件往往非常恶劣的海外驻地，有时这一安排还是违背他们自身意愿的。他们可能会与自己的家人、女眷以及本国的文化分离几十年之久，甚至再无机会回国。如果被长官认定为不服从命令或是反叛的话，那么他们还很可能会承受鞭刑。如果他们尝试逃跑的话，那么很可能会被处死；而如果他们好好地留在原地，服从长官的命令，那么很可能会相当短命。

所有的帝国士兵都必须与严酷的环境作斗争，但在印度，这些严酷的特性表现得尤为突出，因为在这里服役的士兵所要面临的环境相当艰苦，一方面是服役时间长，另一方面是死亡率相当高，同时当地的自然环境还相当不适宜生活。与在澳大利亚、新西兰、加拿大或南非驻守的

315

59. 对印度人的依赖

罗伯特·克莱武收到当地统治者的一笔赠款，用于援助东印度公司贫穷的
白人士兵及其在国内的家属。爱德华·彭尼（Edward Penny）绘

英国士兵不同，在亚洲驻守的普通士兵几乎没有任何希望能长期定居在
一处，同时拥有一块属于自己的土地。在印度的大多数白人士兵也不希
望在服役期间结婚或生孩子（因为婴儿的死亡率太高）。但他们面临的
最大挑战也许是，在那些负责指挥的人眼中，这些人既是不可或缺的，
同时重要性又相当有限。1830 年，东印度公司与英国正规军的 36400 名
白人官兵占所有居住在印度的英国男性总数的 90%。[17] 尽管如此，受雇

于英帝国的印度兵人数还是白人官兵的 5 倍之多。对东印度公司与英国政府而言，至少在 1857 年之前，这一逻辑仍是相当清晰的。在压力之下，最需要考虑与安抚的是印度人，而不是他们自己的工人阶级士兵。人们普遍认为，英国在印度的统治必须依赖印度人，而不是白人士兵。因此，驻扎在这里的英国士兵往往认为自己是地位最卑微的人。他们是被这陌生环境俘虏的人，是被自己的祖国俘虏的人，在他们看来，那些印度兵在某些方面能获得更好的待遇，因为英国的官员们认为印度兵更重要。

事实上，一部分英国士兵觉得自己和奴隶一样，而我们除了借助他们的"主人"编纂的档案外，几乎很难了解这些在印度服役的白人士兵的具体情况。很多人并不会写字；即使是那些会读会写的士兵，也并不是想写什么就能写什么。然而，研究这些人的最大障碍在于后人的漠视与偏见。黑奴理所当然地获得了后世的同情。人们认为他们是受害者，而且常常会主动反抗，并为此寻找相应的证据。但是，在很多现代人看来，英国与其他任何一个帝国的士兵都不是什么能激起人们同情心的人，而且他们的特点似乎都在意料之中，没什么好研究的。人们认为他们是暴力的（他们的确是这样的），而且必然也是服从命令的（他们的确不是这样的）。研究这些人，以及他们被帝国囚禁的各种经历，需要我们摒弃自己的偏见。鉴于他们自己留下的文本材料很少，这也意味着需要研究者运用丰富的想象力去检索其他各种不尽如人意的证据，用爱德华·萨义德的话说，需要求助于"非常规或被忽视的资料"，以便构建起官方历史之外的"另一种帝国史"。[18] 我们需要深挖总督与东印度公司的编年史，从中搜索那些不同的、更隐蔽的、没那么体面的故事，那些叛徒与逃兵的故事，那些有关惩罚与抵抗的故事，那些属于大多数英国士兵的故事。他们保持着忠诚，外表服从，但有时也会咬紧牙关——这些白皮肤的底层人。

317 ## 逃兵

任何一个对过去 5000 年的全球历史感兴趣的人都应该去参观位于伦敦的国家陆军博物馆。然而实际上，很少有人专程前往切尔西，穿过那著名的医院与花园，前往那座低矮的、不怎么吸引人的建筑。这座建于 20 世纪 60 年代的博物馆里记录着众多有争议的，同时相当重要的历史。博物馆的图书馆仍然在使用卡片做索引，通过这些卡片，我们能找到那些记录着英国参与过的几乎所有冲突的书籍、小册子、印刷品、地图与手稿。我们能看到战斗场面的变化，看到恐惧、征服与屠杀的含义，看到数百万受战争影响之人的命运，他们可能是受害者，可能是胜利者，可能是白人，可能是非白人，可能是女性，可能是男性，但无论如何，他们都在等待着战争之后的重建。在博物馆的目录当中，只有极少数领域没法获得令人满意的答案。在那些翻旧了的卡片之中，无论你怎么找，都没法找到有关"叛徒"的信息，这些卡片根本就不会引导你去搜索有关逃兵的记录。和大多数国家相比，英国官方甚至更不愿公开承认本国军人投敌叛变或是逃离战场的事件有所发生。

然而，在这方面，问题的关键并不在于审查制度，而是人们的遗忘与迷思的诞生。至少从 19 世纪第二个 10 年起，英国官方就汇编了所有殖民地前哨站已知的逃兵名单。官方公布的随机抽样统计数据显示，逃兵的数量或许相当惊人。1815 年，根据印度、南非、地中海殖民地与北美提供的相当不完整的报告，英国官方给出了自己的估测数据，上述这些地区大约出现了 2400 名英国逃兵。[19] 然而，人们并没有尝试对这些数字进行全面系统的研究，也没有说明，随着时间的推移，这些人的存在能反映出英帝国的人力资源情况与对待人力的态度发生了哪些转变。在英帝国正处于自己的顶峰之时，人们几乎无法想象本国士兵的忠诚度会发生动摇。1907 年，一个曾经担任过孟买总督的人在为一本关于 18 世纪至 19 世纪初在印度服役的白人雇佣兵的书作序时说道："这些雇佣兵中不大可能包括英国人，因为人们不能指望他去与自己的同胞为敌。"因此，他（相当不准确地）认为，"那些雇佣兵应该是来自欧洲大陆的"。[20] 近年来的历史研究几乎和理查德·坦普尔爵士（Sir Richard Temple）坚定的爱德华时代的疑欧主义（Euroscepticism）一样，对这些问题视而不见。那些英国的叛逃者要么被完全剔除出去，要么被当作传奇的流浪汉小说主角，即骑在马背上，给当地人带来震撼的冷静、机敏的白人男性。然而，身处帝国边境之上的大多数叛逃者都是平凡之辈。他们也是一直存在着的少数人，而他们的经历不只影响到了自己。

　　布罗代尔在谈到 16 世纪被派往北非的西班牙军队时说道，对他们而言，这种为帝国效力的派遣更类似于驱逐，而叛逃则是一种逃避的方式。事实上，大多数在欧洲之外叛逃的白人士兵之所以会选择这么干，也是出于这一原因。[21] 就印度而言，从最早期的商业接触之时算起，就有英格兰与不列颠的各色人等叛逃到了当地，这些人的数量与东印度公司在印度所取得的权力与控制的地理范围成反比。G.V. 斯卡梅尔（G. V. Scammell）指出，自 17 世纪至 18 世纪早期，在东印度公司的记录中，

318

存在"大量"有关叛逃者的信息，这是因为当时东印度公司在印度次大陆的地位还非常边缘。一旦英国的士兵、水手、商人与技术人员跨过英国几个沿海的定居点，深入莫卧儿时期印度的内陆之中，去寻找土地与新的工作，那么就不要指望他们还能回来。1680 年的查理二世与 1686 年的詹姆斯一世都曾发布公告，要求那些在印度本土生活的国民回国。与葡萄牙、荷兰和法国君主发布的类似公告一样，这些公告的效果基本可以忽略不计。[22]

18 世纪 40 年代，随着英法两国更加积极主动地介入印度本地的战争，叛逃者的行为模式开始发生变化。现如今，白人与本地政权对军人和技术人才的需求量越来越大，一部分英国人就开始利用这一点，在双方之间反复多次叛变而不受惩罚。1752 年 5 月，一支在印度科罗曼德尔海岸向东印度公司投降的法国部队中有 35 名英国逃兵。由于身体健康的白人战士是一种稀缺资源，因此这些人在没有受到任何处罚的情况下就被重新吸收到了东印度公司的队伍当中。[23] 事实上，人们越是仔细地观察这一时期印度这片土地上的军队（欧洲的军队也是如此），就越会发现，宽泛意义上的国家与民族标签往往不过如此。1760 年，艾尔·库特率领着一支由印度兵、瑞士人、德意志人、美洲人、法国人、加勒比黑人、不列颠人与爱尔兰人组成的"英军"部队，准备在印度南部与一支同样成分杂乱的"法军"部队作战，他要求所有的士兵都要"在帽子和头巾上别上罗望子树的绿枝"，因为只有这样，他们才能与同样成分杂乱的对手区别开来。在这样一个由多个国家、多个种族混杂而成的军事环境当中，叛变就像从帽子上摘下一株植物一样简单。[24]

直到 18 世纪末，对东印度公司来说，在印度，本国的人力叛逃到
其他欧洲国家那里一事仍然是一个需要认真处理的挑战。1785 年，当每
月仅加尔各答就有 30 名白人士兵擅离部队之时，东印度公司就与法国
人和荷兰人展开了谈判：法荷两方会将不列颠与爱尔兰的逃兵移交给英
方，而英方则同样会将闯入东印度公司领地的两国国民移交回去。[25] 不
过，对东印度公司而言，最大的挑战还是那些叛逃到印度本地政权的英
国人。1825 年，一位军事法学家写道：

> 当欧洲士兵在那里（印度）叛逃之时，随之而来的后果是非常
> 重要的，因为如果他们能够隐瞒自己的叛逃事实，他们可能就会投
> 入某个当地君主的麾下……从而向我们的敌人提供情报。

在印度，无论是军队通令还是议会惩治叛变与逃兵的法案，都会用专门
的篇幅来遏制军人叛变的倾向，这说明长期以来，官方一直在关注这一
问题。1813 年，所有的白人军团与印度兵军团都被明确告知："尽管敌
人会给承诺，但那些犯有此罪（叛变）之人只能从事最低端、最辛苦的
工作。"[26] 如果说这般警告还不够，那么官方就会用金钱作为惩罚手段，
这毫无疑问是帝国的权力。到 1810 年，任何在印度被俘的正规军士兵
或是东印度公司的列兵与军士，都会丢掉自己每天 6 便士的工资，直到
"他真正重新回到英军队伍当中"。这么做的目的显然是防止士兵放任
自己被俘，并要求他们在被俘之后尽可能主动地采取措施逃离。40 年后，
这一规则变得更为严苛。到那时，任何在亚洲"因被俘而缺勤"的英军
士兵都会丧失这段时间的工资与养老金。只有当他成功回归并说服军事

法庭自己没有"与敌人一同服役，或是在敌人手下服役，或以某种方式为敌人提供协助"时，他才能拿回自己的钱。[27]

上述这些立法在很大程度上是针对东印度公司的印度兵的。然而，到了19世纪初，叛逃已经成了驻印度的白人士兵的一个特点；议会的相关演讲与军官的著作说明，这一系列控制措施在很大程度上是针对白人士兵制定的，而不仅仅是针对印度兵。原因很清楚。到19世纪初，在英国招募一名士兵并将其运往印度的费用超过100英镑；若再考虑到训练与装备的开销，那么一名士兵所消耗的成本会更高。因此，即使是那些并不打算加入其他阵营军队的逃兵，也会造成极大的资源浪费。而且，如果一个英国人叛逃到印度本土政权的话，那么情况要严重得多，不仅仅是因为这会使英国人颜面尽失。值得再次强调的是，英国人有理由担心与他们为敌的一部分印度政权的军事水平日益提高，而在征服了迈索尔王国之后，情况依然如此。因此，这些叛逃过去的英国人给英国自身造成了巨大的威胁。人们认为，这些叛逃者可能会将英国的军事知识、有关新兴技术的信息与更先进的训练操典教授给那些印度王公。[28]

对于英国政府来说，这简直就是噩梦。叛逃者自己的动机是什么？在帝国边境之上叛逃的那些人很少有机会讲述他们自己的故事，更不用说公开发表了；但有一次，英国政府替他们做了这件事。1792年5月18日，官方的《伦敦公报》出版了一份特别版，其中用6页的篇幅介绍了200多个"依旧生活在"蒂普苏丹的迈索尔王国之中的英国人，其中大部分是陆军与海军的士兵。最近一段时间，有一批从蒂普苏丹的堡垒中逃离出来的英国人投奔到了康沃利斯的军队之中，并将这些信息带了出来。同时代的英国人可能会猜测，为什么早在18世纪80年代初就被俘虏的人在英军部队逼近迈索尔之前都不选择逃跑？只要我们仔细读《伦敦公报》的报道，就可以发现，其中所涉及的内容存在相互矛盾的情况。这篇报道如愿以偿地告诉了读者迈索尔方面的囚禁有哪些恐怖之处，很多被关押在迈索尔的英国人或是在绝望中自杀，或是因营养不良而失明，或是遭到了处决。但与此同时，《伦敦公报》也表明，有些俘虏适应了当地的生活，并安顿了下来。在这 200 多人的名单中，有超过 60 人既被列上了原来的英文名字，也被列上了新的穆斯林名字，而混乱的拼写说明印刷商并不熟悉这一语言。先前在马德拉斯驻守的东印度公司少尉乔治·克拉克（George Clark），在《伦敦公报》上还被称为"穆尔塔特·汗"（Murtount Khan），而中士詹姆斯·斯内林（James Snelling）"在那里名为苏尔坦·贝格（Sultaun Beg）"。公报还明确指出，这些人中的大多数并未被关在监狱里，而是在迈索尔王国从事着某些有偿工作，还有一部分人是主动逃到蒂普那里，而不是被其军队俘虏来的。东印度公司档案中的信息（这篇报道中并未提及）显示，东印度公司的官员们也知道这些人中的一部分已经换上了印度服饰，与当地信仰印度教和伊斯兰教的妇女组建了家庭，有些人甚至已经不会说母语了。[29] 表面上看，这是一份帝国俘虏的名单，但同时，这也是一份指南，说明有一部分人可能在必要或对自身有利的情况下选择叛变。

　　绝大多数叛逃的人是普通士兵。公报中列出的人里只有 11 人是陆军或海军军官，而且其中没有一个人是高级军官。不过，这并不意味着所有高级别的英国军官都不愿意在保持自由的前提下为印度人提供服务。在 1803 年即将对马拉塔联盟发起决定性进攻之前，未来的威灵顿公爵首先做的是将敌方军队中所有的欧洲雇佣军军官都分离出来。其中有 60 人是英国人或英裔印度人。[30] 不过，就像这个案例中的情况一样，身为军官阶层的男性通常不会选择与自己的同胞为敌，因为一旦如此，他们就会承受很大的物质损失与心理损伤，所以他们往往不愿在这种情况下继续做雇佣兵。当然也存在例外，一部分经济状况拮据的人不会有太多顾虑。与英国正规军中的军官相比，东印度公司的军官在社会出身上往往更加多元，其中也有一部分人的经济状况出现了问题。在一部分英国俘虏的故事中，我们能看到亚历山大·邓普斯特（Alexander Dempster）的身影，他是迈索尔王国里一个比较张扬的叛逃者，"穿着伊斯兰教的衣服，戴着大红头巾"，他本人来自"一个非常体面且历史悠久的家族"，但家道中落，他不得不卖掉了王室军队的委任状，去了印度，最后在马德拉斯的炮兵部队当了一名普通士兵。之后，他就逃到了迈索尔，在这里，他又一次当上了军官。邓普斯特的一个叛徒伙伴，一个名叫汤普森（Thompson）的人，也因不得已而选择出卖自己。18世纪 90 年代，他曾向一名英国俘虏解释道，在与一个来自本地治里的法国女人结婚之后，他发现仅靠半薪是不可能养活两个人的，而且"他更喜欢军旅生活，同时无法在英军中获得委任……所以才会来到蒂普这里，为其效力"。[31]

在英国官方的描述中，他们倾向于强调叛逃者的雇佣兵动机，以此来贬低这些人的地位。当然，贪财或是缺钱都是很有说服力的诱因，尤其是对那些薪水微薄的低级军官而言，与此同时，这些人还都想逃离传统军事纪律的严苛限制。公报中列出姓名的这些人，这些在迈索尔为自己谋生的英国列兵与普通水手，他们对未来没什么期待，获救的希望也不大，因此，他们大概率会选择眼前最容易走的那条路，尤其是当这一选项还会让自己过得相对舒适之时。1783 年，一些已经叛逃到迈索尔的英国士兵站在印度南部要塞门格洛尔的城墙之外（当初他们就曾在要塞里面，被迈索尔人围攻），向城内先前的战友喊话，宣传叛逃的好处："高工资，不受军纪限制，食物，女人，能让人一直喝到醉的酒。"在听到这些宣传之后，至少又有 17 名英国白人士兵从门格洛尔叛逃了过去，其中包括第 42 团的军士长，他在一个夜晚溜出了堡垒，干的第一件事就是"抢了一个欧洲女人的钱"。32

这也说明，很多选择叛逃到迈索尔的英国人都很年轻。在任何地方、任何时候，年轻人都最容易抛弃过去的关系纽带，学习新的技能，适应新的环境，而这也是成功叛逃所需要具备的条件。詹姆斯·斯卡里是一名前皇家海军水手，据他自己所说，直到康沃利斯的军队逼近之时，他才试图逃离迈索尔，而他被俘之时只有 16 岁；他在迈索尔的一个朋友威廉·惠特威（William Whiteway）则是一名受雇于东印度公司的水手，被俘时只有 14 岁。在驻扎于印度的英军中，这样的童子兵并不罕见。1779 年，东印度公司的新兵中，有将近 1/3 都是 16 岁及以下的孩子。1793—1815 年，这一比例也基本相同，当时全球范围内的战争需求再次使英国正规军、东印度公司与皇家海军之间展开了对兵源的激烈竞争。一旦合格的成年新兵供应耗尽，那么英国军方就别无选择，只能以次充好，甚至不断降低标准，以确保军队的正常运转。33 在这里，我们再一次回到了英国有限的人力资源与膨胀的全球野心之间不可避免的固有矛盾之上。

1824 年，惠特威的俘虏故事与斯卡里的故事一同在伦敦出版，而惠特威在自己的故事中提出了英国底层士兵可能叛变的另一个原因：与其说是单纯的贪婪，不如说是以一种常人难以理解的方式让自己变得更好。[34] 由于叛逃到了迈索尔一边，他一生中第一次接受了教育。他接受了"马拉塔人的教育，学习了阿拉伯语，为学习一些关于波斯语写作的知识做好了准备……惠特威对这些教师赞不绝口"。这段经历似乎给他的思想留下了不可磨灭的印记。当 19 世纪 20 年代他口述自己的故事之时，相关内容已经完全脱离了传统的帝国叙事。他承认，海达尔·阿里与蒂普苏丹有时会十分残忍地对待他们这些英国俘虏，但"不能仅以此就断定他们性格暴虐"，而且，英国人还能指望自己获得什么样的待遇呢？"侵略会激起当地人的报复。"在惠特威的回忆中，蒂普并非一位单纯的暴君，而是"英俊的人""高贵的人""鼓励学习任何知识的人"：

> 他以此为目标，努力争取那些因战争而落入他手中的有才能的欧洲人，不遗余力地激发他们的天赋，同时消灭他们胸中对家乡的一切眷恋之情。对其中的许多人而言，他成功了……他将这些人视作自己臣民的一部分。

在迈索尔的经历似乎让惠特威第一次，也是唯一一次感受到了更为广阔的可能性："我如愿以偿地过着快乐的生活，没什么想要的了，我享受着健康的人生，受到所有人的爱戴。"我们当然有理由怀疑这十年的叛逃生涯是否真如他所说的那般美好，但很明显，他在回忆这段经历之时会不顾一切地为其辩护。18 世纪 90 年代初，惠特威被迫逃离迈索尔，几乎可以肯定，他这么做是担心入侵的英国人会将他视为叛徒并加以处决；惠特威最终返回了英国（我们很难说这究竟是不是回家）。由于在东印度公司商船上工作的时间太短，他无权领取津贴，也拿不到东印度公司拖欠他的工资。作为一项特殊的优惠政策，东印度公司安排他在伦敦的仓库中干体力活。事实证明，他学的波斯语没什么用处："他早年学到的知识已经从记忆中消失了，他现在能做的只是把那些他曾经十分熟悉的字母写出来而已。"

从某种程度上来讲，惠特威的经历尽管不是独一无二的，但也算是非同寻常的，青春时期的他在异国他乡经历了囚禁，而成年之后的他则因回归而变得贫困。然而，他这让人怜惜的故事也表明，为什么像这样的人具有更为广泛的意义。叛逃者不仅仅是边缘人物，并非所有的叛逃者都是特立独行的反抗者、失败者或者剑走偏锋的野心家。这些人往往是自己原先所在的社会与军队中更为普遍的问题的极端表现。因此，从很多叛逃到迈索尔的英国人都很年轻这一点，我们可以看出，在 1815年之前，东印度公司的白人军队普遍过度年轻化，而人们普遍认为，这是不稳定的根源。同样，像惠特威这样的经历也生动地为这一时期许多激进分子与军事改革家的主张提供了案例：未经改革的英军部队，无论是在国内还是在国外，都没有给基层士兵提供足够的晋升机会与奖励。[35] 普通的低级别英国士兵根本没可能一路晋升，当上将军，因此他们有可能会选择叛逃，越过帝国的边界（或是安心继续当俘虏），因为他们相信（不管有没有道理），外国的月亮会更圆。

另一方面，这些驻扎在海外的英军叛逃者让人们关注到了一个更为广泛的重大社会问题：他们中的许多人是爱尔兰人。

18 世纪，英语国家的人公认爱尔兰人容易当逃兵，就印度这片地区而言，我们很容易就能为这一传闻找到相应的佐证。[36] 叛逃到迈索尔的邓普斯特是爱尔兰人。乔治·托马斯（George Thomas）也是爱尔兰人，我们很快就会讲到他的故事，他是唯一一个拥有完整传记的英国叛徒。但是，在对这一地区与帝国其他地区的边境逃兵进行详尽分析之前，我们没法确证爱尔兰人是不是比非爱尔兰人更有可能叛逃，还是说人们之所以认为爱尔兰人会制造很多麻烦，单纯是因为这一时期英军队伍中的爱尔兰人比例奇高。和波旁王朝统治下的法国一样，拿破仑时期的法国人肯定有这样的前提假设——穿着英国军装、信奉天主教的爱尔兰人有可能是英军队伍的一个薄弱环节，而这一假设有时能在欧洲战场和英国人与欧洲天主教军队对峙的殖民地得到验证。[37]

　　然而，我们并不清楚，在不信基督教的非欧洲地区，为英国服务的信奉天主教的爱尔兰人是否会比其他群体更不可靠。许多在印度服役的军官并不认为事情果真如此。例如，查尔斯·内皮尔（Charles Napier）将军就有爱尔兰血统，而且相当同情爱尔兰天主教徒的遭遇，还理解他们的不满情绪，不过他认为在殖民地服役的爱尔兰军人实际上比英格兰人或苏格兰人更容易被驯服。另一名军官在谈到他在印度指挥的爱尔兰军人时写道："他们相当迅速地服从了我的命令，他们有……行动的意愿，我在任何其他部队中都很少见到这种情况。"[38] 当然，如果穿着英国军装的爱尔兰天主教徒中哪怕有稍微多一点的人选择叛变，帝国在印度和其他地方的事业就可能会面临失败的风险，因为这一时期，英军队伍中的爱尔兰人实在是太多了。长久以来，爱尔兰人一直在为其他国家当雇佣兵，其中包括西班牙、法国、葡萄牙、意大利各城邦与俄国，这一悠久的传统可以追溯到宗教改革时期，而这似乎能让那些在殖民地叛变的爱尔兰士兵更快地适应自己的新角色。乔治·托马斯正是这样的人。

托马斯有意隐瞒了自己的背景，但他可能是天主教徒，1756 年出生在蒂珀雷里。18 世纪 80 年代初，他从马德拉斯的皇家海军中逃跑，而后在印度北部成功地当起了雇佣兵。他先后为波利加尔人（Poligars）、一位名叫萨姆鲁夫人（Begum Samru）的杰出女性统治者（她的统治地区位于现在的印度密拉特）和马拉塔人效力。然后，"大约在 1798 年中"，他"脑子里浮现出一个古怪又艰巨的任务：建立一个属于自己的独立公国"。他以德里西北约 90 英里处的汉斯为基地，宣称对大约 5000 名居民拥有统治权，"我允许他们做一切不违反法律的事情"。他修建了防御工事，组建了自己的混血雇佣军，还建起了铸造大炮的铸造厂与铸造卢比的铸币厂，"我让这些卢比在我的军队与国家中流通"。[39]

其中至少有一些内容是真的。托马斯铸造的部分卢比留存到了今天。但是，他于 1802 年写成的（更有可能是口述的）印度冒险故事，以及威廉·富兰克林（William Francklin）在第二年出版的关于他的传记，所讲述的不仅是一个令人感到惊奇的职业故事，还是一个在很大程度上被掩盖的最终失败了的职业故事。正如鲁德亚德·吉卜林（Rudyard Kipling）的精彩故事所表明的那样，在非西方的环境中，一个"当上国王"的白人总是受制于他无法控制也无法理解的事件。[40] 托马斯在汉斯建立的政府仅仅维持了一年。然后，他的部队就因拿不到军饷而发动了叛变，他的印度"臣民"开始逃离，邻近的军阀也开始行动起来。1802 年初，"为了保证安全，避免众多敌人的迫害，他只好选择"

回到英国控制的领土之上。他后来的故事是为了印度总督理查德·韦尔斯利（Richard Wellesley）的利益而写出来的。托马斯的故事比另外一本由曾经叛变过的军人写下的辩护册子——T.E. 劳伦斯（T. E. Lawrence）的《智慧七柱》（*The Seven Pillars of Wisdom*）——更简短，影响也更小，但他的故事与这本书类似，在讲故事方面既有选择性，又在无意中透露了些许重要信息。

326　　　托马斯急于在英国人面前重新证明自己，因此他没怎么讲自己从皇家海军叛逃的情况，也很少提到 1793 年之前的经历——其中很可能包括与东印度公司的部队作战的部分。相反，他着重向韦尔斯利讲述了有关印度北部地区的政治局势以及印度军队的情况，并一再强调他的忠

60. 乔治·托马斯
威廉·富兰克林所著传记的卷首插图

诚。他坚持认为，自己在汉斯建立的事业从一开始就是为了推进英帝国的发展："我希望自己能……在阿托克河畔竖起英国的旗帜。"由于托马斯自己都已经抛弃了"英国的旗帜"，并在不同的旗帜之下心满意足地效力了 20 个年头，我们至少可以说这段话是相当大胆的。然而，他对自己叛逃生涯的改写得到了富兰克林的大力协助，富兰克林是东印度公司的一名中校，一位天才的东方学家与探险家，同时也是一个完全致力于建立帝国的人。1802 年 8 月，富兰克林在托马斯去世之前，在贝兰布热见到了他，并被这个人深深吸引。在为他编写的传记当中，富兰克林将托马斯描述为"我们的朋友与英雄""一个古罗马人"，正如他编写的书的副标题所言，"他凭借着非凡的才能与进取心，从一个默默无闻的小卒升到了将军"。[41] 富兰克林接着强调道："当地人……对他（托马斯）的手下普遍表现出奇妙而又不同寻常的依恋感。"他写道："也许没有人能比他更了解、更欣赏印度人的性格。"[42] 在这个关于一个 6 英尺高、富有魅力的爱尔兰人的故事中，他常常穿着印度本地的服装，并能流利地使用波斯语和乌尔都语，可以看出，他的故事是后来围绕阿拉伯的劳伦斯构建出的各种传说的早期变体。正如富兰克林所言，托马斯成了比非白人更了解他们自己的白人，因此，他可以在战斗中领导这些人，同时为帝国的利益而奋斗。

这则故事表明，帝国开始更有意地塑造并掌控英国的文化与自我形象，人们开始尝试将叛变者的经历神话化，托马斯绝非唯一一个此类案例。[43] 在现实当中，叛变到非欧洲势力一方的英国人与其他欧洲人很少能成为自由职业者。托马斯自己在印度北部展开的政治自治实验失败了，甚至那些为印度王公提供高价值服务的欧洲雇佣军指挥官与专家技师似乎也受到了他们的雇主的严格管控。[44]至于那些叛逃过来的白人步兵，他们有时能获得更多的自由与奖励，但大多数人仍然只是步兵，尽管换了一个社会，但这个社会和他们原先所在的社会一样，都是等级森严的，而他们仍旧处在这个社会的底层。有一份穆斯林方面的记录显示，在18世纪90年代，还有400多名英国人仍然生活在蒂普的首都塞林加帕坦。当时，这些人中的大多数或是在蒂普的"奴隶营"（cheyla）中当士兵，或是当织工制作制服，或是在他的铸币厂铸造货币，或是为他制造武器装备、修筑防御工事。这些参与工作的人"每天能得到一卢比外加一瓶阿拉克烧酒"。出于慈善原因，那些不适合工作的白人能拿到"大米、酥油和咖喱作为津贴，此外还有15个金法南（fanams），大约相当于每个月7卢比"，但他们不能走出堡垒的围墙。[45]几乎所有这些人要么在1799年英国人对塞林加帕坦发起最后进攻时被蒂普下令处决，要么在塞林加帕坦的混乱中丧生。这与乔治·托马斯和威廉·富兰克林写下的那些白人的辉煌传奇相去甚远，但很可能更接近大多数白人叛变者在亚洲的经历。

然而，和劳伦斯一样，托马斯在精心编织他的冒险故事之时，无意中泄露了很多有价值的信息。对他和劳伦斯来说，"变成本地人"显然不是一个选项，但这两个人都不可能在另一个社会中生活这么长时间而完全不受影响：

这些年我一直穿着阿拉伯人的衣服生活，并试图效法他们的精神生活，这让我摆脱了英国人的特性，得以用新的眼光来看待西方世界与那些习俗：他们摧毁了我的一切。但与此同时，我并不能真

正接受阿拉伯人的肤色……我放弃了一种形式，却没有接受另外一
种形式。[46]

劳伦斯对他自己造成的精神分裂所给出的评价，一定也适用于很多更早
期不太善于自我表达，但又踏入了非欧洲社会的英国人。只有那些年纪
非常小的人有时才能果断地、令人满意地完成这种过渡。尽管托马斯有
足够的胆量与经历，但他自己也没能完成这一过渡。他的人生轨迹注定
了他无法成为一个真正的印度人，也无法重新融入英国社会，几乎就在
他正努力重新回归英国身份的时候，他去世了。在故事中，他曾问道：
"当他们有机会能从我们的枷锁中获得解放之时，有什么能阻止这些躁
动的印度人（站起来）呢？"很快，他就又恢复了自我："托马斯先生
说，他特意使用了'枷锁'（yoke）这个词，因为他知道印度本地人总
是认为他们处在自己政府的枷锁之下。"也许确实如此。但似乎更有可
能的是，在这一点上，托马斯失去了立足点，并滑到了他所拥有的各种
身份与各种使命之间的缝隙当中。有那么一瞬间，他似乎在大英帝国的
诉求与自我利益之间摇摆不定，同时也在 20 年的印度经历与自己的爱
尔兰血统之间摇摆不定。[47]

　　乔治·托马斯的命运揭示了几乎所有叛逃者都会遇到的情况。从表
面上看，这些人象征着自由，是甩脱缰绳的反叛者。但实际上，他们
维生的行当让他们变得相当脆弱，他们承受着巨大的风险，有时也面临
着肮脏的妥协与一系列限制。他们能做什么，能活多久，都取决于这个
政权的制度，以及比他们强大得多的统治者。这就是为什么在帝国的背
景下研究这些人会很有价值。在印度与亚洲其他地方的英国叛逃者远非

328

浪漫的冒险家，他们需要评估当地政权吸收、雇佣英国和其他欧洲叛逃者的能力与意愿，也要衡量帝国方面是如何管理自身的人力资源的。随着英国人一步步地在印度夺取霸权，愿意为叛逃者提供工作的人越来越少，法规与限制也在不断增加。现在是时候从这些少数的叛逃者转向大多数穿军装的白人俘虏，也就是那些被管束的士兵了。

用鞭子来维持纪律

1802 年 1 月 28 日，约瑟夫·沃尔（Joseph Wall）在纽盖特监狱被绞死。当他走上绞刑架时，他的衣服一如既往的优雅低调；即使没有这些衣服，他 6 英尺 4 英寸的身高也足以证明他生活富足，不缺营养。沃尔本人曾是东印度公司的一名中校，娶了一个苏格兰同行的女儿为妻。然而，他拥有的财富与地位在刑场上都起不到什么作用。不过这次围观行刑的人群规模与行为相当引人注目。沃尔过了 20 分钟才死去，但纽盖特监狱前 6 万名观众和涌在周围街道的看客（其中许多人穿着红色或蓝色的制服），并没有像往常一样表现出怜悯等神情。相反，他们鼓掌欢呼，庆祝着这一事件。然而，沃尔并不是标准意义上的恶棍，他没有谋害儿童，也没有杀害或是蹂躏无辜的女性。他手下的受害者是一名强悍的军士，而他所犯下的真正罪行揭露了扩张中的大英帝国所牵涉的更为矛盾的俘虏与代价。[48]

20 年前，沃尔曾担任过戈雷（Goree）的总督，这里是英国在七年战争中夺取的非洲西海岸一块奴隶贸易基地。对很多黑人来说，这个地方血腥无比，但与此同时，被派往这里的大多数白人也没能活着回去。沃尔冒着气候、微生物与暴力的风险到这个地方任职，只是因为到了这一阶段，他因暴躁的脾气、性丑闻和决斗致死的名声而无法获得更好的职位。戈雷的英国驻军是由一批"曾因叛变、逃跑……或其他类似原因而蒙羞的军人"组成的，他们没有选择，没有前途，但都是很难对付的硬汉。在沃尔担任总督的倒数第二天，这支部队中的 60 人向他的住处进发，要求拿到他们声称应该得到的拖欠军饷。而沃尔的反应则是逮捕了其中的 5 名头目，并在未经审判的情况下，下令鞭打他们每人 800 下。

包括本杰明·阿姆斯特朗（Benjamin Armstrong）中士在内的三个人"被施以鞭刑，行刑者所用的不是普通的工具，而是绳子；这些人也不是普通人，而是黑奴"。沃尔专门将这些不会说英语的黑人召集起来，在 1782 年 7 月的那一天，这些黑奴轮流对每个士兵"抽打 25 下，直到抽打完 800 下为止"。沃尔在监督行刑时反反复复又毫无意义地叫喊道："打吧，你们这些黑杂种！""否则我就会打你们！"早在行刑结束之前，阿姆斯特朗的排泄物中就到处都是血了，而且血液还涌进了他的肺部，呛到了他。驻军的助理外科医生在接下来的 4 天里看着这个人死去，还饶有兴趣地指出，他背上剩下的东西几乎"和新帽子一样黑"。

在这一事件之后，沃尔就躲到了欧洲大陆，直到 19 世纪初才回到伦敦。他似乎相信，随着时间的推移、拿破仑战争的干扰，以及妻子与贵族之间的关系，他肯定能够获得赦免。然而枢密院迅速给出了审判结果，赦免是毫无可能的。从各个方面来看，沃尔的处境都很尴尬。此时的英国实际上仍在与法国大革命的意识形态和法国军队交战，因此英国的统治者迫切地希望维系某种爱国主义、某种跨越阶级的共识。在这个

GOVENER WALL.

Published Feb.1.1800.by Nuttall,Fisher & Dixon,Liverpool.

61. 一幅廉价的约瑟夫·沃尔画像
（注意画中的拼写错误）

案件中，沃尔既与英国贵族有联系，同时还对工人阶级士兵犯下了谋杀与虐待的罪行。现在，废奴运动的兴起已经让所有阶级与性别的英国人看到了西印度监工鞭打黑奴的可怕画面。然而，沃尔的案件揭示了鞭子是如何成为英国自身军事文化的重要组成部分的。此外，在别的方面，沃尔也冒犯了民众的情绪。总检察长对他的审判中，以及几乎所有出版的报道与版画中都在强调，阿姆斯特朗和他的同胞们——身穿英国军装的白人——是被黑人鞭打致死的。

种族观念与相应的刻板印象是沃尔总督事件中相当关键且明确的组成部分。在当时有关鞭刑是否能够作为英国军队的一种纪律形式的辩论中，这些观念同样非常重要。鞭子是奴隶制的核心标志，有时，奴隶会被相当野蛮地鞭打致死，而这正是英国士兵认为自己是祖国的俘虏，是白人奴隶的核心原因所在。[49] 白人士兵与黑奴之间的这些相似之处，被反废奴运动的人们反复强调（当然这也有着他们自身的目的）。当爱德华·朗（Edward Long）编撰他的《牙买加史》（*History of Jamaica*，1774）一书时，这一论调已经定型了。"我不需要再重提他们（种植园奴隶）与英国水手和士兵之间的相似之处，"他写道，

> 我不需要强调，对这些可怜之人因最微不足道的违纪行为而施加的普通惩罚，如果被施加在牙买加的黑人身上，就会被谴责为最为可恶的野蛮行为。

331

在世界上的其他地区，白人有时也会在法庭上采用类似的论证模式，试图说明对非白人进行体罚是合法的。例如，1787 年，东印度公司的高级别贸易商、印度南部纳加帕蒂南的代理驻地代表，尊敬的巴兹尔·科克伦（Hon. Basil Cochrane）因下令殴打他的一名印度仆人致死而受审。科克伦申请了一连串的军官作为他的辩护证人，他们作证说，就严重程度而言，此次鞭刑"完全不能与经常施加在欧洲士兵身上的惩罚相提并论"。[50]

332

由于将对黑人的鞭打与对白人士兵的鞭打相互比较的做法经常被用来为一些邪恶目的进行辩护——尽可能降低奴隶制和其他虐待行为的重要性与不公正性，所以严肃的学者一般都不会将这些问题纳入考量范围之内。例如，沃尔总督事件是有关阶级、种族与帝国的重大案件之一，

Governor Wall contemplating on his
unhappy Fate, in the condemn'd Cell.

62. 等待行刑的约瑟夫·沃尔

仍有待历史学家进行深入研究；令人感到惊讶的是，体罚及其在英帝国、军队文化与男性文化中不断变化的含义也没有得到充分的研究。[51] 然而，我们不能因为朗这样的人是偏执狂，就对他们提请人们注意的相似之处不屑一顾。塞默尔·德雷舍尔（Seymour Drescher）指出，1770年后，针对黑奴制的讨论越来越激烈，其结果之一就是有关劳动人民待遇的讨论以一种新的方式被全球化了。人们越来越多地认识到，在英国殖民地被奴役的黑人处境有多么艰难，与此同时，人们也借此机会注意到了英国白人的困境，尤其是那些英国普通士兵与水手的困境。[52] 这一时期，那些在保卫与扩张大英帝国疆域方面最积极也最冒险的人——那些出身平民的士兵——越来越得到人们的关注，这些人也越来越认为自己在某些方面可以与黑奴相类比。英国官方极力希望淡化这样一种比较，而这也恰恰证明了这一比较的重要意义。1812 年，一名议员宣称，"英国士兵的处境……比非洲的奴隶还要差"，这种说法引发了相当的震动。[53] 就在同一场辩论之中，帕默斯顿坚持认为，任何"将英国士兵与黑奴相提并论"的做法都应该激起人们的愤怒。查尔斯·内皮尔将军写道："鞭打士兵与鞭打黑人这两种情况没有任何共同之处。"[54] 但是，正如沃尔总督事件所揭示的那样，这两者之间确实存在相似之处。在这两种情况下，鞭子都受无情之人的掌控，而且下令行刑之人都认为受刑之人的价值有限，其肉体与心理不值得被考虑在内。

在当时，罗伯特·骚塞（Robert Southey）就曾指出，在一个相当重要的层面上，群众因沃尔被处决而感到的欣喜若狂是没有什么意义的。沃尔之所以被判有罪，并不是因为他下令将 3 名英国士兵鞭打致死，而是因为他没有让这些士兵先接受审判："如果他召开战地临时军事法庭，他很可能会做出同样的判决，带来同样的后果，而他自己则完全不需要接受任何惩罚。"[55] 1802 年之后，鞭刑仍是英国军队中的一种普遍现象，甚至可能在绝对数量上还有所增加，特别是在帝国的边境地区。1817 年，692 名驻扎在向风群岛和背风群岛（Windward and Leeward Islands）的英军士兵遭受了鞭刑，牙买加的 635 名白人士兵也遭受了鞭刑。正如这些数字所表明的那样，鞭刑并不是仅仅用来对付罪大恶极之人的刑罚。就像有时会对逃兵施加的烙刑一样，鞭刑也是基层部队日常生活中的一部分。仅仅在 1822 年，驻扎在百慕大的白人士兵

333

中，就有 40% 的人受过鞭刑。[56] 在印度方面，相关的统计数字不太全面，但似乎东印度公司的部队在这方面并不比正规军差，甚至还更严厉一些。1836 年，一名驻扎在孟加拉的炮兵声称，在过去的 6 个月里，他所在的东印度公司军队中的 31 名白人士兵平均每人挨了 380 下鞭子。而这一时期，在英国本土驻扎的士兵被判 200 下以上鞭刑的情况都相当罕见。[57]

在维多利亚时代早期的英国统计学家所积累的数字背后，隐藏着的是人类所经历的残酷现实，是伤痕累累的肉体，是喷溅出来的血块与皮肤，是被撕裂的肌肉，是被摧残的精神，是受伤的肠胃，是军队中每一次鞭刑仪式的特征。到 1815 年，法国与美国已经废除了军队中的体罚措施，普鲁士也几乎彻底放弃了体罚。到了 19 世纪 20 年代，甚至连西印度群岛的议会都至少在纸面上做出规定，严格限制了奴隶主与监工鞭打黑奴的次数。那么，为什么英国人仍然接受将这种肉体的暴力、肢体上的惩罚作为针对他们自己穿军装的白人，特别是驻扎在海外的白人部队的一种纪律形式呢？

其中一种最常见的理由和奴隶主的说法颇为类似。詹姆斯·沃尔文（James Walvin）指出，在加勒比海地区与美国南部，很多人都会为针对奴隶的鞭刑进行辩护，理由在于，鞭刑是公开进行的，因此具有示范作用，是让其他黑人"敬畏并遵守秩序"的手段。这正是威灵顿公爵为军队中的鞭刑进行辩护的方式。他认为，监禁没法对英国军队中的其他人产生影响。相比之下，鞭刑的真正意义在于"……示范"。[58] 鞭刑能否改造受刑的士兵本身并不重要，重要的是其带来的威慑作用。人们还普遍认为，对于普通士兵而言，除了体罚，很难找到其他有效的方式对他们施加惩罚。和奴隶一样，这些人没什么钱，因此无法对他们科以罚金。而监禁如果能将其从日常的繁杂劳动与严苛纪律当中解放出来的话，就更像是一种奖励而非惩罚了。流放当然也不是什么好的惩罚措施。1834 年，一名议员曾叫嚷道："在印度中部的烈日之下疲惫不堪的士兵会反对被流放到气候凉爽宜人的悉尼吗？"[59] 前往澳大利亚的所有人似乎都有机会获得属于自己的土地，还能在当地定居下来，据说，一些驻扎在亚洲的英军士兵曾为此多次犯错，希望能被流放到澳大利亚当囚犯。1820 年，一个名叫福布斯（Forbes）的列兵在加尔各答的威廉堡里擅离职守了 7 次，才被判流放；另外一个叫莱德（Ryder）的列兵也曾在那里服役，1834 年，他直接打了中士的脸，并告诉他"这么做只是为了能把自己流放到新南威尔士"。[60]

334

这表明，驻扎在印度的白人士兵经常会爆发骚乱与抗议。1809 年之后（在这之前，情况还不是如此），大规模叛变几乎成了东印度公司麾下印度兵的专利；但那些不太引人关注的日常反抗活动则更多的是白人士兵的专利。印度兵的人数要比白人士兵多出 5 倍。然而，19 世纪 20—30 年代，被指控当逃兵的白人士兵要比东印度公司的印度兵多出 11 倍。[61] 虽然这一时期，在印度叛变的机会正迅速减少，但其他形式的逃亡，无论是开小差、擅离职守、通过自残来谋求退役和最为常见的酗酒，都是身穿军装的白人俘虏经常采用的逃避手段。军事法庭的记录显示，叛变、不服从上级官员的命令、口头煽动与骚乱也都是士兵们广为采用的手段。对于那些负责惩戒的人来说，这一切都证明了英国普通士兵道德水平的低下，因此也证明了鞭刑是不可或缺的。1832 年，亨利·哈丁爵士（Sir Henry Hardinge）告诉议会，他们是"很好的家伙"，只不过他们在应征之前过的生活"非常不守规矩"，这就要求"我们采用严格的纪律，而这只有通过体罚才能实现"。[62] 历史学家有时会默认这种推理，也许他们忘记了奴隶主也曾以黑奴天生不守规矩或十分邪恶为由，为鞭打他们的行为进行辩护。对这两个群体而言，这种惩罚方式往往正是借助此种理由而得到合理化的。

借助东印度公司自身的官僚组织记录以及乔尔·莫克尔（Joel Mokyr）和科马克·奥格拉达（Cormac ó Gráda）的辛勤研究，我们现在知道，在印度服役的大多数白人士兵并不是准罪犯，和外籍军团的成员也并不相同，他们大致反映了英国国内人口中本年龄段、本阶级的基本特征。[63] 例如，1802—1804 年，东印度公司招募的新兵中，有将近 10% 的人是织布工；另外还包括大量的木工、鞋匠、裁缝和手工业学徒。此外，还有大量的农民与非熟练的城市工人，在高失业率时期，可能还包括被称为工人贵族的成员：小职员、破产的印刷商、低等级的教师等。这些人在应征之时并不是什么亡命之徒；而尽管这些正规军的士兵识字率会更低一些，但大多数被派往印度的正规军士兵似乎也并非什么恶棍。尽管这些人都是年轻人，一般没有受过什么教育，且接受过系统的暴力训练，但我们并不能简单地给他们扣上原罪的帽子，并以此来解释他们为什么会经常冒犯上司、违反纪律。

在亚洲的英军部队中，至少某些骚动与不服从的特征可以追溯到英国社会本身。E.P. 汤普森（E. P. Thompson）强调，英格兰工人阶级的形成发生在更为遥远的地方，而且要比爱尔兰、苏格兰和威尔士更远。由于英帝国庞大的疆域和大量的移民，这是一个发生在全球范围内的现象，因此亟须对其进行研究。由于驻扎在印度的白人士兵在整个不列颠与爱尔兰的劳动人口中具有很强的代表性，因此可以预料到的是，在很多时候，这些人的反抗方式会受到英国本土反抗模式的启发。例如，1816 年 11 月，东印度公司一个名叫卡尔南（Kearnan）的下士被指控"与几名骑马炮兵相互勾结"，秘密宣誓，然后带着武器当了逃兵。他被抓了回来，并被判处枪决，他的经历被通报给了驻扎在印度的所有部队。[64] 之所以要将这一处罚广而告之，既有当地特有的原因（炮兵正是印度本土统治者最喜欢吸引的白人逃兵），也有和英国本土有关的政治原因。当时，对于英国本土的非法工会、反对新生工业机器的卢德分子和爱尔兰人联合会（United Irishmen）这样的秘密社团而言，加入组织、进行秘密宣誓、收集违禁武器都是常见的策略。[65] 卡尔南下士（他很可能是爱尔兰人）之所以会被处决，部分原因在于——就像国内的这些持不同政见者一样——他挑战了英国政府的权威，只不过和那些本土的人不一样的一点在于，他是在另一片大陆上这么干的。

然而，相同的反抗策略只是这个故事的一部分。由于工作与生活的特殊环境，驻守在亚洲的白人士兵也相当不守规矩。东印度公司的军队在许多方面仍然表现为一支私人的、独立的武装力量。东印度公司军队的政治化程度也远远高于英国的正规军，特别是那些主要出身于中产阶级的军官，他们也经常会引发骚乱。1795 年，也就是小威廉·皮特在议会匆匆通过法案，禁止在不列颠举行超过 50 人的"煽动性"集会的那一年，孟加拉总督康沃利斯也禁止在东印度公司的军队中举行"煽动性集会"。需要指出的是，这是一项针对军官发布的禁令！ 1832 年，一名英国高级军官说道，像身处印度的东印度公司军官那样定期集会，"组建委员会、任命代表、募集资金"，还天天宣称自己"权利受到侵犯"、

"契约被破坏"以及统治者"不守信用"时，一般的军事纪律就成了空谈。至少有一部分东印度公司士兵不守规矩，经常采取高度书面化的抗议方式进行抗议，是因为他们受到了自己的军官政治化的抗议风格的影响。[66] 不过，在印度，无论是正规军的士兵，还是东印度公司的士兵，都在进行抗议，而且也都是有理由的。

可以肯定的是，在一定程度上，他们所承受的艰难困苦获得了补偿，而这些补偿足够让其中一部分人感到满足，甚至是深深地爱上这份工作。在战争时期，他们会参与劫掠，还会有战斗的冲锋陷阵，也许对某些人来说，这些战斗活动能让他们再次感受到国家与民族的优越感；而且在这里，他们还能收获战友情谊，获得合理的工作，享受定期发放的工资，有机会看到他们大多数同胞从来没有机会见到的风景，对于那些有文化的东印度公司列兵而言，他们还有机会获得晋升，当上中士。然而，与此相对应的则是偶尔会出现的危险、持续的高温与疾病、长时间的无聊生活、野蛮的纪律，以及一种相当可怕的禁闭感。1834 年，时任印度总督写道："欧洲士兵的生活确实令人同情……他们的营房、条令与花名册成了关押他们的监狱。"[67] 最让人难以接受的一点在于，一方面这些人必须留在印度，另一方面他们又不被允许在当地扎根。19 世纪 40 年代之前，英国正规军的士兵通常需要在印度驻扎上 20 年之久，中间还没有机会回国。表面上看，东印度公司的士兵可以与公司签约 12 年，但由于他们只有在服役 21 年之后才能获得养老金，因此大多数人都选择了签终身合同，或者说，一直干到死。19 世纪 30 年代，驻孟买的白人士兵的死亡率是英国本土士兵的 2 倍以上。在马德拉斯，英军士兵的死亡率是本土士兵的 3 倍还多；而在孟加拉，这一比率几乎是 5 倍。

19 世纪中期之前，很少有驻扎在印度的列兵与军士有希望能活到服役期满，回到英国。[68] 然而，这些人也不被允许在印度安家落户。

　　印度并不是一块定居殖民地，东印度公司也并不鼓励白人在那里定居。那些服完役的士兵会在服役期满后被迅速送回英国，那些身体上或精神上受到伤害而无法继续服役的士兵也是如此。有些人幸运地躲开了这张巨网，但官方采取了一系列措施将那些伤残者、无力继续服役之人与退役的士兵集中起来，防止他们逃离军营，在印度当地成家立业。这一政策也意味着官方并不鼓励在印度驻扎的英国士兵结婚。在应征之时，大多数人还太年轻，没法结婚。而那些已经结婚之人通常也不得不把自己的妻子留在英国，而且大多数情况下，他们再也没办法见到她们。即使到了 1861 年，相关规定已经大大放宽，但每个被派往印度的军团中只有 12% 的人被允许带着妻子一同前往。可以预见的是，这些人到达印度次大陆之后是无法坚持禁欲的，因此官方会严格管制他们的性行为和他们可能萌发的成家念头。我们需要强调这一点，是因为有些时候，人们会以士兵与印度妇女之间建立的关系来判断他们对待种族的态度。[69] 这些人可以自由地去逛军队里的"妓院"（*lal bazar*），但只在很少的情况下，他们才能与印度妇女结婚，并得到英国当局的承认。

　　到 19 世纪 20 年代，东印度公司开始倾向于认为"只有……基督徒才有资格结婚"。人们认为，与那些在基督徒办的孤儿院中长大的"混血"妇女结婚的士兵，能够合理地要求获得相当于那些设法陪同自己丈夫前往印度的少数英国妻子的一半婚姻津贴，但这也就是全部的内容了。[70] 这一时期，那些士兵的印度妻子和寡妇拿不到东印度公司一分

337

338

63. 18 世纪 80 年代，一幅有关东印度公司的印度兵及其妻子的印度画作
这一时期似乎没有在印度服役的英国士兵的画像

钱的津贴。印度妻子也不被允许陪同回国的士兵一道返回，他们的混血子女也不被允许返回英国。当这些白人士兵被调往亚洲其他地区服役之时，英国官方甚至不允许他的印度家庭成员陪同他前往新的服役地。例如，1817 年，第 66 团接到命令，要从孟加拉换防到圣赫勒拿。这支军队走后，留下了 55 名无人赡养的"未结婚妇女"和 51 名儿童。[71] 或许有些英国士兵会感到欣慰，因为他们能够从这些束缚中解脱出来；而另外一些士兵则可能因为要与自己唯一的家庭分离开来而感到不安。和之前的情况一样，现有的证据并不足以支撑我们了解这部分男性的想法，就更无法了解这些女性的想法了。关键在于，英国政府与东印度公司不允许这些人有任何选择。这些士兵不能将自己在印度组建的家庭带去圣赫勒拿。他们也不能违反服役规定，继续留在孟加拉。如果他们逃离军队，那他们要么会被抓捕，要么就会一直处于不稳定的状态之中，没有工资，没有退休金，还有可能会饿死。和奴隶一样，这些人的性生活和家庭在很大程度上都受制于那些支配他们的人。19 世纪 50 年代，在印度的一名列兵写道："哪怕是英国最贫穷的劳工，当他一天的劳动结束之后，回到家里，也会有人为他感到开心，也会有人为他排忧解难。"[72] 东印度公司的大多数印度兵也是如此，他们在服役期间可以和妻子住在自己的住所之中。但是，在印度服役的大多数英军士兵却不被允许过这样的生活。

　　有一些身居要职的人认为这样做是不对的。1832 年，一名在印度服役的高级军官对一个议会委员会说："不鼓励他们（士兵）结婚是不公正、不明智的行为"，

> 在欧洲士兵与当地妇女组建家庭并在军营之外生活的地方，这些人一般都能保持良好的行为与理智的态度，还会认真履行自己的职责，他们的表现引人注目。这些妇女也对他们忠心耿耿，是战场上的好帮手……双方之间存在的联系将有可能打破针对欧洲士兵的偏见，让他们在退役之后成为有用的定居者。[73]

然而，正如该委员会最终提交的报告所表明的那样，在这一阶段，关于英国士兵与印度人通婚并在印度定居这一问题，上述这种立场显然仍是少数。其原因既包括对待不同种族与社会阶层的态度，也取决于英帝国如何看待自己在印度的权力基础，以及鞭刑的适用性问题。

在印度，反对白人与当地人通婚的理由当然包括种族上的仇外心理。和其他很多事情一样，这一问题也转变成了一个数字问题。东印度公司和伦敦方面都对不断增加的"印度混血儿"感到担忧，在这一时期，印度的混血儿比驻扎在当地的 2 万英国平民总数还多。如果允许白人士兵与印度妇女结婚，那么这一边缘群体的数量将进一步飞速增长，而人们认为，这有可能会产生重大的、破坏性的政治影响。19 世纪第二个 10 年至 19 世纪 20 年代，南美洲爆发了反对葡萄牙与西班牙帝国统治的克里奥尔人与混血儿革命，而这场革命还获得了成功。一部分英国人可能会考虑到，一边是不断壮大的英印混血儿队伍，另一边是英国自己不守规矩的白人士兵，两者很可能会结成危险的联盟，特别是在这个时候，印度的大多数白人士兵并不直接受雇于英国政府，而是受雇于东印度公司。

此外，虽然有些人认为白人士兵与印度妇女通婚会污染血统、削弱英国男性，但在官方层面，人们往往强调的是与之相反的论调：如果允许英国士兵在印度定居，并与当地建立永久的联系，那么这些人本身就会成为一种污染源。道格拉斯·皮尔斯（Douglas Peers）指出，在英国的军官阶层中流传着这样一种观点，尽管没办法获得统计学上的证实，但该观点本身也很有说服力，那就是驻扎在印度与帝国其他地区的大多数普通白人士兵原本就是贫穷的劳工，他们中的绝大多数来自城市，放荡不羁，缺乏教养，没有信仰，当然，这些人很勇敢，但他们之所以勇敢，是因为这帮人既鲁莽又危险。相比之下，印度兵，特别是那些高种姓、出身农村的士兵，因其热情、充满荣誉感、值得信赖、懂得节制、体格健硕，尤其是服从命令而广受好评。[74] 1832 年，一名英国上校对议会委员会说道："当地人的道德品质远胜于欧洲人。"一名少将认为，如果允许退役的英国普通士兵在印度定居，那么会给印度造成极大的损害："一旦无人约束他们，这帮人就会成为非常糟糕的一群人。"爱德华·佩吉特爵士（Sir Edward Paget）认为，白人士兵"既酗酒又放荡"。另一名高级军官在早些时候宣称："在印度当地人面前出现的英国士兵相当令人厌恶，完全不是英国官方的合适代表。"[75]

　　我们有必要站在英国国内的角度来理解这些评价。19 世纪 20 年代、30 年代与 40 年代初，不列颠与爱尔兰民众就议会改革、罗马天主教徒的解放、工会和宪章运动等问题发起了一连串的抗议，这不可避免地影响到了帝国内英国精英的态度。贵族军官与官员对帝国各地的不列颠与爱尔兰穷人表现出的震惊与反感之情，不能也不应该与这一时期英国统治阶级成员对国内大规模异见的相似态度分开来看待。

在这两种情况下，统治阶级都对来自下层的潜在威胁更为敏感，也更坚定地要保持对底层的控制，加强纪律。事实上，正是在英国国内社会两极分化日益严重的背景之下，我们才能更好地理解英国政府仍然坚持对白人士兵实施鞭刑的做法。迈克尔·布什（Michael Bush）强调，之所以可以对奴隶施加鞭刑，是因为对这些人而言，在某些方面，奴隶很陌生。[76] 他们是黑人；或者，在伊斯兰世界的奴隶制度中，他们是非穆斯林；或者，他们可能是犹太人或吉卜赛人。无论他们在哪个方面有所不同，都会让这些人受到与当地社会中的普通人不同的、更低一等的待遇。同样，正如一名被派遣到帝国边境进行值守的士兵所抱怨的那样，大多数富裕的、有权势的英国人并不"将普通士兵视为自己的同胞"。[77] 这使因自身的自由而感到自豪的英国官方有可能会对这些人施加鞭刑，而这又是不自由的典型标志。人们普遍认为，要成为一名合格的士兵，就需要坚韧、野蛮，同时又缺乏独立思考的能力。而正是由于英国士兵坚韧、野蛮，同时又缺乏独立思考的能力，而且在某种程度上算是异类，因此他们可以且必须被鞭打得服服帖帖。

　　然而，这里还涉及一些更为实际的、完全是印度本地的因素。1830年，大约有 36400 名英国正规军与东印度公司的官兵驻扎在印度。但在这一时期，东印度公司雇用了近 10 万名印度兵，而这些印度战士不仅向英国人证明他们在印度次大陆是不可或缺的，而且在 1800—1801 年在埃及对法国人的战役中，在 1810—1811 年远征毛里求斯、爪哇和其他印度以外的战役中，都证明了自己是不可或缺的。对英国的高层来说，这一逻辑非常清楚。英国在印度与世界其他地区的帝国范围内永远不可能没有印度兵。然而，由于许多身居要职的英国人将印度兵理想化，他们相信——当然他们也必须相信——专业的、英勇的英国军官与高贵的、人数众多但仍可驯服的印度兵之间能够产生一种完美而持久的化学反应。在这种化学反应中，在印度驻扎的广大普通英国士兵似乎没什么价值。1830年，将军约翰·马尔科姆爵士（Sir John Malcolm）告诉印度总督威廉·本廷克（William Bentinck）勋爵：

> 毫无疑问，将（白人军队）视为对本土军队的一种制约是一类普遍存在的误解。他们从不需要制约……制衡意味着不信任，而不信任会让情况进一步恶化。只有在完全信任他们的情况下，印度的本土军队才能更有效率，才能完全服从政府。[78]

正是在这一论调的基础上，本廷克于1835年废除了对印度兵施加鞭刑的做法，同时允许继续对驻印度的英国白人士兵使用鞭刑。他向议会解释道，印度兵的行为要比英国士兵好得多。但是，正如本廷克所指出的，他们的人数也多得多：

> 他认为，没有理由让15万人……遭受体罚，好平息另外2万可能受到体罚之人的愤怒。[79]

对于像英国这样的小国来说，现在其正以历史上前所未有的规模建设着自己的全球帝国，重要的不仅有种族，还有数量。

重新认识帝国的士兵

就英国的舆论而言，本廷克的改革在某种意义上是具有决定性的，只不过他自己并没有意识到这一点。一年之后，即 1836 年，当时的辉

格党政府同意议会就军队中的鞭刑问题展开调查。一位政治家指出，本廷克的方案最终"打乱了整个系统的平衡"。长期以来，在很多方面，英国士兵受到的待遇和非洲奴隶一样，这是一种普遍现象。但现在看来，他们的待遇也比印度兵要差。一名议员问道：

> 我们同胞的特性、习惯与性情中，究竟有哪一样让各位贵族大人认为他们不值得拥有与印度本地人相同的待遇。

而且，正如爱尔兰激进分子丹尼尔·奥康奈尔（Daniel O'Connell）所指出的那样，他的同胞在英国军团当中人数众多。如此一来，为什么依旧要鞭打"英国士兵的后背，而与此同时，甚至连黑人都无须再承受鞭刑"？ [80]

这一诉求背后的种族主义色彩是相当明显的。奥康奈尔的措辞"甚至连黑人"本身就很能说明问题。然而，这些人发现的这一悖论确实是真实存在的。在近代早期，英国官方从来都没有制度性地对平民劳工阶层施加鞭刑。从 18 世纪最后的 25 年至 19 世纪最初的 25 年里，英国的政治家与公众开始越来越反对对黑奴进行体罚。然而，就在同一时期，英国人越来越多地使用鞭刑来约束与恐吓英国自己的武装部队。人们常常忽视了这一反常现象，也许是因为士兵，特别是驻扎在帝国其他地区

的士兵，在过去就经常遭人蔑视，饱受屈辱。这些人是暴力的、没有文化的。他们遭受了鞭刑。那又怎样？然而，在英国官方的眼中，这些人究竟是什么样的？又该如何对待这些人？为了理解大英帝国这个最为暴力的阶段，我们必须搞清楚这些问题。

从 18 世纪 50 年代开始，不过，更应从 18 世纪 90 年代算起，越来越多的英国武装部队开始在海外执行任务，他们以前所未有的速度为帝国开疆拓土。如果这一时期的英国人口没有快速增长，或是当时的人们并不认为人口在快速增长，那么英国官方就不会在全球范围内以如此高的强度进行扩张。有史以来第一次，人们普遍认为，英国拥有充足的年轻男性人力资源，甚至到了过剩的地步。海外的战争与庞大的帝国可以利用这些人力资源，而无须担心这会削弱英国本身的实力。然而，在实践中，情况并不像想象的那样简单。这一时期，英国的人口比以往任何时候都更有活力，但其人口数量与武装力量的规模仍然比其他欧洲主要国家要小。因此，为了快速入侵全球范围内的诸多区域，英国不得不诉诸非同寻常的决心与暴力手段，不仅要针对欧洲与非欧洲的对手，而且要针对自身的人力。众所周知，英国引领了工业化的时代，即 1770—1840 年这段时间，其主要特点就在于英国开始更加无情也更加系统地压榨劳工。同理，这一时期，英国的海外帝国领土激增，其特点就在于对本国的海外白人士兵进行了更有计划、毫不妥协、往往相当残酷的管教。实际上，这些人是被鞭打着工作，被鞭打着赢得战争的。

他们也经常被人看不起，被人批判，被人轻贱，尽管对于英帝国而言，他们是不可或缺的。这些穿军装的俘虏的经历再次表明，帝国既可以主动培养种族观念与身份认同，也可以主动破坏种族观念与身份认同。面对非欧洲的他者，英国人的身份认同并没有被激发出来，更不用说欧洲人的团结了。事实恰恰相反，这一处境往往会让来到这里的白人之间本就存在的分歧与紧张关系变得更加尖锐。在某些方面，东印度公司与英国当局在对待印度兵（以及印度的地主、商人和王公贵族）时要比对待他们自己的白人工人阶级士兵更仁慈、更恭敬，这是因为他们不得不这样做。与此同时，和帝国的其他地区一样，在印度的经历考验着，也改变了白人士兵本身，有时甚至让他们与自己的祖国疏远起来。其中的少数人成了叛徒；一部分人选择逃之夭夭；还有更多的人认为自己是奴隶，在那些有权鞭打他们的人眼中，他们就是可以被鞭打的。一名于 19 世纪 40—50 年代驻扎在印度的英国士兵（我们并不知道他的名字）在自己的日记中用了大量篇幅来指责英国上层阶级的冷漠态度，而非贬低印度人。这个人憎恨的是"我们本国的贵族"，以及英国的中产阶级改革者，他将这些人称为"滔滔不绝的绅士"，他们似乎更关心那些不会说话的动物所遭受的虐待，而并不关心像他一样的普通士兵的待遇。[81]

帝国士兵的这种愤怒很少会让他们走上激进政治的道路。即便有这种想法的人也不一定会对他们周围的本地人产生任何同情。一个白人士兵认为，他"在印度的地位还不如一个照顾军官的狗的印度人"，这确实有可能助长了他的种族主义情绪。[82] 无论他们多么希望如此，但在海外，穿着军装的英国俘虏都无法将他们的愤怒与不满发泄到本国的贵族或舒适的中产阶级身上。相比之下，他们更容易在肉体上、语言上，或者仅仅在思想上对那些他们认为是"本地人"的人发起攻击。

然而，我们不应该落入陷阱之中，用某些单一的词语来形容这些人，或是完全相信他们的上级对这些人的描述。毫无疑问，在很多时候，英国军官公开谴责那些普通士兵的种族主义是没什么问题的。但将普通士兵贬低为粗俗的种族主义者本身，也是精英将这些人视为没有文化的野蛮人的一种表现方式。和其他方面一样，在这一点上，至关重要的是，要尽可能从他们自己的视角出发，重新构建这些帝国士兵的形象，并承认他们具有的多重特征。[83] 同样重要的一点在于，要把他们与英国国内的工人阶级结合起来考虑。对 18 世纪末 19 世纪初英帝国在海外具备的优势与劣势的任何研究都必须考虑到这样一个事实，即这些白人士兵与水手都是从英国社会的工人阶级中招募而来的，在国内，这一群体正变得更有文化，也更不遵守秩序，同时在政治上也呈现更加活跃的态势。对于这一时期的英国来说，麻烦既来自国内的工人阶级，也来自帝国各处的白人士兵，还包括那些原住民，任何一方都足够让英国统治阶级心烦意乱。

　　然而，到了 19 世纪 30 年代，有迹象表明，在国内与国外，人们都开始重新认识帝国的士兵。人们开始更加关注这些人肉体上与精神上的福利待遇，开始为士兵的孩子们提供学校，建驻军医院、军队图书馆、娱乐设施、军队小教堂和（相对）干净的住所。到 30 年代末，英国驻扎在海外的士兵的死亡率大幅下降，即使是像印度这样的热带地区也是如此；到 40 年代末，英国官方开始限制士兵在海外驻守的年限。[84] 还有一个重大变化正在发生。鞭刑仍未被彻底取消，但无论是在海外，还是在英国本土，军队中鞭刑的使用频率都已显著降低。1822 年，每 5 个驻扎在百慕大的英国士兵中就有两个被鞭打过。到 1836 年，在帝国的这一地区，遭受过鞭刑的士兵比例不到 5‰，其他的英国殖民地与海外基地也出现了类似的情况。[85] 尽管本廷克在 1835 年做出了决断，但在印度，对白人士兵的鞭打次数也在急剧减少。尽管在某些地区，这一频率仍然要比东印度公司的印度兵高。

1830 年之后，英帝国士兵状况的改善，就和他们前几十年经历的骚乱一样，在一定程度上是英国国内社会、政治、宗教与经济变化在海外的延伸。此时，人们越来越注重改善（与管理）英国本土庞大的城市工人阶级的处境，而这与改善英国海外士兵的福利待遇（并维持良好秩序）之间存在着明显的关联。例如，19 世纪 30 年代，英国政府每年都会专门拨款，为驻扎在海外的士兵提供精心挑选的书籍与报纸，东印度公司和各种慈善协会也都会做相关的工作。由于开展了这项"让他们丰富自己思想，规制放荡习性"的活动，孟加拉、孟买、马德拉斯与英帝国其他地区的基层部队获得了大量的宗教读物、地理与自然历史方面的书籍，还包括英国过去与现在的经典故事。他们还收到了像《鲁滨孙漂流记》这样的小说，以及一本名为《危险与囚禁》（*Perils and Captivity*）的书，这也是非常应景的。[86]

在其他方面，此时英国的国内状况与帝国其他地区的状况之间也有着密切的联系。在本书所涉及的时期结束之时，即 1850 年，帝国士兵的生活水平得到了明显的提升，这在很大程度上应当归功于英国经济在这一时期的腾飞，以至于英国国内工人阶级的福利得以改善。现在，就业机会增多，收入水平提高，铁路建设蓬勃发展，大规模的工厂生产也在普及，吸引劳动力参军变得更困难。因此，英国政府开始更加关心军人的待遇问题，这不仅是因为他们想这样做，更是因为他们别无选择。军队必须变得更有吸引力才能招到人，因为平民的工作机会正在增加，工人阶级从英国向外移民的速度也在增加。1845—1849 年的爱尔兰大饥荒只是进一步确证了这一趋势。再加上随后出现的爱尔兰移民潮，使爱尔兰的新兵（既包括天主教徒，也包括新教徒）数量大幅下降——并没有完全消失，而英帝国在印度与其他地方的军队此前一直非常依赖来自爱尔兰的兵员。这就是另外一个英国不得不更加关心、照顾剩下的这些士兵的原因。

所有这些都进一步证明了我在本书中所论述的内容，即英国国内的历史与其海外帝国的历史不能分开来处理。无论是好是坏，这两者都是相互关联的。一方面，英国士兵在不同地区的待遇，甚至是在本土驻扎的部队的待遇，都受到了英国国内环境的影响；另一方面，非洲与加勒比海地区的黑奴与印度兵的工作条件也影响到了英国国内有关劳动人民待遇的辩论。无论是对哪个社会阶层而言，当前这个世界都已经是一个相互关联的世界。

346

此时的英国也是一个无可争议的超级大国。1839 年，维多利亚女王统治时期的地理学家詹姆斯·怀尔德（James Wyld）发表了一张地图，在这张地图中，大英帝国统辖的疆域几乎达到了 300 万平方英里。他宣称，大英帝国统治下的地区要比西班牙帝国大 28 倍，比法兰西帝国大 40 倍。[87] 这些数据都不是无可争议的，况且，一个小小的岛国能在多大程度上维持如此庞大的海外帝国呢？然而，英国人确实深刻地认识到自己的帝国规模之巨、影响力之广，怀尔德的地图只是其中的一个例子，而这也让帝国的统治者重新认识了自己的士兵。现在，将这些人称为畜生、流氓、不道德的弃儿、地球上的败类似乎已经不太合适，即便是随便说说也不行，因为这个不断扩张的帝国必须依靠他们的力量。渐渐地，随着维多利亚王国的扩张，那些在国内的平民往往会认为这些穿军装的俘虏"是一支招摇的基督教军队"，是他们驻守在国外的勇敢小伙子。[88]

然而，当英国人开始逐渐放松，享受起这个前无古人的全球帝国之时，他们中的许多人都怀着这样一种希望：危险的、不可预测的海外冲突已经成为历史。他们终于摆脱了，或者说，似乎摆脱了长期以来本国领土狭小、人口稀少的限制。当然，到现在，他们中的许多人也开始相信，英国已经强大到不可战胜，强大到不会再有英国人轻易被当地人俘虏。在这一点上，他们既是对的，又是错的。

结　语
阿富汗与之后的遭遇

更多的俘虏，更多的故事

　　事实证明，在那一年的秋天，这个世界上最强大的国家对阿富汗采取行动还是很容易的。通常而言，对阿富汗采取行动都很容易。可以肯定的是，从 11 月一直持续到来年 4 月的寒冬能够给这片名为阿富汗的地区提供绝佳的庇护，此外，兴都库什山脉与北部、西部和南部的半荒漠地带也是阿富汗上好的屏障；但这片区域的地缘位置太重要了，以至于几个世纪以来，这里的极端气候与险峻地形都没能真正将侵略者阻挡在外。从阿育王统治时期开始，由于阿富汗在地理上临近印度次大陆，吞并该地区就一直是历代印度统治者的目标；而从亚历山大大帝时代开始，任何想要进入印度次大陆的势力都经常会将阿富汗当作跳板，并将其打造为自己的军队中转站。这里是一个贫穷、混乱、种族混杂，又相当吸引人，且已习惯了被入侵的地方，而这一切与其说是因为阿富汗自身有什么，不如说是因为这里所处的位置，以及其邻国有什么。

　　新来的入侵者就是一个典型的例子。尽管他们一再宣称，他们不是在与阿富汗的人民作战，但还是有成千上万的平民在战斗中丧生，或是死于食物短缺、庇护所缺乏。入侵者还声称，他们也不打算大规模、永久性地吞并阿富汗的领土（从很大程度上来讲，他们说的也没错）。他们真正想要打击的对象是威胁到自身利益与安全的喀布尔现任统治者。一旦发生政变，新的、更好的统治者入主喀布尔，那么这些入侵者就会高高兴兴地打道回府。最初，一切都是按照侵略者的设想发生的：喀布

64. 在阿富汗被俘的英军军官
1844 年的一幅夸张画作，仿照了另外一幅早些时候阿富汗人绘制的速写图

尔方面既轻松又迅速地完成了政权更迭，而这只会进一步坚定侵略者的信念——他们受到了广大阿富汗人民的欢迎。

1800 年之前，英国人对阿富汗和中亚其他地区知之甚少，但随着他们对印度的控制力越来越强，可以预见的是，他们也会越来越关注中亚这一地区，这一方面源于好奇心，另一方面出自焦虑感。在拿破仑战争期间，伦敦方面就曾担心法国会通过阿富汗入侵印度北部，从而威胁到英帝国中最富有、人口最多的地区的安全与稳定。滑铁卢战役后，英国人还在担心自己的欧洲对手会利用阿富汗作为跳板入侵印度，只不过现在，他们担心的对象变成了另外一个军队规模远大于自己的大国——俄国。1837 年，也就是维多利亚女王登基的那一年，波斯在俄国的鼓动之下围攻了阿富汗西部的赫拉特。这就已经足够了。次年底，印度总督奥克兰勋爵（Lord Auckland）下令组建一支 21000 人的远征军，即印度军团，开赴阿富汗。这支军队打出来的旗帜是要求流亡了 30 年的前埃米尔舒贾厄·穆尔克（Shuja ul-Mulkh）复位，并驱逐时任埃米尔多斯特·穆罕默德汗（Dost Muhammad Khan）。在英国方面看来，时任埃米尔是亲俄的，或者至少是不够亲英的。到 1839 年 8 月，政变已经完成，舒贾厄回到了喀布尔。然而在阿富汗，事情从来都不会这么简单。换句话说，入侵阿富汗是相对容易的。不过，一旦想要在那里停留一段时间并强行推行自己的变革，那将是一项极具挑战性的任务。[1]

为了协助舒贾厄巩固自己的政权，一部分远征军留在了喀布尔。占整支队伍 4/5 的印度兵被允许带上自己的妻子和孩子，但大多数白人工人阶级士兵自然没有这个待遇。现在，留在喀布尔且在印度有家室的不少英军军官，把这些白人士兵聚集起来，开始在喀布尔过上了轻松安逸

348

349

的日子。他们组织了一系列社交活动，建了一个赛马场，打起了板球，沉迷于业余戏剧，举办园艺比赛，还和当地人比赛斗鸡。他们还计划在城里建造一处营地，但最终也没能建成。资金与人力都和往常一样紧张，所以喀布尔的防御工事只能打折，粮食与弹药库都被放在了营地的墙外。为什么不这么做呢？从 1838 年战争开始到 1840 年战争结束，只有 34 名英国军官在阿富汗丧生，且其中只有 5 人是在战斗中身亡的。那些精心设计、耗资甚巨的防御工事看上去是多余的。这些英国入侵者在武器装备上的巨大优势，外加阿富汗人本身的好客之情和各部落之间的分裂态势，似乎就足以充当防御工事。然而，到 1841 年，情况开始发生变化。[2]

一直以来，阿富汗发生的事情都被视为大英帝国遭遇的一次非同寻常的羞辱，这场小规模的战争，由于所处地区和某些个人的因素，以惊人的速度与前所未有的方式彻底失控。[3]在整个 1841 年，英帝国的军队与阿富汗部落团体之间的关系迅速恶化，伏击、暗杀以及由此带来的死亡人数也在飙升。当年 11 月，也就是斋月，喀布尔爆发了一场叛乱。英军的营地被围困了 60 多天，最终因防御工事的简陋而被攻破，营地内印度兵与英国士兵的士气与纪律也随之崩溃。12 月下旬，英国人选择了投降；1842 年 1 月，大约 4500 名英国士兵和印度兵，外加 12000 名随军人员开始了长达 116 英里的跋涉，从喀布尔返回贾拉拉巴德。到 2 月，队伍中大多数的男人、女人和孩子都死了，他们或死于缺少御寒衣物，或死于饥饿与疾病，或死在这条被大雪覆盖的艰难道路之上，这条路线驱使他们沿着狭窄的山谷与沟壑前进，而那些站在高处的阿富汗部落成员能够肆无忌惮地向这些人开火。但有些人并没有死。这些人成了俘虏。

　　这些俘虏以不同的方式，在不同的阶段出现。1841 年 12 月，获胜的阿富汗军阀宣布英军"已经任他们摆布，只要他们想，就能彻底摧毁英军"，并要求英军方面将 6 名已婚军官与他们的妻子交出来做人质。这 6 名军官中的几个人威胁道，他们宁愿枪毙自己的妻子，也不会把她们交给穆斯林（因为在他们看来，这就相当于把自己的妻子送进他们的后宫），最终，阿富汗方面接受了 6 名单身军官来做人质。[4] 一部分妇女与儿童，其中既包括印度人，也包括英国人，在撤退到贾拉拉巴德的途中被人掳走，并永远消失在了阿富汗的山村之中；而一部分印度兵与英国男性则被掳到喀布尔的市场之上，被卖为奴隶。[5] 最引人注目的一点在于，当撤离的队伍中开始出现大量人员死亡时，阿富汗人提议将英军军官的妻子交给他们，也可以外加她们的丈夫与一部分伤员，而英国人同意了这一建议，因为这可能是确保他们活下去的唯一方案。后来，一名英国妇女描述了她是如何与其他人一同被带到一个堡垒之中的：

　　　　他们为我们清理出了三个房间，每个房间除了有一扇小门外，没有任何出口；当然，这些房间又黑又脏。我所在的队伍里包括特雷弗夫人和七个孩子、沃勒中尉和他的夫人与孩子、斯图尔特夫人、米恩先生和我、史密斯夫人与伯恩斯夫人、两个士兵的妻子，以及第 13 团一名士兵的孩子小斯托克，当时有一拨人要把他带到山上去，不过他被其他人救了下来，然而，当他进来时，身上黏着的很可能是他母亲的血……我们房间的面积最多只有 14 英尺乘 10 英尺。

现如今，我们已经无法得知当时总共有多少人被俘虏；但是，就英国人
而言，有32名军官、50多名士兵、21名儿童外加10余名妇女活到了最后，
于1842年9月被阿富汗人移交给了英方。[6] 在重获自由之前，其中很多
人就已经开始写作。

　　我们非常了解这些人的写作动机。他们中的一些人之所以写作，是
因为最初的时候，能不能活下去"确实是一个很大的问题"，他们想留
下一些属于自己的痕迹，当然还包括他们自己对这一事件的看法。[7] 和
先前的人们一样，这些俘虏之所以写作，还有一个重要原因在于他们有
着深刻的新教文化背景，而新教本身高度重视书面文字，此外，这些文
字还能让他们做好准备，承受这一特殊又艰巨的考验，同时赋予他们最
终能够获得拯救的信念。"上帝让我们在逆境的熔炉中试炼了许多年，
这让我们十分高兴，"其中一个人写道，

351
　　　　笼罩在我们道路上的每一片乌云中，都闪耀着他那怜悯的彩虹，

　　　　好不让我们彻底绝望，并提醒着我们，我们是被他选中的关怀对象。[8]

随着时间的推移，另一支军队开始从印度出发，前往喀布尔，这些人一
心想要营救出本国的俘虏，同时还要复仇。就在这一时期，更多的俘
虏开始动笔记录他们遭遇的苦难、这期间的心路历程以及冒险经历，因
为在当时看来，回到英国并将自己的故事交付印刷似乎又不是不可能的
了，和其他很多人一样，他们希望抓住这个机会，出版自己的作品，好
收获名与利。

　　罗伯特·塞尔（Robert Sale）将军的妻子弗洛伦蒂亚（Florentia）

65. 囚禁中的弗洛伦蒂亚·塞尔
她用头巾裹起了自己长满虱子
的头发

的确如此，她的俘虏故事《阿富汗灾难记》（*A Journal of the Disasters in Afghanistan*，1843）一度成了畅销书，其手稿与印刷本成了大臣们需要研究的材料，成了议会中被反复引用的文本，还成了维多利亚女王的枕边书。[9]可能从喀布尔的英国营地被围困之前，她就已经开始写日记。在局势恶化之后，她一有机会就写日记，并把这些材料放到一个袋子当中，藏在了腰间的衣服下面。弗洛伦蒂亚·塞尔是一个经验相当丰富的随军妻子，而且相当坚韧，至少她本人似乎一直坚信，即使落入阿富汗人之手，她的贞操和她的作品也能不受损害。她后来声称，自己写作的最初目的是为她的女婿（他在撤退中不幸去世了）提供相关的材料，以便对战争进行全方位的记录。但人们怀疑，这个令人钦佩、勇敢，但又

352

固执己见、无比自私，对家人之外的男性都没什么耐心的女人也希望人们能听到她自己的声音，希望自己站在聚光灯之下。对于维多利亚时代早期的公众来说，弗洛伦蒂亚·塞尔确实是一位女英雄，她是有史以来第一个因自己对海外军事行动的贡献而名扬全国的英国女性，是弗洛伦斯·南丁格尔（Florence Nightingale）的先辈，但对于她在阿富汗的同伴来说，弗洛伦蒂亚·塞尔和她对稿件的不懈追求给他们带来了不少的痛苦，有时甚至成了笑话。"塞尔夫人又去向劳伦斯和其他人询问更多细节了，"1842 年 6 月，威廉·安德森（William Anderson）上尉在这位夫人又一次手里拿着纸和笔走出她自己看守松懈的房间进入其他人的住处后抱怨道。"昨天我给她讲了一个相当离奇的故事。"[10]

在安德森不满的语气背后，不仅有他个人的愤懑之情与出于男子气概的不服气因素，还包括文字上的竞争关系。这些俘虏中的许多人都受过教育，而且他们在虽然不卫生但还算能够忍受的条件下被关的几个月里，除了抓虱子、忍受自己和对方的臭味，以及一部分怀了孕的妇女需要分娩外，他们没有任何事情可以做。因此，这些人普遍写起了自己的故事，这也成了一项竞争激烈的工作。至少有十几名被阿富汗人俘虏的英军军官留下了自己的故事，还有一些文本没能保留下来。[11] 和其他东印度公司的雇员一样，安德森本人的经历也说明了一部分英国战士是如何本能地开始写作的。他带了一个笔记本到阿富汗，而且经常在笔记本里记下对他而言很有用的一些信息：治疗霍乱与蝎子蜇伤的药方，为疲惫的马匹准备的擦剂配方，羊油布丁与其他令人怀念的美食食谱。在被俘之后，安德森只是把这本自制的自助手册从后往前翻，在新的封面上写上了"私人所有"的字样，就开始记录他的故事，他一边在右侧的书

66. 威廉·安德森在自己的俘虏故事中绘制的监狱草图

页上记录下图文并茂的日记，一边在左面的书页上记下很多不带个人色彩的观察。

一些女俘虏（不仅包括塞尔夫人）也开始利用钢笔、铅笔与纸张记录自己的遭遇，对她们来说，这一刻，她们正处于帝国与军事行动的中心："能够依靠自己的力量判断事态的实际情况。"一位未具名的女性记录了与她关押在一起之人的情况："我们这些人似乎陷入了一种狂热之中。每个人似乎都在写着'关于喀布尔起义唯一真实且详细的描述'。"她还注意到，和之前很多俘虏故事的作者一样，其中一部分俘虏也编造了不同的谎言："一些人写起了前些天的'日记'，还有意模仿着当时的语气与特征。那些记忆力好的人，或是擅长编故事的人，最有可能获得成功。"[12] 在这场阿富汗事变中诞生的文本数量庞大、种类丰富，那些穿军装的、不穿军装的，男性、女性，都参与到了俘虏故事的写作中。在某种程度上，这一事实证明，这一时期的英国人仍然相当熟悉海外俘虏会遭遇的危机，而且，这些俘虏会自然而然地将自己的经历转化成不同种类的文学作品。之前的人们就是这么干的。尽管经历着愤怒、羞辱、无聊与恐惧，但他们仍然知道该怎么做。

哪些没变，哪些变了

的确，从英帝国的视角来看，在阿富汗发生的这一切根本就不是什么反常现象。就像本书中介绍过的每一次俘虏危机一样，这次危机的爆发也存在一些特殊的原因。例如，英军指挥官人选的失误。被任命的埃尔芬斯通（Elphinstone）将军是一位年事已高、庸碌无能又病痛缠身的将领，根本无力应对暴乱之后的状况。然而，尽管这一任命在当时就招致严厉的批评，而且在此后有关这一事件的小说与历史著作中被反复嘲讽，但倘若我们只关注这些特殊的、偶然的问题，那么就会忽略那些更为重要、时间跨度也更久的问题。

　　在这场阿富汗战争期间，我们能够明显地看到英国权力受到的某些限制，自 17 世纪初开始，这些限制就一直存在。即使是到了当前这一时期，即 19 世纪 40 年代，英国人也会发现，自己在人口规模与人力供应方面仍然面临着不小的压力，而这一压力也会传导到军事领域。由于阿富汗是一个内陆国家，皇家海军的舰炮在这里几乎没有任何意义，因此，责任就落在了陆军身上，而这恰恰是英国的致命弱点。"据说俄国人有几十万的军队，还有数不清的财富，"一名为英国人作战的印度兵西塔·拉姆（Sita Ram）在这次危机初期记录下了自己听到的流言。他写道，因此，他的一些战友和一部分英国人都认为东印度公司的统治行将崩溃："人们预料到政府（Sirkar）的统治即将走到终点。因为他们在印度只有 12 个或 13 个团的欧洲兵，这点人怎么能抵御住敌人？"[13]

355

　　这实际上低估了这一阶段驻扎在印度的白人士兵数量。但可以肯定的是，这支远征阿富汗的印度军队中，大部分士兵都不是英国人，而是支持舒贾厄的阿富汗人，以及数量最多的来自东印度公司军队的印度骑兵与步兵。当危机来临之际，这些所谓忠诚的阿富汗人中有很多人表现得一点也不可靠，而一部分印度军人也很快就被极寒的气温打败，因为他们自己所生活的地方完全没有这种天气。而假如英国人真的如同某些抱有刻板印象的人认为的那样，拥有压倒性的技术优势，那么上述问题可能都不算是什么大问题，但事实上，他们没有。这场阿富汗战争再次证明了本书中的论点：在 1850 年之前，就陆地战争而言，高度组织化的西方国家与其他国家之间的技术差距并没有那么大，而且，即使存在一定的差距，也不足以决定一场战争的胜负。1841 年，在喀布尔的英国人拥有十分优越的火炮，但阿富汗人却拥有更为精良的步枪，两相抵消，而且后者的射击精度往往更高。[14]

在喀布尔驻地被围和之后的撤退过程中，英国人的士气与凝聚力逐渐走向崩溃，而这种情况在 17 世纪 70—80 年代的丹吉尔也出现过。和丹吉尔一样，在喀布尔，有时士兵的军饷会被严重拖欠，英格兰人与爱尔兰人的部队之间也出现了紧张关系，一部分士兵还试图当逃兵，或者干脆拒绝完成他们的任务。那些被拖欠军饷的部队主要不是印度兵，而是可怜的英格兰人和爱尔兰人，这一点应该不会令本书的读者感到惊讶。一家英国杂志对喀布尔的惨败大加挞伐："只有印度兵表现得最为出色，坚持到了最后……我们有大量的证据表明，欧洲士兵缺乏纪律，也没有一点勇武的精神，这一点实在是令人感到遗憾。"一名苏格兰记者同意这一说法："为我们服务的本地部队往往比欧洲人表现得更加英勇，也更加忠诚。"[15] 事实上，阿富汗战争为许多英国的政治与军事精英提供了相当充分的论据，即"勇敢的印度兵……和我们自己优秀的义勇骑兵拥有相当的地位"，而大量的英格兰与爱尔兰普通士兵则明显是劣质品，绝非帝国不可抛弃的资产。[16]

这表明，即使到了这一时期，那些参与帝国建设的英国人也远非铁板一块。英国的"小"并非没有补偿，一方面，英国建立起了一个相当强大的国家机器；另一方面，英国人也拥有了早熟的、越来越自信的民族主义观念。但这并不意味着英国人完全消除了内部分歧，恰恰相反，这些分歧在海外得到了充分的体现。即使到了这一时期，也就是维多利亚时代的开端，他们之间的各种分歧——阶级的分歧、宗教的分歧、语言与民族背景的分歧，以及性别的分歧，有时要比英国人与某些非欧洲人之间的差异更刺眼，也更让人厌恶。

　　和 17 世纪 80 年代的丹吉尔或 18 世纪 80 年代的迈索尔一样，在阿富汗，战败与被俘可能导致英国人队伍中的这些分歧进一步加剧，以致凝聚力彻底丧失。1842 年 1 月，当阿富汗领导人提出建议，可以接收撤退队伍中的英军军官妻子时，她们的丈夫似乎十分乐意和她们一同前往。这样一来，他们就将自己手下的低级军官抛弃掉了，这些英国人与印度人都只能直面他们的命运。一名幸存下来的军士长回忆道：

　　　　前面的人说："军官们似乎很会照顾自己。如果他们愿意，就让他们继续前进吧，我们会停下来，直到我们后面的战友跟上来。"[17]

就这样，这些低级军官等在原地，最后他们中的大多数人都死了。俘虏和由此产生的著作同样有力地暴露了英帝国内部穷人与特权阶级之间的鸿沟。当时的大多数手稿和印刷品中都将被俘军官的妻子称为"女士"，而将其他被俘的英国女性称为"妇女"，或仅以其姓氏代称。一些普通士兵的女眷则被这些俘虏故事完全省略掉了。我们至少知道两位士兵妻子的名字，一位是伯克夫人，一位是坎宁安夫人，她们在从喀布尔撤退的路上被阿富汗部落的人掳走了，且一直未被送还。这些妇女在阿富汗度过了她们的余生，改信了伊斯兰教，也有了新的阿富汗人丈夫。在阿富汗的民间传说中，这些人的故事经久不衰，并被视为伊斯兰教——以及阿富汗男子气概——战胜异教徒侵略者的最好证明。但无论是当时还是此后，几乎所有的英国著作都忽略了这两位女性的存在，以及其他与她们有同样命运的女性。[18]

然而，大多数同时代的故事都承认，与其他俘虏危机一样，在阿富汗的囚禁经历有时威胁到了英国人自己的身份认同。一如既往，最容易受到影响的是那些年纪非常小的俘虏。1841 年，安德森上尉和他的妻子与他们 11 岁的女儿"托特西"（Tootsey）走散了，而他们的女儿则在喀布尔的一个阿富汗家庭中生活了几个月的时间。当她重新回到父母身边之时，竟当面管自己的父母叫异教徒，还"完全忘记了英语……只会用波斯语与人交流"。[19] 一些被俘的成年人也发生了变化。人们常常声称不列颠人，尤其是英格兰人，在到达帝国的其他地区之后，往往会顽强且浮夸地坚持自己的习俗：他们顽固地"在丛林中吃着烤牛肉"，戴着黑领带或者珍珠项链。然而，这实际上是日后才出现的、非常有选择性的一套帝国神话。正如本书中的无数情节所表明的那样，在 17 世纪、18 世纪以及 19 世纪初，一部分英国人实际上与当地的非欧洲民族相互调和，有时甚至会达到完全融合的地步。在某种程度上，19 世纪 40 年代的阿富汗也发生了类似的事情。

在这方面，有两组差异巨大的俘虏画像值得研究。其中一幅是艾米莉·伊登（Emily Eden）的作品，她是印度总督奥克兰勋爵的姐妹，也是个非常聪明的人。1841 年 6 月，她为被驱逐的阿富汗埃米尔多斯特·穆罕默德汗及其三名男性家庭成员画了幅肖像画，他们当时被英国人软禁在伯勒格布尔的一处高档住所之中。这些人目光深邃、威严而又肃穆，戴着精致的白色头巾，穿着华丽的长袍，留着胡须；其中三人目光

67. 艾米莉·伊登绘制的 4 名阿富汗俘虏的水彩画

尖锐地注视着未露面的女性画家，而这位画家正热切地但（站在他们的文化角度来看）又如此不恰当地描绘着他们的形象。这些特殊的阿富汗人俘虏（他们很快就会凯旋）显然无意适应当下的环境，甚至不承认他们目前的处境，也并不愿意以俘虏的身份行事。我们可以将这幅肖像画与文森特·艾尔（Vincent Eyre）中尉在喀布尔绘制的一系列英军俘虏的肖像进行比较，他之所以要绘制这些肖像，是因为有朝一日可以为自己可能出版的俘虏故事提供插图。在他的画中，一名满脸胡须的英国军官盘腿靠在一个木箱上，他的头发束在头巾里，一只脚从袍子中伸了出来；另一名军官则光着脚站着，长长的袍子搭在肩上，头发用条纹布扎了起来，手里拿着一个精致的水烟壶，正抽着烟。如果不知道实情的话，人们几乎不会认为这些人是英国人，是基督徒，是帝国的代表。

　　这两组画像之间的差异，在很大程度上是环境因素造成的。多斯特·穆罕默德汗和他的家人是被俘的精英，从表面上看是总督的客人，生活在伯勒格布尔，所以要遵守先前的惯例。仆人们会为他们梳理胡须，并为其上油；他们身上的传统服装也要保持干净整洁。而另一边，身处阿富汗的英国俘虏则是一群衣衫褴褛的人，他们要应对更为恶劣的生存条件。他们的皮肤因暴露在阳光之下而被晒成了褐色，他们没有剃刀或者其他任何工具能用来修剪自己的胡须，他们原来的衣服要么已经烂掉，要么在撤退途中已经丢掉。然而，通过对比这两组画像，我们能看到的不仅有这些。在艾尔作品中的一部分英国人身上，我们可以看到，他们正积极地接受新的服装、新的身体姿态。尽管艾尔本人很可能在出版之前进一步将原有的画风变得更浮夸了一些，但我们并不能将这一点解释为自信满满的帝国主义者在不同的文化中闲庭信步，像对待新鲜玩具一

68. 文森特·艾尔画中的
贝格雷夫上尉

69. 文森特·艾尔画中的
缪尔中尉

70. 俘虏兼画家——回到英国的
文森特·艾尔中尉

样对待这一切。我们要知道，在艾尔最初绘制这些肖像之时，他和画中的那些人都不知道自己能不能活下来，更不用说能不能回家了；不过他们确实知道，他们已经失去了一些东西。至少在某种程度上，从这些画中我们可以看出，这些人被迫发生了蜕变，不得不适应新的环境，甚至是主动为之。这种坦率的表露使 1843 年艾尔在伦敦出版他的作品之时，遭到了一部分英国高级军官的严厉谴责，当然，这也许只是其中的一个原因。[20]

360

　　本书试图证明，当被迫生活在陌生环境中时，俘虏们往往会采取诸多灵活的手段来维生。一次又一次，在地中海、北美或是印度被俘的英国人改变了他们的行为方式、语言、外表装扮，甚至是政治归属与宗教信仰。这往往是在压力下发生的，而且很多时候都只是暂时现象；但在某些情况下，这种改变是永久性的，而且是当事人自愿做出的。当然，在面对其他文化时，并不只有被俘虏的英国人会表现出这样的适应性。有关生活在海外的英国人会坚持他们的独特习俗（例如在正午时分出门）的陈词滥调，都需要查阅各个方面的证据，仔细核验，才能明辨真伪。通常而言，当地的英国人数量不会很多，如果不是他们中的一部分人能够很好地适应其他文化的生活，那么他们几乎不可能，也不会想去建立一个如此规模的帝国，同样也不会像今天这样一直热衷于移民海外。

对于那些被关押在阿富汗的英国人而言，进行一定程度的调整，模仿当地人生活，其实并不算很难，因为俘虏他们的人是穆斯林。在这方面，1841—1842 年发生的事情也与之前英国人面临的其他俘虏危机没什么区别。和在摩洛哥与迈索尔的经历一样，英国的海外帝国再一次被一个伊斯兰国家冲击，而且英国人再一次遭遇了失败。尽管如此，和世界上的其他地区一样，阿富汗的穆斯林与英帝国主义者之间也不存在一条明确的、不可逾越的界限。当 1838 年英国人入侵阿富汗之时，他们是与一个流亡的穆斯林统治者结盟的，同时也得到了其他伊斯兰势力的军事支持。而且，和往常一样，英国人自己在接触伊斯兰文化之时也不会丝毫不受影响。

这次危机之中的英国人经常将与他们作战、战胜他们、俘虏他们的阿富汗人描述为"野蛮人"、"充满野性的残暴之人"。他们"残忍、落后、奸诈"，而且极易受到"白胡子毛拉"的影响。[21] 然而，有时，在同一封信件、同一篇报告或是同一个故事当中，英国人又会将阿富汗的

361

穆斯林描述成自由的"英勇"卫士，充满"活力"，"坦率、开放、有男子气概……勇敢又勤奋"，这些形容词正是维多利亚时代早期英国人喜欢用在自己身上的词语。²² 当然，阿富汗是一个气候寒冷、多山的地区，全民皆兵对他们而言很有帮助。不过更需要强调的是，正是这些优秀的品质使他们成功抵抗了英国人的入侵。此次危机也再次说明，对于英国人而言，伊斯兰社会很少是完全落后的、野蛮的、充满恶意的。尽管伊斯兰世界通常都是敌人，而且也通常都遭受了殖民，但英国人不能简简单单地鄙视这些人，或是直截了当地将他们他者化。这就是这些强硬的、愤怒的英国军官俘虏愿意穿着阿富汗的服装、摆出阿富汗人的姿势的一个原因。

1841—1842 年发生在阿富汗的事件既构成了本书所关注主题的一个高潮部分，同时也是对本书的适当总结。最明显的一点在于，这一事件再次强调了俘虏对于这一时期英国的帝国冲突经验与本土的英国人如何理解帝国而言是多么重要。对这场战争持批判态度的人士指出，在 1841 年 11 月的喀布尔起义之前，英国议会与媒体很少关注本国军队及其阿富汗人与印度人的辅助部队在阿富汗当地的所作所为，实际上，绝大多数英国人都很难在地图上找到这个地方。"英国内阁写下的几个字就如同突然拔掉了机器上的一个小螺栓，进而将一个巨大引擎所蕴含的能量瞬间释放了出来！"辉格党的殖民事务官员、改革家亨利·卢辛顿（Henry Lushington）写道，

　　东方战争的巨大机器已经运转起来；军队在行进，大炮在轰鸣，土地被浪费，城市被攻陷，亚洲一个又一个王冠落地，一半的

结　语　阿富汗与之后的遭遇　491

人类都被惊动了。而对于发生的这一切，整个国家都漠不关心。[23]

然而，一旦出了问题，有英国人被当地人俘虏，那么英国的国民就开始 363
非常关心这个地方。与以往一样，被俘虏的英国人将帝国的遭遇私人化
了，而这让广大的英国同胞更容易理解，也更感兴趣。1843 年，一本英
国杂志评价道，俘虏的命运"比战争中的其他所有事件都更能引起国内
民众的兴趣"。同年，《伦敦新闻画报》（*Illustrated London News*）在一
篇关于喀布尔俘虏的文章中宣称："世界历史中几乎没有什么比这更令
人感到震惊的场景了。"公众的呼声如此之高，以至于政治家们除了即
刻采取行动外没有其他选择。正如 M. E. 亚普（M. E. Yapp）所言，在
喀布尔的灾难发生之后，几乎所有的英国官方活动与军事行动都旨在
恢复帝国的威望，同时将俘虏营救出来，而这两个政策目标实际上是
一致的。[24]

　　如果说这一切似乎让人联想到了另外一场有关俘虏的国际危机的
话，那么从各方面来说都确实如此。与 1842 年英国国内就阿富汗俘虏
事件掀起的舆论狂潮最接近的，应当是 1979—1981 年美国国内就伊朗
人质危机的讨论。这两场危机都是因当时西方世界的霸主支持了一个非
常不受欢迎的统治者而起，对英国而言，这个人是舒贾厄，对美国而
言，则是被推翻的伊朗国王。以通常的标准来看，在这两场危机之中，
直接被俘的人数都不算多。然而，无论是对 1842 年时的英国人而言，
还是对大约 140 年后的美国人而言，被俘人数多少完全不是一个重要的
问题。组织解救伊朗美国人质的美国时任副国务卿沃伦·克里斯托弗
（Warren Christopher）指出：

在历史的长河中，伊朗人质危机可能只占了其中的一页。然而，这场危机却吸引了美国政府超过 14 个月的精力，并让美国人对这一事件产生了前所未有的关注。[25]

正如本书第二部分证明的那样，长期以来，英国（与现在的美国）都拥有一种颇具影响力的俘虏文化。这种文化在大西洋两岸的表现方式不太一样，但都源于两者共同的新教传统。可以说，这种跨大西洋的俘虏文化也都指向了某种共同的孤立主义倾向与岛国性。就像现在的美国一样，英国在成为世界性帝国之后，既是一个拥有巨大全球性利益与影响力的大国，同时又是一个经常迷恋本土的国家。在大部分时间里，英国公民对于本国边界以外的事件都漠不关心。对英帝国而言，几个世纪以来，海外的俘虏危机与不同类型的叙事都非常重要（对之后的美国而言，它们也相当重要），原因在于，这些事件一边连接着全球，另一边则连接着英国自身。通常情况下，他们也许能无视外部的世界，但当英国人（或美国人）在那里陷入困境、遭受痛苦时，无视就是不可能的了。

然而，1842 年英国人对阿富汗英国俘虏的态度与 1979—1981 年美国人对伊朗美国人质的态度之间最重要的相似之处，不只有以上这些。

对英国人来说，17—18 世纪，甚至 19 世纪初在海外发生的俘虏危机，往往能唤起他们更深层次的焦虑。他们中的很多人都认为，赢得并维持一个庞大的领土型帝国太危险了，这很可能会超出他们的能力范围。俘虏故事之所以会诞生，不是因为这些故事可以将人们的注意力从英国人自身发动的侵略之上转移了出来（尽管其确实起到了这一作用）。这些被草草写下的故事背后，是英国人感受到的恐惧、风险和自身面临的重重限制。但阿富汗的俘虏危机明显不同。可以肯定的是，1841—1842 年的危机反映出来的很多弱点与分歧和早期英帝国经历的失败之间有一定的关联，但就国内舆论层面而言，两者之间也存在一个关键的、可感知的变化。1842 年的英国人表现出的最主要情绪和 1979 年美国人表现出的一样，不是愤怒，甚至不是羞辱感，而是震撼与惊奇。到 19 世纪 40 年代，大多数英国人都不认为自己会遭遇失败，也不再认为自己在全球舞台之上会受到什么制约。阿富汗俘虏事件中涉及的被俘人数与规模和先前的危机没有任何不同，但之所以能在英国国内引起如此大范围的骚动，恰恰证明维多利亚时代的英国人已经将本国独有的"成功特性"视为理所当然。[26] 就像伊朗人质危机之时的美国人一样，他们自视为这个世界上最强大的国家，因此，当一个相对较弱的对手给他们造成了损害，并将他们的同胞囚禁起来之后，这些人大吃一惊，他们也因此受到了创伤，还陷入了困境之中。

　　在这一层面上，阿富汗的俘虏危机既是对本书所涉及的许多主题的总结，也标志着大英帝国及其对自身的认识进入了一个新的阶段。在危机发生后，一部分作家与政治家确实回顾了先前帝国经历的创伤。他们将英国在阿富汗遭遇的失败与在美国独立战争期间遭遇的失败相提并论；有些人还提到了蒂普苏丹的老虎军团和迈索尔的俘虏。然而，令人震惊的是，在这种情况下，一大批更为沉着冷静的人站了出来，发表了自己的观点，并成功掌握了舆论的风向。阿诺德（Arnold）博士在思考喀布尔的教训时写道，古代史中到处都是个别罗马执政官与他们率领的军团在某一场战役中被消灭的例子，"然而到了第二年，就会有另外一名执政官率领他的军团出征，和以前一样"。阿诺德所用的罗马人的

365

比喻很有说服力，他的乐观主义也完全是有道理的。杰克·加拉格尔（Jack Gallagher）与罗纳德·鲁宾逊（Ronald Robinson）列出的著名清单恰好说明了这一切：

> 1841—1851年，大英帝国占领或吞并了新西兰、黄金海岸、纳闽、纳塔尔、旁遮普、信德。在接下来的20年里，英国还控制了贝拉尔、奥德、下缅甸、拉各斯和塞拉利昂附近地区、巴苏陀兰、格里夸兰与德兰士瓦；还在昆士兰与不列颠哥伦比亚建立了新的殖民地。[27]

在一场惊天的帝国耻辱与军事灾难之后，维多利亚时代英国的军队、商队、传教士与企业家并不是简单地重返世界。相反，他们走得更快，走得更远。

在这场重大的失败之后，英国方面并没有什么深刻的反思，而且，1841年之后，英国在全球范围内的扩张与侵略甚至都没有一刻停息，这让我们深刻地意识到，一个与先前不同的帝国时代已经到来。1600年，当我们的故事刚刚开始之时，对英国人来说，帝国属于那些伟大的伊斯兰国家与欧洲天主教国家，而非他们的长项。在很长一段时间里，英国人在欧洲之外的探索虽有成功，但也遭遇了重大的挫折，而且最终往往大败而归。乔伊斯·洛里默（Joyce Lorimer）指出，在17世纪早期的几十年里，英国人在殖民圭亚那上投入的心思、资金与精力远远超过了他们在北美大西洋沿岸殖民地的投入。但是，他们在圭亚那的投入都打了水漂，面对荷兰人的竞争，他们被迫撤退。[28]而且，正如我们所见，丹吉尔也是英国下了大力气建设的殖民地。然而最终，他们也不得不放弃这里。此后的英国人在近两个世纪的时间里都没有再认真考虑过在北非建立一块永久飞地。相反，在大部分时间里，他们都容忍了柏柏里私掠者的存在，毫不犹豫地向他们支付了赎金和保护费，以换取其对英国在直布罗陀与梅诺卡的支持。即便如此，欧洲的竞争对手仍然两次动用武力将英国人从他们的欧洲基地中驱逐了出去。[29]

虽然在 1689 年之后的一个世纪里，英国在欧洲内外的实力都飞速提升，但英国的政治家和公众在很长一段时间里都仍然心存疑虑，甚至对此感到难以置信。在他们看来，这些新获得的全球影响力、财富与宏图伟业仍有可能像皇帝的新衣一样迅速而又尴尬地消失掉。因此，在英国输掉美国独立战争之后，未来的首相谢尔本（Shelburne）伯爵立刻便担心这是帝国衰败的起点。他阴沉地预言道："我们损失了渔业，损失了 2 万名水手，紧接着，我们就会丢掉西印度群岛，而后，随着时间的推移，我们还会丢掉爱尔兰，这样一来，除了这座岛屿外，我们连一寸土地都没有了。"[30] 同样，海达尔·阿里与蒂普苏丹给东印度公司带来的失败吓得伦敦方面在 1784 年正式宣布，不再考虑在印度进一步发展，一部分人还预言道，亚洲离英国太远了，以至于英国人很难真正控制住那里。我们很容易就会忘记，对于那些并不知道历史将如何发展的人们而言，这种不安全感是多么深刻地烙印在他们脑海之中的。即使到了 19 世纪初，仍有一些有经验、有理智的士兵、学者和政治家认为，英国本土很快就会被征服，并成为拿破仑治下的欧洲帝国的一部分，而绝不会料到英国自己在欧洲之外的帝国还能维系很长一段时间。[31]

然而，到了 19 世纪 40 年代，无论是对英国人而言，还是对其他人

366

而言，世界都已经变得大不相同。的确，阿富汗危机甚至引起了英国最高层的震动。1841 年，艾米莉·伊登写道，她的兄弟，印度总督"乔治每天都在想，我们如何才能让这个国家再维系一周的时间"。[32] 值得注意的是，即使在他们的权力顶峰时期，英国人也没有打算彻底控制印度，这种观点是非常值得注意的。尽管对帝国的不确定性与不安全感仍然存在，而且有充分的理由，但是这些观点已经不再是主流了，人们也不再这样担心。更具代表性的声音不再属于奥克兰勋爵，没过多久，他就相当羞耻地被从总督的位置上解职了。更具代表性的声音属于一位无名诗人，他相当兴奋地庆祝英国人用武力去解救在阿富汗的俘虏：

> 胜利！我们在阿富汗胜利了！
>
> 胜利！我们的伟大任务完成了！
>
> 俘虏们！
>
> 你们的束缚解脱了；
>
> 英国人不会再被俘虏！ [33]

19 世纪的结论

不过，这在多大程度上算是符合事实的？英国人如何，以及多大程度上能够克服自身固有的限制？

到 1850 年时，英国的自我中心主义与帝国扩张已经有了坚实的国内民意基础。长期以来，英国都拥有强大的国家机器，也拥有极强的财政创新能力。英国有一支无与伦比的海军与商船船队，还有遍布世界的船坞与基地做支持。伦敦金融城的金融影响力遍及全球，英国老一辈的土地贵族与新生的财阀都参与其中。而且，英国在早些时候宣布退出奴隶贸易，并于 1838 年正式赋予其殖民地的奴隶以自由，英国的海军与外交官也在积极动用手段，要求其他大国采取相同的行动。对很多人来说，这一系列举措有效地缓解了英国早期高强度的奴隶贸易给自己带来的愧疚，同时还成了毋庸置疑的证据，证明帝国、现代意义上的自由与仁慈是完全可以共存的。除了以上这些，英国人还普遍相信，英国是一个被选中的国家，在道德上是严肃认真的，并且正积极地改造世界，大英帝国就是上帝为了完成伟大的事业而留存在世上的代表。阿富汗的英国俘虏故事中一个引人注目的地方就在于，这些作者和很多早期被俘的英国军官不同，他们经常会仔细记录当地人周日的礼拜仪式与私人祈祷时的情况。[34]

此外，英国狭小的地理面积在另外一个新的、更重要的方面为英国人提供了补偿。在很大程度上，正是因为在英国这个疆域狭小的地区聚集了如此丰富的煤铁矿藏与水力资源，世界上第一次成熟的、以矿物为基础的工业革命才得以发生，尽管这一点带来的全部影响力是过了很长一段时间才真正显现出来的。即使到了 1800 年，英国在世界制造业产出中所占的份额仍然低于中国与印度次大陆；即使到了那时，根据一些经济指标来看，整个世界仍然是"一个没有主导中心的多极世界"。[35]但当时间到了 1850 年，事情就不是这样的了。当时，英国的工业创新与生产力都达到了前所未有的高度，再加上英国早熟的金融业与积累起来的商业财富，使经营、开发与扩张一个庞大的海外帝国变得更加容易——尽管在任何时候，这件事都并不容易。

工业发展与技术进步给英国带来了更强大、更高效，而且能大规模生产的武器装备。麦考利勋爵吹嘘道，维多利亚女王拥有的蒸汽铁甲舰可以在"一刻钟的时间里"一同摧毁"推罗、雅典、迦太基、威尼斯与热那亚"等古代海上霸主的海军。工业发展与技术进步意味着英国能够建立起更快、更便宜、更可靠的通信网络，无论是在特定的帝国区域之内，还是在帝国各处与英国之间，都是如此。火车和电报的出现使英帝国有能力对那些原先因距离太远而无法有效控制的地区施加影响力。移民、士兵、水手、行政人员、出口商品和思想能更多、更快地抵达帝国的各个角落；而信息、进口货物与利润则以前所未有的方式流回到英国本土。1842 年，约翰·霍布豪斯爵士（Sir John Hobhouse）对下议院说："我们已经建成了世界上最强大的蒸汽舰队"，

> 这些船只在印度与英国之间建立起了规律且快速的交通网络。有了这些船只，英国的商业就能进入印度河流域，而且，在蒸汽船的帮助下，历史上第一次，英国的国旗飘扬在了底格里斯河和幼发拉底河之上。[36]

这段话表明，工业与技术进步也滋长了傲慢，让英国人自视为现代性的急先锋，因此，英国不可避免地要对海外发动侵略。19 世纪 30 年代，一位苏格兰特使在记录自己与阿富汗领导人的会谈时写道："我给他们讲了蒸汽机、军队、船只、药品和其他所有的欧洲奇迹。"[37] 不过这一切并没有威慑住阿富汗人，最终这位特使还是被剁成了肉酱，但可以肯

定的是，他所说的这一切都没什么问题。

　　更高效的通信网络也使英国政府更容易在国内塑造并规范有关帝国的论述。英格兰人、威尔士人、苏格兰人和爱尔兰人对英帝国海外事业的态度从来都不是一致的。一直以来，各方之间都存在分歧、怀疑和尖锐的冲突，此外，大多数人对此的态度往往是冷漠与无知。例如，1838年对阿富汗的入侵受到了伦敦《泰晤士报》、《旁观者》(*Spectator*)和一些面向低端市场的报纸的谴责，同时也受到了印度境内大多数英语报纸的谴责。[38] 英国发达的印刷文化使英国政府几乎不可能阻止不同声音的出现，也无法保证很多令人尴尬的丑闻不被披露。然而，由于铁路、公路的发展，信息能够从帝国各地更为迅速地传回伦敦，而便宜的新闻报纸、不断增长的识字率，再加上英国国内新闻的快速流通，使政治家与帝国官员拥有了前所未有的引导和塑造舆论的手段与机会。

　　18世纪70—80年代，美国的革命者就会想方设法在英国的官方版本发布之前，在伦敦印刷并传播他们的故事版本。当时的英国缺乏必要的控制与审查手段，但到了1857年印度大起义期间，帝国当局就开始对信息进行精心的组织与编排：

　　　　每隔一周或两周，孟加拉、西北各省与其他地区的政府都会对最新发生的事件给出一个官方的版本……这些文本被递交给总督，而后由总督将这些副本寄到伦敦。此外，军事部门每两周就要编写一份军事情报摘要，再由邮船发送至各地。[39]

　　现在，这类高度细节化又相当权威的官方报道能够迅速抵达伦敦，而且

369

在经过适当的修改之后，可以经由新的国家级报社以极快的速度传播出去，因此，英国的普通人更难不受这些官方报道的影响。而相较于以往，那些特立独行的私人故事更难找到读者，甚至找不到愿意出版的出版商。

在阿富汗危机期间，英国政府对有关帝国的著作进行了更为密切的监管，出版的著作也相当同质化。阿富汗危机当中最成功、流传最广的俘虏叙事是由一位女性写成的，而这一事实并不能反驳上述观点，恰恰相反，它还能证明这一观点。弗洛伦蒂亚·塞尔的故事既足够吸引读者，也足够独立，但从本质上来看，却是一个循规蹈矩、完全符合帝国自我想象的文本："与我们祖国的荣誉相比，我们的性命算得了什么？"这正是人们对一个陆军将军的妻子、维多利亚女王面前的红人、首相的信使的期望。作者是女性这一事实可能也让她的俘虏故事更容易被传统的爱国者与帝国主义者所接受。书中所展露出的任何弱点与恐惧都可以归结为她是个女人，而一个弱女子口中讲述出的有关自我牺牲与勇气的段落也更令人印象深刻。在另一层面，有关阿富汗危机的作品显示出更强的同质化。在此次危机之中，似乎没有任何军官阶层以外的人发表过俘虏故事。当前这个时代，像萨拉·沙德、威廉·惠特威、约瑟夫·皮茨、托马斯·佩洛、乔治·托马斯这些人，已经很难再发表属于他们自己的俘虏故事。一些心怀不满的穿着军装的俘虏与其他地区被俘虏的普通白人还能把自己的故事写出来，但在1850年后，他们的故事已经不太可能出版。[40]

不过，工业化对于维多利亚帝国的自信心与侵略性的最关键贡献不是成排的工厂，不是蒸汽船，不是机械化运作的新闻业，也不是加特林，而是缓解了英国人对人口数量的焦虑。一方面，新的就业机会与更高的农业生产力使英国的人口在 19 世纪几乎翻了两番，但马尔萨斯预言的生存危机并没有因此而爆发（不过爱尔兰的工业与人口经历与此有很大的不同）。[41] 另一方面，这种前所未有的人口增长使维多利亚时代的英国人能够更加心平气和地看待士兵、水手、公务人员和移民从英国本土不断外迁的情况。他们不再像前几代人那样，担心人口的大量流出会让本土的人口变得过少。相反，帕特里克·科洪提出的论点成了这一时期广为接受的观点：英国人口越来越多，这使在海外建立帝国的事业变得既合乎逻辑，又不可或缺。到 19 世纪末，甚至就连美国主要的反帝国主义人士卡尔·舒尔茨（Carl Schurz）也开始用这套逻辑进行思考。他写道："没有什么比这更自然的了，""随着人口不断挤压他们那狭窄的边界，英国人不得不涌向世界各地。"[42] 1800 年之前，这种因果关系绝不是如此"自然"的。

事实上，在很多重要方面，英帝国——尽管在 1850 年时，这个帝国已经拥有了新的物质财富、技术与人力资源，同时帝国的统治阶层也相当聪明——实际上仍然非常怪异，甚至完全就是一个异类。首先，对很多被这个帝国统治的人来说，英帝国总显得非常怪异，尽管确实有很多人支持这个帝国，或者只是单纯地想要谋生，而并不关心究竟是谁在统治自己。当然，英帝国在本质上也是怪异的，原因大家也都很清楚：这个帝国的本土实在是太小了。当重新回顾了历次俘虏危机中的声音之后，我们就能更加清楚地认识到，随着时间的推移，不同时代的英国人是如何应对英国的"小"所带来的挑战的。各式各样的权宜之计、巨大的变化速度以及不断增长的可怕实力，最终也只是将英帝国的内部限制掩藏起来了而已。在这一层面上，维多利亚女王正是大英帝国最好的象征。她的雕像（总是比真人大得多，且立在高高的基座之上）矗立在世界各地的市政广场上，她的名字甚至直到今日也仍然与大片的土地联系在一起。然而，在其背后，她实际上是一个身高不足 5 英尺的矮胖女人。维多利亚大帝（Victoria the Great）也是小维多利亚（Victoria the small）。

371　　　即使在最强硬的帝国宣传之中，人们也意识到了英国狭小的本土与宏伟的帝国之间存在的差距。前皇家地理学家 G. H. 约翰斯顿（G. H. Johnston）在一张为纪念 1902 年在伦敦举行的第三次大英帝国会议而出版的世界地图上慷慨地用红色标注出了"大英帝国"：

是法国面积的 55 倍，德国面积的 54 倍，美利坚合众国面积的 3.5 倍，人口是俄国的 4 倍。

这些相当刻意的数字，就和其中列出的比较对象一样——所有这些国家的本土面积都要比英国大——既能展现英国人巨大的自豪感，又能说明某种恐惧之情。约翰斯顿继续说道："大英帝国，也就是英国人民在海外的资产，是大不列颠面积的 125 倍。"[43] 那么，这个非同寻常的架构又是如何得以维系的呢？

　　任何一个帝国与列强都会有不安全感，也都认为自己终有一天会衰落。这是傲慢与侵略性的另一面。但是，正如大英帝国的统治阶级偶尔会承认的那样，这个帝国的命运尤其取决于那些他们无法掌控的情况，以及本土之外的附属力量。英国之所以能攫取这么一大片领土，获得如此的影响力，既是因为东方大国的衰落，又是因为西班牙与葡萄牙帝国的衰落，尽管英国人参与了这一过程，但他们并不是这几个帝国衰落的起因。"不列颠治下的和平"（*Pax Britannica*）之所以能诞生，是因为拿破仑时代之后的法国陷入了衰退之中，而在此之前，法国一直是英国的主要对手，还经常挑战、破坏英国的殖民地。"不列颠治下的和平"能够持续维系的一个重要原因在于，1870 年之前，不存在一个统一的德意志国家。此外，还有一个原因在于，俄国和中国都只关注国家自身内部的事务；而且，这一时期的美国也并不寻求在全球范围内获得影响力，尽管美国每年都在扩张，而且变得越来越富有。也许最重要的一点在于，大英帝国还依赖于自己在亚洲、非洲、太平洋地区、北美与欧洲的帝国没有像英国人这样如此早地发展出一套成熟的民族主义观念。很多英国人都意识到一点，那就是让帝国保持优势的这些外部条件不可能一直存在下去。

　　还有另外一个相当重要但又并不稳固的因素，那就是英国在全球的霸主地位在很大程度上是依赖他人实现的。事实上，所谓的大英帝国一直是一个由不同文化系统的势力组成的体系，在地中海地区，依靠北非伊斯兰国家的援助；在北美与加勒比地区，依赖美洲原住民的信息资源和军事支持；在紧急情况之下，还依赖黑人士兵的力量。但就雇佣的人数与支付给他们的军饷来看，英国对印度的依赖程度与先前几个完全不同。可以说，正是东印度公司的印度军队——以及印度的纳税人——为英国提供了"捍卫秩序的大棒、防御国土的盾牌与前进的利剑"，英国不仅在印度次大陆之上挥舞着这些武器，还在中东以及亚洲的其他地区与非洲越来越多地依赖印度人。[44] 英国人清楚地意识到了这一点，同时

372

也相当敬佩勇敢可靠的印度兵，而这也正是 1857—1859 年印度民族大起义之后英国人如此惊恐与愤怒的原因所在。

373　　此时，这种恐慌最为生动的表达载体就是俘虏故事，可以说，这丝毫不令人感到惊讶。不过，这一时期发表的俘虏故事大多是虚构的。1857 年 12 月，查尔斯·狄更斯（Charles Dickens）在他的期刊《家常话》（*Household Words*）上发表了一篇短篇小说，题为《英国囚徒面临的危险》（*The Perils of Certain English Prisoners*）。这个故事发生在 1744 年的南美洲，但正如读者们猜到的那样，狄更斯心里实际上关心的是那些最近在印度的叛乱中被杀害、被俘虏或以其他方式受到威胁的英国人。故事的主人公是皇家海军陆战队的一名士兵，在一次针对英国驻军的起义中，他与其他男人、女人和孩子一同被俘。故事中将那些叛军描述为"黑鬼、野蛮人、海盗，这帮人丑陋、肮脏、凶残到了极点"。这些精心挑选的他者（从其中我们能很明显地看到早期俘虏英国人的那些人——柏柏里海盗与美洲原住民——的踪迹）的首领自然是一个罗马天主教徒，"一只极其丑陋的葡萄牙小猴子"。英国阵营中还有一个间谍，是一个叫克里斯蒂安·乔治·金（Christian George King）的黑人，换句话说，他象征的正是印度兵，表面上忠心耿耿，但暗地里背信弃义。在经历了许多艰难困苦与痛苦的牺牲，彰显了一番英雄事迹之后，这名海军陆战队的战士与他的英国同伴被"穿着蓝夹克、红外套的英国士兵救了出来……他们每个人在看到我这个被俘虏的同胞时，脸上都展现出了怒火"。

　　关于这个令人不快的故事，其实还有很多地方可以说。最明显的一点就在于这个故事的时代错置：这个故事重新想象了过去的历史以

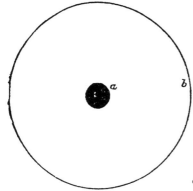

Lesson 1.—The British Empire, 1.

1. The British Empire is the largest empire on the face of the globe.

(i) The sun never sets on the British Empire, and never rises.

(ii) The British Empire is one hundred times as large as Great Britain. In this diagram, *a* is Great Britain; *b* represents the size of the British Empire.

2. It has an area of over 13,000,000 square miles.

(i) The British Empire is larger than the Russian Empire by above 4 millions of square miles.

(ii) The British Empire has about one-fourth of all the land on the globe.

3. It has a population of about 434,000,000.

(i) The British Empire has about one-fourth of all the people in the world.

(ii) The most thickly peopled part of it is the Valley of the Ganges.

71. 既骄傲，又不安

1913 年的一本教科书中反映出来的英国本土面积与大英帝国之间的巨大差距

适应维多利亚时代中期帝国与民族主义的期望。18 世纪（以及之后的很长一段时间里），如果一个真正的英国普通士兵在欧洲以外的地方被俘的话，那么他是不会期待着能有一支救援队来救他的，甚至连一点获救的希望都没有。正如本书中各种各样的俘虏故事所展示的那样，一方面，这样的人——如果他幸存了下来——很可能会被当地人奴役；

另一方面，他也很可能会在当地人中间平静地安顿下来，放弃自己原来的身份，并找一个当地人做妻子。然而，对当时的读者来说，这个故事中公开的种族主义论调才是最令人感到不安的。这名海军陆战队的士兵宣称："我已经说过我是一个没受过什么教育的人，如果我有偏见，那么我希望读者们能担待一下……我从来都不喜欢原住民，除了那些完全闭嘴的人。"45

　　一个先前笔下通常都在表现人性温暖的小说家突然会说这样的话，显然会让人感到震惊，不过我们最好不要将注意力集中在种族主义之上，否则这会妨碍我们进一步了解狄更斯愤怒的根源所在。他和许多其他英国人当然会对他们读到的有关"叛变"和白人受害者的内容感到震惊；但本质上来讲，他们也会因此而感到沮丧。他们清楚地知道，在小说之外，英帝国并不能只依靠"穿着蓝夹克、红外套的英国士兵"来作战，在紧急情况下，也不能只依靠这些人来拯救俘虏，因为在征兵制诞生之前的时代里，英国本土没法提供这么多的兵员。人数从来都是不够的。英国自己的武装力量，特别是其正规军的规模仍然相当有限，就其帝国的规模而言，更是如此。因此，帝国的防御、帝国的扩张以及帝国的秩序在很大程度上不得不依赖于那些被狄更斯称作"原住民"的人。如果这些人都像基督徒乔治·金那样不可靠，或者像现在这样，曾经为帝国服务的成千上万的印度人集体叛乱，那么英帝国会怎样？正是这样一种人力资源上的窘境——而不仅仅是在印度发生的屠杀与强奸——让英国人对1857—1859年的印度大起义感到如此紧张与不安。现在，在他们已经抵达了全球权力与财富的顶端之时，他们感觉到自己脚下一直存在的裂缝开始变大了。

21 世纪的问题

　　这些裂缝早已裂开，吞噬了整个大英帝国，以及那些曾经与之竞争的其他欧洲殖民帝国。对现在的很多英国人来说，帝国的历史似乎是令人尴尬的、让人厌恶的，或是一个让人怀念又感到遗憾的过往，抑或只是一个无关紧要的故事，无论从哪个意义上来说，英帝国都已经灰飞烟灭。但无论是哪种情况，人们通常都认为，自己知道帝国究竟是什么。帝国是有关全球霸权的政治体，而英国人已经不再拥有这一霸权。对于其他国家的很多人来说，自己似乎也知道帝国是什么。没错，这是关于全球霸权的故事。但这也是关于压迫、剥削、暴力、傲慢、奴役与种族主义的故事，因为在不同时间、不同地区，英帝国确实干了这些事情。对一些人来说，英国人和他们的辅助部队曾经的所作所为不亚于一场早年间的大屠杀，因此，英国人需要道歉与赔偿，但不需要进一步调查，也不需要付出巨大的精力去理解这段历史。人们再一次认为自己知道帝国究竟是什么，并将帝国视作一个内部同质的、自始至终都具有某一特征的东西。

　　大英帝国显然不是一个应当适用"理解一切，原谅一切"这句格言的东西。然而，大英帝国也尚未得到充分的理解——这是我的结论的一部分。事实上，就英帝国而言，我们还有很多不知道的内容。在某种程度上，这是对历史学家的挑战。我们仍然需要去了解那些英国人曾试图统治之人的思想与行动。我们仍然需要了解英帝国与其他帝国（既包括西方帝国，也包括非西方帝国）之间的差别，因为这些帝国自始至终都影响着英国，而且英国也经常从这些帝国那里借鉴统治技术与思想。此

375

外，从两个不同的角度出发，都需要将英国本土与海外帝国联系起来进行研究，而不应像过去那样将两者切割开来。

其中一个角度——正如约翰·西利爵士（Sir John Seeley）等人主张的那样——在于，不应认为帝国只影响到了那些被入侵的地方，英国社会本身也是一个被卷入帝国的事业当中、被帝国改变，有时也因帝国的事业而受伤的角色，当然还包括其他一系列影响。[46] 本书的一个目的就在于要证明帝国带来的影响多么广泛且多样：帝国影响到了英国的经济、物质生活与政治，当然，帝国也影响到了私人与公共著作、宗教与世俗文化、贵族与平民艺术，以及社会的各个部分。帝国从来都不只是绅士（或不绅士）的资本家、有政治影响力的人和各位大人物的事情。和世界上的其他地区一样，帝国直接地、不成比例地影响到了不列颠与爱尔兰的社会底层——那些穷人、士兵、水手、自愿或非自愿的移民与殖民者、小商人、渔民、众多的妇女与儿童。帝国的历史常常被重构成一个关于列国争霸、相互接触、相互碰撞和一系列惨无人道的破坏与种族灭绝的传奇故事，这也确实是其中的一部分。但对英国人与他们所侵略的国家来说，帝国也是由一系列小人物的小故事组成的，他们的生活因帝国而发生了彻底的改变，有时，帝国还彻底摧毁了他们的生活。本书揭示了其中一些人的故事，还有成千上万来自英国本土与其他地区的类似故事等待着我们的仔细研究与分析。

坚持强调英帝国自身的异质性不仅仅对英国人自己来说很重要。因为虽然越来越多的人都认为——我也同意——英国人必须承认并接受英帝国的历史，但这一逻辑上的推论往往被人们忽略。英国人的确需要更加了解他们曾经的帝国，这没错。但是，同样，那些关注这个帝国对世界其他地区造成了哪些影响的人，也需要对英国本身有一个准确、全面且细致的了解，要了解帝国曾经强大的原因，也要了解帝国在海外的权力总是受限且有时会遭到动摇的原因。在本书当中，我一直强调要注重研究复杂性，并请读者们注意"英国人"之间长期存在的分歧，注意英帝国在多大程度上需要长期依赖那些根本不是英国人的原住民，以及——最重要的是——注意其有限的人口、有限的地理面积与资源以及有限的本土军事力量如何影响并扭曲了整个英帝国的事业。我并不打算否认这些英国人在特定时间、特定地点造成的破坏，而是要说明这些人不仅是战士，而且从另一个角度来看，也是俘虏。

承认英国这个曾经的帝国所具有的实力与暴力，也承认在很大程度上，英帝国自始至终都是一个混杂的、多元的帝国，其核心特征在于长期存在的不安全感和持续的内部限制，不仅对历史学家来说很重要，对于我们正确理解 21 世纪的世界而言也至关重要。这些结论不仅对英国人来说是正确的，也可以进一步推广开来。

现在经常有人强调，英国人应该更多了解他们曾经的帝国，以便提醒自己对世界其他地区的亏欠。我十分同意这一观点。但同时需要强调，英国人也有必要了解他们的帝国实际上都包括什么，而不是假定他们已经知道了这一切。我们既需要承认英帝国是一个全球性的帝国，一个掌控了很多方面的帝国，同时也需要承认，英帝国是一个不安全的、权力分布不均的、依赖他人以及自身之外众多因素的帝国，这样的话，人们可能就会减少一些怀古的念想，同时也能让人明白，这个帝国之所以走向崩溃，是由于某些根深蒂固的内在限制。保罗·肯尼迪强调，真正让人感到惊讶的不是大英帝国的消亡，而是这个帝国竟然能维系这么

376

久。特别是对英国的政治家们而言，上述观点尤其重要，这有助于他们清醒过来，不再继续怀念那个宏伟的帝国。深谙地缘政治的温斯顿·丘吉尔曾经宣称："我们这个小岛上的人必须做出最大的努力来维持我们的地位，而我们永不消亡的聪明才智让我们有权占据这个位置。"[47] 丘吉尔看到了英国自身的"小"所带来的内在挑战与障碍，这一点完全正确，但他的话中所透露出的那种在帝国崩溃之后仍旧谋求特殊的、全球性地位的野心，在有些时候却扭曲了战后的英国政策。特别是这一观念导致了这样一种政策导向，即希望像老鼠一样爬到美利坚雄鹰的头上，进而追求自己的帝国大业。很显然，这并不是一个好的前进方向。

还有一个亟待解决的问题，那就是种族问题。一些人以最大的诚意强调，如果英国人一再追念他们的帝国，那么就只会进一步煽动与之相关的种族主义，而这一种族主义是无法完全根除的。另一些人则强调，帝国给英国留下的遗产之一就是这种根深蒂固的种族主义，而这需要大量的工作才能清理干净。在我看来，这两种论点与其说是错误的，不如说是过于简单且悲观的。正如本书所试图表明的那样，帝国从来不是一个单一色调的同质实体。英帝国的帝国主义者有时会拥护我们现在看来是无可救药的种族主义观念。但是，在这样一个巨大的多民族全球性帝国之中，英国人恰恰是少数，这一实际情况意味着这些观念在实践当中并不会完全落地，那些帝国主义者也知道这一点。对于英国人来说，现在让他们熟悉一下曾经的帝国之中的种族融合实践以及帝国对此的容忍，可能并不是什么坏事。此外，了解一些其他方面的知识，例如，"不列颠"在印度的统治实际上一方面依靠信奉天主教的爱尔兰人的刺刀，另一方面依靠印度军队，可能会进一步打开人们的心扉，而并非封闭人们的心灵。可以肯定的是，帝国很可能而且的确加深了种族与文化之间的隔阂，但在很大程度上，帝国也消弭了这些隔阂。英国当前频发的种族暴力事件在某种程度上可能是帝国的遗产，但实际上，这个国家的跨种族婚姻和其他类似的亲密关系几乎比世界上其他任何地方都要多，这在某种程度上也可能是帝国的遗产。无论怎样，我们都不应该认为，曾经的帝国让英国的种族主义不可避免。这种观点既显得自大，又显得绝望。

　　我们需要用质疑的眼光来重新审视英帝国的历史，同时还要理解这个帝国是如何被英国自身的"小"影响的，这一点很重要，而且能解释的范围也很广。显然，这一点对那些曾经被英国殖民过的国家来说很重要。这些国家的人民会对英国和其他殖民者怀有怨恨，甚至是憎恨之情，并认为英国对他们有亏欠，这没有任何问题。没有人喜欢被入侵。但是，我们有可能会夸大这些曾经的殖民者所拥有的力量以及造成的影响，让他们看起来比事实上更重要，也更可怕。在某些情况下，殖民者无疑是极端的、致命的。和很多太平洋岛国上的居民一样，一部分美洲原住民被英格兰、威尔士、苏格兰与爱尔兰的入侵者携带的病菌消灭，或是被渴望土地的殖民者猎杀；而那些被当成奴隶运过大西洋的黑人则经历了另外一种暴行，尽管这种暴行不是大英帝国特有的，但英帝国也是其中的重要参与者。然而，在其他方面，帝国给当地带来的影响并不一定如此深刻，有时甚至相当有限，而且也十分缓慢。环境、经济、习俗、权力关系与日常生活有时被彻底打乱重组；但并不是所有地方都如此，因为在很多情况下，入侵者的数量是有限的，而且往往依赖于当地民众的配合与宽容。例如，自 1945 年以来，少数民族语言和许多其他形式的多样文化一样，消失的速度要比以往更快，而此时的欧洲帝国已经崩溃了。需要指出的是，这次的敌人并非傲慢的殖民官员，而是更加阴险且无处不在的入侵者：电视、好莱坞、网络空间，以及怪物般的跨国公司。

　　这些都是极具争议性的话题，往往会激起强烈的情绪，而且在这些问题上，人们永远也不可能达成共识。但是，正如最后一个例子所示，研究大英帝国和其他欧洲帝国在过去都做过什么——以及他们不能做什么，或没有做什么——不仅仅是出于学术上的原因。我们生活在一个后殖民主义的世界之中，但我们还没有生活在一个后帝国主义的世界之中。今天某些大国，虽然都避开了"帝国"的字眼，但实际上都保留着帝国的成分与特质，因为这些大国仍然带有过去欧洲帝国主义的印记，或是拥有属于自己的帝国传统，抑或两者兼备。[48] 美国是一个与众不同的帝国。美国之所以是一个帝国，是因为其大部分领土最初是以牺牲其他弱小民族为代价，通过武力、购买与殖民获得的。与此同时，直到如今，美国也还拥有一系列遍布全球的军事基地，一支最强大的海军，以及一支可以打击到任何地方的空军。1931 年，美国人莱因霍尔德·尼布尔（Reinhold Niebuhr）宣称："我们是世界上第一个不靠军团建立帝国的国家。我们的军团是美元。"直到如今，美元仍然是统治者，但与此同时，美国也拥有了自己的军团。[49]

　　这一切会带来什么危险吗？不一定。这样的帝国自身的规模意味着它们不太可能像以往的欧洲帝国那样攫取海外领土，而且也没有这个必要。正是英国自身的"小"推动（并限制）了英国的海外帝国大业，因为如果没有其他民族的土地与资源，英国就不可能强大起来。小国也可以极具侵略性，大国也可以只注重自身的内部情况。不过，事情还有另外一面。由于英国的核心受到了限制，也由于英国极度依赖海上力量，因此，英帝国总是左支右绌，其统治往往流于表面，而且持续时间也相当有限。现在的帝国很可能有能力维持更久，与此同时，还拥有大规模杀伤性武器，这是那些已经崩溃的欧洲帝国从未想象过的。

这就是为什么我们要以新的方式重新审视英帝国的历史，重新思考规模与权力以及野心之间的复杂关联。从 1600 年至 1850 年，这座小岛以惊人的代价建立了世界上有史以来最庞大的全球性帝国。20 世纪见证了这个帝国和其他欧洲帝国的衰落，与此同时，又诞生了取代这些帝国的新国家。21 世纪的挑战之一就是我们该如何观察、平衡新生多民族国家。希望我们不会沦为俘虏。

379

附　录
俘虏档案

　　在美国，长期以来，俘虏的故事一直是小说家、艺术家、电影制作人和历史学家熟悉的作品。不过，在大西洋的另一边，这些文本就很少有人会加以利用了。然而，至少从 16 世纪开始，英国与欧洲其他国家就会经常出现有关海外俘虏的手稿与出版物，而且，直到今天，此类作品还在大量出版。无论是在过去，还是在现在，有关俘虏故事的写作模式都是多种多样的；需要强调的是，就英国而言，几个世纪以来，在欧洲内部的冲突与本书所介绍的三大地理区域之外的冲突中也诞生了成千上万的俘虏故事。因此，无论是从出处、年代还是从故事发生的地点来看，下面的这些文献都是具有高度选择性的。

　　这些文献之所以是具有高度选择性的，另外一个原因在于这里只列举了本书中提到的那些极具自传色彩的故事。其中省略了无数有关俘虏的民谣、诗歌、小说，以及在不同类型的官方文件中发现的个人经历报告，而所有这些也都构成了广泛的俘虏文化中的一部分。我也没有将很多概括性的作品包括进来，例如英克里斯·马瑟（Increase Mather）的《上帝光辉事迹的记录》（*An Essay for the Recording of Illustrious Providences*,

1684)，其中既包含真实的俘虏故事，也包括其他很多材料。同时，我还省略了很多短篇的俘虏故事，以及这期间仅在北美出版的故事，尽管这些故事一点也不短，但几乎没怎么在大西洋彼岸引发过关注。对 1783 年之前和之后北美地区俘虏故事感兴趣的读者，可以参阅奥尔登·T. 沃恩（Alden T. Vaughan）的《北美印第安人俘虏故事选》（*Narratives of North American Indian Captivity: A Selective Bibliography*, New York, 1983），更好的是加兰德（Garland）出版的数百本此类俘虏故事的现代版本。罗伯特·多伊尔（Robert C. Doyle）的《俘虏的声音：解读美国战俘的故事》（*Voices from Captivity: Interpreting the American POW Narrative*, Kansas, 1994）讲述了直到越战为止美国人对俘虏故事的追捧。那些想研究英国其他地区的俘虏的人，可以从 I. J. 尼文（I. J. Niven）、L. 罗塞尔（L. Russell）和 K. 谢弗（K. Schaffer）主编的《殖民主义的结构：以伊丽莎·弗雷泽的海难为视角》（*Constructions of Colonialism: Perspectives on Eliza Fraser's Shipwreck*, 1998）开始，这是一本有关 19 世纪澳大利亚最著名的俘虏故事之一的论文集。有关最近出版的两部不列颠与爱尔兰的作品（其中都引用了早期的俘虏故事），参见约翰·麦卡锡（John McCarthy）与吉尔·莫雷尔（Jill Morrell）的《另外的彩虹》（*Some Other Rainbow*, 1993），以及布莱恩·基南（Brian Keenan）的《邪恶的摇篮》（*An Evil Cradling*, 1992）。

对于 1600—1850 年出版的这三个地区的俘虏故事，我列出了我所知道的这一时期所有不列颠与爱尔兰版本的出版年份，因为这些文本的内容——有时甚至包括标题——都会随着时间的推移而发生重大变化。其中许多文本在 1850 年后出版了更多的版本，甚至直到今天还在继续

381

再版。对于那些只在北美出版，但在英帝国范围内具有广泛影响的俘虏故事，我引用了第一个已知版本的出版年份与出版地点。对于那些以手稿形式存在的故事，我提供了档案所在的地点、相关的参考资料（如果有的话），以及任何与之相关的印刷版本信息。

在日后，下面列出的诸多印刷品的手稿原件，以及这一时期在地中海地区、印度、阿富汗和北美地区遭受囚禁的英格兰人、爱尔兰人、苏格兰人与威尔士人的其他著作，一定能在世界各地的档案馆、图书馆和私人收藏者家中被人们发掘出来。

地中海地区

Anon:'The manner of the slavish usage suffered by the English in Barbary written by one who by woeful experience endured the same', Bodleian Library, Oxford, MS Rawlinson. c. 695.

Anon: *An Account of South-West Barbary ... by a Person who had been a Slave there*, 1713.

Hector Black: *A Narrative of the Shipwreck of the British Brig Surprise*, 1817.

Francis Brooks: *Barbarian Cruelty*, 1693, 1700.

Edward Coxere: *Adventures by Sea*, ed. E. H. W. Meyerstein (Oxford, 1945). Includes Coxere's memories of captivity in Tripoli.

Adam Elliott: *A Narrative of my Travels, Captivity and Escape from Salle*, 1682, 1731, 1770.

James Irving: Narrative. Beinecke Library, Yale University, Osborn shelves c. 399; version published in Suzanne Schwarz (ed.), *Slave Captain* (Wrexham, 1995).

Vincent Jukes: *A Recovery from Apostacy set out in a Sermon*, by William Gouge, 1639.

Francis Knight: *A Relation of Seven Years Slavery*, 1640, 1745.

Thomas Lurting: *The Fighting Sailor Turned Peaceable Christian*, 1680, 1710, 1766, 1770, 1813, 1816, 1821, 1832, 1842.

Elizabeth Marsh:'Narrative of her Captivity in Barbary'. Charles E. Young Research Library, University of California, Los Angeles; version published as *The Female Captive*, 2 vols, 1769.

William Okeley: *Eben-ezer: or, a Small Monument of Great Mercy*, 1675, 1684, 1764.

Thomas Pellow: *The History of the Long Captivity ... of Thomas Pellow*, 1739?, 1740?, 1751, 1755.

Thomas Phelps: *A True Account of the Captivity of T. Phelps*, 1685, 1745.

382

Joseph Pitts: *A True and Faithful Account of the Religion and Manners of the Mohammetans ... with an Account of the Author's Being Taken Captive*, 1704, 1717, 1731, 1778, 1810.

Devereux Spratt: *Autobiography of the Rev. Devereux Spratt* (1886). Includes account of his captivity in Algiers.

James Sutherland: *A Narrative of the Loss of H. M.'s ship The Litchfield*, 1761, 1768, 1788.

Thomas Sweet: *Deare Friends*, 1646. Printed letter narrating his captivity in Algiers, BL, 669. f. 11 (3).

T. S: *Adventures of Mr. T. S. an English Merchant, Taken Prisoner*, 1670, 1707.

Thomas Troughton: *Barbarian Cruelty*, 1751, 1788, 1807.

John Whitehead: Narrative. BL, Sloane MS. 90.

美洲

Ethan Allen: *A Narrative of Colonel Ethan Allen's Captivity* (Philadelphia, PA, 1779).

Thomas Anburey: *Travels through the Interior Parts of America*, 2 vols, 1789, 1791.

John Blatchford: *Narrative of the Remarkable Occurrences in the Life of John Blatchford* (New London, CT, 1788).

Jonathan Dickenson: *God's Protecting Providence, Man's Surest Help and Defence,* 1700, 1720, 1759, 1787, 1790.

John Dodge: *A Narrative of the Capture and Treatment of John Dodge, by the English* (Philadelphia, PA, 1779); reprinted in *The Remembrancer*, London, 1779.

Ebenezer Fletcher: *Narrative of the Captivity* (Amherst, MA, 1798).

383

Benjamin Gilbert: *Sufferings of Benjamin Gilbert and his Family*, 1785, 1790.

Henry Grace: *The History of the Life and Sufferings*, 1764, 1765.

John Gyles: 'A Memorial of the Strange Adventures and Signal Deliverances'. New York Public Library; version published as *Memoirs of Odd Adventures, Strange Deliverances* (Boston, MA, 1736).

Elizabeth Hanson, *An Account of the Captivity*, 1760, 1782, 1787, 1791.

Charles Herbert: *A Relic of the Revolution* (Boston, MA, 1847).

Thomas Hughes: *A Journal by Thomas Hughes*, ed. E. A. Benians (Cambridge, 1947).

Susanna Johnson: *The Captive American, or A Narrative of the Sufferngs*, 1797, 1802, 1803.

John Leeth: *A Short Biography ... with an Account of his Life among the Indians*, ed. R. G. Thwaites (Cleveland, OH, 1904).

Jean Lowry: *A Journal of the Captivity* (Philadelphia, PA, 1760).

Thomas Morris: 'Journal of Captain Thomas Morris', in R. G. Thwaites (ed.), *Early Western Travels 1748-1846* (32 vols, Cleveland, OH, 1904-7), I.

Mary Rowlandson: *A True History of the Captivity and Restoration*, 1682. The first American edition of this narrative is entitled *The Sovereignty and Goodness of God*.

John Rutherfurd: 'Relation of a Captivity among the Indians of North America', National Army Museum, London, Acc 6003/17 (transcript); version published in M. M. Quaife (ed.), *The Siege of Detroit in 1763* (Chicago, IL, 1958).

Captain John Smith: *The General Historie of Virginia* (1624): the first full account by Smith of his capture, and 'rescue' by Pocahontas.

Hannah Swarton: Narrative in Alden T. Vaughan and Edward W. Clark (eds), *Puritans among the Indians: Accounts of Captivity and Redemption 1676-1724* (Cambridge, MA, 1981).

William Widger: 'Diary of William Widger of Marblehead, kept at Mill Prison, England, 1781', *Essex Institute Historical Collections*, LXXIII (1937).

John Williams: *The Redeemed Captive, returning to Zion* (Boston, MA, 1707).

Peter Williamson: *French and Indian Cruelty, Exemplified in the Life and Various Vicissitudes*, 1757, 1758, 1759, 1762, 1766, 1787, 1792, 1794, 1801, 1803, 1806, 1807, 1812, 1826.

印度与阿富汗

Anon: 'Narrative of events following surrender of Bidnanore'. NLS, MS 8432.

Anon: 'The English Captives at Cabul, by One of the Female Prisoners', *Bentley's Miscellany*, XIV (1843).

William Anderson: Narrative. IOL, MSS Eur. c 703.

Henry Becher: *Remarks and Occurences of Mr. Henry Becher during his imprisonment*, Bombay, 1793.

Richard Runwa Bowyer: Narrative. IOL, MSS Eur. A94 and MSS Eur. A141.

James Bristow: *A Narrative of the Sufferings of James Bristow*, 1792, 1793, 1794, 1828 (Calcutta).

Donald Campbell: *A Narrative of the Extraordinary Adventures and Sufferings by Shipwreck and Imprisonment*, 1796, 1797, 1798, 1801, 1808.

Robert Cameron: Narrative. Scottish Record Office, Edinburgh, RH/4/34.

Arthur Conolly: Narrative. IOL, MSS Eur. B29.

William Drake: Narrative. *Calcutta Gazette*, 8 December 1791; *Times* (London), 10 April 1792.

Vincent Eyre: Narrative. IOL, MSS Eur. A42. Version published as *The Military Operations at Cabul ... with a Journal of Imprisonment*, 1843.

Eliza Fay: *Original Letters from India ... and the Author's Imprisonment at Calicut*, 1817, 1821.

Robert Gordon: 'Narrative or Journal of the Misfortunes of the Army'. NAM, 6409-67-3.

J. Z. Holwell: *A Genuine Narrative of the Deplorable Deaths ... in the Black Hole*, 1758, 1804.

John Kaye, *History of the War in Afghanistan. From the Unpublished Letters and Journals of Political and Military Officers* (2 vols, 1851). Includes selections from captivity narratives which have not otherwise survived.

John Lindsay: 'Prison Life in Seringapatam, 1780-84'. NLS, Acc 9769 (transcript); versions published in 1840, 1849.

Cromwell Massey: Narrative. IOL, MSS Eur B392; editions published in Bangalore in 1876 and 1912.

Innes Munro: *A Narrative of the Military Operations on the Coromandel Coast*, 1789. Includes references to his captivity in Mysore.

Henry Oakes: *An Authentic Narrative of the Treatment of the English*, 1785.

Francis Robson: *The Life of Hyder Aly* (1786). Includes references to his captivity in Mysore.

Florentia Sale: Narrative. IOL. MSS Eur B275: version published as *A Journal of the Disasters in Afghanistan*, 1843, 1846.

James Scurry: *The Captivity, Sufferings and Escape of James Scurry*, 1824, 1831.

Sarah Shade: *A Narrative of the Life*, 1801.

William Thomson: *Memoirs of the Late War in Asia*, 2 vols., 1788. Compilation of captivity narratives from Mysore.

Edward Arthur Henry Webb: Narrative. IOL, MSS Eur D160. This also contains captivity memories by his wife.   385

William Whiteway: Narrative. Printed in *James Scurry*, 1824.

注　释

　　　由于每一章的注释实际上都算是相应的参考文献，所以除了附录外，我并没有单独列出进一步阅读的文献清单。而且附录已经标明本书中所有主要俘虏故事的版本与出处，以及额外的参考资料。在注释当中，当引用俘虏故事时，我会用俘虏的名字来指代：例如，*Edward Coxere*，然后是相应的页码。如果出版的故事随着时间的推移出版了多个不同的版本，我也会标明文中引用的具体是哪一版，例如，*Thomas Pellow* (1740？)。注释中也清楚地表明了我在什么时候引用的是手稿，而不是已出版的故事，例如，*John Lindsay MS*。有兴趣的读者可以在附录中查阅完整标题，以及相关俘虏故事的书名与档案信息。

　　　除另有说明，注释中作品的出版地均为伦敦。通篇使用的缩写如下：

Add. M	Additional Manuscript
AHR	*American Historical Review*
BL	British Library, London
CSPD	R. Lemon *et al.*(eds), *Calendar of State Papers: Domestic Series,* 91 vols, (1856–1964)
CSPC	W. Noel Sainsbury *et al.* (eds), *Calendar of State Papers: Colonial Series*, 40 vols, (1860–1939)
DNB	*Dictionary of National Biography*
HMC	Reports of the Royal Commission on Historical Manuscripts

Hansard	*Hansard's Parliamentary Debates*
IOL	*India Office Library, British Library, London*
JSAHR	*Journal of the Society for Army Historical Research*
MAS	*Modern Asian Studies*
NLS	National Library of Scotland, Edinburgh
OHBE.	W. R. Louis *et al.* (eds), *The Oxford History of the British Empire*, (5 vols, Oxford, 1998–9)
I	N. Canny (ed.), *The Origins of Empire*
II	P. J. Marshall (ed.), *The Eighteenth Century*
III	A. N. Porter (ed.), *The Nineteenth Century*
IV	J. M. Brown and W. R. Louis (eds), *The Twentieth Century*
V	R. W. Winks (ed.), *Historiography*
Parl. Hist.	W. Cobbett, *The Parliamentary History of England from the earliest period to 1803* (36 vols, 1806–20)
PP	*Parliamentary Papers*
PRO	Public Record Office, London
RO	Record Office
WMQ	*William and Mary Quarterly*

387

引 言

1　Daniel Defoe, *Robinson Crusoe: An Authoritative Text, Contexts, and Criticism*, ed. Michael Shinagel (1994), 15, 100, 174. 直引的原文在该版本第 323 页。莱斯利·斯蒂芬爵士（Sir Leslie Stephen）指出，笛福之所以对囚禁拥有如此敏锐的感触，部分原因在于他自己就曾身陷囹圄。

2　本书所采用的《格列佛游记》是 1995 年出版的现代版本，该版本由克里斯托弗·福克斯（Christopher Fox）整理并添加评注与注释。

3　*OHBE* 1, 77. 这套五卷本的丛书虽然富有争议（怎么可能不引发争议），但确实对这一非凡帝国进行了专业且广泛的调查。针对这一问题的一个有趣观点，参见 Dane Kennedy, 'The boundaries of Oxford's empire', *International History Review*, 23 (2001)。

4　上述数字引自 *Whitaker's Almanac*, 2002。

5　Norman Davies, *Europe: A History* (Oxford, 1996), 1068–9.

6　E. A. Wrigley *et al.*, *English Population History from Family Reconstitution, 1580–1837* (Cambridge, 1997), 547.

7　有关 18 世纪英国人的人口焦虑，参见 D. V. Glass, *Numbering the People* (1978)。

8　Daniel A. Baugh, *British Naval Administration in the Age of Walpole* (Princeton, NJ, 1965), 147 *seq.*; N. A. M. Rodger, 'Guns and Sails in the First Phase of English Colonization, 1500–1650', and 'Sea-Power and Empire, 1688–1793', in *OHBE*, I, 79–98; II, 169–83.

9　John Brewer, *The Sinews of Power: War, Money and the English State 1688–1783* (1989). 正如一位英国政治家在 1781 年所抱怨的那样："在世界的任何一个角落，我们的军队在纸面上的数据都要比实际战场上的多得多。"*Parl. Hist.*, XII (1781–2), 833.

10　J. A. Houlding, *Fit for Service: The Training of the British Army 1715–1795* (Oxford, 1981), 7–8; Miles Taylor, 'The 1848 revolutions and the British empire', *Past and Present*, 166 (2000), 150–1.

11　有关西方世界与非西方世界在陆战与海战技术方面的对比，参见 Michael Adas, *Machines as the Measure of Men: Science, Technology and Ideologies of Western Dominance* (1989); Douglas M. Peers (ed.), *Warfare and Empires: Contact and Conflict between European and non-European Military and Maritime Forces and Cultures* (Aldershot, 1997)。

12　Patrick O'Brien, 'The impact of the Revolutionary and Napoleonic Wars, 1793–1815, on the long-run growth of the British economy', *Review: Fernand Braudel Center*, XII (1989), 367–8.

13　C.W. Pasley, *Essay on the Military Policy and Institutions of the British Empire* (1810), 44; Edward Said, *Culture and Imperialism* (New York, 1993), II.

14　J. H. Leslie (ed.), 'Letters of Captain Philip Browne, 1737–1746', in *JSAHR*, 5 (1925), 103. 有关哈利法克斯的部分 , 参见 David Armitage, *The Ideological Origins of the British Empire* (Cambridge, 2000), 142–3；有关笛福的部分引自 Daniel A. Baugh, 'Maritime Strength and Atlantic Commerce' in Lawrence Stone (ed.), *An Imperial State at War: Britain from 1689 to 1815* (1994), 201。

15　J. H. Stocqueler, *The Wellington Manual* (Calcutta, 1840), 195–6; Adam Smith, *An Inquiry into the Nature and Causes of the Wealth of Nations*, ed. R. H. Campbell and A. S. Skinner (2 vols, Oxford, 1976), II, 946.

16　Pasley, *Essay on the Military Policy*, 54.

17　有关英国早期的国家发展与民族建构问题及其局限性，参见我的 *Britons: Forging the Nation 1707–1837* (1992); Brendan Bradshaw and John Morill (eds), T*he British Problem, c. 1534–1707: State Formation in the Atlantic Archipelago* (1996); and Brewer, *Sinews of Power*。

18　非常感谢彼得·盖伊（Peter Gay）提供了这篇有关阿德勒的文章。

19　引自 Jill Lepore, *The Name of War: King Philip's War and the Origins of American Identity* (New York, 1998), 74。

20　Mary Louise Pratt, 'Fieldwork in Common Places', in James Clifford and George E. Marcus (eds), *Writing Culture: The Poetics and Politics of Ethnography* (Los Angeles, CA, 1986), 38.

21　Mike Parker Pearson, 'Reassessing *Robert Drury's Journal* as a historical source for southern Madagascar', *History in Africa*, 23 (1996). 非常感谢皮尔逊博士寄来的这份资料以及其他有关

388

德鲁里的资料。

22 *Ibid.*; Mike Parker Pearson *et al.*, *The Androy Project: Fifth Report* (1997), 40.

23 Brian Keenan, *An Evil Cradling* (1993), 58.

24 James S. Amelang, *The Flight of Icarus: Artisan Autobiography in Early Modern Europe* (Stanford, CA, 1998), 37.

25 Dominic Lieven, *Empire: The Russian Empire and its Rivals* (2000), 17; Anthony Pagden, *Peoples and Empires* (New York, 2001), xxi.

第一章　丹吉尔

1 我在本章当中使用到的有关乔姆利的信件、书籍与文件，参见 the North Yorkshire RO (ZCG)，同时可参见 *The Memoirs of Sir Hugh Cholmley* (1787)。这位先生值得拥有一部现代传记。

2 有关丹吉尔以及海军的内容，参见 Sari R. Hornstein, *The Restoration Navy and English Foreign Trade, 1674–1688* (Aldershot, 1991)，这份研究十分有价值，不过作者忽视了摩洛哥在其中发挥的作用。有关乔姆利所签的合同，参见 'A Short Account of the Progress of the Mole at Tangier', in *Tracts on Tangier*, BL, 583. i. 3 (1–8); and PRO, CO 279/2, fols 18–19。

3 ［Sir Henry Sheeres］*A Discourse touching Tanger*（原文如此）*in a letter to a person of quality* (1680), 7.

4 Robert Latham and William Matthews (eds), *The Diary of Samuel Pepys* (11 vols, 1970), IV, 299, 319.

5 Julian S. Corbett, *England in the Mediterranean* (2 vols, 1904), II, 17, 137.

6 M. G. Routh, *Tangier: England's Lost Atlantic Outpost 1661–1684* (1912), 38; Richard T. Godfrey, *Wenceslaus Hollar: A Bohemian Artist in England* (New Haven, CT, 1994), 27, 159–60.

7 有关丹吉尔殖民地的居民，参见 Bodleian Library, MS Rawl. A185; 'A discourse of Tangier', BL, Lansdowne MS 192, fol. 164。

8 有关丹吉尔殖民地的生活情况，参见 the volumes of correspondence in PRO, CO 279; and *Memoirs of Sir Hugh Cholmley*, 103–296。

9 Routh, *Tangier*, 365–9; 'Reasons Touching the Demolishing Tangier', Beinecke Library, Yale University, Osborn MS, Fb. 190 vol. 4. 有关这一时期英国王室收入与支出的权威著作，参见 C. D. Chandaman, *The English Public Revenue 1660–1688* (Oxford, 1975)。当然，这本书对丹吉尔的关注也十分有限。

10 参见 the plans in PRO, MPH 1; and Cholmley's letter-book, *passim*。

11 Bodleian Library, MS Rawl. A342, fol. 151; MS Rawl. A191, fol. 44: Corbett, *England in the Mediterranean*, II, 137.

12 Frank H. Ellis (ed.), *Poems on Affairs of State: Augustan Satirical Vere, 1660–1714* (7 vols, New Haven, CT, 1975), III, 473–4; Edwin Chappell, *The Tangier Papers of Samuel Pepys* (1935), preface.

13　参见 OHBE, I.　正如副标题所示，大西洋中心主义的偏见在劳斯的时代就已经出现。在丹吉尔还是英国殖民地的时候，人们讨论的核心还是地中海世界的各股势力及其相互之间的贸易往来。

14　*The Mediterranean and the Mediterranean World in the Age of Philip II* (2 vols, 1995 edn), II, 1240. 学者们逐渐恢复了对地中海世界的兴趣。尤其是普林斯顿大学莫莉·格林（Molly Greene）教授的研究成果令人期待。

390　15　Hornstein, *The Restoration Navy*, 37–8. 需要再次强调的是，英国在欧洲的贸易与在欧洲以外的贸易始终是关联在一起的。殖民地以及欧洲以外的转口贸易为英国的地中海贸易做出了贡献。反过来，在地中海贸易中获得的利润也有助于抵付它为东印度商品支付的金银。

16　这些有关奥斯曼帝国人口与军队规模的信息要感谢弗吉尼亚·阿克桑教授（Virginia Aksan）与谢夫凯特·帕慕克（Sevket Pamuk）教授。

17　非常感谢西蒙·普赖斯（Simon Price）博士为我提供的有关奥斯曼帝国财政情况的信息。

18　Routh, *Tangier*, 264; P. G. Rogers, *A History of Anglo-Moroccan Relations to 1900* (1970), 232.

19　BL, Lansdowne MS 192, fols 123–9; *A Discourse touching Tanger*（原文如此）... *to which is added The Interest of Tanger, by Another Hand* (1680), 37.

20　*An Exact Journal of the Siege of Tangier* (1680).

21　相关讨论，参见 Ann Laura Stoler, 'Rethinking colonial categories: European communities and the boundaries of rule', *Comparative Studies in Society and History*, 31 (1989)。

22　参见 OHBE, I, 280。

23　Bodleian Library, MS Rawl. c. 423, fols 1, 127.

24　'Minutes of Courts Martial at Tangier 1663–67', BL, Sloane MS 1957, fols 45–6.

25　Rogers, *Anglo-Moroccan Relations*, 52–3.

26　参见 Colonel Percy Kirke's Tangier letter-book, Lewis Walpole Library, Farmington, CT, Hazen 2572。

27　HMC Dartmouth I, 96–7; PRO, CO 279 / 32, fols 184–9.

28　BL., Lansdowne MS 192, fols. 30 and 132.

第二章　新月与大海

1　舒拉·马克斯（Shula Marks）教授告诉我，这一图景旨在强调霍屯督妇女的"动物性"。此类手段还经常被用来贬低其他民族或是那些被人们看不起的女性：Jennifer L. Morgan, 'Some could suckle over their shoulder', *WMQ*. 54 (1997).

2　有关柏柏里问题的文献数量非常多，但质量参差不齐。一些年代久远一点的文献虽然有明显的情绪色彩，但仍然包含有很多珍贵的材料。参见 Godfrey Fisher, *Barbary Legend* (Oxford,

1957), and R. L. Playfair, *The Scourge of Christendom* (1884)。M. S. Anderson, 'Great Britain and the
Barbary states in the eighteenth century', *Bulletin of the Institute of Historical Research*, XXIX (1956),
兼采了众多观点。John B. Wolf, *The Barbary Coast: Algiers under the Turks 1500–1830* (1979), and P.
G. Rogers, *A History of Anglo-Moroccan Relations to 1900* (1970)，十分详尽地描绘了北非的两大
势力。不过，很多优秀的文章都是法国学者的作品，其中不少是由法语写成的，Fernand
Braudel, *The Mediterranean and the Mediterranean World in the Age of Philip II* (2 vols, 1995 edn) 就是最
为著名的作品。阅读 Bartolomé and Lucile Bennassar, *Les chrétiens d'Allah* (Paris, 1989)，可以在整
个欧洲的背景之下理解柏柏里的俘虏。法语期刊，如 *Les cahiers de Tunisie*, *Le monde musulman*
and *Revue d'histoire maghrebine* 中经常有一些有关私掠者以及俘虏的新研究。

3　Jamil M. Abun-Nasr, *A History of the Maghrib in the Islamic Period* (Cambridge, 1987), 2.

4　Quoted in G. A. Starr, 'Escape from Barbary: a seventeenth-century genre', *Huntington Library
Quarterly*, 29 (1965), 35.

5　有关在法国和意大利的穆斯林奴隶，参见 Moulay Belhamissi, *Les captifs algériens et I'Europe
chrétienne* (Algiers, 1988)；Peter Earle, *Corsairs of Malta and Barbary* (1970)。活跃在地中海地区的基
督徒私掠者——包括英国人——有时也会劫掠其他基督徒。

6　PRO, SP 71 / 16, fol. 155; Ellen G. Friedman, *Spanish Captives in North Africa in the Early Modern Age*
(Madison, WI, 1983).

7　See, for instance, Admiral Herbert's letter-book, Beinecke Library, Yale University, Osborn Shelves, f.
b. 96.

8　Abdallah Laroui, *The History of the Maghrib: An Interpretive Essay* (Princeton, NJ, 1977), 244.

9　John Brewer, *The Sinews of Power: War Money and the English State, 1688–1783* (New York, 1989), 198.

10　参见 David Armitage, *The Ideological Origins of the British Empire* (Cambridge, 2000), 100–24。

11　Russell King *et al.* (eds), *The Mediterranean: Environment and Society* (1997), 10, drawing on Braudel's
arguments.

12　The following paragraphs draw heavily on Robert C. Davis, 'Counting European slaves on the
Barbary coast', *Past and Present*, 172 (2001).

13　最早的用英语写作的柏柏里俘虏故事可追溯到 16 世纪 70 年代。参见 Nabil Matar, *Turks,
Moors and Englishmen in the Age of Discovery* (1999), 181。

14　William Laird Clowes, *The Royal Navy: A History from the Earliest Times to the Present* (7 vols, 1996 repr.),
II, 22.

15　David Delison Hebb, *Piracy and the English Government 1616–1642* (Aldershot, 1994); Todd Gray,
'Turkish piracy and early Stuart Devon', *Report and Transactions Devonshire Association*, 121 (1989),

16　*A Relation of the Whole Proceedings concerning the Redemption of the Captives in Algier and Tunis* (1647).

17　Frank H. Ellis (ed.), *Poems on Affairs of State: Augustan Satirical Verse, 1660–1714* (7 vols, New Haven,

CT, 1975), VII, 243. 有关针对柏柏里的海上袭扰，参见 Sari R. Hornstein, *The Restoration Navy and English Foreign Trade, 1674–1688* (Aldershot, 1991)。

18 'Navy, state, trade, and empire', in *OHBE*, I, 473; Ralph Davis, *The Rise of the English Shipping Industry* (1962), 15.

19 'List of Ships and Men Taken', PRO, SP 71 / 18, fol. 25; Dominique Meunier, *Le Consulat anglais à Tétouan sous Anthony Hatfeild* (Tunis, 1980), 36–40.

20 W. E. Minchinton (ed.), *Politics and the Port of Bristol in the Eighteenth Century* (1963), 82–3.

21 Joseph Redington (ed.), *Calendar of Treasury Papers*, 1556–1728 (7 vols, 1868–1889), II, 250–1.

22 Anderson, 'Great Britain and the Barbary states', 103.

23 Fisher, *Barbary Legend*, 227; *CSPD*, 1661–2, 285.

24 这是我根据散见于各地的档案等材料中记载的赎金数额做出的估算。正如下文所述，由于这一估算基于不完整的信息，因此会偏向保守一些。

25 Meunier, *Le Conszulat anglais à Tetouan*, 39.

26 PRO, SP 102 / 1, fol. 53; *British and Foreign State Papers 1812–1814* (1841), 357, 363.

27 在此，我要感谢斯坦福大学的吉利安·韦斯（Gillian Weiss）允许我参考她的手稿：'From Barbary to France: Processions of Redemption and Early Modern Cultural Identity'。

28 PRO, SP 71 / 16, fol. 256.

29 *An Exhortation to those Redeemed Slaves, who came in a Solemn Procession to St Paul's Cathedral* (1702), 17; *DNB*, 14, p. 775.

30 格雷戈里·金（Gregory King）认为，在 17 世纪 80 年代的时候，水手和普通士兵以及贫民一样，是英国社会结构的最底层。参见 Geoffrey Holmes, 'Gregory King and the social structure of pre-industrial England', *Transactions of the Royal Historical Society*, 27 (1977)。

31 *CSPD*, 1700–1702, 470–1.

32 1714—1719 年的名单，参见 Meunier, *Le Consulat anglais à Tetouan*, 36–40; 有关的黎波里的情况，参见 Michel Fontenay, 'Le maghreb barbaresque et l'esclavage Méditerranéen aux XVIè et XVIIè siècles', *Les cahiers de Tunisie*, XLIV (1991)。

33 *John Whitehead*, 4–11; Abun-Nasr, *History of the Maghrib*, 161.

34 有关奥斯曼帝国境内其他地区的英国俘虏问题，参见 Alfred C. Wood, *A History of the Levant Company* (1964)。

393 35 'Petition of the Poor Seamen Captive in Algiers', 4 March 164: 感谢麦佳·詹森（Maija Jansson）教授向我推荐她正在编辑的这本书。有关 17 世纪 70 年代的请愿，参见 Guildhall Library, London, Broadside 12. 12。

36 Quoted in Christopher Lloyd, *English Corsairs on the Barbary Coast* (1981), 101.

37 有 关 这 一 具 有 争 议 性 的 问 题， 参 见 Joseph C. Miller, 'Muslim slavery and slaving: a

bibliography', *Slavery & Abolition*, 13 (1992)。我发现下列研究也很有价值，参见 J. R. Willis, *Slaves and Slavery in Muslim Africa* (2 vols, 1995); H. A. R. Gibb *et al.* (eds), *The Encyclopaedia of Islam* (8 vols, Leiden, 1960–97 edn): 'Abd, Habshi, Hartini, Ghulam, and Ma'dhun 部分; Bernard Lewis, *Race and Slavery in the Middle East: An Historical Enquiry* (Oxford, 1990)。

38 John Braithwaite, *The History of the Revolutions in the Empire of Morocco* (1969 reprint of 1729 edn), 67.

39 *Thomas Sweet* (1646); Braithwaite, *History of the Revolutions*, 185–6.

40 *Francis Knight* (1640), 29. 有关海战与奴隶制的内容，参见 Jan Glete, *Navies and Nations: Warships, Navies and State Building in Europe and America, 1500–1860* (2 vols, Stockholm, 1993), I, 114–46, 250–2。

41 *The Memoirs of Sir Hugh Cholmley* (1787), 137.

42 参见 *Thomas Phelps* (1685)，这个英国人曾参与建造了穆莱·伊斯梅尔的宫殿。有关阿尔及尔的奴隶与公共工程的关系，参见 Ellen G. Friedman, "Christian captives at 'hard labour' in Algiers, 16th–18th centuries"，*International Journal of African Historical Studies*, 13 (1980)。

43 *Thomas Troughton* (1751), 14–16 and *passim*.

44 参见 Davis, 'Counting European Slaves' 关于这些问题的讨论。

45 *The Arabian Journey: Danish Connections with the Islamic World over a Thousand Years* (Arhus, 1996), 87.

46 Orlando Patterson, *Slavery and Social Death: A Comparative Study* (1982), 7; Seymour Drescher and Stanley L. Engerman (eds), *A Historical Guide to World Slavery* (Oxford, 1998), 284–5.

47 一个典型的例子是塞缪尔·佩皮斯的描述：1661 年 2 月 8 日中午，他在伦敦交易所附近散步时，遇到了两个曾经在柏柏里待过的俘虏，"我们一直聊到凌晨四点，他们一直在给我讲阿尔及尔的故事以及那里的奴隶是如何生活的"。Robert Latham and William Matthews (eds), *The Diary of Samuel Pepys* (10 vols, 1970–83), II, 33–4.

48 'An account of Mr. Russell's Journey from Gibraltar to Sallee（原文如此）', Bodleian Library, MS Eng. hist. d. 153, fol. 1; Proclamation, 12 March 1692, Bristol RO, EP/A/31/4.

49 *Gleanings in Africa ... with Observations ... on the State of Slavery* (1806), 149; Morgan Godwyn, *The Negro's & Indian's Advocate* (1680), 28. 感谢德洛尔·沃赫曼（Dror Wahrman）教授让我注意到了第一篇文献。

50 Betton Charity Papers, Guildhall Library, London, MS 17034, bundle 4.

51 随着人们越来越多地开始利用伊斯坦布尔的档案材料，有关奥斯曼的历史研究也在发生令人兴奋的变化。当前的重要研究，包括 Donald Ouataert, *The Ottoman Empire, 1700–1922* (Cambridge, 2000); Virginia H. Aksan, 'Locating the Ottomans among early modern empires', *Journal of Early Modern History*, 3 (1999); Halil Inalcik and Donald Quataert (eds), *An Economic and Social History of the Ottoman Empire, 1300–1914* (Cambridge,1994)。

52 In his *The Perspective of the World* (1984), 467.

394

53　'The Barbary states', *Quarterly Review*, XV (1816), 151.

54　〔Matthew Barton〕, *An Authentic Narrative of the Loss of His Majesty's Ship the Litchfield* (London, n.d.), 2.

55　Andrew C. Hess, 'The Forgotten Frontier: The Ottoman North African Provinces during the Eighteenth Century', in Thomas Naff and Roger Owen (eds), *Studies in Eighteenth-Century Islamic History* (Carbondale, IL, 1977), 83.

56　Bodleian Library, Rawl. c. 145, fol. 21. 有关近代早期摩洛哥军事力量的发展，参见 Weston F. Cook, *The Hundred Years War for Morocco* (Boulder, CO, 1994); Allan Richard Meyers, 'The Abid al-Bukhari: Slave Soldiers and Statecraft in Morocco, 1672–1790', Cornell University PhD dissertation, 1974。

57　'Papers regarding the redemption of English captives', Corporation of London RO, Misc. MSS 156. 9; Redington, *Calendar of Treasury Papers*, VII, 62.

58　*Mediterranean and the Mediterranean World, passim*.

59　参见 pp. 126–132。

60　英语世界中最出色的相关研究，参见 George Hills, *Rock of Contention: A History of Gibraltar* (1974) 和 Desmond Gregory, *Minorca: The Illusory Prize* (1990)。任何对 1700 年后地中海世界的外交、海军以及商业史感兴趣的学者，都应该查阅直布罗陀总督图书馆的大量档案。但直到目前，学者们仍然几乎没有接触过这些档案。

61　Gregory, *Minorca*, 207–9.

62　关于这一点，参见 Janet Sloss, *A Small Affair: The French Occupation of Minorca during the Seven Years War* (Tetbury, 2000)。

63　Paul M. Kennedy, *The Rise and Fall of British Naval Master* (1976), 109.

64　J. A. Houlding, *Fit for Service: The Training of the British Army, 1715–1795* (Oxford, 1981).

65　PRO, SP 71 /20 Part I, fol. 182.

第三章　讲故事

1　例如，参见 *Francis Brooks* (1693), 7. 有关英国人认为柏柏里私掠者能靠魔法找到他们的内容，参见 Basil Lubbock (ed.), *Barlow's Journal* (2 vols, 1934), II, 55。

2　Adam Elliot (1731), xxii.

3　有关其他教派的活动，参见 Kenneth L. Carroll, 'Quaker slaves in Algiers, 1679–1688', *Journal of the Friends Historical Society*, 54 (1982), 301–12; B. Gwynn (ed.), 'Minutes of the Consistory of the French Church of London ...1679–92', *Huguenot Society Quarto Series*, 58 (1994), 271, 275, 280 and 342。感谢伦道夫·维格尼（Randolph Vigne）让我注意到了后面这篇文章。Charles Henry

Hull (ed.), *The Economic Writings of Sir William Petty* (2 vols, 1964 repr.), II, 512.

4　Accounts of money collected, Corporation of London RO, GLMS / 284 and 285.

5　有关这一问题的内容，参见 W. A. Bewes, *Church Briefs, or, Royal Warrants for Collections for Charitable Objects* (1896); Mark Harris, "'Inky blots and rotten parchment bonds': London, charity briefs and the Guildhall Library', *Historical Research*, LXVI (1993), 98–110。

6　R. N. Worth, *Calendar of the Tavistock Parish Records* (Plymouth, 1887), 56–7.

7　*Ibid.*, 56–63. 在这些募集赎金的活动中，妇女的作用非常显著，她们既参与了教堂的募捐，也会通过遗嘱将遗产捐赠到这里。

8　有关 1780 年后英国社会中广泛流行的废奴思想，参见 Seymour Drescher, *Capitalism and Antislavery: British Mobilization in Comparative Perspective* (1986)。

9　Guildhall Library, London, Proc. 23. 20.

10　参见游行的相关报道。例如，*Daily Post*, 5 December 1721; *Daily Journal*, 12 November 1734。

11　*The great blessings of redemption from captivity* (1722), 3 and 22.

12　*Daily Journal*, 12 November 1734; William Sherlock, *An Exhortation to those Redeemed Slaves who Came in a Solemn Procession to St. Paul's Cathedral* (1702), 16.

13　本段引用了吉利安·韦斯（Gillian Weiss）未发表的论文：'From Barbary to France: processions of redemption and early modern cultural identity'。

14　Joseph Morgan, *Several Voyages to Barbary* (2nd edn, 1736), 142.

15　我参考了两个不同的信息源来重构朱克斯的故事：William Gouge, *A Recovery from Apostacy* (1639); and Richard Gough, *The History of Myddle*, ed. David Hey (New York, 1981), 115. 感谢大卫·昂德当（David Underdown）教授让我注意到了后面这份材料。

16　这里引用的诗句源自约 1790 年版的"贝特曼勋爵"，名为"年轻的贝克"，藏于 Bodleian Library, Harding B 6 (86)。这首民谣一直很受欢迎，年轻的查尔斯·狄更斯和艺术家乔治·克鲁克申克（George Cruickshank）合作创作了一个新版本：*The Loving Ballad of Lord Bateman* (1839).

17　我发现下列著作中的叙事方式很有用：Lewis P. Hinchman and Sandra K. Hinchman (eds), *Memory, Identity, Community: The Idea of Narrative in the Human Sciences* (Albany, NY, 1997)。

18　R. L. Playfair, *The Scourge of Christendom* (1884), 135.

19　感谢国家海事博物馆的芭芭拉·汤姆林森（Barbara Tomlinson）帮助我找到了这篇被毁的纪念碑碑文。

20　参见他的审查笔录，Lancashire RO, QSP 1223/7。

21　参见 G. E. Hubbard, *The Old Book of Wye: being a record of a Kentish country parish* (Derby, 1951), 130–1："在 17 世纪余下的时间里，以及 18 世纪的大部分时间里，怀伊教会的记录中都保留着大量与土耳其奴隶有关的内容。"

396

22　W. Petticrew to Lord Holderness, 2 October 1753, PRO SP 71 / 19, fols 123–6, enclosing A declaration made here by two Moors...before the Governor and Chief Justice（原文如此）.

23　*Ibid.*, fols 125–6.

24　*Francis Knight* (1640), preface.

25　参见 *Strange and wonderfull things happened to Richard Hasleton … penned as he delivered it from his owne mouth* (1595)。

26　Simon Schama, *Dead Certainties, (Unwarranted Speculations)* (1991).

27　*William Okeley* (1676), preface and opening verse.

28　*Thomas Troughton* (1751), 6–8.

29　早期，被掳至柏柏里的新英格兰俘虏还能够记录一些东西。参见 Narrative of Joshua Gee of Boston, Mass. (Hartford, CT, 1943), 26–7; *William Okeley* (1676), 26。

30　*William Okeley* (1666), preface.

31　*Ibid.*, 1764 edn, x–xi.

32　参见 Lennard Davis, *Factual Fictions: The Origins of the English Novel* (New York, 1983)。

33　P. J. Marshall and Glyndwr Williams, *The Great Map of Mankind* (1982), 53; Percy G. Adams, *Travel Literature and the Evolution of the Novel* (Lexington, Kentucky, 1983), 97.

34　有关这一主题的重要文献，参见相关介绍，Stuart B. Schwartz, *Implicit Understandings: Observing, Reporting, and Reflecting on the Encounters between Europeans and Other Peoples in the Early Modern Era* (Cambridge, 1994), 1–23。

35　*Thomas Pellow* (1890), 186; P. Mercer, 'Political and Military Developments within Morocco during the early Alawi Period', London University PhD dissertation, 1974, 41.

36　Magali Morsy, *La relation de Thomas Pellow: Une lecture du Maroc au 18e siècle* (Paris, 1983).

37　参见 Daniel Nordman, 'La mémoire d'un captif', *Annales*, xli (1986)。现代人布赖恩·基南（Brian Keenan）在讲述自己在贝鲁特被囚禁的四年的故事时，也突出了这一时期他对于西历时间的不熟悉，参见 *An Evil Cradling* (1992)。

38　*Thomas Pellow* (1890), 235; Morsy, *La relation*, 205n.

39　Joan Brady, *The Theory of War* (New York, 1993), 94.

40　*Thomas Pellow* (1740), 385.

397

第四章　直面伊斯兰世界

1　有关科文特花园剧院以及《乞丐歌剧》的内容，参见 John Brewer, *The Pleasures of the Imagination: English Culture in the Eighteenth Century* (1997), 325–56, 428–44。

2　'English Slaves in Barbary', *Notes and Queries*, March 5 1921, 187. 特劳顿和他的同伴于 1751 年 3

月 22 日回到了伦敦。

3   *Poems on Several Occasions* (1734), 271.

4   *Thomas Phelps* (1685), preface; *John Whitehead* MS, 4 and 16.

5   Edward Said, *Orientalism: Western Conceptions of the Orient* (1995 edn), *passim.* 现在，对这本内容丰富、富有启发性的著作的讨论不胜枚举。我认为最有价值的讨论包括以下内容：Sadiq, Jalal al-'Azm, 'Orientalism and Orientalism in Reverse', in Jon Rothschild (ed.), *Forbidden Agendas: Intolerance and Defiance in the Middle East* (1984), and Dennis Porter, 'Orientalism and its Problems', in Francis Barker et al. (eds), *The Politics of Theory* (Colchester, 1983).

6   James Grey Jackson, *An Account of the Empire of Morocco* (3rd edn, 1814), 153. 可以说，偏见无处不在，但在实践中，这种偏见对接触与合作的影响却十分有限。参见 Rhoads Murray, 'Bigots or informed observers? A periodization of pre-colonial English and European writing on the Middle East', *Journal of the American Oriental Society*, 110 (1990)。

7   Lord Hervey 的诗句，引用自我的著作，*Britons: Forging the Nation 1707–1837* (1992), 35。

8   有关这一观点的详细表述，参见 K. N. Chaudhuri, 'From the Barbarian and the Civilized to the Dialectics of Colour: An Archaeology of Self-Identities', in Peter Robb (ed.), *Society and Ideology: Essays in South Asian History* (Delhi, 1994)。

9   参见 Nabil Matar, *Islam in Britain 1558–1685* (Cambridge, 1998), 74–86; and G. J. Toomer, *Eastern Wisedome and Learning: The Study of Arabic in Seventeenth-Century England* (Oxford, 1996)。

10 Matar, *Islam in Britain*, 73–83.

11 *Devereux Spratt*, 25–6; Nabil Matar, *Turks, Moos & Englishmen in the Age of Discovery* (New York, 1999), x, 171.

12 *Sentences of Ali, son-in-law of Mahomet* (1717), preface. 奥克利（这个人值得拥有一部传记）特别称赞了"彬彬有礼的亚洲人（其中波斯人当之无愧地排在首位……）"的智力水平。参见 *An Account of South-West Barbary* (1713), xix。

13 Quoted in Albert Hourani, *Islam in European Thought* (Cambridge, 1991), 10.

14 *The Koran, commonly called the Alcoran of Mohammed* (1734), preface; *The Life of Mahomet, translated from the French* (1731), dedication.

15 *A Compleat History of the Piratical States of Barbary* (1750 edn), v; see, too, Morgan's *Mahometanism Fully Explained* (2 vols, 1723–5).

16 "摩尔人"，那些曾经在北非定居的西班牙穆斯林，通常被想象成肤色黝黑的黑人，但正如莎士比亚的《奥赛罗》里所暗示的那样，与撒哈拉以南非洲的黑人相比，这并不一定是低人一等或缺乏实力的证据。参见 Khalid Kekkaoui, *Signs of Spectacular Resistance: The Spanish Moor and British Orientalism* (Casablanca, 1998)。

17 *John Whitehead* MS, fol. 26; *The Memoirs of Sir Hugh Cholmley* (1787), 137.

398

18 *Elizabeth Marsh* MS, unfoliated.

19 有关英国人对北非犹太商人与穆斯林商人的宽容，参见 George Hills, *Bone of Contention: A History of Gibraltar* (1974)。

20 例如，耶鲁大学的地图图书馆中藏有一幅 18 世纪晚期的刺绣地图，其中明确将北非纳入了欧洲。*The Adventures of Mr. T. S. an English merchant, taken prisoner by the Turks of Algiers* (1670), 157.

21 Michael Adas, *Machines as the Measure of Men: Science, Technology and Ideologies of Western Dominance* (1989).

22 BL, Add. MS 47995, fols 30 and 39.

23 *A Compleat History*, 255–6. 有关 1750 年之前英国的不稳定因素，参见 J. H. Plumb, *The Growth of Political Stability in England, 1675–1725* (1967); and Paul Monod, *Jacobitism and the English People, 1688–1788* (Cambridge, 1989)。

24 *Edward Coxere*, facing p. 60.

25 *Devereux Spratt*, 11–13, 33–4.

26 'Islamic Law and Polemics over Race and Slavery in North and West Africa', in Shaun E. Marmon (ed.), *Slavery in the Islamic Middle East* (Princeton, NJ, 1999), 43.

27 *James Irving* MS, 29; *Elizabeth Marsh* (1769), I, 38–9.

28 N. J. Dawood (ed.), *The Muqaddimah: An Introduction to History* (Princeton, NJ, 1989), 59–60; *Joseph Pitts* (1704), 24.

29 See, for instance, John Braithwaite, *The History of the Revolutions in the Empire of Morocco* (1969 reprint of 1729 edn), 214–15:"（我们）经过街道时肯定会受到冒犯，会有三四百人一起聚在那里大喊大叫，叫嚣着'不信教的人会受诅咒'。有时，老百姓还会朝着我们扔石头和砖头。"

30 *William Okeley* (1684), 12–14.

31 *James Irving* (1995), 128.

32 Said, *Orientalism*, 11.

33 Michelle Burnham, *Captivity and Sentiment: Cultural Exchange in American Literature, 1682–1861* (Hanover, NH, 1997), 2.

34 William Okeley (1684), 41, 46–7.

35 *Joseph Pitts* (1704), 142, 156, 158–62, 171.

36 Pierre de Cenival and P. de Cossé Brissac (eds), *Les sources inédites de l'his-toire du Maroc: archives et bibliothèques d'Angletere* (3 vols, Paris, 1918–35), III, 68; *Devereux Spratt*, 26.

37 *Genesis*, 41, V. 52.

38 William Nelson, *Particulars of the hardships and sufferings of William Nelson...who was afterwards taken prisoner by an Algerine galley* (Grantham, 1820?). 据我所知，大英图书馆藏有唯一一本副本，但现已遗失。由于无法查阅，我无法断定它是否为真迹。

399

39　参见 Peter Linebaugh and Marcus Rediker, *The Many-Headed Hydra: Sailors, Slaves, Commoners, and the Hidden History of the Revolutionary Atlantic* (2000); 有关 Saphra, 参见 Thomas Pocock, *The Relief of Captives, especially of our own countrymen* (1720), 10–12。

40　A. R. Meyers, 'The Abid al-Bukhari: Slave Soldiers and Statecraft in Morocco, 1672–1790', Cornell University PhD dissertation, 1974, 142–4; *James Irving* (1995), 119; *Thomas Troughton* (1751), 14–16.

41　参见 Ian Duffield and Paul Edwards, 'Equiano's Turks and Christians: an eighteenth-century African view of Islam', *Journal of African Studies*, 2 (1975–6). 艾奎亚诺的出生地很可能在美洲，而非他在发表的故事中所说的非洲，参见 the introduction to Olaudah Equiano, *The Interesting Narrative and Other Writings*, ed. Vincent Caretta (1995)。

42　这一点不应被过分强调。尽管在北非，黑奴有更多的机会，但大多数黑奴的待遇似乎不如白奴。此外，不列颠的黑人与不列颠的白人一样，对被柏柏里人俘虏的反应并不一致。例如，据说是虔诚基督徒的托马斯·萨弗拉就选择回到英国。

43　PRO, SP 71/14, Part Two, fol. 221.

44　有关此类的内容，参见 Nicholas B. Harding, 'North African piracy, the Hanoverian carrying trade, and the British state, 1728–1828', *Historical Journal*, 43 (2000)。

45　Guildhall Library, London, MS 17034, Betton Charity Papers, Bundlle 3.

46　Fernand Braudel. The Mediterranean and the Mediterranean World in the Age of Philip II (2 vols, 1995 edn), II, 889.

47　有关巴特勒家族的内容，参见 PRO, FO 113/3, fol. 272。

48　See, for instance, BL, Egerton MS 2528, fol. 97.

49　18 世纪第二个 10 年至 18 世纪 20 年代，英国国内曾就上帝一体论与伊斯兰教的关系展开了一场大辩论。参见 J. A. I. Champion, 'The Pillars of Priestcraft Shaken: The Church of England and its Enemies, 1660–1730', Cambridge University PhD dissertation, 1992。

50　*Joseph Pitts* (1704), 14, 82, 104 and 130.

51　Quoted in F. E. Peters, *The Hajj: The Muslim Pilgrimage to Mecca and the Holy Places* (Princeton, NJ, 1994), 116–17.

52　*Joseph Pitts* (1704), 68, 86, 115, 182–3.

53　参见 Carlo Ginzburg, *The Cheese and the Worms: The Cosmos of a Sixteenth-Century Miller* (New York, 1982), 50–1。

54　有关海德·帕克这一事件，参见 P. G. Rogers, *A History of Anglo-Moroccan Relations to 1900* (1970), 96–9。

55　John Hughes, *The Siege of Damascus* (London, 1720), 6. 有关马什的详细信息，参见我的 'The Narrative of Elizabeth Marsh: Barbary; Sex, and Power', in Felicity Nussbaum (ed.), *The Global Eighteenth Century* (forthcoming, Baltimore, MD, 2003)。

400

56 *Elizabeth Marsh* (1769), II, 18–94.

57 我在"The Narrative of Elizabeth Marsh"中更为详细地讨论了这一问题。

58 Maija Jansson(ed.), *Proceedings in Parliament, 1614* (Philadelphia, 1988), 200; 'To the Right Honourable the Commons', Guildhall Library, London, Broadside 12. 12.

59 *Francis Knight* (1640), 50; C. R. Pennell, *Piracy and Diplomacy in Seventeenth-Century North Africa* (1989), 62.

60 William Chetwood, *Voyages and Adventures of Captain Robert Boyle* (1726), 34; Paul Rycaut, *The Present State of the Ottoman Empire* (1668), 81. 感谢牛津大学墨顿学院的本·霍尔登（Ben Holden）让我注意到有关《鲁滨孙漂流记》的这一解读。

61 最近相关的讨论，参见 Stephen O. Murray and Will Roscoe (eds), *Islamic Homosexualities: Culture, History and Literature* (New York, 1997)。

62 其中可以反映出这方面变化的就是肖像画。18世纪50年代之前，例如桑威奇勋爵（Lord Sandwich）等地位显赫、充满野心的英国男性有时会选择穿着土耳其服饰来画肖像画。但 1760年之后，穿着此类"东方"服饰的基本上都是女性。

63 *Letters from Barbary 1576–1774: Arabic Documents in the Public Record Office*, trans. J. F. P. Hopkins (Oxford, 1982), 84.

64 Piers Mackesy, *British Victory in Egypt, 1801* (1995), 21; 有关1816年轰炸的相关内容，参见 Roger Perkins and K. J. Douglas-Morris, *Gunfire in Barbary* (1982)。

第五章　不同的美洲人，不同的英国人

1 有关伯德及其作品的相关信息，参见 R. Gunnis, *Dictionary of British Sculptors 1660–1851* (1968 rev. edn), 53。

2 有关截至1713年时大英帝国的权力及其局限性，参见 *OHBE*, I, 423–79。

3 试图超越这一解释的优秀作品，参见 Colin G. Calloway, *New Worlds for All: Indians, Europeans, and the Re-making of Early America* (1997)。 如果读者想要了解一些有关美洲原住民的最新研究进展，那么可以从以下这些书读起: J. C. H. King, *First Peoples, First Contacts: Native Peoples of North America* (Cambridge, MA, 1999), and Carl Waldman, *Biographical Dictionary of American Indian History to 1900* (New York, 2001 rev. edn). 这两本书都很出彩。接下来，读者可以选择继续阅读诸如 *Native Peoples* 和 *Ethnohistory* 之类的作品。不过，最好的导读类作品应该还是实物与图片。伦敦大英博物馆的北美蔡斯曼哈顿美术馆和纽约的美洲印第安人国家博物馆都非常常值得一去。

4 相关的参考文献相当丰富，而且仍有大量新的文献发表。有关从那些俘虏故事中抽出一部分进行重印的书籍以及相关内容的导论，参见 Alden T. Vaughan and Edward W. Clark (eds),

Puritans among the Indians: Accounts of Captivity and Redemption,1676–1724 (Cambridge, MA, 1981); Richard VanDerBeets, *Held Captive by Indians: Selected Narratives, 1642–1836* (Knoxville, Tennessee, 1994)。理查德·斯洛特金（Richard Slotkin）试图提供一种独具美洲特色的解释，尽管这一尝试现在已引起广泛的争议，但仍颇具影响力，参见 Richard Slotkin, *Regeneration through Violence: The Mythology of the American Frontier, 1600–1860* (Middletown, CT, 1973)。最近，一些学者试图在这一话题中注入新的活力，参见 John Demos, *The Unredeemed Captive: A Family Story from Early America* (New York, 1994)。

5   参见 K. O. Kupperman (ed.), *Captain John Smith: A Select Edition of his Writings* (1988)。史密斯可能从未面临真正的生命危险，波卡洪塔斯在他要被处决之前就将其营救了出来。

6   参见 K. O. Kupperman, *Settling with the Indians: The Meeting of English and Indian Cultures in America, 1580–1640* (Totowa, NJ, 1980); James H. Merrell, "'The Customes of our Country': Indians and Colonists in Early America", in Bernard Bailyn and Philip D. Morgan (eds), *Strangers within the Realm: Cultural Margins of the First British Empire* (1991)。

7   Kupperman, *Captain John Smith*, 72; Anthony McFarlane, *The British in the Americas 1480–1815* (1992), 57.

8   引自 K. O. Kupperman (ed.), *America in European Consciousness, 1493–1750* (Chapel Hill, NC, 1995), 17; Alden T. Vaughan, 'From White Man to Redskin: changing Anglo-American perceptions of the American Indian', *AHR*, 87 (1982)。

9   *CSPC*, V, 97.

10 有关美洲原住民是如何适应欧洲的战争风格的，参见 Patrick M. Malone, *The Skulking Way of War* (1991)。

11 King, *First Peoples*, 34.

12 *OHBE*, I, 195, 390, and 328–50 *passim*.

13 有关这一问题的杰出著作，参见 Jill Lepore, The Name of War: King Philip's War and the Origins of American Identity (New York, 1998)。

14 *CSPC*, XXXIV, 220–1; *OHBE*, II, 352.

15 有关这一问题，参见 William Cronon, *Changes in the Land; Indians, Colonists, and the Ecology of New England* (New York, 1983)。

16 那些无法自己走路或是无法自己进食的婴儿也可能会被杀死，因为俘虏他们实在是太麻烦了。参见 Demos, *Unredeemed Captive*, 7–27。

17 参阅亚历山大·汉密尔顿的故事：1722 年，听从法国人指示的印第安人将他以及另外四人俘虏，在肯尼巴克河附近，他们得到了一些食物以及烟草作为回报。*CSPC*, XXXIII, 407–15.

18 Gregory H. Nobles, *American Frontiers: Cultural Encounters and Continental Conquest* (New York, 1997), 35–6, 74.

402

19　*Jonathan Dickenson* (1700), 12, 28, 37.

20　*Ibid.*, 40–1, 70.

21　Alden T. Vaughan and Daniel K. Richter, 'Crossing the cultural divide: Indians and New Englanders, 1605–1763', *Proceedings of the American Antiquarian Society,* 90 (1980).

22　Ian K. Steele, 'Surrendering Rites: Prisoners on Colonial North American Frontiers', in Stephen Taylor *et al.*, *Hanoverian Britain and Empire: Essays in Memory of Philip Lawson* (Woodbridge, 1998), 141.

23　Mary Rowlandson (1997), III; Vaughan and Richter, 'Crossing the Cultural Divide', 82.

24　*OHBE*, II, 291; 参见 Michael Zuckerman, 'Identity in British America: Unease in Eden', in Nicholas Canny and Anthony Pagden (eds), *Colonial Identity in the Atlantic World, 1500–1800* (Princeton, NJ, 1987)。

25　一个不错的现代版本，参见 *The Sovereignty and Goodness of God by Mary Rowlandson*, ed. Neal Salisbury (Boston, MA, 1997).

26　*Ibid.*, 71, 81, 94.

27　As printed in VanDerBeets, *Held Captive by Indians*, 94, 97.

28　有关这一问题，参见 June Namias, *White Captives: Gender and Ethnicity on the American Frontier* (Chapel Hill, NC, 1993)。

29　Lepore, *Name of War*, 5.

30　Vaughan and Clark, *Puritans among the Indians*, 153: 汉娜的故事在重印时被列入了这套丛书之中。

31　Demos, *Unredeemed Captive*, 49.

32　不过，应该指出的是，北美殖民地俘虏的故事有时会作为英国人所著书籍的增补内容而得以再版。例如，对地形和帝国都很感兴趣的伦敦出版商理查德·布洛姆（Richard Blome）就将昆廷·斯托克韦尔（Quentin Stockwell）的故事收录进了自己的丛书之中。参见 *The Present State of His Majesties Isles and Territories in America* (1687)。

33　有关迪尔菲尔德袭击事件的内容，参见 Demos, Unredeemed Captive; L.F. Stock (ed.), *Proceedings and Debates of the British Parliaments respecting North America* (5 vols, Washington, DC, 1924–41), IIII, 73。

34　*CSPC*, XXV, 73–5.

35　J. H. Elliott, *The Old World and the New 1492–1650* (Cambridge, 1970). R. C. Simmons, *British Imprints Relating to North America 1621–1760* (1996) 是一本非常有用的指南，这本书向读者证明了 1750 年之后这一地区出版物的激增。不过，在英国本土印刷的有关法国、西班牙和意大利的书籍数量始终要多得多。

36　Lepore, *Name of War*, 48–56.

37　参见 his *Pastoral Letter to the English Captives in Africa* (Boston, MA, 1698); and *The Glory of Goodness* (Boston, MA, 1703)。

38　例如，我确信之所以乔纳森·狄肯森的故事能取得非同寻常的成功，在 18 世纪能在英国本土反复重印，原因之一就是书中所记录的事件发生在佛罗里达，而非新英格兰。狄肯森的正文与副标题还都大肆渲染了海难、食人事件，以及一名一同被俘的同伴——英格兰北部地区的一名贵格会教徒。

39　Charles Fitz–Geffrey, *Compassion towards Captives, chiefly towards our brethren and country-men who are in miserable bondage in Barbarie* (Oxford, 1637), 2–3.

40　'The British Empire and the Civic Tradition, 1656–1742', Cambridge PhD dissertation, 1992, 35.

41　*Mary Rowlandson* (1997), 64; VanDerBeets, *Held Captive by Indians*, 96.

42　Stock, *Proceedings and Debates*, II, 438. 即使是坚定地认为英帝国在美洲从一开始就是一个军事帝国的学者，也是如此描述殖民地正规军的情况的："守备的士兵大多患病、分散驻扎、纪律涣散，而且人数很少。17 世纪，北美大陆上的正规军士兵人数很少超过 1000 人。通常不超过 300 人。" Stephen Saunders Webb, The *Governors-General: The English Army and the Definition of the Empire, 1589–1681* (Chapel Hill, NC, 1979), 454.

43　Stock, *Proceedings and Debates*, II, 435.

44　参见 Appendix B of J. A. Houlding, *Fit for Service: The Training of the British Army, 1715–1795* (Oxford, 1981), 410–13。

45　Stock, *Proceedings and Debates*, III, 359–60.

46　*Ibid.*, V, 257.

47　Vaughan and Richter, 'Crossing the Cultural Divide', 51.

48　*OHBE*, I, 215.

49　参见 Lepore, *Name of War*, 173–4。

50　参见 Eric Hinderaker, "The 'Four Indian Kings' and the imaginative construction of the First British Empire", *WMQ*, 53 (1996); 有关韦勒斯特以及其他 "国王" 的肖像画，见 Bruce Robertson, "The Portraits: An Iconographical Study", in John G. Garratt, *The Four Indian Kings / Les Ouatre Rois Indiens* (Ottawa, 1985), 139–49。

51　Hugh Honour, *The Golden Land: European Images of America from the Discoveries to the Present Time* (1976), 125.

52　Richard P. Bond, *Queen Anne's American Kings* (Oxford, 1952), 77；有关强调北美殖民地不同文化群体之间的关系主要是 "交流互通" 而非冲突的经典分析，参见 Richard White, *The Middle Ground: Indians, Empires, and Republics in the Great Lakes Region, 1650–1815* (Cambridge, 1991)。

53　Quoted in P. J. Marshall and Glyndwr Williams, *The Great Map of Mankind* (1982), 195.

第六章　战争与新世界

1　*Susanna, Johnson* (1797) *passim.* 我同样参考了 *A Narrative of the Captivity of Mrs. Johnson* (Lowell, MA.,

1834), 这本书中有一些额外的材料。

2　*Susanna Johnson* (1797), 65–70.

3　H.V. Bowen,'British conceptions of global empire, 1756–82', *Journal of Imperial and Commonwealth History 26* (1998), 6. 最近有关北美殖民者和英国本土的人们在七年战争期间的经历最好的著作，参见 *Crucible of War* (New York, 2000), and Eliga Gould. *The Persistence of Empire* (2000)。

4　*An Inquiry into the Nature and Causes of the Wealth of Nations*, ed. R.H. Campbell and A.S. Skinner (2 vols, Oxford, 1976), II, 708.

5　R. C. Simmons and P. D. G. Thomas (eds), *Proceedings and Debates of the British Parliaments respecting North America 1759–1783* (6 vols, 1982–6), I, 71.

6　See, for instance, *Treaty and Convention for the Sick, Wounded, and Prisoners of War* (1759).

7　*Jean Lowry* (1760), 17; PRO, T1 / 391.

8　有关美国独立战争之前北美殖民地游历英国之人的相关信息，参见 Susan Lindsey Lively, 'Going Home: Americans in Britain, 1740–1776', Harvard University PhD dissertation, 1997。

9　Richard C. Simmons, 'Americana in British Books, 1621–1760', in Karen Ordahl Kupperman (ed.), *America in European Consciousness 1493–1750* (1995).

10　John Brewer, *Party Ideology and Popular Politics at the Accession of George III* (Cambridge, 1976), 139–60.

11　See, for instance, *Elizabeth Hanson* (160);〔Arthur Young〕, *The Theatre of the Present War in North America* (1758), iv–V.

12　参见 *Mary Rowlandson* (1997), 69, 75, 76, 79, 81。有关 1776 年之前北美殖民地的独特经验，参见 Jon Butler, *Becoming America* (Cambridge, MA, 2000)。

13　*John Rutherfurd* (1958), 233; *Peter Williamson* (1996), 11n; *Henry Grace* (1765),12.

14　*Thomas Morris* (1904), 315, 318. 莫里斯的原始手稿是在他恢复自由后不久，即 1764 年时就完成了的。1775 年时，乔治三世收到了其中的一个版本，但直到 1791 年，这部著作才得以出版。由于原稿似乎已不复存在，所以我们无法知道他在此期间是否添加了什么内容（如果他确实有所改动的话）。

15　有关这场灾难较为平和的论述, 参见 Daniel J. Beattie 'The Adaption of the British Army to Wilderness Warfare, 1755–I763', in M. Ultee (ed.), *Adapting to Conditions: War and Society in the Eighteenth Century* (Alabama, 1986); *Thomas Morris* (1904), 316。

16　Anderson, *Crucible of War*, 151–2.

17　参见 WJ. Eccles, 'The social, economic, and political significance of the military establishment in New France', *Canadian Historical Review*, 52 (1971)。

18　See, for instance, John Shy, *Toward Lexington: The Role of the British Army in the Coming of the American Revolution* (Princeton, NJ, 1965), 1–40.

19　NILS, MS 6506, fol. 38.

20　*Gentleman's Magazine* (1758), 259–60; *John Rutherfurd* (1958), 226–7.

21　*Henry Grace* (1765), 47–8; Ian K. Steele, 'Surrendering Rites: Prisoners on Colonial North American Frontiers', in Stephen Taylor et al. (eds), *Hanoverian Britain and Empire: Essays in Memory of Philip Lawson* (Woodbridge, Suffolk, 1998), 141.

22　威廉姆斯这一时期的记述以及他自己的俘虏故事，可见 Huntington Library, Pasadena, LO 977, box 21, deposition dated 5 Feb. 1757, and LO 5344, box 115, examination dated 5 Jan. 1758。

23　Ian K. Steele, *Betrayals: Fort William Henry and the 'Massacre'* (Oxford, 1990); 有关英国人在面对印第安人可能的袭击之时临阵脱逃的案例，参见 Robert R. Rea, 'Military deserters from British West Florida', *Louisiana History*, 9 (1968), 124–5。

24　关于这些内容，参见 Eileen Harris, *The Townshend Album* (1974)。

25　尽管并非所有英国人都是这么想的，例如可参见［Horace Walpole］, *Reflections on the different ideas of the French and English, in regard to cruelty* (1759)。

26　参见 *Proceedings of the Committee ... for Cloathing French Prisoners of War* (1760); Francis Abell, *Prisoners of War in Britain 1756 to 1815* (1914), 449–50.

27　*The Law of Nations* (2 vols, 1760 edn), Book III, 26, 49–56.

28　PRO, CO / 5 / 50, fols 579 and 611.

29　Beattie, 'The Adaption of the British Army to Wilderness Warfare', 74n; W. A. Gordon, 'The siege of Louisburg', *Journal of the Royal United Service Institution*, LX (1915), 125.

30　The verdict on Amherst is in Michael J. Mullin, 'Sir William Johnson, Indian Relations, and British Policy, 1744 to 1774', University of California, Santa Barbara, 1989 PhD dissertation, 244; Anderson, *Crucible of War*, 546.

31　有关阿默斯特与种族灭绝的问题，参见 Bernard Knollenberg, 'General Amherst and germ warfare', *Mississippi Valley Historical Review*, XLI (1965); 有关约翰·斯图亚特的信息，参见 J. Norman Heard, *Handbook of the American Frontier: The Southeastern Woodlands* (1987), 344; James W. Covington, *The British meet the Seminoles: Negotiations between British Authorities in East Florida and the Indians, 1763–8* (Gainesville, FL, 1961)。

32　一个英国殖民者曾随口承认，他与自己的同伴杀死了一名手无寸铁的印第安妇女，并剥去了她的头皮。参见 *A Journal of Lieutenant Simon Stevens ... with an account of his escape from Quebec* (Boston, MA, 1760), 12; 有关英国正规军在北美的屠戮行为，参见 P. G. M. Foster, 'Quebec 1759', *JSAHR*, 64 (1986), 221–2。

33　Quoted in Richard L. Merritt, *Symbols of American Community 1735–1775* (Westport, CT, 1966), 164.

34　*Man of the World* (2 vols, 1773), II, 169–83; Tobias Smollett, *The Expedition of Humphry Clinker* (Oxford, 1966), 192–4.

35　J. Bennett Nolan, 'Peter Williamson in America, a colonial odyssey', *Pennsylvania History*, XXX-

406

XXXXI (1963–4), 24–5. 作为苏格兰、英帝国以及一类文化现象的代表人物，威廉姆森值得我们为他写一本优秀的传记。威廉姆森 1762 年出版的故事已于 1996 年重印，迈克尔·弗莱（Michael Fry）还为其撰写了价值很高的导言。

407

36 *Peter Williamson* (1757), 10,14, 20, 24.

37 *Peter Williamson* (1996),14, 87, 89, 92–3, 108 *seq*.

38 *The trial of divorce at the instance gf Peter Williamson* (Edinburgh, 1789), xxiii.

39 有关他的故事，布鲁斯·皮尔斯南曾拍过一部电影（可惜没引起什么关注），参见 Lovat Dickson, *Wilderness Man: The Amazing True Story of Grey Owl* (1999)。

40 拉瑟福德的一部分家庭背景以及他在底特律的经历可以从安阿伯市威廉·克莱门茨图书馆收藏的詹姆斯·斯特林（James Sterling）信札中找到一些信息。

41 *John Rutherfurd* (1958), 227, 229, 233–43.

42 *Ibid.* (1958), 220–1, 241, 247, 249.

43 Peter Way, 'The Cutting Edge of Culture: British Soldiers Encounter Native Americans in the French and Indian War', in Martin Daunton and Rick Halpern (eds), *Empire and Others: British Encounters with Indigenous Peoples 1600–1850* (1999), 142–3; S. H. A. Hervey (ed.), *Journals of the Hon. William Hervey in America and Europe* (Bury St Edmunds, 1906), 144.

44 Rea, 'Military deserters', 126; James Sullivan (ed.), *The Papers of Sir William Johnson* (14 vols, Albany, NY, 1921–65), IV, 428. 针对这些跨越边界之人的调查研究，参见 Colin Calloway, 'Neither red nor white: white renegades on the American Indian frontier', *Western Historical Quarterly*, 17 (1986)。

45 [William Smith] , *An historical account of the expedition against the Ohio Indians* (1766), 27 and *passim*.

46 *Ibid.*, 28.

47 PRO, WO 34/27, fol. 150.

48 有关这一问题，参见 Philip Lawson, *The Imperial Challenge: Quebec and Britain in the Age of the American Revolution* (Montreal, 1989); Robert L. Gold, *Borderland Empires in Transition: The Triple Nation Transfer of Florida* (Carbondale, IL, 1969)。

49 Merritt, *Symbols of American Community*, 119 *seq*; 参见 T. H. Breen, 'Ideology and nationalism on the eve of the American Revolution: revisions once more in need of revising', *Journal of American History*, 84 (1997)。

50 Based on population figures in *OHBE*, II, 100.

51 关于此可参见 Bernard Bailyn, *Voyagers to the West: A Passage in the Peopling of America on the Eve of the Revolution* (New York, 1988), 3–66.

52 John Mitchell, *The Present State of Great Britain and North America* (1767), viii, 114; 有关格伦维尔的警告，参见 L. F. Stock (ed.), *Proceedings and Debates of the British Parliaments respecting North America* (Washington, DC, 5 vols, 1924–41), V, 566–7.

53　R. W. Chapman (ed.), Boswell Life of Johnson (Oxford, 1970), 592.

54　有关伦敦方面针对这一系列问题的思考，参见 Jack M. Sosin, *Whitehall and the Wilderness: The*
　　Middle West in British Colonial Policy 1760–1775 (Lincoln, NE, 1961)。

55　参见 Fernand Ouellet, 'The British Army of Occupation in the St Lawrence Valley', in R. A. Prete
　　(ed.), *Armies of Occupation* (Kingston, Ont., 1984), 38–9。

第七章　革命

1　有关安德烈的故事，参见 Horace W. Smith, *Andreana* (Philadelphia, PA, 1865); William Abbatt, *The*
　　Crisis of the Revolution: Being the Story of Arnold and Andre (New York, 1899); James Thomas Flexner,
　　The Traitor and the Spy (New York, 1953)。

2　Flexner, *Traitor and Spy*, 146; Abbatt, *Crisis of the Revolution*, 68.

3　Stephen Conway, *The War of American Independence 1775–1783* (1995), 48.

4　Ibid., passim.

5　有关将 13 个殖民地置于更广阔的帝国背景之下进行的优秀研究，参见 D. W. Meinig, *The*
　　Shaping of America: A Geographical Perspective on 500 Years of History (1986); A. J. O'Shaughnessy, *An*
　　Empire Divided: The American Revolution and the British Caribbean (Philadelphia, PA, 2000)。

6　Conway, *War of Independence*, 157.

7　George Adams Boyd, *Elias Boudinot, Patriot and Statesman 1740–1821* (Princeton, NJ, 1952), 45. 有关
　　美国独立战争时期英军俘虏的研究很多，但针对另一方的研究则不多见。有一篇少见且
　　有用的比较性文章：Betsy Knight, 'Prisoner exchange and parole in the American Revolution',
　　WMQ, 48 (1991).

8　PRO, CO5/105, fol. 171.

9　Richard Sampson, *Escape in America: The British Convention Prisoners 1777–1783* (Chippenham, Picton,
　　1995), 193; BIL, Add. MS 38875, fols 74–5.

10　James Lennox Banks, *David Sproat and Naval Prisoners in the War of the Revolution* (New York, 1909),
　　116.

11　有关西班牙的数据，参见 PRO, ADM 98 / 14, fol. 199; Franklin's opinion is cited in PRO, ADM
　　98 / 12, fol. 262。

12　Ray Raphael, *A People's History of the American Revolution* (New York, 2001), 114; W. V. Hensel, *Major*
　　John André as a Prisoner of War (Lancaster, PA, 1904), 13.

13　Newberry Library, Chicago, Ayer MS 728, vault box.

14　Charles H. Metzger, *The Prisoner in the American Revolution* (Chicago, IL, 1971), 4; Memorial of John

MacGuire, PRO, 30/55/82. 美国独立战争期间的恐怖活动，以及这一系列活动对所有参与其中的人们和种族群体产生了何种影响，仍有待历史学家进一步研究。

409 15 Larry G. Bowman, *Captive Americans: Prisoners during the American Revolution* (Athens, OH, 1976), 59.

16 ［Allan Ramsay］, *Letters on the Present Disturbances in Great Britain and her American Provinces* (1777), 20. 感谢伊利嘉·格劳德（Eliga Gould）教授提醒我注意到了这一点。

17 *William Widger* (1937), 347.

18 *Thomas Hughes* (1947), 17.

19 *Charles Herbert* (1847), 19–20; *John Blatchford* (1788), 9.

20 Charles Herbert (1847),34.

21 Olive Anderson, 'The treatment of prisoners of war in Britain during the American War of Independence', *Bulletin of the Institute of Historical Research*, 28 (1955), 63; *An Authentic Narrative of Facts relating to the Exchange of Prisoners taken at the Cedars* (1777), 5.

22 Howe to Lt.-Col. Walcot, 26. January 1777, PRO, 30/55/4, fol. 388; K. G. Davies (ed.), *Documents of the American Revolution 1770–1783: Vol. XI Transcripts, 1775* (Dublin, 1976), 73.

23 For example, Washington to Howe, 10 February 1778: PRO, CO5/95, fol. 322.

24 参见 Raphael, *People's History, passim*。

25 Robert John Denn, 'Prison Narratives of the American Revolution', Michigan State University PhD dissertation, 1980, 61–2. 有关更为真实的美国方面在战场上与监狱中的死亡人数，参见 Howard H. Peckham, *The Toll of Independence* (Chicago, IL, 1974)。

26 *Substance of General Burgoyne's Speeches at a Court Martial ... at the Trial of Colonel Henley* (Newport, MA, 1778); Boyd, *Elias Boudinot*, 45.

27 Boyd, *Elias Boudinot*, 57.

28 参见 the evidence assembled in PRO, CO5/105, fols 315 *seq*。

29 *Thomas Anburey* (1791), I, preface.

30 例如，1781 年 1 月 5 日的一项决议指责英国方面无视"文明国家的惯例，（并）……以各种残酷的手段虐待我方的俘虏"。Anderson, 'Treatment of Prisoners of War', 75.

31 Washington to Cornwallis, 18 October 1781, PRO, 30/11/74, fol. 124; Lee Kennett, *The French Forces in America 1780–1783* (1977), 155.

32 Denn, 'Prison Narratives', 28–30.

33 有关英国人指控美国方面暴行的例子，参见 John Lind, *An Answer to the Declaration of the American Congress* (1776)，这本书当年共出了 5 版。有关美国的宣传网络，参见 Philip Davidson, *Propaganda and the American Revolution, 1763–1783* (New York, 1973 edn)。

410 34 Catherine M. Prelinger, 'Benjamin Franklin and the American prisoners of war in England during the American Revolution', *WMQ*, 32 (1975), 264.

35 理查德·桑普森（Richard Sampson）指出，"大多数英国军事史学家希望将这些人'彻底抹去'——准确来讲，不仅只有军事史学家这么想"：*Escape in America*, xi–xii. *Parl. Hist.*, 19 (1777–8), 1178.

36 Raphael, *People's History*, 135, 332。

37 有关艾伦的内容，参见 Raphael, *People's History*, 18–21; Michael A. Bellesiles, *Revolutionary Outlaws: Ethan Allen and the Struggle for Independence on the Early American Frontier* (1995)。

38 *Ethan Allen* (1930), 37, 40, 82, 118.

39 Howe to Washington, I August 1776, PRO, CO 5/93. fol. 487.

40 有关麦克雷的信息，参见 June Namias, *White Captives: Gender and Ethnicity on the American Frontier* (Chapel Hill, NC, 1993), 117 *seq.*; *Parl. Hist.*, 19 (1777–8), 697。

41 BL, Add. MS 32413, fol. 71B.

42 Revd Wheeler Case, *Poems occasioned by ... the present grand contest of America for liberty* (New Haven, CT, 1778), 37–9.

43 Carl Berger, *Broadsides and Bayonets: The Propaganda War of the American Revolution* (San Raphael, CA, 1976 rev. edn), 199.

44 *John Dodge* (1779), 14; *John Leeth* (1904), 29–30; Neal Salisbury (ed), *The Sovereignty and Goodness of God by Mary Rowlandson* (1997), 51–5.

45 *Benjamin Gilbert* (1784), 12; *Ebenezer Fletcher* (1798), 6.

46 参见 Sidney Kaplan and Emma Nogrady Kaplan, *The Black Presence in the Era of the American Revolution* (Amherst, MA, 1989); and Raphael, *People's History*, 177–234。

47 最近几十年里，有关美国独立战争的著作大量涌现。其中一部分杰出著作，参见 Kaplan and Kaplan, *Black Presence*; Sylvia R. Frey, *Water from the Rock: Black Resistance in a Revolutionary Age* (Princeton, NJ, 1991); Gary B. Nash, *Race and Revolution* (Madison, 1990); Colin Calloway, *The American Revolution in Indian Country* (Cambridge, 1995); 也可参见 Kirk Davis Swinehart's forthcoming Yale University PhD dissertation 'Indians in the House: Empire and Aristocracy in Mohawk Country, 1738–1845'。

48 BL, Add. MS 32413, fol. 73;［Lind］, *Answer to the Declaration*, 96, 108.

49 Sidney Kaplan, "The 'Domestic Insurrections' of the Declaration of Independence", *Journal of Negro History*, XLI (1976), 244–5; Benjamin Quarles, 'Lord Dunmore as Liberator', *WMQ*, XV (1958).

50 Quoted in Lester C. Olson, *Emblems of American Community in the Revolutionary Era* (Washington, DC, 1991), 80; Burke quoted in Ronald Hoffman and Peter J. Albert (eds), *Peace and the Peacemakers: the Treaty of 1783* (Charlottesville, VA, 1986), 9–10.

51 James W. St. G Walker, *The Black Loyalists* (1976), 4; Jack M. Sosin, 'The use of Indians in the War of the American Revolution: a reassessment of responsibility', *Canadian Historical Review*, 46 (1965).

411

52　Raphael, *People's History*, 140.

53　Robert W. Tucker and David C. Hendrickson, *Empire of Liberty: The Statecraft of Thomas Jefferson* (Oxford, 1990), 305.

54　Abbatt, *Crisis of the Revolution*, 83.

第八章　另一条通往印度的路

1　参见 *Sarah Shade* (1801)，这本 45 页的小册子是本章的主要参考资料。

2　参见 Matthew Stephens, *Hannah Snell: The Secret Life of a Female Marine, 1723–1792* (1997); and Dianne Dugaw (ed.), *The Female Soldier* (Los Angeles, CA, 1989)。

3　和所有习惯于口头交流的人们一样，萨拉经常记错日期。在她自己的故事中，她出生于 1741 年，而斯托克·伊迪丝（Stoke Edith）教区的登记册则显示，她受洗的日子是 1746 年 11 月 30 日。不过，她故事中的所有人物与重大事件都是经得起核实的。例如，她的第一任丈夫约翰·卡夫的名字出现在了马德拉斯军队的名册之上，其中显示，他是于 1764 年抵达印度的，比莎拉早了五年：IOL, L/MIL/11/110. 我提出这些观点是为了强调——尽管有时会有人提出相反的论断——自下而上发掘并研究帝国的历史是完全有可能的。

4　*OHBE*, II, 542.

5　C. W. Pasley, *Essay on the Military Policy and Institutions of the British Empire* (1810), 1–4.

6　IOL, L/MAR/B/272G and L/MAR/B/272S (2).

7　两部有关东印度公司海上业务演变的绝佳作品，参见 John Keay, *The Honourable Company* (1991) and Anthony Farrington, *Trading Places: The East India Company and Asia 1600–1834* (2002)。对此有兴趣的人还可以去参观格林尼治国家海事博物馆，而且能请求博物馆展出许多有关东印度商船的油画，通常而言，这些油画不会全部展出。

8　有关这一问题，参见 Philip Lawson, *The East India Company: A History* (1993)。

9　Brian Allen, 'The East India Company's Settlement Pictures: George Lambert and Samuel Scott', in Pauline Rohatgi and Pheroza Godrej (eds), *Under the Indian Sun* (Bombay; 1995).

10　*OHBE*, III, 487–507.

11　对此，未来的麦考利勋爵说道，"在获得权力之后，东印度公司在名义上并非一支独立的势力，而是德里宫廷里的一个大臣"，其转变"是在伪装之下逐步实现的"。*Hansard*, 3rd ser., 19 (1833), 507.

12　PJ. Marshall, *East India Fortunes: The British in Bengal in the Eighteenth Century* (Oxford, 1976), 217–18.

13　PJ. Marshall (ed.) *The Writings and Speeches of Edmund Burke: Madras and Bengal, 1774–85* (Oxford, 1981), 402. 对死亡率的经典研究，参见 Theon Wilkinson, *Two Monsoons: The Life and Death of Europeans in India* (1987 edn)。

412

14　William Fullarton, *A View of the English Interests in India* (1788 edn), 49–50.

15　"在计算英国与印度的相对实力之时，我们很容易犯这样的错误，即将我们自身放到天平的一侧，将 1.5 亿居民放在天平的另一侧"：*Hansard*, 3rd ser., 64 (1842), 449. 有趣的地方在于，此时的英国已经几乎要完全确立起在印度次大陆的霸权地位了，而此时的迪斯雷利仍然将这个问题视为一个问题。C. A. Bayly, *Indian Society and the Making of the British Empire* (Cambridge, 1988).

16　Marshall, *East Indian Fortunes*, 43; Om Prakash (ed.), *European Commercial Enterprise in Pre-Colonial India* (Cambridge, 1998); S. Arasaratnam, *Maritime Commerce and English Power: Southeast India, 1750–1800* (Aldershot, 1996), 242.

17　C. A. Bayly (ed.), *The Raj: India and the British 1600–1947* (1991), 130. 有关印度的兵源问题，参见 D. H. A. Kolff, *Naukar, Rajput and Sepoy* (Cambridge, 1990); and Seema Alavi, *The Sepoys and the Company* (Delhi, 1995)。

18　NLS, MS 2958, fol. 77.

19　例如，在 1763 年的巴特那"大屠杀"中，至少有三名被俘的英国平民写下了自己的被俘经历，但在 20 世纪之前，这三个俘虏故事都没能出版：W. K Firminger (ed.), *The Diaries of Three Surgeons of Patna* (Calcutta, 1909).

20　参见 Kate Teltscher, "'The Fearful Name of the Black Hole': Fashioning an Imperial Myth", in Bart Moore-Gilbert (ed.), *Writing India, 1757–1990* (Manchester, 1996); and S. C. Hill (ed.), *Bengal in 1756–1757* (3 vols, 1905), especially vol. III。

21　Hill, *Bengal*, III, 303 and 388.

22　*Ibid.*, III, 380; Robert Orme, *A History of the Military Transactions* (3 vols, 1803 rev. edn), II, 76.

23　GJ. Bryant, 'The East India Company and its Army 1600–1778', London University PhD dissertation (1975), 36, 247; and his 'Officers of the East India Company's army in the days of Clive and Hastings', *Journal of Imperial and Commonwealth History*, 6 (1978); *OHBE*, II, 202.

24　K. K. Datta *et al.* (eds), *Fort William–India House Correspondence ... 1748–1800* (21 vols, Delhi, 1949–85) VII, 287. 有关伦敦方面对扩张的担忧，参见 H. V. Bowen, *Revenue and Reform: The Indian Problem in British Politics 1757–1773* (Cambridge, 1991)。

25　*British India Analysed* (3 vols, 1793), II, 839.

26　A. N. Gilbert, 'Recruitment and reform in the East India Company army, 1760–1800', *Journal of British Studies*, XV (1975).

27　*Ibid.*, 92; *British India Analysed*, III, 827. 每一年的人员损失都能查阅到，参见 Edward Dodwell and James Miles, *Alphabetical List of the Officers of the Indian Army* (1838)。

28　Gilbert, 'Recruitment and reform'.

29　IOL, MSS Eur. D 1146/6, fol. 111; James Forbes's Memoirs, Yale Center for British Art, New

Haven, Rare Books and Manuscripts Department, IV, fol. 8.

30   *Proposal for Employing Mallayan or Buggess Troops* (Edinburgh, 1769), 2.

31   *Interesting Historical Events relative to the Provinces of Bengal* (1765), 181.

32   有关这一趋势，参见 Stewart N. Gordon, 'The slow conquest: administrative integration of Madras into the Maratha empire, 1720–1760', *MAS*, (1977); Burton Stein, 'State formation and economy reconsidered', *MAS*, 19 (1985); Pradeep Barua, 'Military developments in India, 1750–1850', *Journal of Military History*, 58 (1994)。

33   BL, Add. MS 29898, fol. 4.

34   Quoted in Randolf G. S. Cooper, 'Wellington and the Marathas in 1803'. *International History Review*, II (1989), 31–2; BL, Add. MS 38408, fols 243–4.

35   参见 Judy Egerton's description of one version of this work in Christie's of London's sales catalogue, *British Pictures*, 8 June 1995, 84–7。

36   有关斯塔布斯与他的同时代人画的虎，参见 Christopher Lennox-Boyd, Rob Dixon and Tim Clayton, *George Stubbs: The Complete Engraved Works* (1989); Edwin Landseer, *Twenty Engravings of Lions, Tigers, Panthers and Leopards* (1823)。

37   Landseer, *Twenty Engravings*, 30.

38   Egerton, sale catalogue entry, 86; Edmund Burke, *A Philosophical Enquiry into the Origin of Our Ideas of the Sublime and Beautiful*, ed. J. T. Boulton (1958), 66.

39   Landseer, *Twenty Engravings*, 8.

40   Lennox-Boyd *et al.*, *George Stubbs*; Amal Chatterjee, *Representations of India, 1740–1840* (Basingstoke, 1998), 78.

41   Edmund Burke in 1781: *Parl. Hist.*, 22 (1781–2), 316. 有关蒂普与他的老虎，参见 Chapter Nine, and Kate Brittlebank, 'Sakti and Barakat: the power of Tipu's Tiger', *MAS*, 29 (1995)。

第九章　虎与剑

1   有关苏格兰人在与迈索尔王国作战中的表现，参见 Anne Buddle *et al.*, *The Tiger and the Thistle* (Edinburgh, 1999)。同时参见此章注释 66。

2   NLS, MS 38408, fol. 31. 有关这些壁画以及其他印度的信息，十分感谢克里斯托弗·贝利（Christopher Bayly）教授与苏珊·贝利（Susan Bayly）博士的帮助。

3   *Parl. Hist.*, 22 (1781–2), 114; W. S. Lewis *et al.*, *The Yale Edition of Horace Walpole's Correspondence* (48 vols, New Haven, CT, 1937–83), XXIX, 123.

4   参见 M. D. George, *Catalogue of Prints and Drawings in the British Museum: Political and Personal Satires* (11 vols, 1978 edn), VI, prints 7928, 7929, 7932 and 7939; P. J. Marshall, "'Cornwallis Triumphant': War

in India and the British Public in the Late Eighteenth Century", in Lawrence Freedman *et al., War, Strategy, and International Politics* (Oxford, 1992), 65–6.

5　*Narrative of all the Proceedings and Debates ... on East-India Affairs* (1784), 89.

6　*Parl. Hist.*, 21 (1780–1), 1173; P. J. Marshall, *The Impeachment of Warren Hastings* (Oxford, 1965).

7　对于这些统治者而言，有三种不同的现代化方式，参见 Nikhiles Guha, *Pre-British State System in South India: Mysore 1761–1799* (Calcutta, 1985); Burton Stein, 'State formation and economy reconsidered', *MAS*, 19 (1985); and Kate Brittlebank, *Tipu Sultan's Search for Legitimacy* (Delhi, 1997)。

8　Pradeep Barua. 'Military developments in India, 1750–1850', *Journal of Military History*, 58 (1994).

9　*Appendix to the Sixth Report from the Committee of Secrecy ... into the Causes of the War in the Carnatic* (1782), 335, No. 11; C. C. Davies (ed.), *The Private Correspondence of Lord Macartney* (1950), 20; *Descriptive List of Secret Department Records* (8 vols, Delhi, 1960–74), III, 36.

10　Quoted in C. A. Bayly, *Indian Society and the Making of the British Empire* (Cambridge, 1988), 97.

11　海达尔手下的一名葡萄牙雇佣兵对海达尔的描述很有启发性，参见 BL, Add. MS 19287。

12　参见 *Descriptive List of Secret Department Records*, III, 80, 129, 156; K. K. Datta *et al.* (eds), *Fort William-India House Correspondence ... 1748–1800* (21 vols, Delhi, 1949–85), XV, 541。

13　［Jonathan Scott］, *An Historical and Political View of the Decan, South of the Kistnah* (1791), 15–22.

14　*Parl. Hist.*, 21 (1780–1), 1201–2; 也可参见 the reasoning of Lord Wellesley in 1799: Edward Ingram (ed.), *Two Views of British India* (Bath, 1970), 189。

15　当时人们的估计各有不同。这组数据来自一名前俘虏的估算：Innes Munro (1789), 351; NLS, MS 13615A, fol. 32。

16　*Robert Cameron MS* (unpaginated).

17　*Innes Munro* (1789), 277.

18　IOL. H/251, fol. 699.

19　Spandrell's damning verdict on his military stepfather in Huxley's novel *Point Counterpoint*.

20　Michel Foucault, *Discipline and Punish: The Birth of the Prison* (1977), 169.

21　Robert Darnton, *The Business of Enlightenment* (1979), 292–3, 297. 有关另一个欧洲国家中作为文化生产者的军人，参见 Laszlo Deme, 'Maria Theresa's Noble Lifeguards and the Rise of Hungarian Enlightenment and Nationalism', Béla K. Kiraly and Walter Scott Dillard (eds), *The East Central European Officer Corps 1740–1920s* (New York, 1988)。

22　Lewis Namier and John Brooke (eds), *The House of Commons 1754–1790* (3 vols, 1964), II, 142.

23　'An essay on the art of war', IOL, Orme O. V. 303, fols 109–111; IOL MSS Eur. C. 348, fols 1 and 7.

24　参见 his *The Story of the Malakand Field Force* (1898), and *London to Ladysmith* (1900)。

25　参 见 G. V. Scammell, 'European exiles, renegades and outlaws and the maritime economy of Asia *c*.1500–1750', *MAS*, 26 (1992)。

26　塞林加帕坦很值得一去，这里也应当被纳入世界文化遗产之中。有关这一地区的英文向导，参见 L. N. Swamy, *History of Srirangapatna* (Delhi, 1996)。

27　参见 *James Scurry* (1824), 48–68。

28　John Howard, *The State of the Prisons* (Abingdon, 1977 edn), iii; *Gentleman's Magazine* 54 (1784), 950. 有关这一时期欧洲人对俘虏待遇的讨论，参见 Michael Lewis, *Napoleon and his British Captives* (1962)。

29　有关伤员的困境，可参见 BL, Add. MS 41622, fol. 52 *seq*。

30　BL, Add. MS 39857, fols 317–8.

31　*Cromwell Massey* (1912), 24.

32　［William Thomson］, *Memoirs of the Late War in Asia* (2 vols, 1788), II, 45.

33　IOL, Eur. MSS E. 330. 在 1857 年的大起义中，印度人以同样的方式为白人传递信息，参见 Jane Robinson, *Angels of Albion: Women of the Indian Mutiny* (1996), 81。

34　在几乎所有的迈索尔俘虏故事中都出现了类似的情节，参见 Thomson, *Memoirs* (1789 edn), I, 122, 179–80。

35　有关 Massey 文本的详细信息，参见 Appendix。

36　参见 also the account of these developments in *John Lindsay* MS。

37　*Cromwell Massey* (1912), 12–30.

38　参见 *Robert Gordon* MS, fol. 36。

39　Abdelwahab Bouhdiba, *Sexuality in Islam* (1985), 180.

40　*Cromwell Massey* (1912), 18.

41　有关蒂普的宗教政治，参见 Brittlebank, *Tipu Sultan's Search for Legitimacy*。

42　I owe this suggestion to Nigel Chancellor of Cambridge University.

43　*Cromwell Massey* (1912), 23; Felix Bryk, *Circumcision in Man and Woman: its History, Psychology and Ethnology* (New York, 1934), 29.

44　Marshall, "'Cornwallis Triumphant'", 70–1.

45　*John Lindsay* MS (unpaginated).

46　*Ibid.*

47　尽管有证据表明，他曾修改过最初的狱中笔记，并打算出版，但后来他并没有将之付诸实践，参见 IOL, MSS Eur A94, fol. 149。

48　*Ibid.*, fols 41–4, 69, 84, 88, 108, 137.

49　参见 Kate Teltscher, *India Inscribed: European and British Writing on India 1600–1800* (Delhi, 1997), 157–91, 230–33。

50　*An authentic narrative of the treatment of the English who were taken prisoners … by Tippoo Saib* (1785), advertisement and 70.

51　*A Vindication of the Conduct of the English Forces Employed in the Late War* (1787), 34.

52　有关这一时期的世界性危机，参见我的 'Yale, America, and the World in 1801', in Paul Kennedy (ed.), *Yale, America and the World* (New Haven, CT, forthcoming)。

53　参见 Marshall, "'Cornwallis Triumphant'"。

54　有关法国这一系列冒险行为的修正主义解释，参见 Maya Jasanoff, 'Collecting and Empire in India and Egypt, 1760–1830', Yale University Ph.D dissertation, 2003。

55　有关英国人眼中迈索尔与法国相互勾结的内容，参见 C. A. Bayly, *Imperial Meridian: the British Empire and the World 1780–1830* (1989), 113–14。

56　*Times*, 10 April 1792; *Fort William-India House Correspondence*, XVI, 422–3; and XVII, 184, 230.

57　NLS, MS 13775, fol. 274; BL, Add. MS 41622, fol. 245.

58　*Innes Munro* (1789), 51, 119; *Robert Cameron* (1931), 19.

59　Anne Buddle, *Tigers round the Throne: The Court of Tipu Sultan* (1990), 11. 一名东印度公司的军官曾为蒂普进行了精明且巧妙的辩护，参见 Edward Moor, *A Narrative of the Operations of Captain Little's Detachment* (1794), 193 seq。

60　NLS, MS 13790, fols 177–9, 355–6.

61　英国官方也承认对蒂普的评价是存在分歧的，参见 *Copies and Extracts of Advices to and from India relative to the … war with the late Tippoo Sultaun* (1800)。

62　大英图书馆所藏的这部儿童戏剧的副本大约出版于 1827 年。C. H. Philips (ed.), *Correspondence of David Scott Director and Chairman of the East India Company* (2 vols, 1951), II, 372.　　417

63　参见 the Appendix。

64　"我们身边有两名身穿苏格兰高地服装的军官，蒂普似乎特别关注他们。他说他知道这个民族的士兵拥有的优秀品质，并询问我们有多少这样的人。" NLS, MS 13775, fol. 271.

65　有关汤姆森的内容，参见 *DNB*, 56, 274–5。

66　*Memoirs* (1st edn), I, iv–v, and *passim*; (2nd edn), 8 *seq.*

67　有关理查逊的小说及其影响，参见 Terry Eagleton, *The Rape of Clarissa: Writing, Sexuality and Class Struggle in Samuel Richardson* (Oxford, 1982)。

68　有关布里斯托论述的详情，参见 Appendix。

69　参见 also my *Britons: Forging the Nation 1707–1837* (1992), 177–93。

70　Mildred Archer, *Tippoo's Tiger* (1983).

71　*Narrative of all the Proceedings and Debates*, 386.

72　*Oriental Miscellanies: Comprising Anecdotes of an Indian Life* (Wigan, 1840), 177.

73　Eagleton, *Rape of Clarissa*, 14–15.

74 Theodore Hook, *The Life of General ... Sir David Baird* (2 vols, 1832), I, 43.

75 参见 2001 年 8 月 2 日《伦敦卫报》增刊上关于这一现象的文章。

76 例如，可参见 *Harry Oakes* (1785), 28。

77 NLS, MS 13653, fol. 5; *OHBE*, III, 202–3.

第十章　穿军装的俘虏

1　William Hazlitt, *The Spirit of the Age*, ed. E. D. Mackerness (Plymouth, 1991 edn), 165.

2　*An Essay on the Principle of Population. First edition* (1996 edn), and the introduction by Samuel Hollander. 有关当时人们对这本书的评价，参见 D. V. Glass (ed.), *Introduction to Malthus* (1953)。

3　有关人口辩论与英国看待自身国力的观念之间存在的联系，参见 J. E. Cookson,'Political arithmetic and war in Britain, 1793–1815', *War & Society*, I (1983)。

4　*Ibid.*; A. N. Gilbert, 'Recruitment and reform in the East India Company army, 1760–1800', *Journal of British Studies*, XV (1975), 99.

5　Colquhoun, *Treatise*, especially vi, 7, 16 and 196; *Memoir on the Necessity of Colonization at the Present Period* (1817), 1.

6　*PP*, 1831–32, XIII, 319.

7　有关这一阶段的扩张，参见 *OHBE*, II, 184–207。

8　James D. Tracy (ed.), *The Political Economy of Merchant Empires* (Cambridge, 1991), 163.

9　M. F. Odintz, 'The British Officer Corps 1754–83', Michigan University PhD dissertation, 1988, 45–6; Peter Burroughs, 'The human cost of imperial defence in the early Victorian age', *Victorian Studies*, 24 (1980), 11.

10　参见 C. A. Bayly, 'Returning the British to South Asian history: the limits of colonial hegemony', *South Asia*, XVII (1994)。

11　Miles Taylor, 'The 1848 revolutions and the British empire', *Past and Present*, 166 (2000), 150–1.

12　'Military forces of the civilized world', *East Indian United Service Journal*, I (1833–4), 94–5. 英帝国在印度的警察数量也在不断上升，但同样，这支警察部队中的绝大多数是印度人。

13　保罗·肯尼迪的论述，参见 *The Rise and Fall of the Great Powers* (1989)。

14　*PP*, 1836, XXII,8; *Hansard*, 2nd ser, 18 (1828), 629.

15　参见 C. A. Bayly, *Imperial Meridian: The British Empire and the World 1780–1830* (1989); 我的 *Britons: Forging the Nation 1707–1837* (1992), 147 *seq*。

16　'A grenadier's diary 1842–1856', IOL, MS Photo Eur 97, fol. 40.

17　P. J. Marshall, 'British immigration into India in the nineteenth century', *Itinerario*,14 (1990), 182.

18　'Foreward', in Ranajit Guha and Gayatri Spivak (eds), *Selected Subaltrn Studies* (Oxford, 1988), vi.

19 *PP*, 1806–7, IV, 427; 有关进一步的细节问题，参见 PRO, WO 25/2935–51。

20 H. G. Keene, *Hindustan under Free Lances, 1770–1820* (1907), xiii; cf. S. Inayat A. Zaidi, 'Structure and organization of the European mercenary armed forces in the second half of eighteenth-century India', *Islamic Culture*, 63 (1989).

21 Braudel is cited in Ellen G. Friedman, *Spanish Captives in North Africa in the Early Modern Age* (Madison, WI, 1983), 46.

22 G. V. Scammell, 'European exiles, renegades and outlaws and the maritime economy of Asia *c.* 1500–1750', *MAS*, 26 (1992).

23 C. S. Srinivasachariar (ed.), *Selections from Orme Manuscripts* (Annamalainagar, 1952), 33.

24 Coote's journal, 21 January 1760, IOL, Orme India VII. 有关 18 世纪 60 年代之前东印度公司兵源的情况，参见 G. J. Bryant, 'The East India Company and its Army 1600–1778', London university PhD dissertation, 1975, 292–3。

25 K. K. Datta *et al.* (eds), *Fort William-India House Correspondence … 1748–1800* (21 vols, Delhi, 1949–85) XV, 507.

26 William Hough, *The Practice of Courts-Martial* (1825), 138; and his *The Practice of Courts-Martial and Other Military Courts* (1834), 74.

27 *Act for punishing mutiny and desertion* (Madras, 1850), 19–20.

28 在伦敦，人们甚至会对那些向 "友好" 的印度政权提供建议的半薪东印度公司军官深表担忧，因为这会 "进一步扩大欧洲的军事纪律制度"。IOL, L/ MIL/5/380, fol. 186.

29 参见 N. B. Kay, *The Allies' War with Tipu Sultan 1790–1793* (Bombay, 1937), 475。

30 John Pemble, 'The Second Maratha War' in Maarten Ultee (ed.), *Adapting to Conditions: War and Society in the Eighteenth Century* (Alabama, 1986), 393.

31 *Henry Becher* (1793), 185, 188; *James Scurry* (2nd edn, 1824), 60–2.

32 NLS, MS 13775, fols 193 and 368.

33 Gilbert, 'Recruitment and reform'; *James Scurry* (2nd edn, 1824).

34 This paragraph is based on Whiteway's narrative appended to *James Scurry* (2nd edn, 1824).

35 参见 for instance Sir Francis Burdett's speech in *Hansard*, 20 (1811), 703。

36 爱尔兰人的逃兵行为并不是一种反英的举动，似乎在华盛顿的大陆军中，爱尔兰出生的士兵叛变的数量也不成比例。参见 Charles Patrick Neimeyer, 'No Meat, No Soldier: Race, Class and Ethnicity in the Continental Army', Georgetown University PhD dissertation, 1993, 2 vols, I, 101。

37 PRO, WO 90/1: General Courts Martial abroad, entry for 21 November 1796.

38 *Memoirs of the Extraordinary Military Career of john Shipp* (3 vols, 1829), II, 78; Charles J. Napier, *Remarks on Military Law and the Punishment of Flogging* (1837), 127n.

419

39 关 于 Thomas, 参 见 BL, Add. MSS 13579 and 13580; and William Francklin, *Military Memoirs of Mr George Thomas* (Calcutta, 1803)。

40 参 见 Rudyard Kipling, *The Man who would be King and Other Stories*, ed. Louis L. Cornell (Oxford, 1987).

41 感谢我原先在耶鲁的学生埃里克·维斯（Eric Weiss）为我提供的有关威廉·富兰克林的信息；BL, Add. MS 13580, fols 117, 144b.

42 *Ibid.*, fol. 145; Francklin, *Military Memoirs*, 250.

43 例如，在一本虚构小说中，也突出描写了"本地人"的白人领袖的浪漫故事。*Narrative of the Singular Activities and Captivity of Thomas Barry among the Monsippi Indians* (Manchester, 179?).

44 例如，参见一名为海达尔·阿里效力的葡萄牙雇佣兵的故事：BL, Add. MS 19287.

45 NLS, MS 8432, fols 116–17.

46 T. E. Lawrence, *Seven Pillars of Wisdom* (New York,1991), 31–2.

47 BL, Add. MS 13579, fol. 56.

48 以下部分主要使用的材料：*The Trial of Lieutenant-Colonel Joseph Wall* (1802); and *Genuine and Impartial Memoirs of the life of Governor Wall* (1802).

49 这不仅是因为英国逃兵有时会被判烙上字母"D"，而且众所周知，烙印与鞭子一样，也会被施加在奴隶身上。

50 有关科克伦的案子，参见 NLS, MS 8460, fols 54 and 56; Long's collections for the history of Jamaica, BL, Add. MS 18270, fol. 88。

51 可参见 Scott Claver, *Under the Lash* (1954); and J. R. Dinwiddy, 'The Early Nineteenth-century Campaign against Flogging in the Army', in his *Radicalism and Reform in Britain. 1780–1850* (1992)。

52 'Free Labor vs Slave Labor: The British and Caribbean Cases', in Seymour Drescher, *From Slavery to Freedom* (1999). 这一时期，其他欧洲国家也在将黑奴与白人士兵相提并论。参见 C. R. Boxer, *The Dutch Seaborne Empire 1600–1800* (1965), 212。

53 *Hansard*, 21 (1812), 1275.

54 *Ibid.*, 1282; Napier, *Remarks on Military Law*, 191–2.

55 *Letters from England*, ed. Jack Simmons (Gloucester, 1984), 64.

56 *Statistical report on the sickness, mortality and invaliding among the troops in the West Indies* (1838), 10, 49; and *Statistical report on ... the troops in ... British America* (1839), 10b.

57 Peter Stanley, *White Mutiny: British Military Culture in India, 1825–1875* (1998), 69; Dinwiddy, 'Campaign against flogging', 133.

58 *Ibid.*, 137–8; James Walvin, *Questioning Slavery* (1996), 56.

59 *Hansard*, 3rd ser., 22 (1834), 239.

60 Hough, *Practice of Courts-Martial* (1825), 157–8; *East Indian United Service Journal*, 4 (1834), selections,

420

76–9.

61　Douglas M. Peers, 'Sepoys, soldiers and the lash: race, caste and army discipline in India, 1820–50', *Journal of Imperial and Commonwealth History*, 23 (1995), 215; 有关印度当地白人士兵与印度兵的叛乱，参见 Alan J. Guy and Peter B. Boyden (eds), *Soldiers of the Raj: The Indian army 1600–1947* (1997), 100–17. 白人逃兵可能比印度兵受到更为严厉的指控，这也是前者受到更多指控的部分原因所在。

62　*Hansard*, 3rd ser., 11 (1832), 1229–30.

63　参见他们的 'Height and health in the United Kingdom 1815–1860; evidence from the East India Company army', *Explorations in Economic History*, 33 (1996)。

64　Hough, *Practice of Courts-Martial* (1825), 154.

65　The classic account is of course E.P. Thompson, *Making of the English Working Class* (1965).

66　*PP*, 1831–2, XIII, 158; *A Narrative of the Grievances and Illegal Treatment Suffered by the British Officers* (1810), 153.　421

67　C. H. Philips (ed.), *The Correspondence of Lord William Cavendish Bentinck* (2 vols, Oxford, 1977), II, 1351; 有关驻扎在印度的白人士兵的日常生活，参见 Stanley, *White Mutiny*。

68　Philip D. Curtin, *Death by Migration: Europe's Encounter with the Topical World in the Nineteenth Century* (Cambridge, 1989), 8.

69　一个有意思的假设，参见 Kenneth Ballhatchet, *Race, Sex and Class under the Raj* (1980); P. J. Marshall, 'The white town of Calcutta under the rule of the East India Company', *MAS*, 34 (2000)。

70　IOL, L/MIL/5/390, fol. 25.

71　IOL, L/MIL/5/376, fol. 238. 严苛对待士兵的合法妻子并非只有在印度才会出现的事情，也不一定具有种族主义色彩。经济因素也是其中的一个原因。拿破仑战争期间，与亚瑟·韦尔斯利（Arthur Wellesley）一同在西班牙作战多年的部队在离时同样未被允许带走自己在当地的伴侣与孩子。

72　'A grenadier's diary', 132.

73　*PP*, 1831–32, XIII, 397–8.

74　Douglas M. Peers, "'The habitual nobility of being': British officers and the social construction of the Bengal army in the early nineteenth century", *MAS*, 25 (1991).

75　M. Monier-Williams, *A few remarks on the use of spiritous liquors among the European soldiers* (1823), 6; *PP*, 1831–32, XIII, 82, 172.

76　M. L. Bush (ed.), *Serfdom and Slavery: Studies in Legal Bondage* (1996), introduction, 2.

77　*A Soldier's Journal ... to which are annexed Observations on the Present State of the Army of Great Britain* (1770), 180–1.

78　IOL, L/MIL/5/397, fols 317–18.

79   *Hansard*, 3rd ser., 32 (1836), 1043.

80   *Ibid.*, 934; *Hansard*, 3rd ser., 31 (1836), 892.

81   'A grenadier's diary', 126, 132–3.

82   *Ibid.*, 141–2.

83   参见 Carolyn Steedman, *The Radical Soldier's Tale* (1988)。从这个故事中我们能够看出，一个看似循规蹈矩、忠于职守的驻印士兵是如何从他在印度的经历中学到印度宗教的相关知识，同时还对英国政府展开批判的。

84   参见 Hew Strachan, *The Reform of the British Army 1830–54* (Manchester, 1984)。

85   *Statistical report on ... British America*, 10b.

86   *Report ... into the System of Military Punishments*, 187; IOL, L/MIL/5/384, fols 273–7.

87   *Comparative View of the Extent and Population of the Colonial Possessions of Great Britain and Other Powers* (1839): Wyld's commentary on the map.

88   参见 Olive Anderson, 'The growth of Christian militarism in mid-Victorian Britain', *English Historical Review*, LXXXVI (1971)。

结　语　阿富汗与之后的遭遇

1   Louis Dupree, *Afghanistan* (Oxford, 1997) 是英语世界中介绍阿富汗历史的绝佳著作。有关 1838 年的入侵背景，参见 M. E. Yapp, *Strategies of British India: Britain, Iran and Afghanistan. 1798–1850* (Oxford, 1980); and J. A. Norris, *The First Afghan War, 1838–1842* (Cambridge, 1967)。

2   有关喀布尔的英国人，参见 Patrick Macrory, *Kabul Catastrophe: The Story of the Disastrous Retreat from Kabul* (Oxford, 1986)。

3   如今，针对这一主题最著名的著作应当是 George MacDonald Fraser's, *Flashman* (1969)，其中还大量借鉴了维多利亚时代约翰·凯爵士对这一事件的评价。

4   *E. A. H Webb* MS (unfoliated); James Lunt (ed.), *From Sepoy to Subedar: Being the Life and Adventures of Subedar Sita Ram* (1970), 12.

5   Lunt, *From Sepoy to Subedar*, 115 *seq.* 其中包括了一份相当罕见的由印度兵写的俘虏故事。

6   Peter Collister, 'Hostage in Afghanistan', IOL, MSS Eur C573, fol. 127; Patrick Macrory (ed.), *Lady Sale: The First Afghan Wars* (1969), 109.

7   *Vincent Eyre* (1843), viii.

8   J. H. Stocqueler, *Memorials of Afghanistan* (Calcutta, 1843), 280.

9   参见其著作的现代版本：Macrory, *Lady Sale*. 甚至在 1843 年出版之前，塞尔夫人在阿富汗监狱中写给丈夫罗伯特·塞尔将军的信就已转交给了印度总督，并由他寄回给了伦敦的大臣们。她还创作了多首庆祝歌曲与诗作，还以她的名义在伦敦阿斯特里圆形剧场中上演了一场马戏表演。

10　*William Anderson* MS (unfoliated).

11　一部分目前已经遗失的俘虏故事在此书中被详细援引，参见 J. W. Kaye, *History of the War in Afghanistan from the Unpublished Letters and Journals of Political and Military Officers* (2 vols, 1851)。

12　'The English Captives at Cabul', *Bentley's Miscellany*, XIV (1843), 9, 159.

13　Lunt, *From Sepoy to Subedar*, 86.

14　Macrory, *Kabul Catastrophe*, 141 and 173.

15　*Tait's Edinburgh Magazine*, X (1843), 458; *Blackwood's Magazine*, 51 (1842), 103, 254. 有关驻阿富汗英军的人员、军饷以及弹药不足的问题，参见 *A Narrative of the Recent War in Afghanistan ... By an Officer* (1842)。　423

16　*Quarterly Review* (1846), 509.

17　引自 Dupree, *Afghanistan*, 391n。

18　Louis Dupree, 'The retreat of the British Army from Kabul to Jalalabad in 1842: history and folklore', *Journal of the Folklore Institute*, IV (1967).

19　'English Captives at Cabul', *Bentley's Miscellany*, XV (1844), 189.

20　艾尔将这些修改过后的画作发表在 *Prison Sketches, Comprising Portraits of the Cabul Prisoners* (1843)。例如，请参阅查尔斯·詹姆斯·内皮尔爵士在艾尔的俘虏故事上留下的带有相当怒气的潦草笔记："请上帝原谅我，但除了那些女人，你们都是一群狗娘养的……我从不相信你们这些假装节制、'只说自己所见'的家伙——如果你们说的是真话，那么你们的历史就一文不值。"在这一阶段，内皮尔毫无疑问是一名帝国英雄，一名传统意义上的战士。IOL MSS Eur B199, fol. 450.

21　E. A. H. *Webb* MS (unfoliated).

22　Stocqueler, *Memorials of Afghanistan*, iii-iv; *Bentley's Miscellany*, XIV (1843), 149.

23　Henry Lushington, *A Great Country's Little Wars* (1844), 9–10.

24　Yapp, *Strategies of British India*, 452 seq; *Tait's Edinburgh Magazine*, X (1843), 370; *Illustrated London News*, II (1843), 359.

25　Warren Christopher *et al.*, *American Hostages in Iran: The Conduct of a Crisis* (New Haven, CT, 1985), 1.

26　*Report of the East India Committee of the Colonial Society on the Causes and Consequences of the Afghan War* (1842), 29.

27　W. R. Louis (ed.), *Imperialism: The Robinson and Gallagher Controversy* (New York, 1976), 6; Dr Arnold is quoted in William Hough, *A Review of the Operations of the British Force at Cabool* (Calcutta, 1849), 154.

28　'The failure of the English Guiana Ventures 1595–1667 and James I's foreign policy', *Journal of Imperial and Commonwealth History*, XXI (1993).

29　1756 年，法国人曾经将他们赶了出去；美国独立战争期间，西班牙人也成功做到了这一点。

30　引自 H. V. Bowen, 'British Conceptions of Global Empire, 1756–83', *Journal of Imperial and Commonwealth History*, 26 (1998), 15。

31　参见 C. W. Pasley, *Essay on the Military Policy and Institutions of the British Empire* (1810)。

32　Peter Yapp (ed.), *The Traveller's Dictionary of Quotation* (1983), 457.

33　Charles James Cruttwell, *Io Triumphe! A Song of Victory* (1842).

34　参见 Kaye, *History of the War*, II, 489。

35　Kenneth Pomeranz, *The Great Divergence: China, Europe, and the Making of the Modern World Economy* (Princeton, NJ, 2000), 4; Paul Kennedy, *The Rise and Fall of the Great Powers* (1988), 190.

36　*Hansard*, 3rd ser., 44 (1842), 492; Michael Adas, *Machines as the Measure of Men: Science, Technology and Ideologies of Western Dominance* (1989), 136.

37　引自 Macrory, *Kabul Catastrophe*, 48。

38　参见 George Buist, *Outline of the Operations of the British Troops* (Bombay, 1843), 291。

39　Rosemary Seton, *The Indian 'Mutiny' 1857–8* (1986), xi-xii.

40　有关 19 世纪末由工人写出来的、未被出版的帝国叙事，参见 Carolyn Steedman, *The Radical Soldier's Tale* (1988)。

41　人口飞速增长与工业发展之间有着密切的联系，参见 E. A. Wrigley and R. S. Schofield, *The Population History of England, 1541–1871* (Cambridge, 1981)。

42　Frederic Bancroft (ed.), *Speeches, Correspondence and Political Papers of Carl Schurz* (6 vols, New York, 1913), VI, 19–20.

43　*The Howard Vincent Map of the British Empire* by G. H. Johnston (7th edn, 1902), 'Explanation'.

44　Ronald Robinson and John Gallagher with Alice Denny, *Africa and the Victorians* (2nd edn, 1981), 11–12.

45　Charles Dickens, *The Perils of Certain English Prisoners* (1890 edn.), 245, 281, 318–20. 参见 Peter Ackroyd, *Dickens* (1990), 799–800, for the circumstances of its composition。

46　参见我的 'The Significance of the Frontier in British History' in W. R. Louis (ed.), *More Adventures with Britannia* (1998), 15–16。

47　引自 Correlli Barnett, *The Verdict of Peace* (2001), 81；Paul Kennedy, 'Why did the British empire last so long?' in his *Strategy and Diplomacy 1870–1945* (1983)。

48　详细的论述，参见 Dominic Lieven, 'The Collapse of the Tsarist and Soviet Empires in Comparative Perspective', in Emil Brix, Klaus Koch and Elisabeth Vyslonzil (eds), *The Decline of Empires* (Vienna, 2001) 100; 也可参见他的 *Empire* (2000), vii–86, 413–22。

49　引自 David Reynolds, 'American Globalism: Mass, Motion and the Multiplier Effect', in A. G. Hopkins (ed.), *Globalization in World History* (2002), 245。

索 引

（索引中页码为英文原书页码，即本书页边码；

斜体页码表明其存在于标题或注释之中）

图书在版编目（CIP）数据

俘虏危机 : 大英帝国崛起的背面 : 1600—1850 /
（英）琳达·科利（Linda Colley) 著 ; 李旭译 .
北京 : 社会科学文献出版社 , 2024. 11. -- ISBN 978-7
-5228-3884-7

Ⅰ . K561.43

中国国家版本馆 CIP 数据核字第 2024UU2989 号

俘虏危机：大英帝国崛起的背面（1600—1850）

著　　者 / 〔英〕琳达·科利（Linda Colley）
译　　者 / 李　旭

出 版 人 / 冀祥德
责任编辑 / 王　雪　杨　轩
文稿编辑 / 卢　玥
责任印制 / 王京美

出　　版 / 社会科学文献出版社（010）59367069
　　　　　地址：北京市北三环中路甲 29 号院华龙大厦　邮编：100029
　　　　　网址：www.ssap.com.cn
发　　行 / 社会科学文献出版社（010）59367028
印　　装 / 北京盛通印刷股份有限公司

规　　格 / 开　本：880mm×1230mm　1/32
　　　　　印　张：18.5　字　数：437 千字
版　　次 / 2024 年 11 月第 1 版　2024 年 11 月第 1 次印刷
书　　号 / ISBN 978-7-5228-3884-7
著作权合同
登 记 号 / 图字01-2023-4558号
定　　价 / 119.00 元

读者服务电话：4008918866